Exilforschung
Band 41

Exilforschung

―
Ein internationales Jahrbuch

Im Auftrag der
Gesellschaft für Exilforschung/
Society for Exile Studies

herausgegeben von
Bettina Bannasch, Doerte Bischoff
und Burcu Dogramaci

Band 41/2023

Exil in Kinder- und Jugendmedien

―

Herausgegeben von
Bettina Bannasch, Theresia Dingelmaier
und Burcu Dogramaci

DE GRUYTER

Redaktion der Beiträge/Volume Editors:
Prof. Dr. Bettina Bannasch
Universität Augsburg
Universitätsstr. 10
86159 Augsburg
bettina.bannasch@philhist.uni-augsburg.de

Dr. Theresia Dingelmaier
Universität Augsburg
Universitätsstr. 10
86159 Augsburg
theresia.dingelmaier@philhist.uni-augsburg.de

Prof. Dr. Burcu Dogramaci
Ludwig-Maximilians-Universität München
Institut für Kunstgeschichte
Zentnerstr. 31
80798 München
burcu.dogramaci@lmu.de

Rezensionen:
Prof. Dr. Burcu Dogramaci
Ludwig-Maximilians-Universität München
Institut für Kunstgeschichte
Zentnerstr. 31
80798 München
burcu.dogramaci@lmu.de

ISBN 978-3-11-106536-6
e-ISBN (PDF) 978-3-11-106667-7
e-ISBN (EPUB) 978-3-11-106670-7
ISSN 0175-3347

Library of Congress Control Number: 2023941440

Bibliografische Information der Deutschen Nationalbibliothek
Die Deutsche Nationalbibliothek verzeichnet diese Publikation in der Deutschen National-
bibliografie; detaillierte bibliografische Daten sind im Internet über http://dnb.dnb.de
abrufbar.

© 2023 Walter de Gruyter GmbH, Berlin/Boston
Einbandabbildung: Claas Möller. Zeichnung nach der Fotografie von Abraham Pisarek (1935), Wohin?
(Igna Beth, Schauspielerin des Jüdischen Kulturbundes in Berlin, vor einem Globus).
Satz: Dörlemann Satz, Lemförde
Druck und Bindung: CPI books GmbH, Leck

www.degruyter.com

In Erinnerung an Judith Kerr (1923–2019)

Inhalt

Bettina Bannasch, Theresia Dingelmaier, Burcu Dogramaci
Einleitung —— 1

I Entwürfe von neuer Gemeinschaft und Gesellschaft in Exil- und Migrationserzählungen für Kinder und Jugendliche

Julia Benner
Auf der Spur des Papiers. Bürokratismus, Papierlosigkeit und irreguläre Migration in der Kinder- und Jugendliteratur des zwanzigsten und einundzwanzigsten Jahrhunderts —— 7

Wiebke von Bernstorff
Auf der Reise: Narrationen des Exils in der Kinder- und Jugendliteratur des Exils —— 29

Jana Mikota
Der Kinderkriminalroman des Exils als Aushandlungsort neuer politischer und gesellschaftlicher Möglichkeiten —— 53

Larissa Carolin Jagdschian
Von Kully über Toni bis zur roten Zora – Mädchenfiguren im Spannungsfeld zwischen Tradition und Emanzipation in der Exil-Kinder- und Jugendliteratur zwischen 1933 und 1945 —— 67

II Totalitäre Herrschaft und Exilerfahrung: ‚Naive' Verhandlungen von Exil und Migration aus der Kinderperspektive

Ksenia Kuzminykh
***Die Perlmutterfarbe. Ein Kinderroman für fast alle Leute* von Anna Maria Jokl – Ein Roman über die Anfänge totalitärer Herrschaft, Zivilcourage und Gemeinsinn** —— 89

Dirk Krüger
„Vater, du musst mir zuerst etwas erklären ... Wie kommt es, dass jemand staatenlos ist?" Leben und Werk der deutsch-jüdischen Kinder- und Jugendbuchautorin Ruth Rewald —— 103

Isabelle Leitloff
Literarische Verhandlungen von Fluchterfahrungen jüdischer Kinder in Kinder- und Jugendliteratur. Kindspezifische Rezeptionen einer Flucht in *Über die Grenze* und *Als Hitler das rosa Kaninchen stahl* —— 129

Marijke Box
„Wiedersehen kann man sich nicht. Man kann nur sterben und sich gegenseitig umschweben." Todesahnung und inneres Erleben in Irmgard Keuns Exilroman *Kind aller Länder* (1938) —— 143

Katrin Heintz
„Versetzung, Entwurzelung, Bruch mit jeder gängigen Perspektive." Literarische Darstellungen von Exilerfahrungen während der NS-Zeit bei Anne C. Voorhoeve und Ursula Krechel —— 155

Vojin Saša Vukadinović
Ankommen, Staunen, Zurückkehren. Grete Hartwig-Manschingers unveröffentlichter Kinderroman *Didi fährt nach Amerika* —— 179

III Sprechende Bilder, bildliche Texte

Burcu Dogramaci, Helene Roth
Whose Eye Am I: Yllas Tierfotobücher für Kinder und das fotografische Exil —— 201

Jeannette van Laak, Lisa Weck
„Die Geschichte eines jungen illegalen Einwanderers". Exil und Immigration in den Zeichnungen von Lea Grundig —— 225

Theresia Dingelmaier
Eine gemeinsame Sprache mit Kindern – Illustrationen und Geschichten Dodos aus der Zeit des Nationalsozialismus und des Exils —— 245

IV Re-Lektüren und neue Rahmungen von Exil- und Migrationserzählungen in der Kinder- und Jugendliteratur

Susanne Blumesberger
Auguste Lazars früher Blick auf das Exil. *Sally Bleistift in Amerika* heute gelesen —— 263

Julia von Dall'Armi
Mehrdeutigkeit und -deutbarkeit. Die Darstellung von Flucht und Exil in Pei-Yu Changs Bilderbuch *Der geheimnisvolle Koffer von Herrn Benjamin* (2017) —— 279

Etti Gordon Ginzburg, Anita Konrad
***Pest* in Tel Aviv: Re-reading Mira Lobe in the Framework of Exile Literature —— 295**

V Hommage an Judith Kerr

Deborah Vietor-Engländer
Persönliche Erinnerungen an Judith Kerr. Eine kleine Hommage zum 100. Geburtstag —— 317

VI Rezensionen —— 329

VII Kurzbiografien der Autorinnen und Autoren —— 355

Bettina Bannasch, Theresia Dingelmaier, Burcu Dogramaci
Einleitung

In der Literatur des Exils, insbesondere in jüngeren Texten, wird das Exil oftmals aus der Kinderperspektive erzählt und erinnert. Während diese Texte in der Forschung aufmerksam zur Kenntnis genommen wurden und werden – ein früheres *Jahrbuch Exilforschung* widmete dem Thema einen eigenen Band –, blieb und bleibt die Kinder- und Jugendliteratur des Exils auffallend schwach ausgeleuchtet, einige Klassiker ausgenommen wie Judith Kerrs *Als Hitler das rosa Kaninchen stahl* oder Lisa Tetzners und Kurt Kläbers *Die Kinder aus Nr. 67*. Im Gegensatz dazu boomt die Forschung zu aktuellen kinder- und jugendliterarischen Werken, in denen Themen wie Flucht und Migration verhandelt werden; die Gesellschaft für Kinder- und Jugendliteraturforschung beleuchtete das Thema 2017 in ihrem Jahrbuch.

Vor dem Hintergrund dieser Forschungslage widmet sich das *Jahrbuch Exilforschung* 2023 schwerpunktmäßig Werken, die zwischen 1933 und 1945 entstanden sind und/oder Exilerfahrungen aus dieser Zeit beschreiben. Einige Beiträge können Entdeckungen aus Archiven oder auch aus den Werkbeständen von Autor*innen vorweisen, die bisher durch gängige Forschungsraster fielen; sie geben zugleich Einblicke in das Leben exilierter Autorinnen und Autoren, die mit ihren Arbeiten in der neuen Umgebung Fuß zu fassen und an begonnene Karrieren anzuknüpfen suchten. Gerade weil der gesamte Bereich der Kinder- und Jugendliteratur des Exils nach wie vor in der Forschung noch nicht hinreichend beachtet und bearbeitet wurde, ja etwa in Disziplinen wie der Kunstgeschichte nur marginal bearbeitet ist, ist es ein vordringliches Ziel dieses Jahrbuchs, an vernachlässigte oder vergessene Autor*innen und ihre Werke zu erinnern, sie aus neuen Blickwinkeln zu entdecken oder wiederzulesen. Die Beiträge diskutieren zudem, wie aktuelle theoretische und narrative Rahmungen den Blick auf historische Kontexte, das Ankommen, Leben und Kindsein im Exil oder auch künstlerisches Wirken in der Fremde verändern können.

Die Frage, ob es erzählerische Konsequenzen für die Bearbeitung der Exilthematik hat, dass eine Kinderperspektive eingenommen und/oder für Kinder in Worten und Bildern erzählt wird, ist eine Frage, die sich als roter Faden durch fast alle der in diesem Jahrbuch versammelten Beiträge zieht. Können Publikationen, die für Kinder und Jugendliche verständlich sein wollen, so lässt sich diese Frage präzisieren, die komplexe und vielschichtige Erfahrung von Exil und Migration wiedergeben? Welche Mittel werden dafür in Sprache, Erzählung und Bild gewählt? Und welche besonderen Möglichkeiten bietet das ‚einfache' Erzählen – im Sinne Maria Lypps – wenn die existentielle Dimension des Exils, Fremdheitserfahrungen, aber auch die neuen und aufregenden Seiten der Exilerfahrung zur Darstellung gebracht werden sollen? Gibt es Seiten von Exil- und Fluchterlebnissen, die ausführlich beschrieben werden, während andere – möglicherweise aus einem spezifischen Verständnis von ‚Kindgemäßheit' heraus – nicht thematisiert oder nur angedeutet werden? Welche Rolle spielt die Familie, welche das Geschlecht, welche die Gemeinschaft gleichaltriger Freunde, welche Bürokratie, Politik, Staaten und Geld in den Kinder- und Jugendmedien des Exils?

Als interdisziplinäres Forum ist das Jahrbuch in besonderer Weise daran interessiert, Schnittpunkte von Literaturwissenschaft, Kunstgeschichte und Pädagogik auszumachen und zu behandeln. Gezielt wurden daher Beiträge zu Bild(er)büchern mit aufgenommen. In diesem Forschungsfeld sind nach wie vor noch Entdeckungen zu machen; das Jahrbuch möchte hier einige Anstöße geben für weitere Forschungen im Bereich des Kinderbilderbuchs, des Kinderfotobuchs und des illustrierten Buchs. Insbesondere diese Gattung könnte für die Exilforschung besonders interessant und ergiebig sein, insofern hier eine Bildsprache zum Einsatz kommt, die transkulturell und transnational verständlich scheint, bei der jedoch ein genaueres Hinsehen gerade in den Übersetzungen der Textsequenzen, zum Teil auch der Übersetzung von Bildern, zeigt, inwiefern auch die Bildsprache durchaus ‚übersetzungsbedürftig' sein kann.

Kinder- und Jugendliteratur ist eine adressatenbezogene Gattung. Insofern spielen in allen Beiträgen dieses Jahrbuchs auch didaktische Überlegungen eine Rolle, sie sind jedoch nicht leitend. Im Vordergrund stehen vielmehr Analysen der (auch bildlichen) Erzählverfahren und die Ästhetik der ausgewählten Werke.

In der Kinder- und Jugendliteraturforschung wurden in der Vergangenheit mehrere Systematisierungsversuche der Werke für Kinder und Jugendliche, die im Exil entstanden sind oder Exilerfahrungen thematisieren, – u. a. von Thomas S. Hansen, Dirk Krüger, Winfred Kaminski, Petra Josting, Astrid Fernengel und Wiebke von Bernstorff – vorgestellt. Die Beiträge dieses Bandes sind in vier Sektionen gegliedert. Ohne einen Anspruch auf Vollständigkeit zu erheben, spiegeln diese die Bandbreite an historischen und aktuellen Kinder- und Jugendmedien des Exils wider. Die erste Sektion versammelt *Entwürfe von neuer Gemeinschaft und Gesellschaft* (Julia Benner, Wiebke von Bernstorff, Jana Mikota, Larissa Carolin Jagdschian).

Die zweite Sektion bündelt Beiträge, die sich der spezifischen Qualität des ‚kindlichen Blicks' widmen. *Totalitäre Herrschaft und kindliche Exilerfahrung* (Ksenia Kuzminykh, Dirk Krüger, Isabelle Leitloff, Marijke Box, Kathrin Heintz, Vojin Saša Vukadinović) verhandelt die Kinderperspektive auf die Exilierung. Die Beiträge nehmen teilweise vergleichend den ‚kindlichen Blick' aus erwachsenenliterarischen Werken hinzu oder aber – wie etwa Irmgard Keuns Roman *Kind aller Länder* – entwickeln sich gerade aus dem kunstvollen ‚Grenzgang' zwischen Kinder- und Erwachsenenperspektive.

Die dritte Sektion wendet sich schwerpunktmäßig unterschiedlichen Ausgestaltungen des Text-Bild-Verhältnisses zu (Burcu Dogramaci und Helene Roth, Jeanette van Laak und Lisa Weck, Theresia Dingelmaier). Der Titel, mit dem diese Sektion überschrieben ist – *Sprechende Bilder, bildliche Texte* – deutet dabei an, dass eine nonverbale, visuelle Sprache von gezeichneten und fotografierten Bildern zwar die Möglichkeit zu eröffnen scheint, im neuen sprachlichen Umfeld des Exillandes an früheres Arbeiten anknüpfen zu können, dass jedoch diese Anknüpfungen oftmals doch nicht ohne Zäsuren funktionierten. Netzwerke und Arbeitsbedingungen sind neu wiederherzustellen und auch die Sprache der Bilder ist keineswegs so ‚universell', wie es auf den ersten Blick vielleicht scheinen mag. Oftmals wurden Übersetzungen und Kommentierungen benötigt oder musste nachträglich eine neue Rahmung für das Bild gefunden werden.

Die vierte Sektion geht eben diesen ‚Rahmungen' eingehender nach. Die unter der Überschrift *Re-Lektüren und neue Rahmungen* zusammengestellten Beiträge unternehmen Lektüren aus heutiger Sicht oder betrachten Werke der Gegenwart, die neue Kontexte für historische Exilerfahrungen schaffen (Susanne Blumesberger, Julia von Dall'Armi, Etti Gordon Ginzburg und Anita Konrad).

Den Abschluss bildet ein persönlich gehaltener Text von Deborah Vietor-Engländer, die sich an ihre nahe Freundin, die Kinder- und Jugendbuchautorin Judith Kerr (15. Juni 1923 in Berlin – 22. Mai 2019 in London), erinnert. Mit ihrer zwischen 1971 und 1978 zunächst auf Englisch publizierten Trilogie *When Hitler Stole Pink Rabbit (Als Hitler das rosa Kaninchen stahl)*, *The Other Way Round (Warten bis der Frieden kommt)* und *A Small Person Far Away (Eine Art Familientreffen)* hat Kerr Maßstäbe für das kinder- und jugendliterarische Schreiben über das Exil gesetzt. Sie war Ehrenmitglied der Gesellschaft für Exilforschung; ihrem Andenken ist dieses Jahrbuch gewidmet.

I Entwürfe von neuer Gemeinschaft und Gesellschaft in Exil- und Migrationserzählungen für Kinder und Jugendliche

Julia Benner

Auf der Spur des Papiers. Bürokratismus, Papierlosigkeit und irreguläre Migration in der Kinder- und Jugendliteratur des zwanzigsten und einundzwanzigsten Jahrhunderts

1 Passepartout – Pässe für alle?

Neben mir auf dem Balkon steht eine Pflanze, die ein Privileg besitzt, das vielen Menschen in Deutschland und der EU bislang verwehrt bleibt: Das Basilikum hat, laut aufgedrucktem Etikett, einen Pass. Mit diesem Pflanzenpass kann der Kräutertopf innerhalb der EU staatliche Grenzen überqueren. Geflüchtete Menschen hingegen sind oftmals gezwungen, in der Bundesrepublik Deutschland zu verweilen. Sie haben keinen Pass und keine Freizügigkeit.

Die Unfreizügigkeit ist freilich nicht das einzige bürokratiebezogene Problem, das mit einem ungeklärten Aufenthaltsstatus, ‚irregulärer' Migration, Staaten- und/oder Papierlosigkeit einhergeht. Von Gesetzes wegen wird unterschieden zwischen dokumentierten Menschen und solchen, die sich ohne Kenntnis der Behörden in einem Land aufhalten und damit keinen Aufenthaltsstatus haben. Entsprechend führt „[e]ine unerlaubte Einreise [...] nicht zwangsläufig in einen illegalen Aufenthalt. Flüchtlinge aus Kriegs- und Krisengebieten melden sich nach einer unerlaubten Einreise bei den Behörden, um Asyl oder humanitären Schutz zu beantragen. Sie erhalten zunächst ein befristetes und bei Anerkennung dauerhaftes Aufenthaltsrecht."[1]

Sans Papiers (Papierlose) leben in permanenter Angst, entdeckt zu werden. Ihre Wohn- und Arbeitssituation ist instabil und äußerst prekär. Alle Dinge des Lebens, die mit Ausweisen, Bescheinigungen und schlicht dem Hinterlassen von personenbezogenen Daten zu tun haben, stellen enorme und gefährliche Hürden dar. Auch Dokumentierte, die nicht die ‚richtigen' Papiere besitzen, werden im Alltag an allen Ecken behindert; Behördengänge werden zur Qual. Ein ungeklärter Aufenthalts-

---

[1] Dita Vogel und Norbert Cyrus: Irreguläre Migration. In: Bundeszentrale für politische Bildung, Dossier Migration (2018), https://www.bpb.de/themen/migration-integration/dossier-migration/247683/irregulaere-migration/ (Zugriff: 1.11.2022). Siehe auch Doerte Bischoff: Sans Papiers. In: Bettina Bannasch, Doerte Bischoff und Burcu Dogramaci (Hg.): Exilforschung. Ein internationales Handbuch 40 (2022): Exil, Flucht, Migration. Konfligierende Begriffe, vernetzte Diskurse?. Berlin, Boston 2022, S. 175–185.

status verunmöglicht viele Dinge, die Bürger*innen alltäglich vorkommen – vom Zugang zu Bildung und zum Arbeitsmarkt bis hin zur Möglichkeit der politischen Partizipation.² Solche Migrant*innen bleiben, wie Hannah Arendt in „We Refugees" schreibt, ohne Schutz zurück, was nicht selten zu ihrem Tod führt:

> we live in a world, where human beings as such have ceased to exist for quite a while; since society has discovered discrimination as the great social weapon by which one may kill without any bloodshed; since passports or birth certificates, and sometimes income tax receipts, are no longer formal papers but matters of social distinction.³

Bürokratische Papiere separieren demnach die Menschheit. Sie entscheiden über Rechte, Pflichten und Möglichkeiten. Sie machen aus Menschen Staatsbürger*innen und Staatenlose. Sie machen, so die noch immer häufig gebrauchte, diffamierende Begriffssetzung, ‚Legale' und ‚Illegale'⁴. Mit Achille Mbembe schaffen Pässe und andere Dokumente die Grundlage eines nekropolitischen Systems; eines Systems, das letztendlich darüber bestimmt, wer leben darf und wer sterben muss.⁵ Im Kern ist dieses System bürokratistisch. Bürokratie ist nach und infolge von Max Weber

---

2 Siehe z. B. Kristin Helberg: Wege voller Steine. In: Der Hauptstadtbrief 11/9 (2022), https://www.derhauptstadtbrief.de/wege-voller-steine/ (Zugriff: 1.11.2022).

3 Hannah Arendt: We Refugees. In: dies: The Jewish Writings, hg. von Jerome Kohn und Ron H. Feldman. New York 2007, S. 273.

4 Siehe hierzu bspw. die Webseite des Bundesministeriums des Inneren und für die Heimat. Der erste Absatz zum Eintrag „Illegale Migration" lautet: „Unerlaubte Einreise und illegaler Aufenthalt werden bekämpft. In engem Zusammenhang damit steht die Bekämpfung der unerlaubten Beschäftigung, denn die Aussicht auf eine illegale Beschäftigung verstärkt den Anreiz zur illegalen Einreise." (Bundesministerium des Innern und für Heimat: Illegale Migration. In: Bundesministerium des Innern und für Heimat, https://www.bmi.bund.de/DE/themen/migration/illegale-migration/illegale-migration-node.html (Zugriff: 1.11.2022)). Viele Kinder- und Jugendbuchtitel verweisen zudem auf ‚Illegalität'. Z. B.: Emmanuelle Heidsiecks *Illegale: Menschen ohne Papiere* (2000); Ela Aslans *Plötzlich war ich im Schatten. Mein Leben als Illegale in Deutschland* (2012); Eoin Colfers und Andrew Donkins *Illegal. Die Geschichte einer Flucht* (2018).

5 Siehe Achille Mbembe: Necropolitics. Aus dem Französischen von Stephen Corcoran (Theory of Forms). Durham, London 2019, S. 66; Martin Stingelin: Einleitung: Biopolitik und Rassismus. Was leben soll und was sterben muß. In: ders. (Hg.): Biopolitik und Rassismus. Frankfurt a. M. 2021 (2. Aufl.), S. 7–26. Mbembe spitzt hier eine Idee Foucaults zu. Dieser stellt in *Sexualität und Wahrheit I: Der Wille zum Wissen* (1976) für den Übergang in die Moderne fest: „man könnte sagen, das alte Recht, sterben zu *machen* oder leben zu *lassen* wurde abgelöst von einer Macht, leben zu *machen* oder in den Tod zu *stoßen*." (Michel Foucault: Recht über den Tod und Macht zum Leben. In: Andreas Folkers und Thomas Lemke (Hg.): Biopolitik. Ein Reader. Berlin 2020 (2. Aufl.), S. 68, Herv. i. O.). Siehe dazu auch Petra Gehring: Bio-Politik/Bio-Macht. In: Clemens Kammler, Rolf Parr und Ulrich Johannes Schneider (Hg.): Foucault-Handbuch. Leben – Werk – Wirkung. Stuttgart, Weimar 2020 (2., aktual. und erw. Aufl.), S. 266 und vor allem Stingelin: Biopolitik und Rassismus.

u. a. gekennzeichnet durch Rationalität, Regelgebundenheit und Funktionalität.[6] Das System ist dann effektiv, wenn ‚kleine Rädchen' ineinandergreifen, jede Person sachlich handelt und stets weiß, was zu tun ist. Ein Papier führt zum nächsten, bis – idealerweise – eine zweckmäßige und unpersönliche Entscheidung erreicht ist. Viele Menschen mit und ohne Migrationserfahrung dürften aber ähnliche Erfahrungen gemacht haben wie Asterix und Obelix in der Präfekturverwaltung Roms: Wer wurde nicht schon einmal von einer ‚nicht zuständigen' Person zur nächsten geschickt? Aus Bürokratie wird nicht selten Bürokratismus und aus der Verwaltung das „Haus, das Verrückte macht"[7]. Da Flucht und Migration[8] in der Regel nicht geregelt vonstattengehen, sehen sich viele Betroffene mit besonders großen bürokratischen Hürden konfrontiert. Doch bleibt, wie auch Lahusen und Schneider feststellen, Bürokratie in Debatten über Flucht und Asyl oftmals ein blinder Fleck:

> Gegenüber den politisch vermeintlich brisanteren Themen – etwa der Frage ‚effektiverer' Grenzkontrollen, der Verteilung von Geflüchteten zwischen den Mitgliedsländern oder länderinternen ‚Belastungs-' und ‚Obergrenzen' – gerät die bürokratische Bearbeitung des Problems stärker aus dem Blickfeld. Dies ist erstaunlich, weil im und durch das administrative Verfahren die Differenzierungen vorgenommen werden, die letztlich über den Verbleib, den Status und die Gestaltung des Aufenthalts von Asylsuchenden entscheiden.[9]

---

6 Siehe Stephan Paetz: Bürokratie. In: Hans-Peter Müller und Steffen Sigmund (Hg.): Max Weber-Handbuch. Leben – Werk – Wirkung. Stuttgart 2020 (2., aktual. und erw. Aufl.), S. 51; Max Weber: Herrschaft. In: ders.: Max Weber-Gesamtausgabe. Abtl. I.: Schriften und Reden. Bd. 22: Wirtschaft und Gesellschaft: Die Wirtschaft und die gesellschaftlichen Ordnungen und Mächte. Nachlaß. Teilbd. 4: Herrschaft, hg. von Edith Hanke in Zusammenarbeit mit Thomas Kroll. Tübingen 2005, S. 158–160, 185, 234.
7 Siehe Asterix erobert Rom. Reg. René Goscinny, Henri Gruel, Albert Uderzo und Pierre Watrin. Prod. Georges Dargaud u. a., FR 1976.
8 Die Trennung zwischen Flucht und Migration ist insbesondere im Kontext von undokumentierter bzw. ‚irregulärer' Migration fragwürdig: „Die Abgrenzung zwischen Flucht und Migration ist in der Praxis im Umgang mit Menschen, die ihre Heimat verlassen mussten, nicht immer trennscharf möglich. Nach der Genfer Konvention ist jemand, der beispielsweise sich und seine Familie vor Hunger retten will, kein Flüchtling, sondern ein Migrant. Auch wer seine Heimat aufgrund einer Naturkatastrophe verlässt, hat den Status eines Migranten und fällt somit nicht unter den Schutz der Genfer Flüchtlingskonvention. Solche Schicksale werden als Zwangsmigration (forced migration) bezeichnet." (Bundesministerium für wirtschaftliche Zusammenarbeit und Entwicklung: Flucht und Migration: Grundlagen und Begriffe. In: Bundesministerium für wirtschaftliche Zusammenarbeit und Entwicklung (2022), https://www.bmz.de/de/themen/flucht/fachbegriffe#lexicon=21866 (Zugriff: 14.9.2022)). Ich verwende in diesem Beitrag Flucht und Migration weitestgehend synonym, da die Figuren und/oder ihre Familien aller Texte in ihrem Ausgangsland mit Leib und Leben bedroht werden.
9 Christian Lahusen und Stephanie Schneider (Hg.): Asyl verwalten. Zur bürokratischen Bearbeitung eines gesellschaftlichen Problems. Bielefeld 2017, S. 8.

Wo und wie aber wird davon in Kinder- und Jugendmedien (KJM) erzählt? Diese Frage bildet den Ausgangspunkt dieses Beitrags, der versucht, diesen Themenkomplex in der Kinder- und Jugendliteratur (KJL) des zwanzigsten und einundzwanzigsten Jahrhunderts auszuloten. Zunächst werden allgemeinere Überlegungen zu Grenzen, Pässen, Papieren und ihren Auswirkungen auf Migrierende angestellt. Es wird gezeigt, welche Auswirkungen die Notwendigkeit von Dokumenten auf das Individuum haben und wie diese bürokratische Brutalität in der KJL verhandelt wird.[10] Dabei werden sowohl Texte, die Flucht und Exil zur Zeit des Nationalsozialismus thematisieren, als auch neuere Werke in den Blick genommen, die von irregulärer Migration im einundzwanzigsten Jahrhundert erzählen. Diese taucht meist im Kontext von der Grenze zwischen Mexiko und den USA, Flucht über das Mittelmeer und generell Abschiebung auf.[11] Im Kern soll der Frage nachgegangen werden, wo und wie in KJL Bedrohungen durch Bürokratie im Kontext von Migration thematisiert werden, genauer: wie das nicht-Vorhandensein von Dokumenten zur Erschwerung von Flucht und Rettung sowie dem Leben im Exil führt.

Vorangestellt sei, dass Pass-, Staaten- und Papierlosigkeit außerhalb der hier erwähnten Literatur im deutschsprachigen Kinder- und Jugendbuch bestenfalls randständige Themen sind. Zudem handelt es sich bei vielen relevanten Titeln um Übersetzungen. Daher werde ich mich im letzten, ausblickhaften Abschnitt mit anderen Medien, die viel von Kindern und vor allem Jugendlichen rezipiert werden, befassen und diesbezüglich auf die Bedeutung von Serious Games und Hip-Hop eingehen.

2 Unpässlichkeit in einer Welt mit Grenzen in historischer Perspektive

Zu den wichtigsten behördlichen Papieren – insbesondere im Kontext von Migration – zählt der Pass. Er weist die Zugehörigkeit zu einem bestimmten Staat nach, schützt seine Inhaber*innen und ermöglicht ihnen Reisefreiheit. Doch wie kommt es eigentlich, dass ein Stück Papier darüber bestimmen darf, wer man ist? Seit wann muss man überhaupt seine Identität nachweisen? Diese Fragen sind leider weder

---

10 Meine Recherche, die allerdings noch einer größeren Ausführlichkeit bedarf, hat ergeben, dass der Themenkomplex dezidiert verstärkt seit Beginn des einundzwanzigsten Jahrhunderts (also vor der Zuwanderung 2015) behandelt wird.
11 Beispiele finden sich auch in der fantastischen Literatur, u. a. in Jessica Townsends *Nevermoor: The Trials of Morrigan Crow* (2017).

kurz noch einfach zu beantworten. Regelungen zur Freizügigkeit hat es in einzelnen Regionen und beschränkt auf aus heutiger Sicht kleine Herrschaftsbereiche schon früh gegeben. Wie Thomas Claes in seinem Büchlein *Passkontrolle! Eine kritische Geschichte des sich Ausweisens und Erkanntwerdens* (2010) schreibt, war bereits im europäischen Mittelalter ein Schriftstück notwendig, um ein Tor oder eine Grenze passieren zu können. Mit der Entstehung von Nationalstaaten gewannen solche Dokumente an Bedeutung. Staatsangehörigkeiten mit entsprechenden Rechten und Pässen, aber auch Kontrollen sind, so Doerte Bischoff und Miriam Rürup, spätestens seit der Französischen Revolution zu finden.[12] Identifizierungsdokumente stehen im Zusammenhang mit dem modernen Staatswesen, mit „nationalistische[m] Denken, [...] Inklusion und Exklusion [...], Kontrolle und Überwachung"[13]. Die Bevölkerung wird, mit Foucault gesprochen, durch Identifizierungsdokumente diszipliniert und kontrolliert, indem Staaten mit Papieren nicht nur Handel und Verkehr, sondern auch den einzelnen Menschen bestimmen und überwachen können. Das schafft ein Gefühl von Sicherheit – zum Beispiel mit Blick auf Kriminalität –, führt aber auch zur Ausgrenzung von Menschen, die entsprechende Papiere nicht besitzen. Bürger*innen – insbesondere wohlbetuchte – wurden hierbei immer deutlich privilegiert und ethnische Minderheiten meist ausgeschlossen.[14]

Noch im wilhelminischen Deutschen Kaiserreich war das Vorzeigen eines Passes zunächst weder bei Ein- noch bei Ausreise notwendig. Grenzkontrollen fanden demgemäß nicht statt, wobei eine Ausnahme die Maßnahmen zur Eindämmung der Pest darstellten. In dieser Hinsicht fügt sich der neuerlich eingeführte EU-Pflanzenpass in die Begründungsreihe ein, soll er doch aus gutem Grund das Weitertragen von Pflanzenschädlingen und -krankheiten verhindern. Diesem Diskurs entsprechend ist eine kranke Person bis heute ‚unpässlich'.[15] Mit Bezug auf die Pest

---

12 Siehe hierzu Doerte Bischoff und Miriam Rürup: Ausgeschlossen: Staatsbürgerschaft, Staatenlosigkeit und Exil. Zur Einleitung. In: dies. (Hg.): Exilforschung. Ein internationales Jahrbuch 36 (2018): Ausgeschlossen. Staatsbürgerschaft, Staatenlosigkeit und Exil. München 2018, S. 9.
13 Thomas Claes: Passkontrolle! Eine kritische Geschichte des sich Ausweisens und Erkanntwerdens. Berlin 2010, S. 8 f.
14 Das hat mit dem seit 1842 in Deutschland geltenden sogenannten *ius sanguinis* (Blutrecht), also dem Abstammungsprinzip, zu tun (siehe Wolfgang Wippermann: Das „ius sanguinis" und die Minderheiten im Deutschen Kaiserreich. In: Hans Henning Hahn und Peter Kunze (Hg.): Nationale Minderheiten und staatliche Minderheitenpolitik in Deutschland im 19. Jahrhundert. Berlin 1999, S. 135–139).
15 Siehe Deutsches Wörterbuch von Jacob und Wilhelm Grimm: UNPÄSSIG, adj. In: Bd. 24. Digitalisierte Fassung im Wörterbuchnetz des Trier Center for Digital Humanities, Version 1/21, Sp. 1224, Z. 42, https://www.woerterbuchnetz.de/DWB?lemid=U09249 (Zugriff: 11.10.2022).

bezeichnet Claes diese Regelung allerdings als vorgeschobene Maßnahme, mit der „die Einreise von polnischen und russischen Arbeitskräften verhindert werden"[16] sollte. Noch immer sind marktwirtschaftliche Interessen sowie die Regulation des Arbeitsmarktes in Diskussionen über Zuwanderung zentral.

Eine wichtige Zäsur im Passwesen stellte der Erste Weltkrieg dar, denn er führte zur breiten Einführung von Passkontrollen und Passpflichten in Europa. Andreas Fahrmeir benennt vier große, unmittelbare Auswirkungen:

1. Die Unterteilung in „Freund", „Feind" und „Neutraler", die nun auch für Zivilisten vorgenommen wurde
2. Die Einführung eines Lichtbildausweises, denn das Foto sollte die Identität des Passinhabenden verifizieren. Das bedeutete auch, dass die eigene Identität zunächst von der Regierung bestätigt werden musste.
3. Wurden nun umfänglich die Arbeitsmöglichkeiten oder -unmöglichkeiten von Ausländer*innen festgelegt, neben Aufenthaltserlaubnissen gab es auch Arbeitserlaubnisse.
4. Gewann Ethnizität weiter an Bedeutung, was sich in der Weimarer Republik noch verstärkte.[17]

Die Migrationsbewegungen nach der Russischen Revolution und dem Antritt der faschistischen Regierung Mussolinis in Italien führten dann dazu, dass ein Pass für Staatenlose, der sogenannte Nansen-Pass, eingeführt wurde. Hiermit konnte man zwar Grenzen passieren, doch gab es keine Garantie dafür, in das Land, aus dem man gerade ausreiste, zurückkehren zu können. Wie Bischoff und Rürup erläutern, führten die überall in Europa geltenden Gesetze zur Regelung der Staatsangehörigkeit nämlich dazu, dass Flüchtlinge „in ein rechtliches Niemandsland"[18] gerieten. Nationalstaaten sicherten in erster Linie ihre eigenen Interessen. Die eigenen Staatsbürger*innen wurden geschützt, Staatenlose fielen jedoch zwischen alle Stühle. Wenngleich noch vereinzelt, spiegeln sich diese Missstände auch in der KJL dieser Zeit.

Ruth Rewalds Roman *Janko, der Junge aus Mexiko* (1934)[19] geht von den mir bekannten Texten der 1920er- und 1930er-Jahre am intensivsten auf das Problem der Staatenlosigkeit im präfaschistischen Deutschland ein. Der Text thematisiert

---

16 Claes: Passkontrolle!, S. 52.
17 Siehe Andreas Fahrmeir: Staatsangehörigkeit und Nationalität, Rang und Bürokratie. In: Doerte Bischoff und Miriam Rürup (Hg.): Exilforschung. Ein Internationales Jahrbuch 36 (2018): Ausgeschlossen. Staatsbürgerschaft, Staatenlosigkeit und Exil. München 2018, S. 29–31.
18 Bischoff und Rürup: Ausgeschlossen, S. 10.
19 Ruth Rewald: Janko, der Junge aus Mexiko [1934]. Illustrationen von Paul Urban, hg. von Dirk Krüger. Wuppertal 2007. Siehe auch den Beitrag von Dirk Krüger in diesem Band.

allerdings nicht Migrationsbewegungen innerhalb Europas, sondern interkontinentale, was bereits auf die Situation der vor dem NS-Regime Fliehenden verweist.

Der titelgebende Protagonist Janko lebt staatenlos in Deutschland und soll abgeschoben werden, kommt dem aber durch seine Ausreise zuvor. Der Text schildert, wie Janko zu einem Zankapfel zwischen Staaten wird und wie bürokratische Prozesse sein Leben nicht nur erschweren, sondern formen und sogar zu vernichten drohen:

> Mit den Akten hat es eine besondere Bewandtnis. Es ist nicht schwer zu erklären was ein Aktenstück ist. Das ist einfach ein Bündel Papier, auf welchem erwachsene Leute wichtige Dinge aufgeschrieben haben. [...] Aber es ist sehr schwer zu erklären, wie dieses Papier plötzlich Gewalt gewinnen kann, eingreifen kann in das Schicksal von lebendigen Menschen, sie weiterbringen und sie vernichten kann. Da gibt es einen bestimmten Augenblick, in welchem das Papier aus sich herauswächst und selbst Leben wird. Nicht mehr der Mensch, über den da berichtet wird, formt das Papier, sondern das Papier formt den Menschen und seine Zukunft. Das ist die ‚Entscheidung'. Auch sie ist zunächst nur ein Stück Papier, aber sie wird lebendig und ergreift auf eine unheimliche Weise Gewalt von dem Menschen, von dem dort geschrieben ist. Und was dort geschrieben ist, das haben zwar Beamte, lebendige Menschen geschrieben, aber hinter ihnen standen dabei die Staaten, die Interessen, die Gesetze und die Zufälle, und sie führten die Hand des Schreibers. Wenn der Beamte seine Entscheidung in die Akte gelegt hat, dann ist sie für ihn erledigt.[20]

Diese Beschreibung passt zu einer Bürokratie, die nicht mehr den Menschen dient, sondern allein sich selbst. Anstelle von Webers Idealtypus tritt hier ein rigides Formularwesen, das sich verselbstständigt hat und zur Gefahr für die Menschen geworden ist. Das ist möglich durch die „Übertragung von Verantwortung"[21], die es den Ausführenden erlaubt, sich nicht verantwortlich zu fühlen. Die Beamt*innen und Sachbearbeiter*innen agieren nicht mitfühlend und menschlich. Die „Entscheidung" über das Wohl und Wehe eines Menschen erfolgt schablonenhaft und ist nicht mehr als ein Punkt auf der To-Do-Liste, der nach Erledigung abgehakt wird. So beschreibt Janko das Jugendamt auch als kalte, emotionslose Maschinerie: „als jene Entscheidung [zur Abschiebung, Anm. J.B.] des Jugendamtes kam, fühlte ich mich durch die Räder einer Maschine gepackt, deren Räderwerk nicht durch Vernunft, Einsicht und Liebe getrieben war, sondern durch Zufälle, Missverständnisse und Blindheit."[22] Ohne Papier wird Janko auch die Arbeitsfindung und Ausreise erschwert, sodass es zwei Jahre braucht, bis er Europa verlassen und nach Mexiko zurückkehren kann.

---

20 Rewald: Janko, S. 112 f.
21 Peter D. Forgács: Der ausgelieferte Beamte. Über das Wesen der staatlichen Verwaltung. Wien, Köln, Weimar 2016, S. 35.
22 Rewald: Janko, S. 117.

Regulierungen und Gesetze um Migration und Staatsbürgerschaft wurden im Verlauf des NS-Staats erheblich verschärft. So wurden zwischen 1933 und 1945 viele unterschiedliche Menschen aus verschiedenen Gründen durch unterschiedliche Maßnahmen (Widerruf von Einbürgerungen, Strafexpatriierung, schrittweise Umcodierung zur ‚rassisch-kulturellen' Staatsbürgerschaft) staatenlos.[23] Zudem gab es Maßnahmen, die zur Erschwerung von Fluchtprozessen führten. Auf Wunsch der Schweizer Behörden wurden beispielsweise Menschen mit einer sogenannten ‚jüdischen Herkunft' mit einem roten „J" auf dem Pass abgestempelt, was ihre Abschiebung erleichtern sollte.[24]

Für exilierte Autor*innen war es ausgesprochen kompliziert und oftmals waghalsig, noch zur Zeit des Nationalsozialismus KJL zu veröffentlichen, die hiervon erzählt.[25] In Lisa Tetzners „Kinderodyssee" genannten neunbändigen Reihe *Die Kinder aus Nr. 67* (1932–1947) finden sich dennoch einige Passagen, in denen Probleme der Pass- und Papierlosigkeit sowie ‚illegale' Grenzübertritte thematisiert werden.[26] In *Erwin kommt nach Schweden* (schwed. EA 1941; dt. 1944) fliehen Erwin Brackmann und sein Vater, der zuvor in einem Lager interniert war, aus Deutschland. Die Erzählinstanz schildert die Flucht aus der Perspektive von Erwin:

> Dem Vater wurden Adressen und Briefe zugesteckt. An dem kleinen Heft, das sie „Pass" nannten, und das eigentlich einem andern gehörte und gar nicht auf Vater und ihn stimmte, wurde noch herumradiert [...] „Denn jetzt", so sagte der Vater, „heißen wir Kunze und nicht mehr Brackmann." Und ihn, den Erwin, würde er hinfort „Fritz" nennen. Es war wie auf einem Theater oder bei einem Maskenball. Sie hatten sich zu verkleiden, und – aus Angst vor der Polizei, und aus Rücksicht auf das kleine Paßheft – zu verstellen. Erwin hatte nie gewußt, daß es so etwas gab. Er kannte nur seinen Geburts- und Taufschein.[27]

Als die Brackmanns also mithilfe von falschen Pässen ausreisen, dämmert es Erwin erstmals, dass Pässe bedeutsame Papiere sind, wobei auch klar wird, dass sie etwas Neues und nicht allen Menschen Bekanntes sind. Erwin stellt zudem fest, dass sich

---

[23] Siehe Dieter Gosewinkel: Einbürgern und Ausschließen. Die Nationalisierung der Staatsangehörigkeit vom Deutschen Bund bis zur Bundesrepublik Deutschland. Göttingen 2003 (2. Aufl.).
[24] Siehe Julia Benner: Federkrieg. Kinder- und Jugendliteratur gegen den Nationalsozialismus 1933–1945. Göttingen 2015, S. 107.
[25] Siehe Benner: Federkrieg, S. 107.
[26] Siehe dazu auch Larissa Schridde: Lisa Tetzner. Erwin kommt nach Schweden (1944). In: Bettina Bannasch und Gerhild Rochus (Hg.): Handbuch der deutschsprachigen Exilliteratur. Von Heinrich Heine bis Herta Müller. Berlin, Boston 2013, S. 556–563.
[27] Lisa Tetzner: Erwin kommt nach Schweden [schwed. 1941]. Illustrationen von Theo Glinz. Aarau 1944a, S. 21 f.

alle nach diesen Papieren richten müssen: Nicht die Papiere nehmen Rücksicht auf die Menschen, sondern die Menschen müssen umgekehrt Rücksicht auf das Papier nehmen.

Zunächst scheint die Flucht für Erwin in erster Linie aufregend, wie eine Art Aufführung. Der Vater kommt ihm dabei vor wie ein aus einem seiner Abenteuerbücher entsprungener Held: „Er war wie ein listiger Krieger, der vorsichtig das feindliche Gebiet erkundet."[28] Im Zug nach Brüssel bekommen Vater und Sohn dann aber Angst, denn Herr Brackmann erklärt, dass Gefängnis und Hinrichtung drohen. Kurzerhand verlassen sie den Zug und überqueren die grüne Grenze. Ähnlich wie Rewalds Janko stellt Herr Brackmann nun fest, wie einfache Gegenstände, hier Grenzpfähle, durch politische Praxis eine ungeheure Macht zugesprochen bekommen:

> „Sind eigentlich nichts weiter als ein Stück angenageltes Holz. Jahrelang vergißt man ihre Wichtigkeit und weiß kaum, daß sie da sind. Aber plötzlich geschieht etwas. Kommt ein Krieg oder eine Revolution. [...] Dann muß man ihretwegen zum Schwindler und Betrüger werden und seinen Kopf riskieren, nur damit man um sie herumkommt."[29]

Durch solche Äußerungen wird auch evident, dass diese Grenzen wie auch die Identifikationsdokumente nicht natürlich, sondern von Menschen gemacht sind. Im Umkehrschluss bedeutet das auch, dass Menschen sie ändern können.

Die Brackmanns müssen wie die Hasen über die Grenze jagen. In Belgien angekommen, bittet der Vater um Asyl[30] und behauptet, keine Pässe zu haben. Sie werden in einem Flüchtlingslager interniert und dann nach Frankreich abgeschoben:

> Und während der Grenzwächter des Nachbarlandes den Rücken wendet, sagt der Polizist: „Nun lauft rasch zu!" Er schiebt sie dabei heimlich zwischen seinen Grenzpfählen hindurch hinter die andern; obgleich das verboten ist und bestraft wird. Sein eigenes Land soll nicht mit zuviel fremden Leuten überfüllt werden, und deshalb bekommt er den Befehl: „Schieb sie ab!" Dabei geschieht es dann, daß der andere Grenzbeamte sie wieder zurückschickt, weil man sie in seinem Lande auch nicht haben will, oder weil sie „unerlaubt" über die Grenze gekommen sind. Auf diese Weise werden arme Flüchtlinge von einem Land ins andere geschoben und irren ruhelos umher. [...] Nicht der Polizist, der Erwin und seinen Vater über die Grenze nach Frankreich hineinschob, hat die Schuld. Auch nicht derjenige, der ihm den Befehl dazu gab, sondern ein Gesetz, das irgendwo aufgestellt und gedruckt wurde, und nachdem man handelt und regiert, um für sich und sein eigenes Land das Beste zu erreichen.[31]

---

28 Tetzner: Erwin, S. 23.
29 Tetzner: Erwin, S. 27.
30 Tetzner: Erwin, S. 28.
31 Tetzner: Erwin, S. 32.

Der Text verdeutlicht also, was Abschiebung in der Praxis bedeutet, und verweist auch auf die Mühlen der Bürokratie, Gesetzgebung und vor allem staatliche Eigeninteressen, die über das Leben des einzelnen Menschen gestellt werden. Des Weiteren wird erklärt, wie Politik, Gesetze und Vorschriften Menschen dazu treiben können, kriminell zu werden.[32] Dabei werden – wie in der „Kinderodyssee" so häufig – Fragen nach Schuld sowie nach Recht und Unrecht, ‚legalem' und ‚illegalem' Handeln aufgeworfen. Zwar sind die Brackmanns „‚unerlaubt'", doch auch die Abschiebepraxis ist „verboten".

Das wird auch im vierten Band von Tetzners „Kinderodyssee" mit dem Titel *Das Schiff ohne Hafen* (1944) deutlich. Mirjam, die Protagonistin in diesem Band, ist mit Blick auf den eben dargestellten geschichtlichen Hintergrund staatenlos, denn sie zählt zu den aus Osteuropa eingewanderten Jüdinnen, deren Migration und Einbürgerung bereits seit den 1920er-Jahren, verstärkt dann ab der Machtübertragung, erschwert bis unmöglich war. Auf der unsicheren Schifffahrt wird Mirjam erstmals klar, wie wichtig Papiere sind, denn ohne Papiere kann sie in kein Land gelangen. Nachdem die Flüchtlinge in Chile abgewiesen wurden, wird Mirjam von Albträumen geplagt:

> Des Nachts träumte Mirjam, sie müsse sich durch einen Berg von Papier durchessen. Der Kuchenberg, der den Weg ins Schlaraffenland verbaut, hatte sich plötzlich für sie in einen Berg von abgestempeltem, beschriebenen Papier verwandelt. Es knitterte, raschelte und schmeckte nach Tinte und Druckerschwärze. Und das viele abgestempelte Papier grinste sie an und zeigte ungezählte, zornige, höhnische und drohende Fratzen. Die daraufgeschriebenen Buchstaben erhoben sich und verprügelten sie. Sie versuchte das Papier zu zerreißen; aber aus einem zerrissenen Papier wurden zehn andere, die dreimal so vollgeschrieben waren, bis sie schreiend und vor Angst geschüttelt erwachte.[33]

Der Vergleich mit dem Schlaraffenland, in dem alles im Überfluss vorhanden ist, verweist auf die Lebensnotwendigkeit einer Aufenthaltsgenehmigung. Sie ist für Mirjam genauso wichtig wie Essen, aus ihrer Sicht jedoch auch ebenso unerreichbar wie das Schlaraffenland. Das Papier verselbstständigt sich, wird in diesem Albtraum zu einem lebendigen Monster, das Mirjam Gewalt antut, sich exponentiell vermehrt und damit übermächtig wird.

In beiden Beispieltexten wird also betont, dass einfache Gegenstände wie Grenzpfähle und Papier durch Gesetze und bürokratische Praktiken zu mächtigen

---

[32] Dies war schon im ersten Band der „Kinderodyssee" Thema, in dem Paul aus Hunger Brot stiehlt. Diese Diskussion ist typisch für proletarisch-revolutionäre KJL. Diese will unter anderem aus kommunistischer bzw. sozialistischer oder vereinzelt auch anarchistischer Perspektive heraus erklären, wodurch Armut und Unterdrückung entstehen.

[33] Lisa Tetzner: Das Schiff ohne Hafen [schwed. 1943]. Illustrationen von Theo Glinz. Aarau 1944b, S. 116.

Exklusions- und Unterdrückungsinstrumenten werden, die ein ‚Eigenleben' entwickeln. Selten wird so deutlich wie in der „Kinderodyssee", dass bürokratische Vorgänge das Gewissen des Einzelnen zu Lasten der Flüchtenden erleichtern und zu einem menschenfeindlichen System gerieren, in dem sich das Papier verselbstständigt hat und zur Lebensbedrohung geworden ist. Doch auch in vielen anderen Kinder- und Jugendbüchern über die Zeit des Nationalsozialismus wird die Bedeutung von Papieren und Identifikation evident: Häufig versuchen Protagonist*innen Ausreisedokumente, sogenannte ‚Ariernachweise' oder andere Papiere zu bekommen. Die Ausgrenzung von Jüdinnen und Juden aus Parks, Schulen etc. und die Zwangsverpflichtung zum Tragen eines gelben Sterns bleiben selten unerwähnt.

In der Tat erreichte dieses perfide nekropolitische System in der NS-Todesmaschinerie seinen Höhepunkt. Dass Migration beziehungsweise der Aufenthalt in einigen Ländern auch zuvor verunmöglicht wurde und zur Vertreibung und zum Tode Vieler führte, wird in Texten (auch über das Kaiserreich und die Weimarer Republik) jedoch in der Regel nicht deutlich. So scheint die Todesbürokratie der Nazis innerhalb kinder- und jugendliterarischer Erzählungen eine geschichtliche Ausnahmeerscheinung ohne Vor- und Nachgeschichte zu sein. Struktureller Rassismus und bürokratische Ausgrenzung und Entfremdung hatten jedoch schon länger Bestand und ziehen sich bis in die heutige Zeit hinein. Die Knebelung durch Papier ist keine genuine Erfindung des Nationalsozialismus und sie endet leider nicht mit dem Untergang des Hitlerstaates. Alle Nationalstaaten beteiligen sich daran, privilegieren ihre Bürger*innen und setzen – mal kleinere, mal größere – Hürden für alle anderen. Dies bleibt in Kinder- und Jugendliteratur jedoch meist unsichtbar.

3 Von Asylprozedur bis Zwangsmigration: Flucht und Papierlosigkeit in Kinder- und Jugendliteratur des einundzwanzigsten Jahrhunderts

Bürokratie scheint auf den ersten Blick nicht in die Welt von Kindern und Jugendlichen zu gehören, bleiben ihnen Steuererklärungen und Behördengänge doch schließlich noch erspart. Allerdings ist diese bürokratische Sorglosigkeit nur bestimmten Minderjährigen vergönnt. Viele Kinder und Jugendliche lernen schon früh, welch enormen Einfluss Behörden und Sachbearbeiter*innen auf ihr Leben haben: Kann ich mit auf den Schulausflug? Wird unsere Aufenthaltserlaubnis verlängert? Bekommen wir die Papiere, die wir so dringend brauchen?

Trotzdem scheint das in der KJL des einundzwanzigsten Jahrhunderts bislang nur punktuell eine Rolle zu spielen. Das mag an der bürgerlichen Tradition von KJL liegen oder auch an dem Verständnis von Kindheit in unserer Gesellschaft. Die Durchsicht von zahlreichen Kinder- und Jugendbüchern zum Thema Flucht und insbesondere ‚Illegalität'[34] hat gezeigt, dass im einundzwanzigsten Jahrhundert der Fokus meist auf der Reise und dem ‚Ankommen' im neuen Land liegt.[35] Es dominieren Narrative der Freundschaft und der ‚Integration' in die ‚Mehrheitsgesellschaft'. Auch über Identitätssuchen mit Bezug auf Heimat und Herkunft, auf Rassismus und Alltagsdiskriminierung wird vielfach eingegangen. Teilweise wird erzählt von den geschlossenen Grenzen der sogenannten ‚Festung Europa', den Strapazen der Flucht und auch der drohenden Abschiebung. Letztere Darstellungen finden sich heute oftmals in Büchern, die von oder mit Hilfsorganisationen herausgegeben werden. Das Korpus der Texte ist dabei sehr divers und reicht von fiktionalen Bilderbüchern über dokumentarische Comics bis hin zu dystopischen Romanen.

Über die genaueren Fluchtursachen und die Gründe für die Torturen der Flucht – meist über das Mittelmeer oder die Grenze zwischen den USA und Mexiko – wird meist wenig berichtet. Krieg, Armut, Verfolgung, Hunger und Familienzusammenführungen werden als Gründe genannt, aber es wird in der Regel nicht deutlich, woher Krieg, Armut, Verfolgung, Hunger und über Grenzen verstreute Familien kommen. Systemische Erklärungen finden sich selten und auch die Bedeutung von Dokumenten wird meist eher beiläufig erwähnt, wobei nicht klar wird, warum diese Papiere nicht vorhanden sind. So wird in Dirk Reinhardts gut recherchiertem *Train Kids* (2015) beispielsweise die Reise von Jugendlichen über die todesgefährliche Grenze in die USA geschildert.[36] Die Figuren thematisieren ihre Papierlosigkeit nur am Rande, verdeutlichen aber die drastischen Auswirkungen. Über die Grenzpolizei sagt Fernando beispielsweise: „Und was soll ihnen schon passieren, wenn sie einen von uns umlegen? Wir sind *indocumentados*, Leute ohne Papiere. Eigentlich gibt's uns gar nicht."[37]

Auch in Eoin Colfers und Andrew Donkins Graphic Novel mit dem bezeichnenden Titel *Illegal* (2018) werden die brutalen Auswirkungen undokumentierter

---

[34] Schlagwortsuchen in einschlägigen Bibliothekskatalogen und Rezensionswebseiten. Fündig wird man i. d. R. nur durch die Suche nach ‚illegal'/‚Illegalität'. Weniger abwertende Begrifflichkeiten werden in den Datenbanken selten aufgegriffen. Nicht miteinbezogen wurden Bücher über die Flucht aus der Ukraine sowie Bücher, die sich nicht explizit an Kinder und Jugendliche richten, also nicht zur originären KJL gehören.
[35] Siehe den Beitrag von Wiebke von Bernstorff in diesem Band.
[36] Ähnlich z. B. auch Werner J. Eglis *Wenn ich Flügel hätte* (1982); Carolin Philipps' *Der Baum der Tränen* (2007).
[37] Dirk Reinhardt: Train Kids. Hildesheim 2015, S. 30, Herv. i. O.; siehe auch S. 53.

Migration deutlich: Die Figuren müssen in einem Kanal hausen, sich stets versteckt halten und für Hungerlöhne arbeiten. Auf zwei Panels wird klar: „Am Checkpoint wird von der Stadt ferngehalten, wer nicht die richtigen Papiere hat", und weiter: „Wir haben überhaupt keine Papiere"[38].

Irreguläre Migration kommt indes auch in Texten vor, die sich nicht dezidiert um Aufklärung über Migrationsthemen bemühen. In dem so beworbenen „Thriller" *Das Lächeln der Spinne* (2004) von Jürgen Banscherus bearbeitet die Kriminalbeamtin Mirjam den Fall von vier „vermissten" ukrainischen Jugendlichen, „die illegal in Deutschland leben."[39] Die in Büroarbeit versinkende Mirjam erkennt in dem Verhalten der Jungen zunächst nur Trotz, Sturheit und Kooperationsunwillen:

> Kriegt man ein paar von den Burschen zu fassen und schickt sie mit dem Flugzeug zu ihren Angehörigen nach Kiew, Tscharkow oder sonst wo hin zurück, sind sie spätestens in einem Monat wieder da [...]. Solange sich in diesen Ländern weder der Staat noch die Eltern um die Ausreißer kümmern, ist die Arbeit an den Fällen ein Witz.[40]

Wenngleich die menschenunwürdigen Lebens- und Arbeitsbedingungen der Jugendlichen im Verlauf des Textes deutlich werden, bleibt die Bezeichnung der Ukrainer als „Illegale" und „Ausreißer" bestehen. Warum sie als vermisst gemeldet sind, obwohl ihre Familien wissen, wo sie sind, und wieso sie die notwendigen Papiere zum Arbeiten nicht haben, bleibt nebulös. Erst spät wird Mirjam klar, in welcher Lage sie sich befinden. Doch es gelingt ihr nicht, die eigentlichen Drahtzieher der Schlepperbande dingfest zu machen. Der Beschuldigte ist zu mächtig, die Beweise sind zu dünn und so wird die Akte geschlossen.

Die drei Beispiele thematisieren unterschiedliche irreguläre Migrationen und auch die literarischen Verfahren sind höchst unterschiedlich. Wie hier so wird in vielen Kinder- und Jugendbüchern indes nicht deutlich, warum die lebenswichtigen Papiere fehlen. Wer bekommt die ‚richtigen Papiere' und warum? Das Fehlen beziehungsweise Besitzen der Dokumente wird als geradezu ‚natürliche' Gegebenheit vorausgesetzt. Damit unterscheidet sich der Großteil der aktuellen KJL von den historischen Beispielen, in denen die Gemachtheit von Pässen und Grenzen deutlich zutage tritt. Dennoch finden sich auch in der auf Deutsch veröffentlichten KJL des einundzwanzigsten Jahrhunderts Textbeispiele, die Prozesse nekropolitischer

---

38 Eoin Colfer und Andrew Donkin: Illegal. Die Geschichte einer Flucht [US-amerik. 2018]. Illustrationen von Giovanni Rigano. Aus dem Englischen von Ulrich Pröfrock. Reinbek bei Hamburg 2018, S. 92.
39 Jürgen Banscherus: Das Lächeln der Spinne. Thriller [2004]. Würzburg 2015 (1. Aufl. als Sonderausg.), S. 12.
40 Banscherus: Das Lächeln der Spinne, S. 12.

Bürokratie infrage stellen.[41] So unterstreicht beispielsweise Ortwin Ramadans *Der Schrei des Löwen* (2011) die Undurchsichtigkeit von Migrationsprozessen und -gesetzen. Geschildert wird die gefährliche Reise von Yoba und seinem Bruder, die sie von Nigeria durch die Sahara bis nach Libyen führt. Von dort versuchen die Brüder über das Mittelmeer zu gelangen, doch das Boot kentert.

Der Text nimmt dominant die Perspektive Yobas ein, was durch Passagen um den jugendlichen Urlauber Julian gebrochen wird, der Yobas Tagebuch findet. In den Textpassagen beider Erzählstimmen wird indes deutlich, dass Europa die Einwanderung von Menschen ohne Papiere verhindern will. Auch die Überlebenden des Bootsunglücks sollen mit Verweis auf ihre ‚Illegalität' abgeschoben werden. Die Grenzen und das Mittelmeer werden abgeriegelt – der Tod der Migrant*innen in Kauf genommen.

Die Geschwister haben keine Pässe, können die Grenzbeamten aber bestechen, wobei die Menschengemachtheit von Dokumenten deutlich wird; ‚Schlepper' und ‚Schleuser' händigen ihren Passagieren selbstgemachte Schriftstücke aus: „Kaum zu glauben, dass diese Papierfetzen so kostbar waren."[42] Dokumente scheinen in den Augen der Migrierenden nichts anderes als eine Währung zu sein: Sie werden für Geld beschafft, der Preis bemisst sich durch Risiko, Angebot und Nachfrage. Und so scheint auch die Frage, ob es jemand nach Europa schafft, eine Frage des Geldes zu sein:

> Dass einige Auswanderer wieder zurückgeschickt wurden und andere nicht, wusste jeder. Die genauen Gründe dafür waren aber schleierhaft. Wahrscheinlich hatten einige zu wenig Geld gehabt, um die weißen Polizisten zu bestechen.[43]

Ähnliche Passagen, die Geld und Papiere in eins setzen, findet man in vielen Büchern. Darunter auch in Steve Tasanes *Junge ohne Namen* (engl. 2018, dt. 2019). Dieser Text verdeutlicht vielleicht am eindrücklichsten die Bedeutung von Identifikationsdokumenten für Migrant*innen. Der Ich-Erzähler I hat wie alle Kinder im Flüchtlingslager keinen Namen, sondern nur einen Buchstaben, wobei die Relevanz von Identifikationsdokumenten für das Leben des Kindes gleich zu Beginn des Textes evident wird: Da sein Pass gestohlen wurde, hat er keinen Geburtstag:

---

[41] Nennenswerte Beispiele, die hier nicht behandelt werden konnten, sind zudem: Jutta Treibers „Der Traum vom Fliegen" (2008); Cornelia Franz' *Calypsos Irrfahrt* (2021); Martin Schäubles *Endland* (2017); Julya Rabinowichs *Dazwischen: Ich* (2016). Nicht dezidiert für Kinder und Jugendliche, aber für Jugendliche durchaus interessant: Ville Tietäväinens *Unsichtbare Hände* (finn. 2011, dt. 2014).
[42] Ortwin Ramadan: Der Schrei des Löwen. Hamburg 2011, S. 138; siehe auch S. 258.
[43] Ramadan: Der Schrei des Löwen, S. 97.

> Papiere, die allen bewiesen hätten, dass heute mein Geburtstag ist [...] und alles über mich, meine Geschichte, all die Sachen, die ich langsam vergesse.
> Das ist der Grund dafür, dass hier niemand weiß, wann ich Geburtstag habe. [...] Aus genau diesem Grund möchte ich euch meine Geschichte erzählen, denn die Wachen sagen, alles, was geschieht, muss *dokumentiert* werden.[44]

Wiederholt wird deutlich, dass der Erzähler sich und die anderen Kinder ins Leben schreiben und ihnen Erinnerungen, eine Geschichte und eine Identität geben möchte. Der Pass wird im Lager „Lebensbuch" genannt, denn „[o]hne hat man kein Leben. Man kann nicht mal beweisen, dass man derjenige ist, der man zu sein behauptet."[45] Auch gehen die Behörden und Mitarbeitenden davon aus, dass die Kinder lügen. Sie sollen – entgegen der Unschuldsvermutung – ihre Identität beweisen, was ohne Dokumente jedoch unmöglich ist:

> Die meisten unbegleiteten Minderjährigen im Lager haben ihr Lebensbuch verloren. [...] Deshalb muss ich meine Geschichte erzählen. Und auch die von L und E und V. Wenn niemand unsere Geschichten hört, werden wir diesem Ort nie entkommen. Dann werden wir nie ein neues Zuhause finden. Dann werden wir nie neue Geschichten haben und unser Leben weiterleben.[46]

Das Erzählen der eigenen Geschichte wird hier geradezu scheherazadehaft zur Überlebensstrategie und -notwendigkeit. Im Lager hängt alles von Papieren und Bürokratie ab. So hat V eine wohlhabende Tante, die sie eigentlich aufnehmen könnte, doch kann sie dies nicht „verifizieren"[47]. Neben dem Pass wird auch das Visum erwähnt:

> Ein Visum ist tatsächlich eine Schatztruhe. Neben Lebensbüchern sind Visa das Wichtigste. Im Grunde sind sie nur eine andere Art, die eigene Geschichte zu erzählen, aber sie werden von den zuständigen Leuten unterschrieben und abgesegnet. Darauf kommt es an. *Diese Geschichte ist eine wahre Geschichte.* Visa sind in der Sprache der Wachmänner geschrieben, und ein Visum öffnet einem alle Türen.[48]

Am Ende sind es also Bürokrat*innen, die darüber bestimmen können, was wahr ist; die darüber bestimmen können, wer man ist, wie man heißt und wo man sein darf.

---

44 Steve Tasane: Junge ohne Namen [engl. 2018]. Aus dem Englischen von Henning Ahrens. Frankfurt a. M. 2019, S. 3, Herv. i. O.
45 Tasane: Junge ohne Namen, S. 29.
46 Tasane: Junge ohne Namen, S. 31.
47 Tasane: Junge ohne Namen, S. 29.
48 Tasane: Junge ohne Namen, S. 52, Herv. i. O.

Auch Beverley Naidoos *Die andere Wahrheit* (engl. 2000, dt. 2003) zeigt eingehend, wie bürokratische Prozesse Flucht und Ankunft erheblich erschweren und dabei Leib und Leben gefährden. Erzählt wird von einer nigerianischen Familie. Der Vater, Folarin Solaja, wird als für eine regierungskritische Zeitung schreibender Autor bedroht. Bei einem Anschlag auf ihn wird seine Frau getötet. Da die nigerianische Polizei seinen Pass zuvor beschlagnahmt hat, ist es der Familie nicht möglich ‚legal' aus- und einzureisen[49], weshalb der mit gefälschten Papieren nach England geflogene Vater in Haft genommen wird. Obwohl hier also eindeutig ein Asylgrund vorliegt, wird es der Familie von den Behörden schwer gemacht zusammenzufinden und in England zu bleiben. Die im Fokus stehenden Kinder Sade und Femi wissen nicht, wie sie sich verhalten sollen und haben Angst, durch Aussagen ihren Vater in Gefahr zu bringen. Zudem werden sie wie Lügner*innen und Kriminelle (z. B. Abnehmen von Fingerabdrücken, Vorverurteilungen) behandelt, woran sie schwer tragen. Als die Regierung Nigerias ihren Vater dann auch noch wegen Mordes an seiner Frau sucht, soll er abgeschoben werden. Den Kindern gelingt es jedoch zusammen mit einer Nachrichtensendung, der Presse und Hilfsorganisationen Aufmerksamkeit auf den Fall zu lenken. Im Roman wird dazu auf das reale, verwandte Schicksal des bekannten, hingerichteten Schriftstellers Ken Saro-Wiwa[50] verwiesen und Kritik an den bestehenden Verhältnissen im Asylrecht geübt. Folarin bekommt am Ende eine Aufenthaltserlaubnis, seinen Mithäftlingen, die ähnliche Schicksale erlitten haben, bleibt diese jedoch verwehrt.

4 Resümee und Ausblick

Die Suche nach den Spuren des Papiers hat ergeben, dass Kinder- und Jugendliteratur (spätestens) seit den 1930er-Jahren punktuell deutlich macht, wie Papiere und Pässe, Bürokratie und Grenzen verhindern, dass Menschen in lebensbedrohlichen Lagen Rettung und Sicherheit erlangen. Zusammengenommen verdeutlichen alle hier behandelten Texte, dass Migrationsprozesse durch bürokratische Willkür geregelt sind, in dem Sinne, dass ihre Kernfunktion darin besteht, eigene, nationalstaatliche Interessen zu sichern. Wer in welchem Land und mit welcher Staatsbürgerschaft geboren wird, ist Zufall. Wer legal migrieren darf auch. Darüber, ob

---

49 Beverly Naidoo: Die andere Wahrheit [engl. 2000]. Aus dem Englischen von Salah Naoura. Hamburg 2003, S. 17.
50 Saro-Wiwa gründete die NGO ‚Movement for the Survival of the Ogoni People' (MOSOP) und protestierte gegen die Erdölförderung auf dem Ogoniland, an der die Ogoni nicht beteiligt wurden. Die nigerianische Regierung verfolgte ihn und verurteilte ihn in einem Schauprozess zum Tode.

jemand in einem Land bleiben darf, entscheiden letztlich Sachbearbeiter*innen. Die Entscheidung kann – wie bei Rewald – abhängig davon sein, ob die Person am Schreibtisch der Figur gewogen ist, oder davon, ob sie politisch gewollt ist – wie in Tasanes *Junge ohne Namen*. Es kann von Geld abhängen – wie in Ramadans *Der Schrei des Löwen* – oder vom öffentlichen Druck – wie in Naidoos *Die andere Wahrheit*. In Letzterem werden zwar klare Regeln, um Asyl zu bekommen, gezeigt, doch sind diese erstens nicht allen transparent und zweitens ist Flucht unter diesen Bedingungen nicht möglich: Wie soll die Familie Papiere für eine ‚legale' Ausreise von einem Regime bekommen, das sie verfolgt?

In vielen anderen Texten, die sich in der Hauptsache an Kinder und Jugendliche in Europa und Nordamerika richten, bleibt offen, was gegen diese Missstände getan werden kann, da sie als ‚natürliche' Gegebenheiten präsentiert werden. Es wird auch nicht immer nahegelegt, dass es ein Privileg ist, staatliche Identifikationsdokumente und andere Papiere zu besitzen. Zudem wird die Menschengemachtheit dieser Probleme oftmals nicht verdeutlicht und die Notwendigkeit von Staatsbürgerschaften, Grenzen und Papieren nicht infrage gestellt. Mag sein, dass es an der historischen Distanz zu einer grenzenlosen Welt liegt oder einer Welt, in der Grenzen und Pässe nicht als ‚natürlich' und selbstverständlich galten. Mag sein, dass wir vergessen haben, dass wir Dinge ändern können und Unrecht nicht Unrecht bleiben muss. Mag auch sein, dass viele Autor*innen, die heute über Flucht schreiben, keine Migrationserfahrung haben und sich in ihren Schilderungen auf das konzentrieren, was ihnen besonders grausam und traumatisierend erscheint. Konfrontiert mit Schilderungen vom Ertrinken, von Folter, Schindarbeit und Dreck scheinen Behördengänge ein Kinderspiel. Doch fallen genau dabei, wie bei Naidoo und Tasane gezeigt wird, Entscheidungen über Leben und Tod, und das Gefühl, dem Papier und den Bürokrat*innen hilflos ausgeliefert zu sein, paralysiert und traumatisiert.

Nachvollziehbare und vor allem aus humanitären Gründen getroffene Entscheidungen sucht man in Texten über irreguläre Migration jedenfalls vergebens. Das gilt nicht nur für profitorientierte Systeme (‚Schleppen und Schleusen'), sondern auch für die hier dargestellte Bürokratie, die stets im Kern bestrebt ist, so wenig Migration wie irgend möglich zuzulassen. Einem kaum wiederherzustellenden Vertrauensverlust in das nationale und übernationale Asylsystem wird hier Ausdruck verliehen, es erreicht jedoch, im Gegensatz zu anderen Medien, nicht unbedingt die betroffene Zielgruppe. Aber auch in anderen Medien, die zum großen Teil von Jugendlichen konsumiert werden, wird dies deutlich: Während meiner Rechercheodyssee ist die Bedeutung von Serious Games und Deutschrap[51] für diesen Themenkomplex sukzessive offenkundig geworden. In Serious Games können User*innen

---

51 Hingewiesen sei darauf, dass auch die Betrachtung anderer musikalischer Genres hier interessant wäre und dass der Fokus sinnvollerweise auch auf Lyrics in anderen Sprachen ausgeweitet werden könnte. International hat bspw. M.I.A.s „Paper Planes" (2007) viel Aufmerksamkeit erregt.

spielerisch und aus der handelnden Perspektive die Probleme von Flüchtlingen nachvollziehen, wobei sowohl die Rolle von Schleuser*innen/Fluchthelfer*innen, Grenzbeamt*innen und Flüchtlingen eingenommen werden kann.[52]

Auch in Musik und insbesondere im Hip-Hop taucht sogenannte ‚Illegalität' (nicht nur, aber auch) mit Bezug zu Migrationsthemen häufig auf. Sozial- und bildungswissenschaftliche Studien zeigen, dass Hip-Hop von Jugendlichen als minoritätenorientiert wahrgenommen und besonders häufig von Jugendlichen mit Migrationsgeschichte konsumiert wird.[53] Die Rapper*innen haben oftmals selbst eine Migrationsgeschichte und präsentieren ihre Texte häufig als autofiktional, was sie in den Augen der Rezipient*innen ‚authentischer' erscheinen lassen dürfte als so manches Jugendbuch, das zudem in der Regel bildungsbürgerlich daherkommt.

Im Deutschrap wird eine Kausalkette aus ‚Illegalitäten' zum gängigen Narrativ: Keinen Pass oder keine ‚richtigen' Papiere zu besitzen, führt zu einer Stigmatisierung als ‚Illegale*r'. In unterschiedlichen öffentlichen Einrichtungen und Ämtern erleben die Sprecher*innen Diskriminierung, was das Gefühl verstärkt, unerwünscht zu sein. Die Begrenzung von Möglichkeitsräumen und Perspektiven führt dann oft in die Kriminalität (insbesondere Drogendealerei). ‚Illegal-sein' wird im Umkehrschluss von einem Teil der Rapper*innen positiv umgedeutet und als eigener Identitätsaspekt vorgestellt. So wird der Logik gefolgt: Wenn ich eh illegal bin, kann ich wenigstens auch aus illegalen Handlungen Profit ziehen. Der in Kabul geborene SadiQ prahlt beispielsweise mit Sami und Amri in „Legal" (2016)[54] mit dem aus Drogenhandel stammenden Reichtum, seinem unmoralischen Verhalten und seinen kriminellen Machenschaften, was zur genrespezifischen Künstlerinszenierung von Gangsterrap gehört: „Geflüchtet in Camps, über Grenzen Europas / Im Benz pump' ich Booba, Bushido Anis / Denn ich streckte das Coca mit Lidocain"[55]. Das egozentrische Protzen mit einem Reichtum, der entgegen aller sozialen Widrigkeiten erlangt wurde, führt nicht selten auch zu Spitzen gegen Behörden: „Ich will Geldstapel zähl'n / Zieh' die Nummer beim Amt, doch fahr' Benz-AMG / Fick' die Welt, Akhi, seh', mein Lifestyle ist chö / Kriminell, illegal, choya, bleibt mein Milieu"[56].

Matondo, dessen Eltern aus dem Kongo geflohen sind, inszeniert sich hingegen als politischer Aktivist und Teil des Refugee Movements. In „Kein Mensch ist illegal" (2014) geht er darauf ein, dass Schwarze Menschen und Flüchtlinge häufig als Kri-

---

[52] Z. B. *Papers, please* (2013); *Bury me, my love* (2017); *Path out* (2017).
[53] Siehe z. B. Christiane Viertel: Battle-Rap, Beatboxing und Breaking – Hip-Hop in schulischen und außerschulischen musikpädagogischen Kontexten. Eine quantitative Untersuchung mit Schüler*innen und Lehrenden in der Sekundarstufe I. Münster 2020, S. 182.
[54] SadiQ feat. Sami & Amri: Legal [AKpella]. Prod. Thankyoukid, DE 2016.
[55] SadiQ feat. Sami & Amri: Legal.
[56] SadiQ feat Sami & Amri: Legal.

minelle vorverurteilt würden und keine andere Wahl hätten, als illegal Geld zu verdienen.[57] Bei vielen Texten handelt es sich um fragmentarische Assoziationsketten, die mittels eines mehrsprachigen Vokabulars gestaltet sind. Das spiegelt wiederum die Lebensrealität der Sprechenden. Diese empfinden insbesondere das Asylsystem als ungerecht und dysfunktional, wie auch in zahlreichen Interviews und Autobiografien deutlich wird.[58] Eindrücklich schildert beispielsweise Ebow[59] in „Asyl" (2017) das Bürokratieversagen:

> Viele können nicht hier sein
> Im weiten weiten Westen
> Der Antrag ging verloren
> Der Antrag kam nie an
> Ein Kind ist gestrandet
> Ohne Namen, ohne Land
> [...]
> Wir sind wert, was der Pass uns an Wert gibt
> Brauch mal ein Visa, mal ein Aufenthaltskärtchen
> Sind so viel wert, wie der Geldbeutel schwer ist
> Gib mir das Visa und ein Aufenthaltskärtchen[60]

Damit wird einmal mehr deutlich, dass sowohl die Kinder- und Jugendliteraturforschung als auch die Exilforschung heute mehr Medien in den Blick nehmen sollte als das Buch. Anders gesagt: Um heute dem Papier auf die Spur zu kommen, ist es notwendig, sich vom Papier ein Stück weit zu lösen.

Literaturverzeichnis

Anonym: SadiQ. Laut.de-Biographie. In: LAUT.DE, https://www.laut.de/SadiQ (Zugriff: 1.11.2022).
Arendt, Hannah: We Refugees. In: dies.: The Jewish Writings, hg. von Jerome Kohn und Ron H. Feldman. New York 2007, S. 264–274.
Asterix erobert Rom. Reg. René Goscinny, Henri Gruel, Albert Uderzo und Pierre Watrin. Prod. v. Georges Dargaud et al. u. a., FR 1976.
Banscherus, Jürgen: Das Lächeln der Spinne. Thriller [2004]. Würzburg 2015 (1. Aufl. als Sonderausg.).

---

[57] Matondo: Kein Mensch ist illegal, DE 2014.
[58] So z. B. das Buch *Weißt du, was ich meine? Vom Asylheim in die Charts* (2020) der aus Eritrea stammenden Rapperin Nura (Habib Omer).
[59] Ebows (Ebru Düzgün) Familie ist kurdisch. Die Großeltern sind als sogenannte ‚Gastarbeiter' nach Deutschland gekommen.
[60] Ebow: Asyl. Problembär Records, DE 2017.

Benner, Julia: Federkrieg. Kinder- und Jugendliteratur gegen den Nationalsozialismus 1933–1945. Göttingen 2015.

Bischoff, Doerte und Miriam Rürup: Ausgeschlossen: Staatsbürgerschaft, Staatenlosigkeit und Exil. Zur Einleitung. In: dies. (Hg.): Exilforschung. Ein internationales Jahrbuch 36 (2018): Ausgeschlossen. Staatsbürgerschaft, Staatenlosigkeit und Exil. München 2018, S. 9–22.

Bischoff, Doerte: Sans Papiers. In: Bettina Bannasch, Doerte Bischoff und Burcu Dogramaci (Hg.): Exilforschung. Ein internationales Jahrbuch 40 (2022): Exil, Flucht, Migration. Konfligierende Begriffe, vernetzte Diskurse?. Berlin, Boston 2022, S. 175–185.

Bundesministerium des Innern und für Heimat: Illegale Migration. In: Bundesministerium des Innern und für Heimat, https://www.bmi.bund.de/DE/themen/migration/illegale-migration/illegale-migration-node.html (Zugriff: 1.11.2022).

Bundesministerium für wirtschaftliche Zusammenarbeit und Entwicklung: Flucht und Migration: Grundlagen und Begriffe. In: Bundesministerium für wirtschaftliche Zusammenarbeit und Entwicklung (2022), https://www.bmz.de/de/themen/flucht/fachbegriffe#lexicon=21866 (Zugriff: 14.9.2022).

Claes, Thomas: Passkontrolle! Eine kritische Geschichte des sich Ausweisens und Erkanntwerdens. Berlin 2010.

Colfer, Eoin und Andrew Donkin: Illegal. Die Geschichte einer Flucht [US-amerik. 2018]. Illustrationen von Giovanni Rigano. Aus dem Englischen von Ulrich Pröfrock. Reinbek bei Hamburg 2018.

Deutsches Wörterbuch von Jacob und Wilhelm Grimm: UNPÄSSIG, adj. In: Bd. 24. Digitalisierte Fassung im Wörterbuchnetz des Trier Center for Digital Humanities, Version 01/21, Sp. 1224, Z. 42, https://www.woerterbuchnetz.de/DWB?lemid=U09249 (Zugriff: 11.10.2022).

Ebow: Asyl. Problembär Records, DE 2017.

Fahrmeir, Andreas: Staatsangehörigkeit und Nationalität, Rang und Bürokratie. In: Doerte Bischoff und Miriam Rürup (Hg.): Exilforschung. Ein internationales Jahrbuch 36 (2018): Ausgeschlossen. Staatsbürgerschaft, Staatenlosigkeit und Exil. München 2018, S. 23–34.

Forgács, Peter D.: Der ausgelieferte Beamte. Über das Wesen der staatlichen Verwaltung. Wien, Köln, Weimar 2016.

Foucault, Michel: Recht über den Tod und Macht zum Leben. In: Andreas Folkers und Thomas Lemke (Hg.): Biopolitik. Ein Reader. Berlin 2020 (2. Aufl.), S. 65–87.

Gehring, Petra: Bio-Politik/Bio-Macht. In: Clemens Kammler, Rolf Parr und Ulrich Johannes Schneider (Hg.): Foucault-Handbuch. Leben – Werk – Wirkung. Stuttgart, Weimar 2020 (2., aktual. und erw. Aufl.), S. 266–267.

Gosewinkel, Dieter: Einbürgern und Ausschließen. Die Nationalisierung der Staatsangehörigkeit vom Deutschen Bund bis zur Bundesrepublik Deutschland (Kritische Studien zur Geschichtswissenschaft, 150). Göttingen 2003 (2. Aufl.).

Helberg, Kristin: Wege voller Steine. In: Der Hauptstadtbrief 11/09 (2022), https://www.derhauptstadtbrief.de/wege-voller-steine/ (Zugriff: 1.11.2022).

Lahusen, Christian und Stephanie Schneider (Hg.): Asyl verwalten. Zur bürokratischen Bearbeitung eines gesellschaftlichen Problems (Kultur und soziale Praxis). Bielefeld 2017, https://doi.org/10.14361/9783839433324 (Zugriff: 14.2.2023).

Matondo: Kein Mensch ist illegal, DE 2014,: https://www.youtube.com/watch?v=t48cJwgKUOs (Zugriff: 23.2.2023).

Mbembe, Achille: Necropolitics. Aus dem Französischen von Stephen Corcoran (Theory in Forms). Durham, London 2019.

Naidoo, Beverley: Die andere Wahrheit [engl. 2000]. Aus dem Englischen von Salah Naoura. Hamburg 2003.

Paetz, Stephan: Bürokratie. In: Hans-Peter Müller und Steffen Sigmund (Hg.): Max Weber-Handbuch. Leben – Werk – Wirkung. Stuttgart 2020 (2., aktual. und erw. Aufl.), S. 51–53.

Plewe, Christoph: Computerspiele über Flucht. Ein Mittel zum Denkanstoß?. In: spielbar.de (2018), https://www.spielbar.de/node/149391 (Zugriff: 1.11.2022).

Ramadan, Ortwin: Der Schrei des Löwen. Hamburg 2011.

Reinhardt, Dirk: Train Kids. Hildesheim 2015.

Rewald, Ruth: Janko, der Junge aus Mexiko [1934]. Illustrationen von Paul Urban, hg. von Dirk Krüger. Wuppertal 2007.

SadiQ feat. Sami und Amri: Legal [AKpella]. Prod. Thankyoukid, DE 2016,: https://www.youtube.com/watch?v=8CIGYrU8Exo (Zugriff: 12.2.2023).

Schäuble, Martin: Endland. Roman. München 2017.

Schridde, Larissa: Lisa Tetzner: Erwin kommt nach Schweden (1944). In: Bettina Bannasch und Gerhild Rochus (Hg.): Handbuch der deutschsprachigen Exilliteratur. Von Heinrich Heine bis Herta Müller. Berlin, Boston 2013, S. 556–563.

Stingelin, Martin: Einleitung: Biopolitik und Rassismus. Was leben soll und was sterben muß. In: ders. (Hg.): Biopolitik und Rassismus. Frankfurt a. M. 2021 (2. Aufl.), S. 7–26.

Tasane, Steve: Junge ohne Namen [engl. 2018]. Aus dem Englischen von Henning Ahrens. Frankfurt a. M. 2019.

Tetzner, Lisa: Das Schiff ohne Hafen [schwed. 1943]. Illustrationen von Theo Glinz. Aarau 1944b.

Tetzner, Lisa: Erwin kommt nach Schweden [schwed. 1941]. Illustrationen von Theo Glinz. Aarau 1944a.

Treiber, Jutta: Der Traum vom Fliegen. In: Verein Ute Bock (Hg.): Passage ins Paradies. Grenzenlose Geschichten. St. Pölten, Salzburg 2008.

Viertel, Christiane: Battle-Rap, Beatboxing und Breaking – Hip-Hop in schulischen und außerschulischen musikpädagogischen Kontexten. Eine quantitative Untersuchung mit Schüler*innen und Lehrenden in der Sekundarstufe I. Münster 2020.

Vogel, Dita und Norbert Cyrus: Irreguläre Migration. In: Bundeszentrale für politische Bildung, Dossier Migration (2018), https://www.bpb.de/themen/migration-integration/dossier-migration/247683/irregulaere-migration/ (Zugriff: 1.11.2022).

Weber, Max: Herrschaft. In: ders.: Max Weber-Gesamtausgabe. Abtl. I: Schriften und Reden. Bd. 22: Wirschaft und Gesellschaft: Die Wirtschaft und die gesellschaftlichen Ordnungen und Mächte. Nachlaß. Teilband. 4: Herrschaft, hg. von Edith Hanke, in Zusammenarbeit mit Thomas Kroll. Tübingen 2005.

Wippermann, Wolfgang: Das „ius sanguinis" und die Minderheiten im Deutschen Kaiserreich. In: Hans Henning Hahn und Peter Kunze (Hg.): Nationale Minderheiten und staatliche Minderheitenpolitik in Deutschland im 19. Jahrhundert. Berlin 1999, S. 133–143.

Wiebke von Bernstorff
Auf der Reise: Narrationen des Exils in der Kinder- und Jugendliteratur des Exils

Die (historische) Situation des Exils von 1930 bis etwa 1950 bestimmt in mehrfacher Hinsicht die Kinder- und Jugendliteratur des Exils.[1] Veränderte Publikationsbedingungen, Intentionen und Adressat*innen formten Inhalte und ästhetische Konzepte des Schreibens für Kinder und Jugendliche im Exil. In der folgenden Betrachtung von zumeist deutschsprachiger Kinderliteratur[2] untersuche ich Narrationen des Exils.[3] Diese Fragehaltung verbindet den historischen Entstehungskontext mit den Strukturen und Bildlichkeiten der Texte selbst, ohne dabei direkte Relationen anzunehmen. Das auch und besonders in der Kinderliteratur allgegenwärtige Reisemotiv dient mir als Kristallisationspunkt für die Frage nach den Narrationen des Exils. Ich frage also danach, wie das Exil in der Struktur der literarischen Texte repräsentiert wird.

Dabei sind Verortungen von Protagonist*innen in den erzählten Welten von Interesse. Eine als exilisch zu beschreibende Verortung ist zumeist begründet und herbeigeführt durch Prekarität und Zwang. Das Exil ist daher Ergebnis einer Fluchtbewegung und trägt den Wunsch nach seiner Auflösung unausgesprochen mit sich. Eine Assimilation hebt den prekären Zustand des Exils auf. Aus der außerhalb der normalen Ordnung stehenden Verortung des Exils ergibt sich dessen utopisches und heterotopisches Potenzial, das in Texten realisiert werden kann, aber nicht muss. Fluchtbewegungen sind erzwungene Reisebewegungen, die in literarischen Texten im Verlauf der Narration verschiedene Verortungen der Figuren miteinander verbinden. Den Protagonist*innen wird dabei zumeist eine innere und/oder äußere Entwicklung zuteil. Ziel der Reise kann eine Heimkehr sein, wobei die Reise

---

1 Zur Frage der Einordnung und des Korpus vgl. Wiebke von Bernstorff und Susanne Blumesberger: Kinder- und Jugendliteratur des Exils unter Gendergesichtspunkten: ein Überblick über Deutschland und Österreich. In: Weertje Wilms (Hg.): Gender in der deutschsprachigen Kinder- und Jugendliteratur vom Mittelalter bis zur Gegenwart. Berlin, Boston 2022, S. 235–270. Zum Thema Exil vgl. auch Astrid Fernengel: Kinderliteratur im Exil. Im „modernen Dschungel einer aufgelösten Welt". Marburg 2008, S. 143–161; Jana Mikota: Kinderleben im Exil. In: Zwischenwelt. Literatur – Widerstand – Exil 18 (2001), 3, S. 26–33; Jürgen Zinnecker u. a. (Hg.): Erinnerungen an Kriegskindheiten. Erfahrungsräume, Erinnerungskultur und Geschichtspolitik unter sozial- und kulturwissenschaftlicher Perspektive. Weinheim 2006.
2 Ich bezeichne im Folgenden Kinder- und Jugendliteratur als Kinderliteratur.
3 Dabei muss die zionistische und jüdische Kinderliteratur der Zeit aus Platzgründen leider unberücksichtigt bleiben.

https://doi.org/10.1515/9783111066677-003

selbst als prekäre Verortung konstituiert ist. Ziel kann es aber auch sein, einen Zufluchtsort (Exil) oder eine andere, neue und stabile Verortung zu erreichen. Alle diese Formen finden sich auch in Märchen, an denen sich die Kinderliteratur maßgeblich orientiert. Im Märchen bildet eine Mangelsituation den Ausgangspunkt für den Auszug der Protagonist*innen, die auf der Reise Aufgaben zu bestehen haben, die zumeist an Grenzen und deren Überschreitung gebunden sind. Die räumliche Bildlichkeit der Märchen (Überquerungen von Flüssen, Hecken, Mauern etc.) steht metonymisch für die innere Entwicklung der Protagonist*innen.[4] Jurij M. Lotman hat in *Die Struktur literarischer Texte*[5] die Ereignishaftigkeit von Grenzüberschreitungen in Texten hervorgehoben und damit dieses Element als eine Grundkonstante literarischen Erzählens anschaulich gemacht. Folgerichtig findet sich die Bewegung durch verschiedene erzählte Räume als Reise in den Märchen genauso wie in der Kinderliteratur und literarischen Texten allgemein. Meine Fokussierung auf die Motivstruktur des Reisens geht von der Annahme aus, dass diese den Autor*innen vielfältige Möglichkeiten bot, Erfahrungen des Exils kindgerecht literarisch zu repräsentieren.

Eine deutliche Anlehnung an die Märchenmuster findet sich in den Texten um 1930. Die Bemühungen um eine fortschrittliche Kinderliteratur seit Ende des Ersten Weltkriegs[6] haben zum Beispiel Hermynia Zur Mühlen (*Was Peterchens Freunde erzählen*[7]), Erika Mann, Béla Balázs und Lisa Tetzner zur Modernisierung der Märchenform inspiriert (1). Mit Beginn der Exilierungen auch von Autor*innen aus Deutschland ab 1933 werden Kinder im Exil in der Kinderliteratur zum Thema (2). Eine häufig zu findende Repräsentation des Exils in der Kinderliteratur sind Schulen und Inseln als Heterotopien (3). Dem Schreiben der Autor*innen im Exil liegt nicht zuletzt auch die grundlegende Frage nach Zielen und Adressat*innen in dieser prekären Situation zugrunde. Das führt zu einer metareflexiven Komponente in vielen Texten, die abschließend betrachtet wird (4).

---

4 Vgl. Max Lüthi und Heinz Rölleke: Märchen. Stuttgart, Weimar 2004 (10. Aufl.). Vgl. Helga Karrenbrock: Märchenkinder – Zeitgenossen. Untersuchungen zur Kinderliteratur der Weimarer Republik. Stuttgart, Weimar 1995, S. 82–142.
5 Jurij M. Lotman: Die Struktur literarischer Texte. Aus dem Russischen von Rolf-Dietrich Keil. München 1989 (3. Aufl.).
6 Vgl. Edwin Hoernle: Grundfragen der proletarischen Erziehung (1929). Hg. von Lutz von Werder. Frankfurt a. M. 2016. Vgl. dazu ausführlich Cornelia Cron: Das Bild vom Kind in ausgewählten Texten der Kinder- und Jugendliteratur im Exil 1933–1945. Diss. Univ. Münster 2010.
7 Hermynia Zur Mühlen: Was Peterchens Freunde erzählen: sechs Märchen [1921]. In: dies., Werke Band 3: Erzählungen und Märchen. Ausgewählt, kommentiert und mit einem Porträt von Ulrich Weinzierl. Wien 2019, S. 250–281.

1 Moderne Märchenreisen um 1930

Die Modernisierungen von Märchenschemata greifen häufig auf den typischen Auszug der Held*innen aus einer Mangelsituation und die auf der Reise zu bestehenden Proben zurück. Dabei geschieht die Reise zumeist aus sozialer Not und dient der Entdeckung der sozialen und ökonomischen Verhältnisse. Drei Beispiele dafür werden im Folgenden näher betrachtet: Erika Manns *Stoffel fliegt übers Meer* (1932), Lisa Tetzners *Hans Urian oder die Geschichte einer Weltreise* (1931) und aus der von Anna Siemsen herausgegebenen Sammlung *Menschen und Menschenkinder aus aller Welt* (1929) ein Auszug aus *Die Jagd nach den Disteln* (1928) von Panait Istrati.[8]

Im Vorwort zu *Menschen und Menschenkinder* nimmt die sozialistische Pädagogin Siemsen 1929 eine Verortung vor, in der sie das literarische Entdeckermotiv in ihrem Sinne umdeutet und damit die Herausgabe der Sammlung begründet:

> Entdeckungen machen ist eine der schönsten Freuden im Leben. Die beste Zeit für Entdeckungen, scheint mir, ist die Kindheit und Jugend. [...] Aber die wichtigste und schönste [Entdeckung] ist das Suchen und Finden von Menschen.[9]

Die narrativen Adressat*innen werden dazu aufgefordert, ihre Entdeckungen und Lese-Reisen als soziales Abenteuer zu verstehen. Siemsen aktualisiert so das Schema der Märchenreise, die durch die Suche nach dem eigenen Platz in der Welt motiviert ist, und bezieht dieses auf das Lesen der von ihr herausgegebenen Geschichten. Eine der Geschichten, Panait Istratis *Die Jagd nach den Disteln*, beginnt ebenfalls autodiegetisch mit der poetischen Vorstellung des Schauplatzes: den kargen „Ebenen der donauländischen Walachei"[10], die den dort lebenden Menschen Träume, Gedanken und leere Mägen beschert. Dann lässt der Autor einen Jungen als Erzähler auftreten:

> In dieser Geschichte wird nun erzählt, wie die Bauernkinder auf dem Baragan jeden Herbst mit den Disteln um die Wette in die Welt hinein laufen. Der Erzähler, Matake, ist ein kleiner armer Junge, der mit seinem Vater auf einem Gutshof am Baragan lebt mit der großen Sehnsucht nach Freiheit und Glück und darauf, daß die Disteln ihren Tanz beginnen.[11]

---

8 Panait Istrati: Die Jagd nach den Disteln [frz. 1928]. In: Anna Siemsen (Hg.): Menschen und Menschenkinder aus aller Welt. Jena 1929, S. 41–56.
9 Anna Siemsen: Entdeckungen und Wanderfahrten. In: dies. (Hg.): Menschen und Menschenkinder, S. 5.
10 Istrati: Die Jagd, S. 41.
11 Istrati: Die Jagd, S. 45.

Dieser authentifizierende Vorgang verankert die intradiegetische Erzählung wie die extradiegetische in der Realität und etabliert zugleich eine (märchentypische) mündliche Erzählsituation. Wenn der Herbstwind die Disteln abreißt und vor sich hertreibt, suchen sich die Kinder der Dörfer einen Distelkopf aus und folgen diesem über die Ebene so lange und so weit wie möglich. Für den intradiegetischen Ich-Erzähler Matake und seinen Freund wird dieser Moment zur „Flucht"[12] Der Wunsch nach Befreiung aus den ärmlichen (Matake) und brutalen (Yonel) elterlichen Verhältnissen lässt für sie das Spiel zu Ernst werden. Auf ihrer Reise über den Baragan und hinter den Disteln her müssen sie Bewährungsproben (durchgelaufene Schuhe, Hunger, Ängste in der Nacht, einen Steppenbrand) bestehen. Am zweiten Tag erreichen sie einen Bahnhof, der für sie die Grenze der ihnen bekannten Welt markiert. Dort bekommen sie vom Gastwirt etwas zu essen[13] und verstecken sich anschließend in einem Zug.[14] Am Endbahnhof des Zuges treffen sie auf den gut situierten älteren Bruder Yonels, der sich ihrer annimmt und ihnen ihre eigene Distelgeschichte deutet:

> „Eine Distelgeschichte!" rief Yonels Bruder mit düsterer Miene aus. „Es ist nicht die Schuld der Kinder, auch nicht die der Eltern. Das ganze Land [...] ist nur ein einziger Baragan, auf dem noch viel giftigere Disteln mit der Peitsche in der Hand herumwandern. Das sind die Disteln, die man ausrotten muss, [...]."[15]

Die Jagd nach den Disteln entspricht so weitgehend der bekannten Märchenform: die Jungen ziehen nur mit einem kleinen Stück Brot in die Welt hinaus, müssen sich bewähren, treffen auf gute Helfer, die hier ausnahmslos Menschen sind, und finden am Ende ihr Glück in einer neuen Lebensphase: sie werden vom Bruder zu Wagenbauern ausgebildet. Zusätzlich zur metadiegetischen und sozialistisch inspirierten Deutung des Bruders präsentiert die extradiegetische Erzählinstanz die Disteln als von einem „russische[n] Wind"[16] angetrieben und deutet sie als Symbol für die Träume der Menschen von Freiheit und Glück. Die entbehrungsreiche Reise selbst wird so auch zur selbstbestimmten Verfolgung von Träumen, die mit neuen Entwicklungsmöglichkeiten belohnt wird.

---

12 Istrati: Die Jagd, S. 45.
13 Dringend notwendiges, aufgespartes, verloren gegangenes Essen und auf der anderen (kapitalistischen, amerikanischen, bürgerlichen, höfischen) Seite Essen im Überfluss sind Thema in allen diesen Kindertexten. Auch hier lässt sich eine Parallele ziehen zu den sogenannten ‚Hunger-' und den ‚Schlaraffenland-Märchen', aber auch zur sozialen Situation in der Weimarer Republik.
14 Züge, Zeppeline, Schiffe und Flugzeuge nehmen als Reiseinstrumente in den modernen Märchen dieser Zeit eine prominente Rolle ein.
15 Istrati: Die Jagd, S. 55.
16 Istrati: Die Jagd, S. 43.

Ebenfalls aus sozialer Not beschließt Stoffel aus Erika Manns *Stoffel fliegt übers Meer* nach Amerika zum reichen Onkel zu fliegen und diesen um Hilfe zu bitten. Mit einem kleinen Proviant versehen versteckt er sich in einem Zeppelin, der nach New York fliegt. Er kommt aus seinem Versteck in einem Postsack, als ein kleiner, leichter Mensch gesucht wird, der eine überlebenswichtige Reparatur am Steuer des Zeppelins vornehmen kann. Diese gelingt Stoffel und er avanciert so zum Helden. Nach einigen Abenteuern in der Großstadt New York findet Stoffel seinen Onkel doch noch und dieser verspricht, mit Stoffel zurückzukehren und der Familie zu helfen. Diese sehr viel heiterer erzählte Geschichte verknüpft die Selbstermächtigung des Kindes – hier aber als Hilfe für die Eltern, nicht als Flucht vor ihnen – mit der Faszination für die neuen Techniken des Reisens. Die Erlebnisse im Zeppelin als einem mobilen Zwischenort nehmen einen Großteil der Erzählung ein. Hier muss Stoffel sein größtes Abenteuer bestehen, bei dem er vom blinden Passagier zum Helden wird.

Märchenhafter gestaltet sich die Reise Hans Urians aus dem gleichnamigen Roman von Lisa Tetzner und dem ihm zugrundeliegenden Theaterstück von Tetzner und Béla Balázs mit dem Titel *Hans Urian geht nach Brot* (1929).[17] Hans ist das älteste Kind einer alleinerziehenden Arbeiter-Mutter, die erkrankt. Hans macht sich deswegen auf die Suche nach Brot. Dabei kommt ihm keine neue Technik, sondern ein sprechender und fliegender Märchenhase zur Hilfe. Die Kinderfiguren und Tiere werden in märchenhafter Allheit repräsentiert.[18] Die Perspektive des Hasen dient dabei zugleich der Kritik an den sozialen Verhältnissen und der Darstellung von Alternativen: „Ist das unter euch Menschen so, daß einer viel hat und der andere hungert? [...] Wir Hasen hungern entweder alle, oder wir haben alle zu essen."[19] Die Reise auf der Suche nach Brot führt die beiden einmal um die ganze Welt und damit durch verschiedene ökonomische Verhältnisse. Anders als im Märchen sind die erzählten Topografien nicht ahistorisch gedacht, sondern werden als ein Netz von sozialen Relationen präsentiert. Auf ihrer Reise landen sie als blinde Passagiere auf einem Kreuzfahrtschiff, auf dem es mehr Essen gibt, als Hans jemals sich hätte erträumen können. In Grönland nehmen sie einen hungernden Waisenjun-

---

17 Lisa Tetzner und Béla Balázs: Hans Urian geht nach Brot: eine Kindermärchenkomödie von heute. Freiburg im Breisgau 1929; Lisa Tetzner: Hans Urian oder die Geschichte einer Weltreise [1931]. Berlin 1949.
18 Eine symbolische Repräsentation einer Exilerfahrung durch einen Affen findet sich in *Curious George* von H.A. Rey (New York 1941). Der Affe George wird, weil er so neugierig ist, gefangen genommen, mit dem Schiff nach New York gebracht, wo er durch sein neugieriges Verhalten verrückte Abenteuer initiiert, bevor er eine neue Heimat im Zoo findet. Zum Thema Tiere vgl. Ursula Seeber u. a. (Hg.): Mensch und Tier in Reflexionen des Exils. Berlin, Boston 2021.
19 Tetzner: Hans Urian, S. 17.

gen mit.[20] Sie lernen in den USA den Sohn eines reichen Waffenhändlers kennen, werden mit diesem, als sie sich im Spiel in Kanonen verstecken, aus Versehen nach Afrika verschifft, geraten hier in die Hände von chinesischen Menschenhändlern, die sie an Seidenfabrikanten verkaufen, für die sie arbeiten müssen, fliehen aus der Fabrik und ziehen als Wanderzirkus mit dem Hasen im Käfig durch die Mongolei bis nach Russland. Dort werden sie von Polizisten aufgegriffen und begegnen auf der Polizeistation vielen anderen Kindern:

> Auf dem Fußboden aber und an der Wand auf schmalen Bänken saßen viele Jungen, und es waren auch Mädchen darunter. [...] Fast alle diese Jungen hatten keine Eltern, oder sie hatten kranke Mütter und zogen bettelnd im Lande umher. Der Hunger und die Not hatten sie von daheim fortgetrieben. Aber dann hatte ihnen das Im-Land-Umherziehen gefallen. Sie waren Vagabunden geworden.[21]

Das Vagabundieren wird von Tetzner hier zwar aus sozialen Missständen motiviert, behält aber trotzdem seine positiven Konnotationen von Freiheit und Unbekümmertheit.[22] Obwohl es Hans und seinen Freunden im Kinderheim gut geht, kehrt er bald mit dem Hasen, ohne Brot aber um viele Erkenntnisse reicher zurück. Das Angebot der Hasenfamilie ein Hase zu werden, lehnt er ab, denn er möchte die Menschenwelt jetzt besser machen. Die fantastischen Elemente ermöglichen die Narration einer Weltreise und damit einen Überblick über die sozialen Verhältnisse in der Welt auf kindgerechte Art und Weise. „Die anderen Kinder glaubten ihm [anders als die Erwachsenen, W.v.B.] alles. Sie hörten ganz still zu, als er ihnen erzählte, wie es in der Welt aussieht."[23]

Die Lesenden kehren in den drei vorgestellten Erzählungen mit den Helden (hier alles Jungen) mit dem expliziten oder impliziten Auftrag zur Veränderung der Verhältnisse nach Hause zurück. Das unterscheidet diese Entdeckungsreisen trotz des inhärenten und zeittypischen Rassismus fundamental von kolonialisti-

---

20 Rassistische Stereotype und Bezeichnungen bestimmen (zeittypisch) den Text.
21 Tetzner: Hans Urian, S. 136/137. Zu den Kinderheimen als Laboratorien für neue Erziehungsmethoden und als Rettung vgl. Frank Jacob: Ernst Papanek and Jewish Refugee Children. Genocide and Displacement. Berlin, Boston 2021.
22 Das entspricht dem Stereotyp vom „Zigeuner", wie es sich in der Kinder- und Jugendliteratur der Weimarer Republik finden lässt. Ambivalent und differenziert schildert Jo Mihaly das Vagabundieren in ihrem Kinderbuch *Michael Arpad und sein Kind. Ein Kinderschicksal auf der Landstraße* (Stuttgart 1930). Vgl. Julia Benner: Das Märchen von den „Zigeunern": „Zigeuner"-Figuren in der Kinder- und Jugendliteratur zur Zeit der Weimarer Republik und des Nationalsozialismus. In: Petra Josting u. a. (Hg.): „Denn sie rauben sehr geschwind jedes böse Gassenkind". „Zigeuner"-Bilder in Kinder- und Jugendmedien. Göttingen 2017, S. 223–245.
23 Tetzner: Hans Urian, S. 159.

schen Abenteuererzählungen, in denen es um die Aneignung der Fremde geht.[24] Die Reise beginnt als Flucht aus prekären Verhältnissen und wird in der wachsenden Erkenntnis über die sozialen Verhältnisse zur sozialen Bildungsreise, die eine selbstbestimmte Verortung der Protagonist*innen ermöglicht.

2 Kinder auf dem Weg ins Exil und im Exil in den 1930er Jahren

Die prekäre Verortung im Exil bleibt unlösbar verbunden mit den Wegen ins Exil oder aus ihm hinaus.[25] Das zeigt sich eindrücklich in Ruth Rewalds *Janko, der Junge aus Mexico* (1934)[26], in dem die Autorin das Leben eines Jungen im deutschen Exil schildert.[27] Ähnlich wie in Tetzners *Erwin kommt nach Schweden* (1941) und *Mirjam in Amerika* (1945)[28] werden im Roman die Schwierigkeiten der Exilsituation besonders für Kinder und Jugendliche dargestellt. Dabei werden Diskriminierungen, sprachliche Schwierigkeiten, Missverständnisse und Probleme mit der Bürokratie ebenso thematisiert wie die Freundschaft zu anderen Kindern sowie die Fürsorge der Pflegemutter und eines Lehrers. Besonders ist das deutsche Setting des Romans, das Leser*innen dazu einlädt, sich mit der Perspektive der Aufnahmegesellschaft zu identifizieren. Das erste Kapitel stellt Janko vor: „Ein Fremder war unter ihnen."[29]

---

24 Vgl. Norbert Hopster, Petra Josting und Joachim Neuhaus: Kinder- und Jugendliteratur 1933–1945. Ein Handbuch. Bd. 2: Darstellender Teil. Stuttgart u. a. 2005, Sp. 95–115.
25 Eine besondere Exilgeschichte präsentiert Hertha Pauli in *Ein Lied vom Himmel. Die Geschichte von „Stille Nacht"* [engl. 1943] (Wien 1954). Das Lied selbst wandert hier als Exilant durch die Welt und kehrt durch die Erzählung von seinem wahren Ursprung imaginär heim. Zu Pauli vgl. Susanne Blumesberger: Hertha Pauli: Der Riß der Zeit geht durch mein Herz. Ein Erlebnisbuch (1970). Die Flucht der Kinder- und Jugendbuchautorin Hertha Pauli. In: Jana Mikota und Dieter Wrobel (Hg.): Flucht-Literatur. Texte für den Unterricht. Bd. 2: Sekundarstufe I und II. Baltmannsweiler 2017, S. 96–102.
26 Ruth Rewald: Janko, der Junge aus Mexiko [1934]. Wuppertal 2007. Vgl. Dieter Wrobel: Ruth Rewald: Janko, der Junge aus Mexiko (1934). Eine Flucht nach Deutschland und eine Flucht aus Deutschland. In: ders. und Jana Mikota (Hg.): Flucht-Literatur. Texte für den Unterricht. Bd. 1: Primarstufe und Sekundarstufe I. Baltmannsweiler 2017, S. 58–64.
27 Im Exil lebt auch die Hauptfigur aus Auguste Lazars *Sally Bleistift in Amerika* [Moskau, Leningrad 1935] (Berlin o. J.).
28 Lisa Tetzner: Erwin kommt nach Schweden. Aarau 1941; Dies.: Mirjam in Amerika. Aarau 1945. Für eine Analyse vgl. Fernengel: Kinderliteratur, S. 143–153; Dirk Krüger: Lisa Tetzner: Erwin kommt nach Schweden (1941). „Ich bin dort daheim, wo ich Freiheit finde. Auch die Fremde wird einmal eine Heimat, wenn sie uns Arbeit und Freiheit gibt.". In: Mikota und Wrobel: Flucht-Literatur. Bd. 1, S. 65–71.
29 Rewald: Janko, S. 13.

Rewald lässt die stereotypen Fantasien der deutschen Jungen mit deutlichem Bezug zu den tradierten literarischen Repräsentationen des Fremden in der Figurenrede zu Wort kommen:

> „Das ist aber mal eine Attraktion, ein Indianer. Er sieht aber auch wie ein Vagabund aus", meinte Gustav, [...] „Ob die Rothäute auch heute noch die Weißen skalpieren? Ich muss den Indianer mal danach fragen. Er sieht aus wie ein Cowboy."[30]

Die Stereotypen erklären die Figur Janko nicht, sie werden als nutzlose Vorurteile entlarvt. Die Autorin präsentiert die unterschiedlichen Perspektiven auf das Leben eines Jugendlichen im Exil als widerstreitende. Die Lesenden sind so dazu aufgerufen, sich selbst eine Meinung zu bilden. Das Exil wird auch als eine Situation gezeigt, in der Freiheit und Selbstbestimmung durch Integration in den sozialen Kontext beschnitten werden. Als das Jugendamt die Abschiebung nach Mexico verfügt, entzieht sich Janko der staatlich verordneten Reise. Den Abschluss des Romans bildet ein Brief, den Janko sechs Jahre später an den Lehrer schreibt. Darin berichtet er von seinem Fluchtweg, der ihn nach mehreren Jahren zwar ebenfalls zurück nach Mexiko geführt hat, dies aber selbstbestimmt. In Mexico knüpft er nicht an seine Herkunftsfamilie an, vor der er geflüchtet war, sondern an die soziale und pädagogische Fürsorge, die er im Exil erfahren hat und wird selbst Lehrer. Die prekäre Verortung Jankos im Exil wird einerseits durch die Perspektive der Aufnahmegesellschaft, für die Janko eines Tages einfach da ist, sowie durch seine Flucht aus den exilischen Verhältnissen repräsentiert. Das Exil ist bei Rewald ein vorübergehender Zustand, den es durch innere Entwicklung und selbstbestimmte Neuverortung aufzuheben gilt.

Béla Balázs' Kindertexte aus dem Moskauer Exil präsentieren eine besondere Facette exilischer Erfahrung. In *Karlchen durchhalten!* (1936) und *Heinrich beginnt den Kampf* (1939)[31] steht jeweils ein Berliner Junge im Mittelpunkt, dessen Eltern untergetaucht oder von der Gestapo verhaftet wurden. Plötzlich auf sich gestellt müssen sich beide Protagonisten in der Großstadt zurechtfinden und werden Teil der konspirativen Arbeit des linken Widerstands. Um der Unterbringung in einem nationalsozialistischen Kinderheim zu entgehen, muss der zehnjährige Karl eine Nacht im Tiergarten unter einer Bank schlafen. Balázs knüpft hier direkt an die literarischen Abenteuergeschichten und die Erfahrungen der Wandervogelbewegung an:

---

30 Rewald: Janko, S. 14.
31 Béla Balázs: Karlchen durchhalten! Teil I [1936]. Berlin 1956; Béla Balázs: Karlchen durchhalten! Teil II [1936]. Berlin 1956; Béla Balázs: Heinrich beginnt den Kampf [1939]. Berlin o. J.

> Er hatte es noch nie versucht, unter Sträuchern zu schlafen. Das war aber gar nicht so einfach wie es in den Indianer- und Reisegeschichten erzählt wird. Auch Mutter hatte einmal von einem Ausflug in den Harz erzählt, wie sie da eine Nacht im Wald geschlafen hätten und wie schön das gewesen sei. [...] Karlchen hatte sich schon lange sehnlichst gewünscht, einmal unter freiem Himmel, unter einem Strauch schlafen zu können. Aber die Sträucher im Tiergarten schienen zum Schlafen gar nicht geeignet zu sein.[32]

Der Realismus der Erzählung wird durch die Diskrepanz zu den „Indianergeschichten" betont. In der Nacht unter einer Bank hat er einen Alptraum von der Verfolgungsjagd des vorherigen Tags. Balázs nutzt diesen Traum, um das Geschehen als Beitrag im notwendigen Widerstandskampf auszudeuten. Karlchen erwacht sehr früh am anderen Morgen. In der erlebten Rede heißt es: „So! Er hatte also eine Nacht ganz allein im Freien geschlafen. Sicherlich hatte das in seiner Schulklasse noch keiner gemacht. [...] Karlchen war ein wenig stolz."[33] Balázs betont und malt die passagere Erfahrung Karlchens aus: Er hört zum ersten Mal eine Nachtigall und eine Amsel scheint zu ihm zu sprechen. In den frühen Morgenstunden ist auch die Stadt, in die er hineingeht, eine andere. Als er lange vor dem Schaufenster eines Lebensmittelgeschäftes stehen bleibt und vom Essen träumt, wird er von einer Freundin der Mutter erkannt. Diese ist Hausangestellte bei „[s]chwere[n] Nazis"[34] und zugleich, wie Karlchen zum Ende des zweiten Teils herausfindet, auch Teil des Widerstands. Karlchen taucht mit ihrer Hilfe in diesem Haushalt unter und beginnt seine exilische Existenz. Diese besondere Form des Exils in vertrauter Umgebung (Berlin), die durch politische Entwicklungen zu einem feindlichen Umfeld wird, konzeptionalisiert den politischen Widerstand als exilische Existenz per se. Die Camouflage wird zur vorübergehenden Heimat, Verortung und Fluchtbewegung fallen in eins. Voraussetzung für das Bestehen der komplexen Anforderung, die mit diesem Exil einhergeht, ist Karlchens nächtliche passagere Erfahrung. Diese erst ermöglicht ihm die Verortung und das Überleben im feindlichen Umfeld und später eine aktive Rolle im Widerstand. Er kann die Mutter rechtzeitig vor ihrer drohenden Festnahme warnen und flieht mit ihr nach einer abenteuerlichen Verfolgungsjagd versteckt in einem Bäckereiwagen.

In Balázs' *Heinrich beginnt den Kampf* bildet dessen Exil in einem anderen Land den Endpunkt der Erzählung. Die Flucht Heinrichs wird vom Widerstand konspirativ organisiert und entfaltet sich als Abenteuer. Heinrich wird dabei von Station zu Station mit neuen Anweisungen weitergereicht. Über die Grenzen

---

32 Balázs: Karlchen, Teil I, S. 49.
33 Balázs: Karlchen, Teil I, S. 52.
34 Balázs: Karlchen, Teil I. S. 58.

der Stadt hinaus führt ihn eine lange Wanderung einem alten Mann hinterher, der ihn mit Hinweisen versorgt, bevor Heinrich alleine weiter muss: „Es ist aufregend, so hineinzuwandern in ein neues unbekanntes Leben, dachte Heinrich."[35] Selbstbestimmt verbindet Heinrich auf diesem Weg seine Vergangenheit mit der Gegenwart seiner Flucht. Abends trifft er wie abgesprochen an einer Brücke einen Motorradfahrer, der ihn versteckt im Beifahrersitz unter der Jacke seines Vaters bis zur Grenze bringt. Durch ein Farndickicht kriecht er auf die andere Seite. Dort angekommen bemerkt er, dass er die Jacke seines Vaters vergessen hat. Die Grenzüberschreitung wird so als Entwicklungsschritt des Helden markiert. Allein findet er seinen Exilort in dem für ihn bestimmten Quartier bei einer Familie, an deren Adresse nach einigen Wochen auch die Mutter schreiben kann. Die Fluchtbewegung und -erfahrung ist auf allen Etappen sozial eingebunden. Die innere Entwicklung des Protagonisten durch seine Flucht wird ermöglicht vom solidarischen Netzwerk des Widerstands.[36]

Ähnlich endet auch Alex Weddings *Die Fahne des Pfeiferhänsleins* (1939)[37] mit dem Gang ins Exil. Wedding erzählt in diesem Jugendroman aus der Zeit der Bauernaufstände im Württembergischen im sechzehnten Jahrhundert die Geschichte eines Jungen, der nach langem Bitten von seinem Vater in die Kämpfe integriert wird. Als Kind kann Seppl unbemerkt nach Würzburg einreisen, dort dem Maler den Stoff für die Fahne der Aufständischen bringen und die fertige Fahne, auf der unter anderem ein Junge zu sehen ist, für den Seppl Porträt gestanden hat, wieder aus der Stadt herausschmuggeln. In der Folge ist es Seppls Aufgabe, die Fahne den Aufständischen zum Zeichen voranzutragen. Wedding räumt der Darstellung der brutalen Kämpfe viel Platz ein und rahmt diese als Abenteuererzählung, die mit der Niederschlagung des Aufstands endet. Seppl, ein Freund seines Vaters und ein Gaukler überleben und fliehen als Mönche verkleidet ins Exil.

> Die drei Flüchtlinge liefen durch die menschenleeren Gassen [...]. In einem Zustand völliger Stumpfheit bewegte Seppl, der in der Mitte schritt, seine Füße. Plötzlich erwachte er aus seiner Benommenheit. „Wohin gehen wir denn jetzt?" fragte er müde. Blasius seufzte, hob die Schultern: „In die Fremde, mein Junge. Irgendwohin. Der Weg kommt auf den Wanderer an." [...] „Kopf hoch, Sepp! [...] Einmal endet auch unsere Verbannung. Dann sehen wir

---

35 Balázs: Heinrich, S. 106.
36 Ähnlich ist die exilische Verortung des Protagonisten in Auguste Lazars *Jan auf der Zille. Eine Jugenderzählung aus dem Jahre 1934* (Dresden 1950) konzipiert. Jan muss sich auf einem Elbschiff in der Kajüte verstecken und reist in diesem mobilen Zwischenort notgedrungen von der Tschechei bis nach Hamburg. Vgl. Jana Mikota: Auguste Lazar: Jan auf der Zille (1950). Ein Junge gerät irrtümlich nach Deutschland und muss sich vor den Nationalsozialisten verstecken. In: dies. und Wrobel: Flucht-Literatur. Bd. 1, S. 106–112.
37 Alex Wedding: Die Fahne des Pfeiferhänsleins [1939]. Berlin 1948.

die Heimat wieder und es soll eine schönere Heimat sein, frei von der Willkür der Fürsten und großen Herren, erfüllt von Friedlichkeit, regiert von der Gerechtigkeit des gemeinen Mannes." [...] Seppl nickte. „Bis dahin will ich die Fahne hüten [...]." Er drehte sich um, schob seine Mönchskapuze aus dem Gesicht und warf einen letzten alles umfassenden Blick auf die Heimat.[38]

Im historischen Setting erfindet Wedding eine Narration, die auch der exilischen Situation der narrativen Adressat*innen einen Sinn verleiht und sie damit in den Kampf gegen Unterdrückung und Faschismus einbindet. Die nächtlichen Wanderungen und Fluchten des Protagonisten ermöglichen ihm Erfahrungen, die denen der Märchenheldinnen ähneln. Auch Seppl werden Helfer an die Seite gestellt. Er muss Aufgaben bestehen und an wichtigen Punkten allein seinen Weg finden. Der abschließende Weg ins Exil geschieht im sozialen Kontext und wird als notwendige Passage gedeutet.

3 Schulen und Inseln als Heterotopien

Eine besondere Repräsentation exilischer Verortungen findet sich in den Darstellungen von Schulen in der Kinderliteratur. Diese dienen vielen Autor*innen in den 1930er und 1940er Jahren zur Erfindung von Heterotopien, die hier mit Foucault als Orte verstanden werden, die „in Beziehung zu allen anderen Orten [...] stehen, aber so, dass sie alle Beziehungen, die durch sie bezeichnet, in ihnen gespiegelt und über sie der Reflexion zugänglich gemacht werden, suspendieren, neutralisieren oder in ihr Gegenteil verkehren."[39] Heterotopien stehen in diesem Sinne also nicht außerhalb der gesellschaftlichen Ordnung, wie es für Utopien als „irreale Räume"[40] typisch ist, sondern sie sind Teil der Ordnung, ohne jedoch in dieser restlos aufzugehen. Im Gegenteil sind es Orte, an denen gesellschaftliche Beziehungen gespiegelt und damit der Neubewertung zugänglich gemacht werden können. Man könnte so weit gehen, die besondere Verortung im Exil als grundsätzlich heterotop zu bezeichnen, denn das Exil bleibt immer auf eine vorherige, verlorene Verortung bezogen. Als Spiegel und Ort der Reflexion bietet das Exil Potenzial für neue Erkenntnisse und Entwicklungen, darin besteht sein möglicher heterotoper Charakter. Konkreter sind die literarischen Repräsentationen von Schulen als Heterotopien zu erkennen.

---

38 Wedding: Die Fahne, S. 213–215.
39 Michel Foucault: Von anderen Räumen (1967). In: Jörg Dünne und Stephan Dünzel (Hg.): Raumtheorie. Grundlagentexte aus Philosophie und Kulturwissenschaften. Frankfurt a. M. 2006, S. 320.
40 Foucault: Von anderen Räumen, S. 320.

Die Schulen und Inseln in den hier betrachteten kinderliterarischen Texten sind doppelt als Heterotopien gekennzeichnet. Sie werden einerseits als Opposition zu den kriegerischen gesellschaftlichen Verhältnissen präsentiert. Als prekäre (oft geglückte) Zwischenstationen auf der Flucht bieten sie zudem Raum für die innere Entwicklung der Protagonist*innen. Diese besondere Spielart der exilischen Verortung ist einerseits als Krisenheterotopie zu verstehen, weil sich die Heranwachsenden in einem passageren, im Verhältnis zur Gesellschaft krisenhaften Zustand befinden und andererseits als Abweichungsheterotopie, weil durch diese Verortung das Verhalten der Gesellschaft kritisiert und gespiegelt wird. Hieraus schöpft sich das utopische Potenzial der Schul- und Inseldarstellungen als Heterotopien sowie deren illusorische oder kompensatorische Funktion. Die illusorische Funktion der Heterotopie besteht darin, die sie umgebenden realen Räume als „noch größere Illusion"[41] zu entlarven, die kompensatorische darin, diesen eine vollkommene Ordnung entgegenzustellen.

In Rewalds *Janko* ist die Schule ein heterotoper Ort, durch den die Autorin die gesellschaftlichen Verhältnisse der Aufnahmegesellschaft der Reflexion zugänglich macht. Noch deutlicher ist der heterotope Charakter der Schule in Rewalds am Ende des spanischen Bürgerkriegs als Auftragsarbeit entstandenem Kinderroman *Vier Spanische Jungen* (1938).[42] Rewald erzählt hier von einer wahren Begebenheit, bei der sich vier Jungen aus einem von franquistischen Truppen besetzten Dorf auf die andere Seite der Front durchgeschlagen hatten. Eingebettet in diese Erzählung einer Reise, die unversehens zu einer Flucht wird, ist die Vorgeschichte von der Befreiung des Dorfes von den alten Mächten, die dazu geführt hat, dass die bis dahin in den Abfallhängen der Gruben arbeitenden Kinder zur Schule gehen können. Diese wird im Haus und im großen Garten des vertriebenen Bürgermeisters eröffnet. Als die Kinder aus Unachtsamkeit dabei sind den Garten zu zerstören, erinnert der neue Lehrer sie daran, dass sie selbst die Verantwortung für ihre Schule und ihr gemeinsames Leben und Lernen tragen.[43] Rewald dient die Schulepisode zur Darstellung (sozial-)demokratischer (Selbst-)Erziehungspraktiken mit utopischem Potenzial. Der kompensatorische heterotope Charakter der Schuldarstellung wird noch unterstützt durch das jähe Ende (Heterochronie) des demokratischen Aufbruchs durch den weiteren Kriegsverlauf.

---

41 Vgl. Foucault: Von anderen Räumen, S. 326.
42 Ruth Rewald: Vier Spanische Jungen [1938]. Köln 1987. Vgl. Dirk Krüger: Die deutsch-jüdische Kinder- und Jugendbuchautorin Ruth Rewald und die Kinder- und Jugendliteratur im Exil. Diss. Univ. Wuppertal 1989.
43 Genauer dazu vgl. Wiebke von Bernstorff: „[...] vom Kinde aus": Der spanische Bürgerkrieg in der Kinderliteratur des deutschen Exils: Rewald und Brecht. In: Argonautenschiff 24 (2016), S. 128–138.

Die utopische Funktion der Heterotopie Schule wird auch in Erika Manns Detektiv- und Bandengeschichte *A Gang of Ten* (1942, dt: *Zehn jagen Mr. X*) deutlich.[44] Die Erzählung beginnt mit der Aufnahme von fünf vor dem Nationalsozialismus geflüchteten Kindern in einer von Mann nach dem Modell der Reformschulen konzipierten Internatsschule in einem fiktiven US-amerikanischen Ort. Die Internatsschule ist „ein richtiger Kinderstaat, von Kindern organisiert, regiert und in Gang gehalten"[45]. Auf die Darstellung der Plenar-Sitzungen unter einem Baum im Garten der Schule legt Mann großen Wert.[46] Die Fluchterzählungen der exilierten Kinder aus fünf verschiedenen Ländern, für die Mann auf tatsächliche Ereignisse zurückgreift, bilden die Grundlage für das Zusammenwachsen der Kinder zu einer Bande, die gemeinsam etwas gegen den Krieg tun möchte und sich die „Vereinten Kinder" nennt. Der humanistische Geist der Internatsschule lässt die unterschiedlichen Lebenssituationen von exilierten und nicht exilierten Kindern im Verlauf der Handlung in den Hintergrund treten. Die Schule als Heterotopie bekommt so eine kompensatorische Funktion und ermöglicht ein ideales, demokratisches interkulturelles Zusammenleben.

Eine internationale Schule als Zufluchtsort und Heterotopie spielt auch in *S.O.S. Genf* (1939)[47] von Richard Plant und Oskar Seidlin eine besondere Rolle. Nach einer verheerenden Flutkatastrophe werden die Kinder eines rumänischen Dorfes vom Roten Kreuz in der Schweiz bei Familien untergebracht. Die Reise in die Schweiz mit dem Auto und dem Orientexpress inklusive der Grenzübertritte wird aus der Perspektive der Kinder erzählt. Als sie bei ihrer Gastfamilie aus den Zeitungen erfahren, dass ihr Dorf inzwischen komplett von der Flut verwüstet wurde, beschließen sie, den Völkerbund in Genf um Hilfe zu bitten. Auch wenn das Vorhaben zunächst als Kinderidee erscheint, unterstützen die Gasteltern sie, indem sie die Kinder mit ihrem Sohn in den Zug zur Tante nach Genf setzen. Im Zug aber beschließen die Kinder, dass es viel schöner sei, zu Fuß zu gehen und steigen kurzentschlossen aus. Diese zweite Reise ist im Gegensatz zur ersten selbstmotiviert. Die wirklichen Abenteuer, eigene Grenzüberschreitungen und Entwicklungsmöglichkeiten hält erst diese Reise für die Kinder bereit. Schon bald sind sie mit Hunger, Müdigkeit und

---

44 Erika Mann: Zehn jagen Mr. X [engl. 1942]. Aus dem Englischen von Elga Abramovitz. Wuppertal 2011. Vgl. Wiebke von Bernstorff: Erika Mann: A Gang of Ten (1942), deutsch: Zehn jagen Mr. X (1990). In: Bettina Bannasch und Gerhild Rochus (Hg.): Handbuch der deutschsprachigen Exilliteratur. Von Heinrich Heine bis Herta Müller. Berlin, Boston 2013, S. 421–427.
45 Mann: Zehn jagen Mr. X, S. 11.
46 Foucault spricht vom Garten als einer Heterotopie aus widersprüchlichen Orten: „[...] die kleinste Parzelle der Welt und zugleich ist er die ganze Welt." (Foucault: Von anderen Räumen, S. 324). Das kann auch hier für die Gärten in den Texten von Rewald, Mann sowie Seidlin und Plant und die Inseln bei Tetzner, Lobe und Faber du Faur in Anspruch genommen werden.
47 Oskar Seidlin und Richard Plant: S.O.S. Genf. Zürich 1939.

dem Verlust der Orientierung konfrontiert. Sie finden schließlich eine Scheune, in der sie sich für die Nacht einquartieren. Gegen ihre Ängste erzählt der Schweizer Junge beim Einschlafen ein selbstausgedachtes Märchen von einem Mädchen, das Brot durch Vergraben in Gold verwandelt. Der Jüngste der Kindergruppe nimmt das wörtlich und vergräbt nachts heimlich das letzte Brot. Eine erste bittere Erkenntnis der Reise ist, dass Märchen und Abenteuerbücher wenig mit der Realität der eigenen Reise zu tun haben. „Die erste Überraschung war sehr unangenehm und hieß: Hunger."[48] Die Beziehung zwischen Imagination und Realität wird im Text anhand verschiedener Figuren variiert. Hilfe kommt den Kindern durch einen Handorgel spielenden Landstreicher zu, der sich „Herzog von Hierundortundüberall" nennt, sie zu einem „festlichen Gelage in seinem Schloß"[49] einlädt und ihnen hilft, durch Musizieren und Singen in den Dörfern etwas Geld zu verdienen. In der folgenden hereinbrechenden Nacht werden sie im Wald von Pfadfindern überfallen, die sie fälschlicherweise für eine andere im Spiel gegnerische Gruppe halten. Die bedrohliche Situation löst sich im gemeinsamen Essen und Singen am Lagerfeuer auf. Seidlin und Plant betonen so spielerische und freie Identitätsentwürfe, die verhandel- und gestaltbar erscheinen.

In Genf finden die Kinder schließlich Zuflucht in einer Schule. „Die ‚internationale Schule' gibt es nur einmal auf der Welt."[50] Sie wird als Ort beschrieben, an dem jedem Kind die gleichen Entwicklungschancen eingeräumt werden:

> „Bei uns zählt jedes Kind gleich", sagte Madame Maurette. „Es gibt keine interessanten und keine uninteressanten Kinder. Wir sind eine demokratische Schule. Und Demokratie heißt, sich um alle gleichmäßig zu kümmern."[51]

Die Gemeinschaft der Schüler*innen entwickelt hier, ähnlich wie in *Zehn jagen Mr. X*, gemeinsam Ideen, um die Kosten für den Verbleib der Kinder an der Schule aufzubringen und ihnen Gehör beim Völkerbund zu verschaffen. Die Heterotopie der internationalen Schule bildet in der Narration das Spiegelbild zum Völkerbund:

> Aus weiten, grünen Wiesen erhob sich ein Haus, so groß, wie es die Kinder noch nie gesehen hatten. [...] Schaute man durch den hohen Torbogen, dann sah man einen breiten Platz, auf dem Blumen blühten, und dahinter wieder einen Torbogen und wieder einen Platz mit Blumen. So ging es immer weiter. Es sah aus, als bestünde die ganze Welt aus Torbögen und Plätzen, Plätzen und Torbögen. Es gab viele hundert Türen, riesige und kleine, und zu den großen führten breite Marmortreppen, die so weiß waren als hätte ein Konditor Zucker darüber gestreut.[52]

---

48 Seidlin und Plant: S.O.S., S. 54.
49 Seidlin und Plant: S.O.S., beide Zitate S. 56.
50 Seidlin und Plant: S.O.S., S. 97.
51 Seidlin und Plant: S.O.S., S. 110.
52 Seidlin und Plant: S.O.S., S. 82.

Der Völkerbund wird als ein unendlich fortlaufendes Spiegelbild repräsentiert, in dem alles in allem immer schon enthalten ist. Betont werden dabei die Öffnungen (Torbögen und Treppen) und offenen Räume (Plätze). Foucault benennt als fünften Grundsatz für Heterotopien, dass sie „stets ein System der Öffnung und Abschließung voraus[setzen]"[53]. Der Fortgang der Erzählung handelt maßgeblich vom Versuch des (heimlichen) und misslingenden Eintritts der Kinder auf das Gelände. Mit Hilfe der anderen Kinder der internationalen Schule und deren Eltern erschließen sie sich dann legale Wege ins Gebäude und werden in die Geschichte, die Aufgaben und die Organisation des Völkerbundes eingeführt. In beiden heterotopen Institutionen (Schule und Völkerbund) bestehen Konflikte, die das Ziel von Frieden und Zusammenarbeit behindern. Sie sind daher keine Glücks-Heterotopien, bieten aber die Möglichkeit der Verhandlung von Konflikten und damit des gemeinsamen Lernens und der Weiterentwicklung. Darin liegt ihre kompensatorische Funktion und ihr utopisches Potenzial, das am glücklichen Ende der Erzählung in den Figurenreden hervorgehoben wird.

Auch in Irmgard von Faber du Faurs *Die Kinderarche* (1935) gibt es eine Schule. Die auf einer Insel gestrandeten Kinder richten diese selbst ein: „[...] es wurde bald eine richtige kleine Schule. Was eines eben gelernt hatte, zeigte es schon wieder einem anderen. Jeder war Schüler und Lehrer zugleich."[54] Diese ideale soziale Ordnung bildet in der Narration aber nur einen Teil des Inseldaseins der Kinder ab. Die Inseln als Heterotopien in der Kinderliteratur dieser Zeit haben weitestgehend eine illusionäre Funktion, indem sie als Gegenbild zur umgebenden Gesellschaft konzipiert sind und diese als „noch größere Illusion"[55] entlarven. Die exilische Verortung auf der Insel dient so der Kritik der realen gesellschaftlichen Verhältnisse und dem Entwurf neuer Gesellschaftsbilder. Faber du Faurs *Kinderarche* ist ebenfalls in der Zeit der Bauernkriege im Badischen situiert. Die Autorin ist in ihren Schilderungen weniger politisch als Wedding. In ihrer Narration verläuft der Konflikt zwischen den Erwachsenen und den Kindern. Die aufständischen Bauern halten von den eingenommenen Burgen Kinder als Geiseln gefangen. Die Tochter des Wirts und der Sohn des Fischers begehren gegen die Kriegstreiberei und Grausamkeit auf und beschließen, mit allen Kindern, denen des Dorfes und den gefangenen, auf einem großen Kahn zu fliehen, der aussah „wie ein Riesentier, das eben ans Land klettern wollte. ‚Das ist unsere Arche.'"[56] Der Auszug der Kinder aus dem Dorf erinnert an Märchen- und Sagenmotive. Das

---

53 Foucault: Von anderen Räumen, S. 325.
54 Irmgard von Faber du Faur: Die Kinderarche [1935]. Frankfurt a. M. 1949, S. 43.
55 Foucault: Von anderen Räumen, S. 326.
56 Faber du Faur: Die Kinderarche, S. 16.

In der Nacht – Mitternacht war vorbei – stieg ein seltsamer Zug den Wald hinunter. Ein Zwergenvolk, hätte einer denken können, der ihm begegnet wäre. Vorn gingen wohl Größere, richtig groß wie Menschen war niemand, dann kamen Kleinere und ganz Kleine. Manche wurden getragen. Tiere waren dazwischen. Ein paar Größere schlossen den Zug. Sie gingen alle dicht gedrängt hintereinander, hielten sich an den Händen, an den Kleidern. Sie redeten im Flüsterton. Ein Aufschrei oder Wimmern wurde sofort unterdrückt.

Es waren die Kinder aus Uchtingen samt den gefangenen, die sie befreit hatten. Es war ein großer Zug. Anders führte. Er kannte jeden Stein auf dem Weg. Ein Hindernis, das kam, wurde leise durch die Reihen angesagt: «Aufgepaßt, ein Bach. Die Kleinen hinübertragen!»

Am Himmel zogen Wolken hin, dunkel und zerrissen. Manchmal dämmerte ein Stück Mond dahinter auf. Eulen schrien

Abb. 1: Faber du Faur: Die Kinderarche, S. 15, Illustration von Felix Hoffmann.

Motiv des Exodus wird durch die den Text in seinem Erzählfluss über die Seite begleitende Illustration evoziert.

Als einundfünfzig Kinder und fünf Tiere unter Ästen versteckt auf der Arche den Rhein hinunterfahren, wird England als Ziel ausgegeben:

> „Wir fahren ins große Meer auf die Insel, wo Frieden ist," gaben Anders und Trine Bescheid. Alle hatten so viel Schreckliches vom Krieg erlebt, daß es ihnen wie im Märchen war: auf die Insel, wo Frieden ist.[57]

Die Insel als Friedensutopie wird so durch die Erzählungen der Kinder hergestellt. Diese hilft aber nicht gegen die Launen des Flusses, denen die Arche ohne Lenkung schutzlos ausgeliefert ist. Je schwieriger das selbstbestimmte Handeln der Kinder

---

57 Faber du Faur: Die Kinderarche, S. 19.

wird, desto wichtiger werden ihre eigenen Erzählungen, durch die sie ihre Lage deuten. Als das Hochwasser immer bedrohlicher wird, beginnen die Kinder ein Lied aus den Kreuzzügen zu singen. In erlebter Gedankenrede wird die Verknüpfung der Historie mit dem erzählten Jetzt hergestellt: „Waren sie das nicht selber? Suchten sie nicht selber etwas wie das Heilige Land?"[58] Die Gedankenrede löst den im Titel bereits evozierten christlich-jüdischen Deutungsrahmen ein und verleiht der Flucht einen heilsgeschichtlichen Sinn. Als die Arche an einer Insel bei Mainz zerschellt, richten sich die Kinder mit Kontakt zum Dorf am Ufer ein und bekommen dort sogar ein Aufenthaltsrecht. Als gemeinschaftliches Projekt bekommt das Exil der Kinder auf der Insel utopische Züge. Die illusorische Funktion des Inseldaseins und der Flucht wird durch den zweiten Erzählstrang eingelöst: die Beendigung des Krieges zwischen den Eltern.

Die Insel als Exil findet sich weit ausführlicher erzählt in Mira Lobes *Insu Pu* (hebr. 1948) und in *Die Kinder auf der Insel* (1944)[59] in Band 5 der Kinderodyssee von Tetzner. Kriege führen auch hier zur Flucht der Kindergruppen mit einem Schiff, dessen Untergang das Inseldasein der heterogenen Kindergruppe begründet.[60] Die individuellen, Klassen- und Geschlechterunterschiede werden in beiden Texten als überwindbare Herausforderungen zur Bildung einer Gemeinschaft thematisiert. Die Heterotopie der Insel erfüllt die illusorische Funktion eines Ortes, der die Realität (des Krieges) als noch größere Illusion entlarvt. Lobe legt dabei mehr Wert auf sozialpsychologische Aspekte von Gruppenbildung. Bei Tetzner werden sprachliche und körperliche Heterogenität als gegeben thematisiert und durch die Erzählungen eines Jungen aus der Schweiz in die Bildung eines demokratischen Kinderstaates überführt. Anhand der Bildung einer neuen Gemein- und Gesellschaftsstruktur durch die Kinder bekommt das Exil auf der Insel in allen drei Texten utopisches Potenzial.

---

58 Faber du Faur: Die Kinderarche, S. 31.
59 Vgl. Jana Mikota: Die Kinder auf der Insel – Insu-Pu – Das Eismeer ruft: Die Robinsonade in der Kinder- und Jugendliteratur des Exils. In: Ada Bieber, Stefan Greif und Günter Helmes (Hg.): Angeschwemmt – Fortgeschrieben. Robinsonaden im 20. und beginnenden 21. Jahrhundert. Würzburg 2009, S. 36–54.
60 „Das Schiff ist die Heterotopie *par excellence*" (Foucault: Von anderen Räumen, S. 327). Diesen Heterotopien sind einige kinderliterarische Texte gewidmet: Tetzners *Das Schiff ohne Hafen* (1943), die Fluchterzählungen der Kinder in Manns *Zehn jagen Mr. X*, Lazars *Jan auf der Zille* und Faber du Faurs *Die Kinderarche*.

4 Vom Erzählen als Reisen: Ästhetische Reflexionen

In vielen Texten der Kinderliteratur des Exils gibt es eine metareflexive Komponente, durch die die (exilische) Verortung der Autor*innen und Adressat*innen im literarischen Text verhandelt wird. Hermynia Zur Mühlen erzählt in *Kleine Geschichten von großen Dichtern* (1944) zum Beispiel in Miniaturen von österreichischen Schriftsteller*innen und präsentiert so eine kindgerechte allgemeine Literaturgeschichte, in der das Motiv des Lesens und Schreibens als Flucht aus bedrückenden Verhältnissen variiert wird. Auch Anna Siemsen expliziert in ihrem Vorwort zur Herausgabe der Sammlung *Menschen und Menschenkinder* diese Form der imaginären Reise durch Literatur:

> Es ist also ein großes Glück, daß heute das Reisen so leicht geworden ist, [...]. Aber nicht alle Menschen können in ferne Länder zu fremden Völkern wandern. So ist es gut, daß die Ferne auch in Bildern und Filmen und Geschichten zu uns kommt. [...] Wenn wir darin [im Buch] um die ganze Erde wandern, so ist es freilich nur eine flüchtige Reise, ein erster Besuch, dem viele andere folgen müssen. Aber alles in diesem Buche ist Wirklichkeit, auch, wo es auf den ersten Blick aussieht, als sei es nur ein Märchen oder Gedicht.[61]

Im poetologischen Kontext der Widerspiegelungstheorie werden die ästhetischen Artefakte zu Wirklichkeit und das Lesen zur Reise im Dienste der Völkerverständigung. Siemsens Sammlung von 1929 sowie Tetzners *Hans Urian* und Manns *Stoffel fliegt übers Meer* liegt dabei noch keine exilische Erfahrung zugrunde. Ganz im Gegenteil erscheint die gesamte Welt als ein gemeinsamer Lebensraum aller Menschen, den es real und durch die ästhetischen Möglichkeiten der Literatur zu erschließen gilt. In pädagogischer Intention legt Siemsen Wert auf die ‚Wirklichkeit', die repräsentiert werde.

Wedding dagegen nutzt das historische Setting in *Die Fahne des Pfeiferhänsleins* für eine ethische Begründung des Gangs ins Exil gerade auch der Kinderfigur und damit der narrativen Adressat*innen. In diesem Kontext bekommt die Episode, in der die Fahne mit einem Bild vom kindlichen Protagonisten, der die Fahne trägt, bemalt wird, auch durch die Illustration und den Bezug zum Titel ein besonderes Gewicht.

Die Erzählung von der *Fahne des Pfeiferhänsleins*, das Bild des Protagonisten auf der Fahne und die Illustration auf dem Cover vervielfachen die Aussage des Textes und verstärken sich gegenseitig. Kindliche Adressat*innen, kindlicher Held und die ästhetischen Bilder von ihm stehen alle gleichermaßen für die Hoffnung auf ein neues und besseres Leben. Für Zweifel an dieser eindeutigen Funktionalisierung der ästhetischen Artefakte Bild und Text ist im Rahmen dieser kinderliterarischen Poetologie kein Platz. Zwischen geschilderter Wirklichkeit und Bildnis gibt

---

[61] Siemsen: Entdeckungen, S. 6.

Abb. 2: Alex Wedding: Die Fahne des Pfeiferhänsleins, Titelbild.

es bei Wedding, ähnlich wie bei Siemsen, kaum Spielraum, beide Repräsentationen gehen ganz in ihrer Intentionalität auf.

Mit der Exilierung der Autor*innen seit 1933 geht eine Transformation und eine Erweiterung der Möglichkeiten, die das Reisemotiv bereit hält, einher. Bei Seidlin, Mann, Lobe, Tetzner und Rewald wird dabei mehr Spiel gelassen zwischen Wirklichkeit und ästhetischer Repräsentation und gerade dieser Raum zur Reflexion genutzt. Die metareflexiven Anteile in den Texten, wie zum Beispiel die sehr häufigen Hinweise auf den schmerzhaften Abgleich der eigenen Reise- oder Fluchterfahrung mit den Märchen und Abenteuergeschichten, eröffnen Räume für das Nachdenken der narrativen Adressat*innen und weisen zudem auf den literarischen Text als solchen zurück. Die realistische Ästhetik der Texte ist selbstreflexiv, mehrdimensional und denkt auch kritische Lesarten schon mit. Die Kinderfiguren ab den 1930er Jahren reisen dabei nicht mehr durch eine fraglos gegebene Welt, um die Fremde kennenzulernen. Ihre Verortung im Exil bringt eine grundsätzliche Verunsicherung auch des Reisens als Flucht mit sich, durch die die gesellschaftlichen Zustände und die gegebenen Weltentwürfe in Frage gestellt werden. Die dargestellten Verortungen in Heterotopien reagieren auf diese Verunsicherung und dienen der Neuverhandlung von Gesellschaftsentwürfen durch die Kinderfiguren. Die hier ausgewählten Texte sind selbst Teil dieser Verhandlungen. Die selbstbestimmten Anteile der Reisen in der Situation des Exils zum Beispiel bei Seidlin und Plant, Faber du Faur, Tetzner und bei Mann greifen auf tradierte Reisemotive zurück und transformieren diese so, dass in der exilischen Verortung selbstbestimmtes Handeln der Kinderfiguren möglich wird. Dieses ästhetische Muster unterstützt die literarpädagogische Intentionalität der Texte. Das Schreiben von Kinderliteratur in der Situation des Exils bleibt häufig und in den hier ausgewählten Texten auf eben diese Situation bezogen und kann daher selbst als ästhetische Heterotopie verstanden werden. Literarisch repräsentiert wird das durch die (Kinder-)Figuren in den Texten, die ihre Erlebnisse aufschreiben, aufmalen oder davon erzählen.[62]

In Faber du Faurs *Die Kinderarche* dienen die Erzählungen von den und die Erinnerung an die Erlebnisse auf dem Kahn und der Friedensinsel als Mahnung, die über Generationen weitergereicht wird. Der Text selbst ist als diese Mahnung an die Bewahrung von Frieden zu lesen. Die Ich-Erzählerin in Manns *Zehn jagen Mr. X* ist eine Journalistin, die fiktiv für die ‚Wirklichkeit' der Geschichte und mit ihren Artikeln für die öffentliche Bedeutung der Erlebnisse bürgt. Bei Mann, Lobe in *Insu Pu*, Wedding in *Das Eismeer ruft* (1936)[63] und Seidlin und Plant in *S.O.S. Genf* wenden sich die Kinderfiguren mit ihren Geschichten und Wünschen zudem über den Rundfunk an die gesamte Weltöffentlichkeit. Die Intentionalität des kinderliterarischen Textes wird so im Text metonymisch repräsentiert. Die die Texte abschließenden Schulfeste als heterochrone Unterbrechungen der Zeit in *S.O.S. Genf* und *Zehn jagen Mr. X* bringen alle Figuren noch einmal zusammen. Die Journalistin wird für ihre Berichterstattung gelobt und in der internationalen Schule in Genf tauchen zwei Schriftsteller auf, die über die Erlebnisse der Kinder ein Buch schreiben wollen. Den Festsaal haben die Kinder mit Bildern von ihren Erlebnissen geschmückt:

> Das Haupt- und Prunkbild aber, das Frantisek als sein hervorragendstes Meisterwerk betrachtete, zeigte Marinka, auf deren Hand der ganze Völkerbund mit Herrn Avenol und dem Aga Khan Platz genommen hatte. Darunter stand: Das schwache Mädchen und die starken Männer.[64]

---

62 So unterschiedlich die ideologischen und pädagogischen Annahmen der exilierten Autor*innen auch gewesen sind, bildet die Differenz zum Nationalsozialismus doch ein gemeinsames Element der allermeisten Texte. Die Diskussion um einen möglichen gemeinsamen Nenner der Exilliteratur als antifaschistisch (vgl. Guy Stern: Wirkung Nachwirkung der antifaschistischen Jugendliteratur. In: Jens Stüben und Winfried Woesler (Hg.): „Wir tragen den Zettelkasten mit den Steckbriefen unserer Freunde". Beiträge jüdischer Autoren zur deutschen Literatur seit 1945. Darmstadt 1994, S. 299–312), humanistisch, oder wie kürzlich von Julia Benner vorgeschlagen als „kontrafaschistisch" (vgl. Julia Benner: Federkrieg. Kinder- und Jugendliteratur gegen den Nationalsozialismus 1933–1945. Göttingen 2015, S. 22) ist prägendes Element der Exilliteraturforschung. Ich gehe davon aus, dass im Exil geschriebene Texte in der Produktion und in der Rezeption auf die exilische Verortung bezogen bleiben und schließe mich der breiten Definition von Hopster, Josting und Neuhaus im Handbuch *Kinder- und Jugendliteratur 1933–1945* an (Hopster, Josting, Neuhaus: Kinder- und Jugendliteratur, Sp. 837).
63 Alex Wedding: Das Eismeer ruft [1936]. Berlin 1981. Hier spielt der Rundfunk eine entscheidende Rolle bei der Rettung der Erwachsenen und der Kinder.
64 Seidlin und Plant: S.O.S., S. 243.

Die Metareflexion findet so zusätzlich zu den Schriftstellerfiguren durch die Kinderfiguren selbst statt, die ihre Erlebnisse ästhetisch verarbeiten und dabei auch an Märchenmotive anknüpfen. Ihre Selbstermächtigung wird in der ästhetischen Umkehrung der tradierten Motive, Rollen und Machtverhältnisse mehr als deutlich. Noch stärker bestimmt das die Narration in Seidlins *Pedronis muss geholfen werden* (1937)[65]. Durch ein selbstgeschriebenes Theaterstück über ihre Erlebnisse, von denen der Roman handelt, halten die Kinder den Erwachsenen den Spiegel vor und entlarven so sehr wirksam deren Vor- und Fehlurteile gegen eine umherziehende Theatertruppe. In Tetzners *Die Reise nach Ostende* (1936)[66] sind es die Groschenromane, die ein Tessiner Mädchen dazu motivieren, mit dem in Belgien arbeitenden Vater zu reisen. Dort muss sie erkennen, dass die Roman-Bilder nicht stimmen. Beim lebensnotwendigen Zuverdienst der Kinder hilft ihnen ein Mann, der sich am Ende als mittelloser exilierter deutscher Schriftsteller entpuppt. Die realistisch gezeichnete exilierte Existenz des Schriftstellers entlarvt den Kitsch der Liebesromane und ermöglicht so die für die Kinderfigur notwendige Entwicklung. Nach der Heimkehr endet der Roman mit dem Hinweis auf das eigene Erzählen der Mädchenfigur: „Ich habe dir schrecklich viel zu erzählen"[67].

In Tetzners *Die Kinder auf der Insel* sind es die Erzählungen und die in den Sand gemalten Bilder des Schweizer Jungen, die als diskutierbares Modell für die Selbstorganisation der Gruppe dienen. Im folgenden Band der Kinderodyssee *Mirjam in Amerika* berichtet Mirjam selbst von ihren (Reise-)Erlebnissen. Ihre Tagebuchaufzeichnungen sind eingebettet in eine Rahmenhandlung, in der sie die Autorin um Lektorat und Herausgabe bittet, wodurch sich eine doppelte fluide Autorinnenschaft ergibt.[68] Auf ihrer schwierigen Reise durch die amerikanische Gesellschaft wird sie wie die rumänischen Kinder in *S.O.S. Genf* von einem Landstreicher begleitet, der sehr belesen ist und sich ebenfalls als König eines großen Reiches präsentiert. Die Funktion der ästhetischen Artefakte und der Landstreicher-Figuren in den Texten ist es, dem Möglichkeitssinn und damit der selbstständigen Weltkonstitution Raum zu geben. Diesem Ziel sind die meisten der hier präsentierten Lese-Reisen verpflich-

---

65 Oskar Seidlin: Pedronis muss geholfen werden! Eine Erzählung für die Jugend. Aarau 1937.
66 Lisa Tetzner: Die Reise nach Ostende. Zürich o. J.
67 Tetzner: Die Reise, S. 162.
68 Vgl. genauer zu dieser doppelten Autorinnenschaft Wiebke von Bernstorff: Un-/Doing Gender in Exile Children's Literature: for example Lisa Tetzners Children's Odyssee. In: Charmian Brinson und Andrea Hammel (Hg.): Exile and Gender I: Literature and the Press. Leiden, Boston 2016, S. 207–219. Ungerahmt erzählt die kindliche Ich-Erzählerin in Irmgard Keuns *Kind aller Länder* (1938). Die entlarvende Funktion des kindlichen Erzählens steht hier im Vordergrund. Vgl. Liane Schüller: Irmgard Keun: Kind aller Länder (1938). Ein Leben auf dem Sprung. In: Mikota und Wrobel: Flucht-Literatur. Bd. 1, S. 120–126.

tet. Die Lese-Reise ermöglicht neue imaginäre Verortungen und verbindet so die reale exilische Existenz der Autor*innen und Adressat*innen mit der Erfindung neuer ästhetischer und oft heterotoper Heimaten. Die pädagogische Intentionalität der Texte führt zur Betonung und Erfindung möglicher Zukünfte in ihnen. Indem in den Texten die Kinderfiguren durch ihre Reisen dazu befähigt werden, selbstbestimmte Verortungen vorzunehmen, entweder im bewussten Gang ins Exil oder auf die Reise, und im Kontext von Heterotopien eigene demokratische Gemeinwesen aufzubauen, bieten sie den (exilierten) Adressat*innen imaginäre passagere Heimaten an. Auf die Realisierung dieser Gesellschaftsentwürfe in (naher) Zukunft und durch die Adressat*innen zielen die hier präsentierten Texte der Kinderliteratur des Exils. Das Reisemotiv dient den Autor*innen zur Ausgestaltung vielfältiger Facetten von erzwungener oder selbstbestimmter Entwurzelung und (zumeist) selbstbestimmter Neu-Verortung.

Literaturverzeichnis

Balázs, Béla: Karlchen durchhalten! Teil I [1936] (Kleine Jugendreihe, 7. Jg., Nr. 5, 1. Märzheft). Illustrationen von Karl Fischer. Berlin 1956.
Balázs, Béla: Karlchen durchhalten! Teil II [1936] (Kleine Jugendreihe, 7. Jg., Nr. 6, 2. Märzheft). Illustrationen von Karl Fischer. Berlin 1956.
Balázs, Béla: Heinrich beginnt den Kampf [1939]. Illustrationen von Horst Bartsch. Berlin o. J.
Benner, Julia: Federkrieg. Kinder- und Jugendliteratur gegen den Nationalsozialismus 1933–1945 (Göttinger Studien zur Generationsforschung, 18). Göttingen 2015.
Benner, Julia: Das Märchen von den „Zigeunern": „Zigeuner"-Figuren in der Kinder- und Jugendliteratur zur Zeit der Weimarer Republik und des Nationalsozialismus. In: Petra Josting u. a. (Hg.): „Denn sie rauben sehr geschwind jedes böse Gassenkind". „Zigeuner"-Bilder in Kinder- und Jugendmedien. Göttingen 2017, S. 223–245.
Bernstorff, Wiebke von: Erika Mann: A Gang of Ten (1942), deutsch: Zehn jagen Mr. X (1990). In: Bettina Bannasch und Gerhild Rochus (Hg.): Handbuch der deutschsprachigen Exilliteratur. Von Heinrich Heine bis Herta Müller. Berlin, Boston 2013, S. 421–427.
Bernstorff, Wiebke von: „[…] vom Kinde aus": Der spanische Bürgerkrieg in der Kinderliteratur des deutschen Exils: Rewald und Brecht. In: Argonautenschiff 24 (2016), S. 128–138.
Bernstorff, Wiebke von: Un-/Doing Gender in Exile Children's Literature: for example Lisa Tetzners Children's Odyssee. In: Charmian Brinson und Andrea Hammel (Hg.): Exile and Gender I: Literature and the Press (Yearbook of the Research Centre for German and Austrian Exile Studies, 17). Leiden, Boston 2016, S. 207–219.
Bernstorff, Wiebke von und Susanne Blumesberger: Kinder- und Jugendliteratur des Exils unter Gendergesichtspunkten: Ein Überblick über Deutschland und Österreich. In: Weertje Wilms (Hg.): Gender in der deutschsprachigen Kinder- und Jugendliteratur vom Mittelalter bis zur Gegenwart. Berlin, Boston 2022, S. 235–270, https://doi.org/10.1515/9783110726404 (Zugriff: 20.1.2023).
Blumesberger, Susanne: Hertha Pauli: Der Riß der Zeit geht durch mein Herz. Ein Erlebnisbuch (1970). Die Flucht der Kinder- und Jugendbuchautorin Hertha Pauli. In: Jana Mikota und Dieter Wrobel

(Hg.): Flucht-Literatur. Texte für den Unterricht. Bd. 2: Sekundarstufe I und II. Baltmannsweiler 2017, S. 96–102.

Cron, Cornelia: Das Bild vom Kind in ausgewählten Texten der Kinder- und Jugendliteratur im Exil 1933–1945. Diss. Univ. Münster 2010, https://nbn-resolving.de/urn:nbn:de:hbz:6-86429578101 (Zugriff: 20.1.2023).

Edwin Hoernle: Grundfragen der proletarischen Erziehung [1929]. Hg. von Lutz von Werder Frankfurt a. M. 2016.

Faber du Faur, Irmgard von: Die Kinderarche [1935]. Illustrationen von Felix Hoffmann. Frankfurt a. M. 1949.

Fernengel, Astrid: Kinderliteratur im Exil. Im „modernen Dschungel einer aufgelösten Welt". Marburg 2008.

Foucault, Michel: Von anderen Räumen (1967). In: Jörg Dünne und Stephan Günzel (Hg.): Raumtheorie. Grundlagentexte aus Philosophie und Kulturwissenschaften. Frankfurt a. M. 2006, S. 317–329.

Hopster, Norbert, Petra Josting und Joachim Neuhaus: Kinder- und Jugendliteratur 1933–1945. Ein Handbuch. Bd. 2: Darstellender Teil. Stuttgart u. a. 2005, Sp. 95–115.

Istrati, Panait: Die Jagd nach den Disteln [frz. 1928]. In: Anna Siemsen (Hg.): Menschen und Menschenkinder aus aller Welt. Jena 1929, S. 41–56.

Jacob, Frank: Ernst Papanek and Jewish Refugee Children. Genocide and Displacement (Genocide and Mass Violence in the Age of Extremes, 4). Berlin, Boston 2021, https://doi.org/10.1515/9783110679410 (Zugriff: 20.1.2023).

Karrenbrock, Helga: Märchenkinder – Zeitgenossen. Untersuchungen zur Kinderliteratur der Weimarer Republik. Stuttgart, Weimar 1995.

Keun, Irmgard: Kind aller Länder [1938]. Roman. Düsseldorf 1981.

Krüger, Dirk: Die deutsch-jüdische Kinder- und Jugendbuchautorin Ruth Rewald und die Kinder- und Jugendliteratur im Exil. Diss. Univ. Wuppertal 1989.

Krüger, Dirk: Lisa Tetzner: Erwin kommt nach Schweden (1941). „Ich bin dort daheim, wo ich Freiheit finde. Auch die Fremde wird einmal eine Heimat, wenn sie uns Arbeit und Freiheit gibt.". In: Jana Mikota und Dieter Wrobel (Hg.): Flucht-Literatur. Texte für den Unterricht. Bd. 1: Primarstufe und Sekundarstufe I. Baltmannsweiler 2017, S. 65–71.

Lazar, Auguste: Sally Bleistift in Amerika. Eine Geschichte aus dem Jahre 1934 [1935]. Illustrationen nach Vorlagen von Alex Keil nachgezeichnet von Getrud Boesel. Berlin o. J.

Lazar, Auguste: Jan auf der Zille. Eine Jugenderzählung aus dem Jahre 1934. Illustrationen von Heinz Fülfe. Dresden 1950.

Lobe, Mira: Insu Pu [hebr. 1948, dt. 1951] Jungbrunnen 2006.

Lotman, Jurij M.: Die Struktur literarischer Texte. Aus dem Russischen von Rolf-Dietrich Keil. München 1989 (3. Aufl.).

Lüthi, Max und Heinz Rölleke: Märchen. Stuttgart, Weimar 2004 (10. Aufl.).

Mann, Erika: Zehn jagen Mr. X [engl. 1942]. Aus dem Englischen von Elga Abramovitz. Wuppertal 2011.

Mihaly, Jo: Michael Arpad und sein Kind. Ein Kinderschicksal auf der Landstraße. Stuttgart 1930.

Mikota, Jana und Dieter Wrobel (Hg.): Flucht-Literatur. Texte für den Unterricht. Bd. 1 und 2. Baltmannsweiler 2017.

Mikota, Jana: Kinderleben im Exil. In: Zwischenwelt. Literatur – Widerstand – Exil 18 (2001), 3, S. 26–33

Mikota, Jana: Die Kinder auf der Insel – Insu-Pu – Das Eismeer ruft: Die Robinsonade in der Kinder- und Jugendliteratur des Exils. In: Ada Bieber, Stefan Greif und Günter Helmes (Hg.):

Angeschwemmt – Fortgeschrieben. Robinsonaden im 20. und beginnenden 21. Jahrhundert. Würzburg 2009, S. 36–54.

Mikota, Jana: Auguste Lazar: Jan auf der Zille (1950). Ein Junge gerät irrtümlich nach Deutschland und muss sich vor den Nationalsozialisten verstecken. In: dies. und Dieter Wrobel (Hg.): Flucht-Literatur. Texte für den Unterricht. Bd. 1: Primarstufe und Sekundarstufe I. Baltmannsweiler 2017, S. 106–112.

Pauli, Hertha: Ein Lied vom Himmel. Die Geschichte von „Stille Nacht" [engl. 1943]. Illustrationen von Fritz Kredel. Wien 1954.

Rewald, Ruth: Janko, der Junge aus Mexiko [1934]. Illustrationen von Paul Urban. Wuppertal 2007.

Rewald, Ruth: Vier spanische Jungen [1938]. Köln 1987.

Rey, H.A.: Curious George. New York 1941.

Schüller, Liane: Irmgard Keun: Kind aller Länder (1938). Ein Leben auf dem Sprung. In: Jana Mikota und Dieter Wrobel (Hg.): Flucht-Literatur. Texte für den Unterricht. Bd. 1: Primarstufe und Sekundarstufe I. Baltmannsweiler 2017, S. 120–126.

Seeber, Ursula u. a. (Hg.): Exilforschung. Ein internationales Jahrbuch 39 (2021): Mensch und Tier in Reflexionen des Exils. Berlin, Boston 2021.

Seidlin, Oskar und Richard Plant: S.O.S. Genf. Illustrationen von Susel Bischoff. Zürich 1939.

Seidlin, Oskar: Pedronis muss geholfen werden! Eine Erzählung für die Jugend. Illustrationen von Felix Hoffmann. Aarau 1937.

Siemsen, Anna: Entdeckungen und Wanderfahrten. In: dies. (Hg.): Menschen und Menschenkinder aus aller Welt. Jena 1929, S. 5–6.

Stern, Guy: Wirkung und Nachwirkung der antifaschistischen Jugendliteratur. In: Jens Stüben und Winfried Woesler (Hg.): „Wir tragen den Zettelkasten mit den Steckbriefen unserer Freunde". Beiträge jüdischer Autoren zur deutschen Literatur seit 1945. Darmstadt 1994, S. 299–312.

Tetzner, Lisa: Hans Urian oder die Geschichte einer Weltreise [1931]. Illustrationen von Bruno Fuck. Berlin 1949.

Tetzner, Lisa: Die Reise nach Ostende [1936]. Illustrationen von Walter Binder. Zürich o. J.

Tetzner, Lisa: Erwin kommt nach Schweden. Illustrationen von Theo Glinz. Aarau 1941.

Tetzner, Lisa: Das Schiff ohne Hafen. Illustrationen von Theo Glinz. Aarau 1943.

Tetzner, Lisa: Die Kinder auf der Insel. Illustrationen von Theo Glinz. Aarau 1944.

Tetzner, Lisa: Mirjam in Amerika. Illustrationen von Theo Glinz. Aarau 1945.

Tetzner, Lisa und Béla Balázs: Hans Urian geht nach Brot: eine Kindermärchenkomödie von heute. Freiburg im Breisgau 1929.

Wedding, Alex: Das Eismeer ruft [1936]. Illustrationen von Kurt Zimmermann. Berlin 1981 (22. Aufl.).

Wedding, Alex: Die Fahne des Pfeiferhänsleins [1939]. Illustrationen von Hans Baltzer. Berlin 1948.

Wrobel, Dieter: Ruth Rewald: Janko, der Junge aus Mexiko (1934). Eine Flucht nach Deutschland und eine Flucht aus Deutschland. In: ders. und Jana Mikota (Hg.): Flucht-Literatur. Texte für den Unterricht. Bd. 1: Primarstufe und Sekundarstufe I. Baltmannsweiler 2017, S. 58–64.

Zinnecker, Jürgen u. a. (Hg.): Erinnerungen an Kriegskindheiten. Erfahrungsräume, Erinnerungskultur und Geschichtspolitik unter sozial- und kulturwissenschaftlicher Perspektive (Kinder des Weltkrieges). Weinheim 2006.

Zur Mühlen, Hermynia: Was Peterchens Freunde erzählen: sechs Märchen [1921]. In: dies., Werke Band 3: Erzählungen und Märchen. Ausgewählt, kommentier und mit einem Porträt von Ulrich Weinzierl. Wien 2019, S. 250–281.

Zur Mühlen, Hermynia: Kleine Geschichten von großen Dichtern. Illustrationen von O. R. Schatz. Wien 1946.

Jana Mikota
Der Kinderkriminalroman des Exils als Aushandlungsort neuer politischer und gesellschaftlicher Möglichkeiten

Während Exilliteratur für Kinder bislang nach Themen (vgl. hierzu Krüger)[1], politischen Intentionen (Hansen, Mikota, Benner)[2] oder nach poetischen Verfahren (von Bernstorff)[3] untersucht wurde, fehlen noch Forschungen zu gattungsspezifischen Fragen und Traditionen (etwa Robinsonaden, historische Erzählungen). Hierzu gehört auch der Kriminalroman für Kinder, der innerhalb der Kinderliteratur des Exils eine wichtige Rolle spielt und bislang noch zu wenig in den Blick der Forschung gerückt ist.[4] Er changiert zwischen guter Unterhaltung und politischer Aufklärung: Kennzeichen sind ein demokratisches Miteinander sowie das Konzept der Diversität. Eine Gruppe von Kindern steht im Mittelpunkt der Handlung, die unterschiedlich hinsichtlich des Geschlechtes, des Alters, der Nationalität oder der Klasse zusammengesetzt ist. Damit folgen die Texte einem Muster, das sich in der westdeutschen Kriminalliteratur erst seit den 1970er langsam etablieren konnte. Gleichzeitig entspricht die Öffnung der Texte der Vielfalt literarischer Formen und der Bedeutung der Kinder- und Jugendliteratur des Exils, auf die u. a. auch Alex Wedding in ihrem Beitrag *Kinderliteratur* 1937 in der Zeitschrift *Das Wort* verwiesen hat. Guy Stern fasst die Bedeutung der Kinderliteratur wie folgt zusammen:

---

[1] Dirk Krüger: Die deutsch-jüdische Kinder- und Jugendbuchautorin Ruth Rewald und die Kinder- und Jugendliteratur im Exil. Diss. Univ. Wuppertal 1989.
[2] Julia Benner: Federkrieg. Kinder- und Jugendliteratur gegen den Nationalsozialismus 1933–1945. Göttingen 2015; Jana Mikota: Alice Rühle-Gerstel: Ihre kinderliterarischen Arbeiten im Kontext der Kinder- und Jugendbücher der Weimarer Republik, des Nationalsozialismus und des Exils. Frankfurt a. M. 2004; Thomas Hansen: Emil and the Emigrés. German Children's Literature in Exile 1933–1945. In: Phaedrus (1985), 2, S. 6–12.
[3] Wiebke von Bernstorff: Erika Mann: A Gang of Ten (1942), deutsch: Zehn jagen Mr. X (1990). In: Bettina Bannasch und Gerhild Rochus (Hg.): Handbuch der deutschsprachigen Exilliteratur. Von Heinrich Heine bis Herta Müller. Berlin, Boston 2013, S. 421–427; Wiebke von Bernstorff und Susanne Blumesberger: Kinder- und Jugendliteratur des Exils unter Gendergesichtspunkten: ein Überblick über Deutschland und Österreich. In: Weertje Willms (Hg.): Gender in der deutschsprachigen Kinder- und Jugendliteratur. Vom Mittelalter bis zur Gegenwart. Berlin, Boston 2022, S. 235–270.
[4] Das gilt jedoch auch für den Kriminalroman allgemein, denn auch im *Handbuch Kriminalliteratur* (Stuttgart 2018) fehlen Verweise auf den Kriminalroman im Exil. Lediglich auf Frank Arnau und seine Rückkehr in die BRD wird verwiesen. Vgl. hierzu: Susanne Düwell u. a. (Hg.): Handbuch Kriminalliteratur. Theorien – Geschichte – Medien. Stuttgart 2018

> Was den gemeinsamen Nenner und Wert dieser trotz allem entstandenen Exilliteratur im politischen Kontext ausmacht, ist ihr eindeutiges oppositionelles Engagement. Wurden die repressiven Nazijugendorganisationen innerhalb des Dritten Reichs verherrlicht, so versuchte ein Exil-Jugendbuch den Nimbus zu zerstören. [...] Verherrlichte die Naziliteratur Nationalsozialismus, Konformismus und Krieg, so stellten die Exilanten dem humanistische, kosmopolitische und menschenrechtliche Gedanken entgegen.[5]

Die hier vorgestellten Kriminalgeschichten für Kinder greifen diese Gedanken auf, ohne dass sie explizit in politische Gruppierungen eingeordnet werden müssen. Kaum überraschend ist es jedoch, dass die Mehrzahl der Romane – insbesondere jene Romane, die später zu ‚Klassikern' der Kinder- und Jugendliteratur des Exils wurden –, der antifaschistischen Literatur zuzurechnen sind. Auch wenn nicht alle Kriminalromane das Leben im Exil thematisieren, so sind sie einerseits in Städten verortet, die in jenen Ländern liegen, die den Menschen nach 1933 eine Zuflucht boten. Neben dem demokratischen Miteinander sowie einer Zivilcourage, die den Leser*innen als vorbildlich präsentiert werden, finden sich in den Textbeispielen auch Begegnungen zwischen Figuren aus unterschiedlichen Ländern. Dabei spielen sprachliche Schwierigkeiten ebenso eine Rolle wie auch Vorurteile und die Frage nach Integration. Die Kinder- und Jugendliteratur bekommt sowohl eine Entlastungs- als auch eine Sozialisationsfunktion für die exilierten Kinder, die in den literarischen Beispielen ähnliche Lebenswelten erkennen, die durch die spannenden Geschichten jedoch auch vom schwierigen Alltag abgelenkt werden können. Lesen dagegen junge Menschen in den jeweiligen Ländern diese Literatur, so werden sie möglicherweise auch für die Nöte der Exilierten sensibilisiert.

In der Erwachsenen- wie in der Kinder- und Jugendliteratur gilt die Kriminalerzählung als „das strukturkonservativste Genre der Literatur überhaupt"[6]; es ist jedoch ein ganz wesentliches Merkmal der Gattung, dass mit diesen Strukturen gespielt wird, dass sie verschleiert und verfremdet werden. Im Mittelpunkt der folgenden Analyse steht das Subgenre des Detektivromans, das sich besonders gut eignet, um die hier interessierenden Fragen nach Gruppen- und Wertebildung sowie nach kinderspezifischen Besonderheiten zu stellen. Exemplarisch behandelt werden *Die Kiste mit dem großen S* (1936), *Pedronis muß geholfen werden!* (1937), *Die Jagd nach*

---

5 Guy Stern: Wirkung und Nachwirkung der antifaschistischen Jugendliteratur. In: Jens Stüben und Winfried Woesler (Hg.): „Wir tragen den Zettelkasten mit den Steckbriefen unserer Freunde". Beiträge jüdischer Autoren zur deutschen Literatur seit 1945. Darmstadt 1994, S. 299–312.
6 Andreas Blödorn: Narratologie. In: Susanne Düwell u. a. (Hg.): Handbuch Kriminalliteratur. Theorien – Geschichte – Medien. Stuttgart 2018, S. 16.

dem Stiefel (1952) und *Zehn jagen Mr X* (engl. 1942, dt. 1990). Diese zeichnen sich durch das Setting sowie eine rätselhafte Tat aus, die im Laufe der Handlung von einem oder einer Gruppe von Ermittler*innen aufgeklärt wird. Die Detektion mit all den Feinheiten bildet das entscheidende Strukturmerkmal, an „das sich dann wiederum alle Strukturkomponenten und Elemente der *histoire* anlagern"[7] und den Detektivroman prägen. Die hier vorgestellten Romane folgen dieser Struktur. Sie unterscheiden sich zugleich mehrfach vom Kästner'schen Vorbild, dem Roman *Emil und die Detektive* (1929). Er gilt bis heute als der wichtigste Kriminalroman in der deutschsprachigen Kinder- und Jugendliteratur[8] und bereits in den 1930er Jahren erscheinen Bücher, die in dieser Tradition stehen – etwa *Das rote U* (1932) von Wilhelm Matthießen (1891–1965). Charakteristisch für *Emil und die Detektive* sind die Darstellung der Großstadt, die Kritik am Kindheitsbild des 19. Jahrhunderts sowie das demokratische Miteinander der kindlichen Figuren. Kästner entwirft eine diverse, aber eine männliche und weiße Kindergruppe,[9] die Emil hilft und den Dieb Grundeis gemeinschaftlich überführt. In *Emil und die Detektive* ist den Kindern der Dieb bekannt und sie konzentrieren sich darauf, diesen zu fangen und das Geld zu bekommen. Das trifft auf die hier vorgestellten Romane nicht zu, denn sie folgen dem tradierten Erzählmuster der Detektivgeschichte. Auch weibliche Figuren bekommen im Vergleich zu *Emil und die Detektive* in den Geschichten nach 1933 mehr Raum zugewiesen.

Konkret werden folgende Fragen thematisiert: Wird eine demokratische Aushandlungskultur gepflegt (wie sie bereits in Kästners *Emil und die Detektive* zu finden ist) oder gibt es eine klare Wort- und Anführerschaft eines (männlichen) Einzelnen? Wer wird für welche Aufgaben der Detektion zuständig gemacht und wer wird von wem von bestimmten Aktivitäten ausgeschlossen? Spielt der Umstand, dass einige der Autor*innen dieser Kriminalromane ins Exil geflüchtet sind – Kästner ausgenommen, der die Jahre von 1933 bis 1945 in Deutschland bleibt – für die und in den Texten eine Rolle?

---

7 Metin Genç: Gattungsreflexion/Schemaliteratur. In: Susanne Düwell und Andrea Bartl u. a. (Hg.): Handbuch Kriminalliteratur. Theorien – Geschichte – Medien. Stuttgart 2018, S. 5. Herv. i. O.
8 Vgl. u. a. Bettina Kümmerling-Meibauer: Emil und die Detektive. Ein Roman für Kinder. In: dies.: Klassiker der Kinder- und Jugendliteratur. Ein internationales Lexikon. Bd. 2: H–P. Stuttgart 2004, S. 511–515.
9 Wenn es um ältere Kriminalerzählungen für Kinder geht, ist die *Vielfalt* der Protagonist*innen weitgehend begrenzt auf *weibliche* weiße, gesunde und sozial meist behütete Kinder und *männliche* weiße, gesunde und sozial meist behütete Kinder. Vgl. hierzu Jana Mikota und Maria Reinhardt: Ist ermitteln männlich und Banden-Fürsorge weiblich? Weibliche Detektivinnen in Kriminalromanen für Heranwachsende. In: libri liberorum 22 (2021), 56–57, S. 94–95.

1 Kinderkriminalromane im Exil

Gruppenbildung im Kriminalroman für Kinder vollzieht sich oft in einem der folgenden Szenarien:

1. Aus einer akuten Notsituation heraus einsteht eine Zweckgemeinschaft, aus der eine Freundschaft erwächst (*Emil und die Detektive*; *Die Jagd nach dem Stiefel*; *Zehn jagen Mr. X*; *Pedronis muss geholfen werden*), in der sich bestimmte gemeinschaftliche Verhaltensweisen etabliert und bewährt haben und die fortan für diese einstehen wird;
2. Ein bereits bestehender Freundeskreis definiert sich als Detektivbande neu und hält nun die Augen nach Fällen offen bzw. wird in Folge sogar als Ermittlungsinstanz angesprochen und um Hilfe ersucht;
3. Eine Gruppe von Kindern tritt von Beginn als Detektive auf;
4. Ein bereits bestehender Freundeskreis oder Geschwistergruppe definiert sich als Detektivbande neu (*Die Kiste mit dem großen S*).[10]

In den Detektivromanen des Exils dominiert vor allem das erste Szenario. Die im Folgenden vorgestellten Romane greifen implizit, so die Ausgangshypothese der hier angestellten Überlegungen, die Exilerfahrungen der Autor*innen auf. Sie entwerfen vor allem Zweckgemeinschaften, aus denen sich Freundesgruppen entwickeln, in denen sich demokratische Verhaltensweisen bewährt haben und die fortan für demokratische Werte einstehen werden. Im Fokus des Beitrags steht somit zunächst die Frage, wie sich die jeweilige Zweckgemeinschaft im Roman konstituiert und unter welchen Bedingungen sie sich in eine Freundesgruppe wandelt. Eng verbunden damit ist die Frage, wie sich angesichts dieser ‚großen Themen', die in den Detektivromanen der Kinder- und Jugendliteratur des Exils verhandelt werden, das Verständnis und die Darstellung von Kindheit verändert.

1.1 Von Geschwistern, die zu Detektiv*innen werden

Richard Plant (1910–1998) hat neben Kinderbüchern unter dem Pseudonym Stefan Brockhoff zwischen 1935 und 1937 auch Kriminalromane für Erwachsene publiziert.[11] *Die Kiste mit dem großen S* (1937) ist eine Kriminalgeschichte für Kinder.

---

10 Mikota und Reinhardt: Ist ermitteln männlich?, S. 94. Herv. i. O.
11 Neben Plant gehörten noch Oskar Seidlin und Dieter Cunz zu dem Pseudonym. Mit Oskar Seidlin hat Plant zudem das Kinderbuch *S.O.S. Genf* (1939) veröffentlicht.

Bereits der Beginn der Geschichte kann als eine Anspielung auf Erich Kästner verstanden werden, denn ähnlich wie Emil in dem Roman *Emil und die Detektive* setzt auch Plant mit einer Abreise ein. Es sind jedoch nicht die Kinder, die ihr Zuhause verlassen, sondern die Eltern. Diese fahren in einen Kurort und lassen die Kinder mit der Haushälterin zurück, die jedoch aufgrund einer Blinddarmentzündung ins Krankenhaus muss. Damit folgt Plant einem tradierten Strukturmerkmal des Kinderkriminalromans, denn es gibt immer einen (mehr oder weniger triftigen) Grund, Eltern, Polizei oder Presse zunächst außen vor zu lassen. In diesem Fall sind es der Kuraufenthalt der Eltern und Berthas Operation.

Die Kinder – neben der vierzehnjährigen Hanneli sind es die etwa zehn- bis elfjährigen Zwillinge Mutz und Peter sowie die achtjährige Gritli, genannt Nuss – müssen nun drei Wochen lang eigenverantwortlich den Haushalt besorgen. Der historische Rahmen wird in dem Kinderbuch nicht eingegrenzt. Der Ort der Handlung ist die Kleinstadt Mattingen, die aufgrund des Dialektes – die Kinder sprechen unter anderem von „Zündhölzli"[12] – sowie der Namen der Figuren in der Schweiz angesiedelt sein könnte. Trotz der Erkrankung der Haushälterin entscheiden die Kinder in einem demokratischen Gespräch, ihre Eltern nicht zu informieren. Sie schließen einen Bund, in dem sie sich „verpflichten [...], ohne die Bertha auszukommen und den Eltern gegenüber zu schweigen"[13].

Hanneli als Älteste verteilt die Aufgaben und gemeinsam kümmern sie sich um den Haushalt. Neben den Alltagssorgen der Kinder kommt noch ein Kriminalfall hinzu: Die Geschwister merken zufällig, dass aus ihrem Keller Glühbirnen verschwunden sind. Diese sind wertvoll und werden für das jährliche Seenachtfest benötigt. Sie ermitteln alle, eine Hierarchisierung aufgrund des Geschlechts findet sich in der Geschwistergruppe nicht – lediglich die jüngere Schwester wird aufgrund ihres Alters in die Detektion nicht eingebunden. Auch die nächtliche Überwachung des Kellers übernehmen die Geschwister nacheinander: „Man verteilte folgendermaßen: von 9 Uhr bis Mitternacht Peter, von Mitternacht bis 3 ½ Mutz,

---

12 Richard Plant: Die Kiste mit dem großen S. Eine Geschichte für die Jugend. Illustrationen von Lucy Sandreuter. Aarau 1936, S. 22. Richard Plaut (Ps.: Richard Plant), geb. 22. Juli 1919 in Frankfurt am Main; Studium der Germanistik in Berlin und Frankfurt; am 28. Februar 1933 verlässt Plant gemeinsam mit Oskar Seidlin Deutschland; setzt in Basel sein Studium fort; Plant ist Kinderbuchkritiker für die *National-Zeitung* in Basel; 1938 emigriert Plant in die USA. Das Kinderbuch *Die Kiste mit dem großen S* erscheint 1937 in niederländischer Sprache unter dem Titel *De kist met de grote S*. Vgl. hierzu Ulrike S. Rettig: Richard Plant. In: John M. Spalek und Joseph Strelka (Hg.): Deutschsprachige Exilliteratur seit 1933. Bd. 2: New York, Teil 1, S. 794–802; Zlata Fuss Phillips: German Children's and Youth Literature in Exile 1933–1950. Biographies and Bibliographies. Berlin, Boston 2001, S. 174–175.
13 Plant: Die Kiste mit dem großen S, S. 26.

von 3 ½ bis 7 Uhr Hanneli."[14] Hanneli liefert ebenso wertvolle Hinweise wie ihre Brüder – etwa die restlichen Glühbirnen zu markieren, um sie später zu erkennen. Sie beschließen, die vier Geschäfte, in denen Glühbirnen verkauft werden, zu observieren und so den Dieb zu enttarnen. Damit unterscheidet sich diese Detektivgruppe von früheren, in denen Mädchenfiguren eine passive Rolle hatten, im Hintergrund agierten und sich um die Verpflegung kümmerten. In *Die Kiste mit dem großen S* wird nicht diskutiert, ob Hanneli als Mädchen nachts auch Wache halten darf. Da Hanneli bis 7 Uhr im Keller bleiben muss, übernimmt Peter selbstverständlich das Frühstück.

Neben der Detektion führt Plant noch den Jungen Karli ein und schafft so auch einen Bezug zu den Exilerfahrungen der 1930er Jahre. Karli geht in die Klasse der Zwillinge und wird von seinen Mitschülern voller Misstrauen beobachtet und aufgrund seiner Ungeschicklichkeit verspottet. Fremdheit, Einsamkeit und der Wunsch, integriert zu sein, sind grundlegende Erfahrungen und werden in die Figur des Jungen projiziert:

> Karli war erst vor Kurzem gekommen und gehörte noch nicht recht dazu. Ihr wißt ja, wie das ist, wenn man neu irgend wohin kommt, wo man niemanden kennt. Es ist ekelhaft. Man steht verlegen herum, die andern reden über tausend Dinge, von denen man nichts weiß, man fühlt sich ausgeschlossen und allein.[15]

Nach anfänglichen Schwierigkeiten freundet er sich schließlich mit den Zwillingen an und hilft den Geschwistern, den Dieb zu überführen. Diese Szenen bilden den Höhepunkt der Erzählung, denn die Kinder wissen von Karlis Vater, dass der Dieb an einem bestimmten Tag mit neuen Glühbirnen erscheinen wird.

Ausgehend von der Gruppe der Geschwister wird ein demokratisches Miteinander skizziert. Karli als neuer Schüler ist zunächst ein Außenseiter, kann jedoch maßgeblich zur Lösung des Falles beitragen. Gerade an dem anfänglichen Konflikt zwischen ihm und den Geschwistern werden Erfahrungen des Exils greifbar, ohne dass diese explizit benannt würden. Anders als in Kästners Roman wird der ‚Fremde' jedoch nicht sofort in eine Gruppe integriert, sondern muss sich um die Freundschaft bemühen. Damit bekommt der Roman auch eine didaktische Funktion zugewiesen, denn Kinder ohne Fremdheitserfahrungen können anhand der Figur Karli gerade diese erleben.

---

14 Plant: Die Kiste mit dem großen S, S. 96.
15 Plant: Die Kiste mit dem großen S, S. 86.

1.2 International, politisch und divers: Die Gruppe der Detektiv*innen wandelt sich

Erika Mann (1905–1969), die durch ihre Vorträge und Reportagen im US-amerikanischen Exil sowie durch ihr Kabarett ‚Die Pfeffermühle' bekannt wurde, veröffentlichte 1942 in englischer Sprache ihr Kinderbuch *A Gang of Ten* im L.B. Fischer Verlag in New York, das erst 1990 unter dem Titel *Zehn jagen Mr. X* in deutscher Sprache im Kinderbuchverlag Berlin erschien und 2019 in einer weiteren Auflage bei Rowohlt.[16] Einerseits ist es ein spannender Roman, in dem Kinder einen Spion jagen, andererseits greift Erika Mann für die Exilliteratur tradierte Themenfelder auf und zeigt anhand einer Kindergruppe, wie die nationalsozialistische Kriegsmaschinerie ihr Leben zerstört hat. Das Besondere ist jedoch dabei, dass sie nicht ausschließlich das Exil in den Fokus nimmt, sondern den Kampf gegen den Nationalsozialismus und damit auch den Blick in die Zukunft wendet. Erika Mann nutzt das Genre des Kriminalromans, weitet dieses jedoch um eine politische Dimension aus.[17] Die proamerikanische und antifaschistische Haltung der Autorin spiegelt sich in dem Roman wider – sowohl in den Aussagen der Ich-Erzählerin und Journalistin ‚Depesche', die autobiografische Züge der Autorin trägt, als auch in den Aussagen und Handlungen der Kinder. Es ist kein pazifistischer Roman. Zwar werden die Gefahren und die Brutalität des Krieges geschildert, aber der Krieg gegen Deutschland wird bejaht und muss unterstützt werden. George schließt beispielsweise seine Schilderung mit den Worten:

> Meine eigene Geschichte ist noch nicht zu Ende, und auch die große Geschichte geht immer noch weiter. Sie versenken unsere Schiffe, nicht wahr, und sie bringen unsere Menschen um und lassen sie verhungern und behandeln sie schlechter als Hunde – die Menschen der Vereinten Nationen, meine ich, und das nimmt nie ein Ende, wenn wir nicht gewinnen. Wir müssen siegen, und wir müssen sie schlagen. Ich würde alles tun, alles, um dabei mitzuhelfen. Aber was können wir schon tun?[18]

---

[16] Das englischsprachige Kinderbuch wurde bereits 1944 ins Schwedische und Spanische, 1948 ins Finnische übersetzt.
[17] Der Verleger Christoph Haacker, der bereits den Roman 2011 veröffentlicht hat, bezeichnet den Text als einen Roman in der Kästner'schen Tradition ergänzt durch den Kampf gegen die Nationalsozialisten. Vgl. Christoph Haacker: Erika Mann: „Zehn jagen Mr. X". Kinder fordern den Krieg gegen die Diktatur. In: Deutschlandfunk, 24.8.2019, https://www.deutschlandfunk.de/erika-mann-zehn-jagen-mr-x-kinder-fordern-den-krieg-gegen.1202.de.html?dram:article_id=457105 (Zugriff: 23.10.2022)
[18] Erika Mann: Zehn jagen Mr. X [1990]. Aus dem Englischen von Elga Abramowitz. Hamburg bei Reinbek 2019, S. 65 f.

Die Kinder unterstützen selbstverständlich Georges Haltung und machen sich Gedanken, wie auch sie helfen können. Die Kinder entwickeln Ideen, die sie demokratisch miteinander besprechen und gemeinsam regeln. Erika Mann entwirft insbesondere mit den US-amerikanischen Kindern Chris und Betsy zwei Vertreter*innen der Neuen Welt, die sich dem demokratischen Miteinander verpflichtet fühlen. Zwar entsprechen die beiden Figuren Geschlechterstereotypen, denn es ist insbesondere Betsy, die mit traditionell Frauen zugeschriebenen Arbeiten wie Babysitten Geld verdient und so Kriegsanleihen kaufen kann. Dennoch wird, und auch das geht aus dem Textauszug deutlich hervor, Betsy als gleichberechtigte Gesprächspartnerin wahrgenommen. Bei der Jagd auf die Spione agieren die Mädchenfiguren nicht im Hintergrund, sondern sind maßgeblich an der Ergreifung der Spione beteiligt – Tschtschu beispielsweise beherrscht einen besonders schwierigen Knoten und kann damit den Spion fesseln. Daher begegnen einerseits die Leser*innen tradierten Rollenmustern, andererseits werden diese jedoch kontinuierlich erweitert. Neben der Unterstützung der Kinder steht auch ein Kriminalfilm im Mittelpunkt der Handlung, denn Chris beobachtet einen Brandanschlag auf einem Marineboot. Zunächst wird der deutsche Junge Franz der Spionage verdächtigt. Chris glaubt jedoch an seine Unschuld und Franz kommt zunächst in die Schule Neue Welt und schließt sich den Kindern an. Die Kinder machen sich gemeinsam auf die Suche nach den Tätern und können schließlich die Spione überführen.

Erika Manns Roman deutet den Wandel des Detektiv*innenbildes im Kinderbuch an: Während Plant eine homogene Kindergruppe entfaltet, denn auch der Junge Karli stammt aus einer bürgerlichen Familie, zeichnet die Autorin eine internationale Kindergruppe nach und spielt mit der Idee der Vereinten Nationen. Das Politische steht im Vordergrund, die Kinder setzen sich mit den Gräueltaten der Nationalsozialist*innen auseinander und die Detektion wird auch als ein Kampf gegen den Faschismus betrachtet. Das Ende des Romans wird daher nicht ausschließlich auf die Lösung des Falls reduziert, sondern der aus Deutschland geflohene Junge Franz bekommt gemeinsam mit seinen Eltern die US-amerikanische Staatsbürgerschaft und schließt eine Rückkehr nach Deutschland aus.

Ähnlich wie Erika Manns *Zehn jagen Mr. X* lässt sich auch Max Zimmerings (1909–1973) Roman *Die Jagd nach dem Stiefel* der antifaschistischen Kinder- und Jugendliteratur des Exils zuordnen. Die Geschichte spielt Anfang der 1930er Jahre in einer nicht näher bestimmten Stadt in Deutschland und erzählt von einem Mord, den eine Gruppe von Kindern lösen kann. Der Roman konnte aufgrund der nationalsozialistischen Machtergreifung nicht in Deutschland erscheinen, sondern kam 1936 in einer tschechischen Übersetzung heraus. In den 1950er Jahren konnte der Roman dann, da das Originalmanuskript verloren gegangen war, auf der Grundlage der tschechischen Ausgabe ins Deutsche übersetzt werden und im Kinderbuchverlag 1952 publiziert werden. Der Roman wurde auch verfilmt und erschien 2022 im

Eulenspiegel/Kinderbuchverlag in einer Neuauflage. Die Forschung bezeichnet ihn als einen antifaschistischen Roman und sieht „auffällige Parallelen zu Kästners Kinderbuchklassiker *Emil und die Detektive*"[19]. Die Kriminalhandlung ist im Berlin der 1930er Jahre eingebettet, beginnt mit der Beschreibung einer Schulklasse. In dieser finden sich Streitigkeiten zwischen ärmeren, proletarischen, und wohlhabenden Kindern.

Im Mittelpunkt steht eine Kindergruppe, in der nicht nur Mädchen und Jungen als gleichberechtigte Detektiv*innen handeln, sondern auch ethnische und religiöse Differenzmarker eingesetzt werden. Die Gruppe der „Rotschlipse" besteht aus drei Jungen und drei Mädchen: Die Zwillinge Rosel und Fanny sind Jüdinnen und erfahren tägliche Diskriminierung im Klassenzimmer. Gerda ist das dritte Mädchen, sie ist mutig. Jack, der auch der „Rote Jack" genannt wird, ist bei den Jungpionieren, sein Freund Paule stammt ebenfalls aus dem Proletariat. Der dritte Junge, Erich Gemse, ist in dem SPD-nahen Verein ‚Die Falken' aktiv und wird daher Falkenauge genannt. Die Zugehörigkeit zu der jeweiligen sozialen/politischen Schicht prägt insbesondere die Identität der drei Jungen, die sich als Antifaschisten und Kommunisten beziehungsweise Sozialdemokraten bezeichnen. Paule, dessen Mutter krank ist und dessen Vater in einer anderen Stadt arbeitet, muss Zeitungen austragen und wird wegen seiner Kleidung in der Klasse verspottet. Obwohl er friert und oft hungrig ist, wirkt er auch mutig und verspürt keine Scham wegen seines Mantels. Er bezieht vor allem Stärke durch die Zugehörigkeit zur Arbeiterklasse und die Freundschaft mit Jack:

> Da aber Paule und Jack schwer auf ihre Mützen und Falkenauge nicht auf sein einziges Paar Handschuhe bei der Kälte verzichten konnten, da Gerda sich nicht anrempeln ließ, weil sie „nur ein Mädel" war, und Fanny und Rosel sich nicht „Affengesicht" und „Niggerfratze" schimpfen ließen, beschlossen die drei Rotschlipse, weiter zusammenzuhalten.[20]

Die „Rotschlipse" bilden einen Kontrast zu der zweiten Gruppe, die sich in der Klasse herausgebildet hat. Diese nennt sich „Lederwams", nach dem Spitznamen ihres Anführers Fritz Huschke, dessen Vater wohlhabend ist und andere Kinder in der Klasse diskriminiert. Mädchen werden nicht akzeptiert und Kinder aus benachteiligten Familien werden verspottet. Daher beschließen die „Rotschlipse" als Gruppe zusammenzuhalten, besiegeln dies mit einem Schwur und treffen sich auch regelmäßig außerhalb der Schule. Als Paule die Leiche des Antifaschisten

---

[19] Rüdiger Steinlein: Antifaschistische Literatur. In: ders., Heidi Strobel und Thomas Kramer (Hg.): Handbuch zur Kinder- und Jugendliteratur SBZ/DDR von 1945 bis 1990. Stuttgart 2006, S. 342. Herv. i. O.
[20] Max Zimmering: Die Jagd nach dem Stiefel [1952]. Illustrationen von Ernst Jazdzewski. Berlin 2022, S. 24.

Karl Schiemann findet, versuchen sie den Fall aufzuklären. Obwohl die Gruppe gleichberechtigt wirkt, Mädchen und Jungen ihre Meinung sagen können, sind die Jungen, insbesondere Jack und Paule, aktiver. Jack ist der Anführer und agiert bestimmt. Es ist jedoch das Mädchen Gerda, das am Ende den Mörder überführen kann. Jack reagiert „ohne Neid"[21]. Jack freut sich über das Ergebnis, erkennt Gerdas Leistung an und im gesamten Fall lässt sich festhalten, dass alle Kinder Ideen einbringen können. Auch die Sorgen der Kinder sind gleichmäßig verteilt, denn sowohl die Jungen als auch die Mädchen kennen Mut, aber auch Ängste. Damit orientiert sich der Roman hinsichtlich der Verhaltensmuster nicht an den Differenzmarkern Geschlecht und Klassenzugehörigkeit. Vielmehr helfen sich die Kinder im Sinne der Einheitsfront. Dennoch muss die Darstellung der Geschlechter und ihre Gleichberechtigung mit Blick auf Zimmerings Nachwort in den Ausgaben seit 1989 hinterfragt werden. Während Paule, Falkenauge und Jack aktiv gegen den Nationalsozialismus kämpften, Jack das Konzentrationslager überleben konnte, wird Gerda auf ihre Weiblichkeit und ihr Äußeres reduziert. Man erfährt nur, dass sie Mutter geworden ist. Bemerkenswert ist, dass in einem späteren Nachwort aus dem Jahre 1972 Gerda als berufstätige Frau bezeichnet wird; sie ist Leiterin einer Schule geworden.[22] Die Zwillinge Fanny und Rosel wurden im Konzentrationslager ermordet.

Zimmerings Text folgt dem Strukturmodell eines Detektivromans und erzählt von einem Kriminalfall, der systematisch aufgeklärt wird. Neu für die Kriminalliteratur für jüngere Leser*innen dürfte die die Darstellung eines Mordes sein, denn Paule findet den Toten und die Kinder gehen mit ihm in den Hof und sehen den Leichnam. Das Auffinden einer Leiche beziehungsweise ein Mordfall sind bis heute ein Tabu in den Kriminalromanen für jüngere Leser*innen. Zimmering nutzt jedoch den Mord, um die Brutalität der Nationalsozialist*innen aufzuzeigen und auch im Kinderbuch nicht zu verschweigen. Ähnlich wie Erika Mann weitet er das Spektrum, der antifaschistische Kampf wird als etwas Lebensbedrohliches und Notwendiges entfaltet.

Auch wenn die Handlung der Geschichte in Berlin spielt, die Kinder frei in der Stadt herumlaufen und mit den großstädtischen Regeln vertraut sind, bewegen sie sich in einem eingeschränkten Radius, nämlich dem Arbeitermilieu und ihrem Stadtteil. Während Erika Mann jedoch die Gruppe öffnet, fokussiert sich Zimmering auf proletarische Kinder. Diese sind gerecht, klug, hilfsbereit und bilden einen Kontrast zu den wohlhabenden Kindern der Klasse. Die kindlichen Figuren entsprechen

---

21 Zimmering: Die Jagd nach dem Stiefel, S. 114.
22 Vgl. hierzu Corina Löwe: Von Jungen Pionieren und Gangstern. Der Kinder- und Jugendkriminalroman in der DDR. Stockholm 2011, S. 115.

bestimmten Typen und besitzen nur wenige individuelle Züge. Zimmering sieht vor allem die Arbeiter*innenklasse als Antifaschist*innen, die im Roman vor allem durch die Kinder repräsentiert werden.

Beide Romane nehmen die politische Situation auf, die „Rotschlipse" jagen einen Mörder, der ein Nationalsozialist ist, die Kinder der Neuen Welt können einen Spion entlarven, der gegen die USA agiert und mit dem Nationalsozialismus sympathisiert.

Beide Romane nehmen eine klare Positionierung von Gut und Böse vor, die mit einer genauen politisch-ideologischen Aussage besetzt ist. Diese findet sich auch im Erzählduktus, denn die ideologische Interpretation des Textes ist deutlich zu erkennen und findet sich bei Max Zimmering etwa in konkreten Anreden an die Leser*innen.

1.3 Der Detektiv als Einzelgänger

In der Kinderliteratur dominiert die ermittelnde Kindergruppe, in der – zumindest in der hier vorgestellten Literatur – die noch jungen Detektiv*innen gemeinsam die Fälle lösen. Der 1937 veröffentlichte Roman *Pedronis muß geholfen werden!* von Oskar Seidlin (1911–1984) bildet eine Ausnahme.[23] Der Autor siedelt sein Kinderbuch in dem Schweizer Ort Waldwyl an, dem das Wahrzeichen der Stadt, der goldene Apfel, gestohlen wird. Fahrende Schauspieler*innen werden des Diebstahls beschuldigt. Als die Familie Pedroni mit ihren Wagen in der Kleinstadt eintrifft, begegnen ihnen Vorurteile und der Vater wird nach einem Streit mit dem Sekretär des Bürgermeisters verhaftet. Carlo und Kaspar Pedronis müssen zudem erleben, wie Waldmyler Kinder – u. a. Liseli, Rix, Emil und Erwin – sie des Diebstahls von Lebensmitteln anklagen. Die Streitigkeiten zwischen den Kindern können jedoch behoben werden, Liseli erkennt ihren Fehler und entschuldigt sich bei Carlo und Kaspar. Beide Szenen, die Verhaftung des Vaters, sowie der Streit der Kinder zeigen, dass die Kinder die elterlichen Vorurteile gegenüber dem fahrenden Volk übernommen und diese auf die Kinder der Familie Pedroni projizieren: „Von der Theatertruppe seid ihr? Da seid ihr wohl wieder nach Waldwyl gekommen, um etwas zu

---

23 Dieser Ausgabe folgt etwa 1942 eine deutschsprachige Edition für US-amerikanische High Schools unter dem Titel *Der goldene Apfel. Eine Erzählung für die Jugend* sowie 1943 die englischsprachige Ausgabe *Green Wagons*. Die englischsprachige Ausgabe erscheint in dem US-amerikanischen Kinderbuchverlag Houghot Mifflin. Eine Rezension zu *Green Wagons* in der Zeitschrift *New York Herald Tribune* bezeichnet das Kinderbuch „als eines der 10 besten Kinderbücher des Jahres". Vgl. hierzu R.P.: Die Pedronis in Amerika. In: Aufbau, 26. November 1943, S. 8.

stehlen"[24], rufen sie ihnen entgegen. Aber: Sie erkennen ihre Fehler, entschuldigen sich und möchten der Familie Pedroni helfen. Seidlin stellt eine diverse Kindergruppe vor, in der neben Geschlechterzugehörigkeit auch Klasse und Ethnie eine wichtige Rolle spielen, allerdings ist es keine demokratische, in sich gleichwertige Gruppe wie beispielsweise in *Die große Kiste mit dem großen S*. Vielmehr ist es Rix, der sich des Falles annimmt, selbstständig recherchiert und den Dieben auf die Spur kommt. In einem Theaterstück, an dem alle Waldwyler Kinder beteiligt sind, wird der Dieb überführt. Das gemeinsame Handeln ist demnach eingeschränkt, der männliche Detektiv Rix ist im Vergleich zu seinen Freund*innen aktiv und damit folgt der Roman nicht dem für die Exilliteratur charakteristischen Merkmal einer diversen Kindergruppe. Allerdings erzählt er vom fahrenden Volk und den Vorurteilen ihnen gegenüber, die dann im Laufe der Geschichte als unhaltbar und unwahr aufgelöst werden. Die Kinder selbst verstehen sich nicht als Detektiv*innen, sondern auch als Vermittelnde zwischen den Gruppen.

Ähnlich wie auch *Die Kiste mit dem großen S* bezieht Seidlin nur indirekt Exilerfahrungen ein, zeigt jedoch Vorurteile einer dörflichen Gesellschaft gegenüber Menschen auf, die nicht sesshaft sind. Gerade in der Konstellation und dem Aufeinandertreffen der Gruppierungen setzt sich der Roman mit der menschenverachtenden Ideologie des Nationalsozialismus auseinander und deutet an, welche Auswirkungen Vorurteile, Ausgrenzung und auch Gewalt haben. Es ist ein Appell für ein menschliches Miteinander sowie Zivilcourage.

2 Fazit

Der Kriminalroman für Kinder nimmt im Exil neben Fremdheitserfahrungen auch das Konzept der Diversität auf, variiert und ergänzt es. Allerdings bekommen die Kinder typisierende Eigenschaften zugewiesen, Individualität oder auch Fragen nach Intersektionalität finden sich nicht. Vielmehr orientieren sich die kindlichen Akteure teilweise auch an den politisch-ideologischen Vorstellungen ihrer Eltern. Paule und Jack sind wie ihre Väter Kommunisten und in *Pedronis muß geholfen werden!* übernehmen die Kinder die Vorurteile der Erwachsenen und können sich erst langsam von diesen emanzipieren. Die hier vorgestellten Kindergruppen agieren friedlich. Allerdings gestaltet sich etwa in *Zehn jagen Mr. X*, aber auch in

---

[24] Oskar Seidlin: Pedronis muß geholfen werden! Eine Erzählung für die Jugend. Illustrationen von Felix Hoffmann. Aarau 1937, S. 46. Im weiteren Verlauf des Streites werden die Kinder als „Diebesvolk" bezeichnet. (Seidlin: Pedronis muß geholfen werden, S. 47).

Die Kiste mit dem großen S die Aufnahme neuer Mitglieder schwierig und Konflikte müssen geschlichtet werden.

Die Detektiv*innen in den Romanen von Zimmering und Mann bilden sich zunächst als (solidarische) Zweckgemeinschaften, denen die Ausgrenzung und Gewalterfahrungen durch die Nationalsozialist*innen gemeinsam ist. Im Laufe der Handlung werden die Kinder zu Freund*innen. Beide Autor*innen trauen ihnen ein politisches Engagement zu.

Sowohl Erika Mann als auch Max Zimmering betten den Kriminalfall in politische Kontexte ein, zugleich bekommen in beiden Romanen männliche Figuren eine größere Rolle zugewiesen. Mädchen werden zwar einerseits aufgenommen und das Verhältnis erscheint zunächst gleichberechtigt, doch die Jungen besitzen eine lautere Stimme und wirken aktiver. Im Vergleich zu den Mädchenfiguren in Kriminalerzählungen der Weimarer Zeit hat sich das Geschlechterverhältnis aber dennoch sichtlich gewandelt und Jungen und Mädchen ermitteln gemeinsam.

Insgesamt lässt sich ein langsamer Wandel der kindlichen Ermittler*innen und ihrer Gruppenzusammensetzung beobachten. Ein demokratisches Miteinander wird selbstverständlich und soll so auch die hierarchisch-patriarchalen Strukturen der NS-Ideologie kontrastieren. Zugleich werden die kindlichen Figuren zu Vorbildern im antifaschistischen Kampf. Alle hier vorgestellten Romane vermitteln Werte, die gegensätzlich zur nationalsozialistischen Ideologie stehen. Die Exilerfahrungen der Autor*innen werden in die Texte eingeflochten, denn Fremdheitserfahrungen, Ausgrenzung und auch die Frage nach der Rolle Deutschlands sind feste Bestandteile der Texte und unterscheiden sich von früheren Kriminalerzählungen, in denen Fremdheitserfahrungen oder Ausgrenzung nur am Rande thematisiert wurden, vielmehr stand die Detektion im Mittelpunkt. Hinzu kommt, dass die Gruppen diverser werden und Internationalität eine größere Bedeutung bekommt.

Literaturverzeichnis

Benner, Julia: Federkrieg. Kinder- und Jugendliteratur gegen den Nationalsozialismus 1933–1945. Göttingen 2015.

Bernstorff, Wiebke von: Erika Mann: A Gang of Ten (1942), deutsch: Zehn jagen Mr. X (1990). In: Bettina Bannasch und Gerhild Rochus (Hg.): Handbuch der deutschsprachigen Exilliteratur. Von Heinrich Heine bis Herta Müller. Berlin, Boston 2013, S. 421–427.

Bernstorff, Wiebke von und Susanne Blumesberger: Kinder- und Jugendliteratur des Exils unter Gendergesichtspunkten: ein Überblick über Deutschland und Österreich. In: Weertje Willms (Hg.): Gender in der deutschsprachigen Kinder- und Jugendliteratur. Vom Mittelalter bis zur Gegenwart. Berlin, Boston 2022, S. 235–270, https://doi.org/10.1515/9783110726404 (Zugriff: 10.2.2023).

Blödorn, Andreas: Narratologie. In: Susanne Düwell u. a. (Hg.): Handbuch Kriminalliteratur. Theorien – Geschichte – Medien. Stuttgart 2018, S. 14–23.

Genç, Metin: Gattungsreflexion/Schemaliteratur. In: Susanne Düwell u. a. (Hg.): Handbuch Kriminalliteratur. Theorien – Geschichte – Medien. Stuttgart 2018, S. 3–13.

Haacker, Christoph: Erika Mann: „Zehn jagen Mr. X". Kinder fordern den Krieg gegen die Diktatur. In: Deutschlandfunk, 24.8.2019, https://www.deutschlandfunk.de/erika-mann-zehn-jagen-mr-x-kinder-fordern-den-krieg-gegen.1202.de.html?dram:article_id=457105 (Zugriff: 23.10.2022).

Hansen, Thomas: Emil and the Emigrés. German Children's Literature in Exile 1933–1945. In: Phaedrus (1985), 2, S. 6–12.

Krüger, Dirk: Die deutsch-jüdische Kinder- und Jugendbuchautorin Ruth Rewald und die Kinder- und Jugendliteratur im Exil. Diss. Univ. Wuppertal 1989.

Kümmerling-Meibauer, Bettina: Emil und die Detektive. Ein Roman für Kinder. In: dies.: Klassiker der Kinder- und Jugendliteratur. Ein internationales Lexikon. Bd. 2: H–P. Stuttgart 2004, S. 511–515.

Löwe, Corina: Von Jungen Pionieren und Gangstern. Der Kinder- und Jugendkriminalroman in der DDR (Stockholmer germanistische Forschungen, 75). Stockholm 2011, S. 115.

Mann, Erika: Zehn jagen Mr. X. [1990]. Aus dem Englischen von Elga Abramowitz. Hamburg bei Reinbek 2019.

Mikota, Jana: Alice Rühle-Gerstel: Ihre kinderliterarischen Arbeiten im Kontext der Kinder- und Jugendbücher der Weimarer Republik, des Nationalsozialismus und des Exils (Kinder- und Jugendkultur, -literatur und -medien, 30). Frankfurt a. M. 2004.

Mikota, Jana und Maria Reinhardt: Ist ermitteln männlich und Banden-Fürsorge weiblich? Weibliche Detektivinnen in Kriminalromanen für Heranwachsende. In: libri liberorum 22 (2021), 56–57, S. 92–102, https://journals.univie.ac.at/index.php/lili/article/view/7369 (Zugriff: 10.2.2022).

P., R.: Die Pedronis in Amerika. In: Aufbau, 26. November 1943, S. 8.

Phillips, Zlata Fuss: German Children's and Youth Literature in Exile 1933–1950. Biographies and Bibliographies. Berlin, Boston 2001, S. 174–175.

Plant, Richard: Die Kiste mit dem großen S. Eine Geschichte für die Jugend. Illustrationen von Lucy Sandreuter. Aarau 1936.

Rettig, Ulrike S.: Richard Plant. In: John M. Spalek und Joseph Strelka (Hg.): Deutschsprachige Exilliteratur seit 1933. Bd. 2: New York, Teil 1, S. 794–802.

Seidlin, Oskar: Pedronis muß geholfen werden! Eine Erzählung für die Jugend. Illustrationen von Felix Hoffmann. Aarau 1937.

Steinlein, Rüdiger: Antifaschistische Literatur. In: ders., Heidi Strobel und Thomas Kramer (Hg.): Handbuch zur Kinder- und Jugendliteratur SBZ/DDR von 1945 bis 1990. Stuttgart 2006, S. 162–194.

Stern, Guy: Wirkung und Nachwirkung der antifaschistischen Jugendliteratur. In: Jens Stüben und Winfried Woesler (Hg.): „Wir tragen den Zettelkasten mit den Steckbriefen unserer Freunde". Beiträge jüdischer Autoren zur deutschen Literatur seit 1945. Darmstadt 1994, S. 299–312.

Zimmering, Max: Die Jagd nach dem Stiefel [1952]. Illustrationen von Ernst Jazdzewski. Berlin 2022, S. 24.

Larissa Carolin Jagdschian
Von Kully über Toni bis zur roten Zora – Mädchenfiguren im Spannungsfeld zwischen Tradition und Emanzipation in der Exil-Kinder- und Jugendliteratur zwischen 1933 und 1945

1 Geschlechtskonzeptionen in der Exilliteratur und -forschung

Kinder- und Jugendromane, die zwischen 1933 bis 1945 im Exil verfasst wurden, weisen eine Vielzahl an Mädchenfiguren auf: Helene Scheu-Rieszs *Gretchen discovers America* (1934), Hermynia Zur Mühlens *Unsere Töchter, die Nazinen* (1935), Maria Gleits *Ein ganzes Mädchen: Was ein Mädel alles erleben kann* (1937), Fritz Erpenbecks *Kleines Mädel im großen Krieg* (1940), Kurt Helds *Die rote Zora und ihre Bande* (1941) oder Hans Jahns *Babs und die Sieben* (1944), um nur einige zu nennen. In diesen literarischen Texten verschränken sich die Auseinandersetzungen mit den Erfahrungen des Nationalsozialismus, des Exils und des Zweiten Weltkriegs nicht selten mit Konzeptionen der nationalkulturellen Repräsentanz und Deterritorialität. Entworfen werden Mädchenfiguren, die – wie bereits Anna Seghers in ihrem Essay „Frauen und Kinder in der Emigration" (1942) notierte – „eine ruhige kameradschaftliche Helferin"[1] sind. Eine Wertung über das Kind im Exil formuliert Anna Seghers nicht, sondern stellt die Frage:

> Sind diese Kinder schwächliche Pflanzen, die in der fremden Erde kaum Wurzeln fassen, geschweige denn wachsen können? Oder gleichen sie eher jenen zarten, doch zähen gefiederten Samenkörnern, mit denen der Wind zunächst macht, was er will, die aber dann, einmal gelandet, aus ihrer winzigen Erdkrume machen, was sie wollen?[2]

Eine eindeutige Antwort auf diese Frage gibt der kursorische Blick auf die Mädchenfiguren im breiten Form- und Funktionsspektrum der Exil-Kinder- und Jugendlite-

---

[1] Anna Seghers: Frauen und Kinder in der Emigration. In: Ursula Emmerich und Erika Pieck (Hg.): Anna Seghers, Anna und Wieland Herzfelde. Gewöhnliches und gefährliches Leben. Ein Briefwechsel aus der Zeit des Exils 1939–1946. Berlin 1985, S. 141.
[2] Seghers: Frauen und Kinder in der Emigration, S. 137–138.

ratur nicht.³ In der Exilliteratur ist das Aushandeln geschlechtsspezifischer weiblicher Fragen im Spannungsfeld zwischen Emanzipation – der „neuen Mädchen" aus der Weimarer Republik – und bürgerlicher Tradition zu verorten, wie es aus der sogenannten Backfischliteratur bekannt ist; allen voran aus der *Nesthäkchen*-Serie (1913–1925) von Else Ury und dem *Trotzkopf. Eine Pensionsgeschichte für erwachsene Mädchen* (1885) von Emmy von Rhoden. Unter den „neuen Mädchen" werden Figuren verstanden, die burschikos und selbstständig denkend wie Nickelmann aus Tami Oelfkens gleichnamigen Roman sind.⁴ Der Backfisch ist dagegen leichtsinnig oder schwärmerisch.⁵ In diesem Spannungsfeld dienen Mädchenfiguren in der Exilliteratur zur Aushandlung kultureller sowie geschlechtlicher Wandlungsprozesse, um folgende Entwicklungen zu skizzieren:

- *erstens* Akkulturationsprozesse, verstanden als die „Bereitschaft [...] zur kulturellen, mentalen und gesellschaftlichen Anpassung an das Gastland"⁶,
- *zweitens* ideologische Veränderungen in der Wahrnehmung und Konstruktion des weiblichen Geschlechts im „Dritten Reich"
- oder *drittens* Prozesse der Emanzipation des weiblichen Geschlechts als metadiskursive Reaktion auf die Exilerfahrungen. Letztere finden häufig in ahistorischen Kontexten statt.

Das Geschlecht ist in den Exiltexten als Projektionsfigur zu deuten, um gegenläufige Bilder zum nationalsozialistischen Mädchen zu formen. Jana Mikota stellt in ihrer Untersuchung zu Mädchenfiguren in der Exillitertaur fest, dass „the exile authors challenged the images of girls and women propagated by the Nazi Regime"⁷, indem

---

3 Vgl. Petra Josting: Kinder- und Jugendliteratur deutschsprachiger ExilautorInnen. In: Norbert Hopster, Petra Josting und Joachim Neuhaus (Hg.): Kinder- und Jugendliteratur 1933–1945. Ein Handbuch. Bd. II: Darstellender Teil. Stuttgart, Weimar 2005, S. 873.
4 Birte Tost: Moderne und Modernisierung in der Kinder- und Jugendliteratur der Weimarer Republik. Frankfurt a. M. 2005, S. 281. Es handelt sich nicht um homogene Mädchenbilder, sondern den neuen Mädchen stehen Traditionelle gegenüber wie beispielsweise in Friedrich Schnacks *Klick aus dem Spielzeugladen* (1933).
5 Dagmar Grenz: „Das eine sein und das andere auch sein ..." Über die Widersprüchlichkeit des Frauenbildes am Beispiel der Mädchenliteratur. In: Dagmar Grenz (Hg.): Geschichte der Mädchenlektüre. Mädchenliteratur und die gesellschaftliche Situation der Frauen vom 18. Jahrhundert bis zur Gegenwart. Weinheim 1997, S. 202.
6 Sabine Becker: Transnational, interkulturell und interdisziplinär: Das Akkulturationsparadigma der Exilforschung. In: Doerte Bischoff und Susanne Komfort-Hein (Hg.): Literatur und Exil. Neue Perspektiven. Berlin, Boston 2013, S. 50.
7 Jana Mikota: Girl's Literature by German Writers in Exile (1933–1945). In: Angela E. Hubler (Hg.): Little red readings: historical materialist perspectives on children's literature. Jackson 2014, S. 152.

die Mädchen als „active characters"[8] auftreten. Im Gegensatz zu den Mädchen in der Exilliteratur wurde das Bild des nationalsozialistischen Mädchens weiterhin im Stile der Backfischliteratur gezeichnet. Angelehnt an literaturpädagogische Vorstellungen des nationalsozialistischen Lehrerbundes wurden die Mädchen, so Norbert Hopster, ideologiegetreu nuanciert.[9] Welche konkreten Verhaltensweisen die Mädchenfiguren zeigen sollten, ist der Stellungnahme aus der Prüfungsarbeit der Reichsschrifttumsstelle der Hitler-Jugend als Katalog an das sogenannte Mädelbuch zu entnehmen. Gefordert wird von den Mädchen in einem Aufruf in der *Jugendschriftenwarte* (1942) „Wahrhaftigkeit, Sauberkeit, Handwerksgerechtigkeit, vor allem jedoch völkisch-bewußte Haltung"[10]. Als geeignete Literatur werden Herta Weber-Stumfohls *Ostmarkmädel* (1939) oder Inge Klamroths *Auf zwei Straßen* (1940) empfohlen. Diese nationalsozialistischen Mädchenbücher weisen die Merkmale des Bekenntnisses und des Eintretens für den Nationalsozialismus auf, indem sich die Mädchenfiguren den Organisationen wie dem Bund Deutscher Mädel engagiert unterordnen.[11] Ihr Hauptaugenmerk lag meistens auf der Familie.[12]

Mädchenfiguren in den Exiltexten sind folglich als kritisches Korrektiv zu den Mädchenbildern aus der nationalsozialistischen Kinder- und Jugendliteratur zu deuten. An ihrem Beispiel werden Wahrnehmungen, Deutungen und Folgen des „Dritten Reichs" modelliert, was von der Exilforschung entsprechend reflektiert worden ist.[13] Bezugnehmend auf die Essays von Anna Seghers und Erika Mann stellte unter anderem Heike Klapdor fest, dass die ersten Untersuchungen die Frauen auf die Bewältigung der Krisen im Alltags- und Familienbereich reduziert haben.[14] Das führte Häntzschel folgend zu einer Dominanz an Geschlechtsstereo-

---

[8] Mikota: Girl's Literature by German Writers in Exile (1933–1945), S. 153.
[9] Vgl. Norbert Hopster: Kinder, Familie, Alltag. In: Norbert Hopster, Petra Josting und Joachim Neuhaus (Hg.): Kinder- und Jugendliteratur 1933–1945. Ein Handbuch. Stuttgart, Weimar 2005, S. 551.
[10] Hildegard Stansch: Was fordern wir vom Mädelbuch. Eine Stellungnahme aus der Prüfungsarbeit der Reichsschrifttumsstelle der Hitler-Jugend. In: Jugendschriften-Warte (1942) H. 7/8, S. 57.
[11] Vgl. Dagmar Grenz: Kämpfen und arbeiten wie ein Mann – sich aufopfern wie eine Frau. Zu einigen zentralen Aspekten des Frauenbildes in der nationalsozialistischen Mädchenliteratur. In: Dagmar Grenz (Hg.): Geschichte der Mädchenlektüre. Mädchenliteratur und die gesellschaftliche Situation der Frauen vom 18. Jahrhundert bis zur Gegenwart. Weinheim 1997, S. 219.
[12] Vgl. Petra Josting: Der Jugendschrifttums-Kampf des Nationalsozialistischen Lehrerbundes. Hildesheim, Zürich, New York 1995, S. 153–154.
[13] Vgl. Irmela von der Lühe: „Und der Mann war oft eine schwere, undankbare Last." Frauen im Exil – Frauen in der Exilforschung. In: Claus-Dieter Krohn, Erwin Rotermund, Lutz Winckler und Wulf Koepke (Hg.): Sprache – Identität – Kultur. Frauen im Exil. München 1999, S. 44–61.
[14] Vgl. Heike Klapdor: Überlebensstrategie statt Lebensentwurf. Frauen in der Emigration. In: Claus-Dieter Krohn (Hg.): Frauen und Exil. Zwischen Anpassung und Selbstbehauptung. Boston 1993, S. 1.

typen.[15] Neuere Studien reflektieren diese „Heroisierung und damit Funktionalisierung von Geschlechterrollen"[16] und verhandeln sie neu. Stärker werden nun entweder intersektionale Fragen als „Doing Difference"[17] erörtert oder die Symptome des Exils über Körperwahrnehmungen als „Diskurseffekte bzw. Bezeichnungspraktiken"[18] gedeutet. Innerhalb der kinder- und jugendliterarischen Exilforschung sind Fragen der Geschlechtszugehörigkeit sowie Prozesse des Aushandelns von sozialisationsbedingten weiblichen Geschlechtsnormen ein Desiderat. Erste Studien deuten darauf hin, dass in den Exiltexten die weiblichen Handlungsräume erweitert werden, wobei der kausale Zusammenhang zwischen Figurenhandlung und den Geschehnissen narratologisch kaum Beachtung fand.[19] Vielmehr stehen Fragen der Gleichberechtigung und des Antimilitarismus, meistens mit Bezug auf das männliche Geschlecht, im Vordergrund.[20] Unberücksichtigt bleiben in den kinder- und jugendliterarischen Arbeiten die Darstellungsverfahren, die jedoch aufzeigen, wie die Mädchenfiguren in der Exilliteratur in ihren Handlungen und Denkweisen historische Bezugspunkte aufgreifen oder prospektiv weiterentwickeln. Eine narratologische Betrachtung ermöglicht es, die Konstruktionsprozesse, aus denen Geschlechternormen und ‚erweiterte Handlungsräume' resultieren, zu skizzieren.

Diesen Darstellungsformen nähert sich der vorliegende Beitrag an. Die Mädchenfiguren sollen im Folgenden entlang der bereits genannten Gruppierungen (*erstens* Akkulturationsprozesse, *zweitens* Wandlungen der Geschlechtsvorstellun-

---

15 Vgl. Hiltrud Häntzschel: Geschlechtsspezifische Aspekte. In: Claus-Dieter Krohn, Patrick von zur Mühlen, Gerhard Paul und Lutz Winckler (Hg.): Handbuch der deutschsprachigen Emigration 1933–1945. Darmstadt 1998, Sp. 109.
16 Wiebke von Bernstorff: Geschichte(n) machen: Für eine Wiederaufnahme der historisch-politischen Perspektive in der Exil(literatur)- und Genderforschung. In: Ulrike Bohle und Stefani Brusberg-Kiermeier (Hg.): Sprachliche, mediale und literarische Konstruktionen von Geschlecht. Berlin, Münster 2015, S. 3.
17 Das Geschlecht wird hier meistens mit den Kategorien des Nationalen oder des Ethnischen verbunden. Vgl. dazu Irene Messinger und Katharina Prager: Doing Gender, Doing Difference – Die interdependente Kategorie Geschlecht in der Exil- und Migrationsforschung. In: Irene Messinger und Katharina Prager (Hg.): Doing Gender in Exile: Geschlechterverhältnisse, Konstruktionen und Netzwerke in Bewegung. Münster 2019, S. 13.
18 Marion Schmaus: Exil und Geschlechterforschung. In: Bettina Bannasch und Gerhild Rochus (Hg): Handbuch der deutschsprachigen Exilliteratur. Von Heinrich Heine bis Herta Müller. Berlin, Boston 2013, S. 129.
19 Vgl. Mikota: Girl's Literature by German Writers in Exile (1933–1945), S. 151.
20 Vgl. Susanne Blumesberger und Wiebke von Bernstorff: Kinder- und Jugendliteratur des Exils unter Gendergesichtspunkten. Ein Überblick über Deutschland und Österreich. In: Weertje Willms (Hg.): Gender in der deutschsprachigen Kinder- und Jugendliteratur. Berlin, Boston 2022, S. 235 ff.

gen im „Dritten Reich" und *drittens* die Emanzipation des weiblichen Geschlechts in ahistorischen Kontexten) beispielhaft an Texten von Kurt Held, Hans Jahn, Irmgard Keun sowie Hermynia Zur Mühlen analysiert werden.

2 Ironisierende Subversion weiblicher Geschlechterrollen in Akkulturationsprozessen: Irmgard Keuns *Kind aller Länder* (1938)

Irmgard Keuns Roman *Kind aller Länder* erschien erstmals 1938 im Verlag Querido in Amsterdam. Irmgard Charlotte Keun (1905–1982) hatte bereits in der Weimarer Republik mit ihren Romanen *Gilgi, eine von uns* (1931) sowie *Das kunstseidene Mädchen* (1932) Fragen der weiblichen Geschlechtskonstruktion im Kontext der sich wandelnden gesellschaftlichen Realität verhandelt. 1936 emigriert sie, nachdem die Aufnahme in die Reichsschrifttumskammer als Schriftstellerin gescheitert ist, nach Belgien, 1938 nach Frankreich und 1940 kehrte sie nach Deutschland zurück. Im Exil stellte sie *Das Mädchen, mit dem die Kinder nicht verkehren durften* (1936) fertig und verfasste neben *Kind aller Länder* unter anderem *Nach Mitternacht* (1937) sowie *D-Zug Dritter Klasse* (1938).[21]

In *Kind aller Länder* werden am Beispiel der Mädchenfigur Kully „unterschiedliche Facetten des Exil-Alltags"[22] modelliert, die die autodiegetische Erzählinstanz wiedergibt. Aufgrund der Perspektivgebundenheit der Erzählinstanz sind die phänomenologischen Selbst- und Weltkenntnisse beschränkt, da die Erzählinstanz die Interpretation der Geschlechternormen im Exil einseitig reguliert und keine alternative Sichtweise anbietet. Es lassen sich aber Prozesse der Fremd- und Selbstzuschreibung und deren Auswirkungen auf das weibliche Handeln nachzeichnen.

Gleich zu Beginn wird über den Vergleich mit der Mutter auf das Wechselverhältnis zwischen dem Mädchendasein und den Exilerfahrungen verwiesen:

> Ich sehe meiner Mutter sehr ähnlich, sie hat nur viel blauere Augen als ich und dickere Beine und ist sonst viel dicker. Ihre Haare sind sauber gekämmt und hinten am Kopf sanft zusammengeknotet. Meine Haare sind kurz und immer wüst. Meine Mutter ist viel schöner als ich; aber ich weine weniger.[23]

---

21 Vgl. Hiltrud Häntzschel: Irmgard Keun. Hamburg 2011.
22 Liana Schüller: „Schreckliche Grenzen". Emigration und Alltag in Irmgards Keuns Kind aller Länder. In: Thorsten Carstensen und Mattias Pirholt (Hg.): Das Abenteuer des Gewöhnlichen. Alltag in der deutschsprachigen Literatur und Moderne. Berlin 2018, S. 217.
23 Irmgard Keun: Kind aller Länder [1938]. Roman. Köln 2016, S. 9.

Mit dem Vergleich wird zunächst auf das äußere weibliche Erscheinungsbild eingegangen, wobei Kully mit ihren wilden und kurzen Haaren ein Gegenbild zur Mutter mit den gekämmten Haaren darstellt. Obwohl Kully nicht das erwünschte Mädchenbild verkörpert, übt die Erzählinstanz im Bewusstseinsbericht Kritik am Verhalten der Mutter, die aufgrund ihrer labilen Verfassung kaum in der Lage ist, die Flucht- und Exilerfahrungen wie das fehlende stabile Umfeld oder die finanzielle Not zu verarbeiten. Kully tritt im Unterschied zur Mutter nicht weinerlich auf, sondern erzählt pointiert von unterschiedlichen Fluchterfahrungen. Sie erklärt beispielsweise die Bedeutung der Pässe und Grenzen für den Erfolg der Flucht oder thematisiert die finanziellen Schwierigkeiten. Diese Fluchterlebnisse bilden die Rahmung bzw. initiieren Prozesse der weiblichen Geschlechtsbildung, die in Gesprächen und im Umgang mit dem männlichen Geschlecht stattfinden. Als Kully beispielsweise den Verleger des Vaters, Herrn Krabbe, fragt, ob auch fleißige Kinder wie Erwachsene einen Roman schreiben können, negiert Herr Krabbe diese Frage, woraufhin Kully anfängt zu weinen. Der Verleger bittet sie in direkter Figurenrede aufzuhören zu weinen und macht ihr ein Kompliment: „Dein Kleid ist wirklich wunderschön. Du bist ja schon so ein großes Mädchen, da kann man dich gar nicht mehr auf den Schoß nehmen"[24]. Diese und weitere Passagen reduzieren das Mädchen auf das äußere Erscheinungsbild, wobei das Mittel der direkten Figurenrede zum Sprachrohr männlicher Perspektiven auf das weibliche Geschlecht wird.[25] Aufschlussreich an dieser Szene ist, dass die autodiegetische Erzählinstanz *nicht* erwähnt, dass Kully weint und nach dem Gespräch lediglich im Bewusstseinsbericht hinterfragt, warum Kinder keinen Roman schreiben können.[26] Der Bewusstseinsbericht lässt auf eine Handlungsfähigkeit und ein Reflexionsvermögen schließen, das männliche Figuren – wie der Vater oder der Verleger – nicht erkennen oder wahrnehmen (wollen). Zwischen dem figural weiblichen Bewusstsein und den Äußerungen der männlichen Figuren besteht demnach ein Widerspruch. Dieser Widerspruch deckt auf, dass das Mädchenbild unter der Wirkmacht normativer, männlicher Geschlechtsvorstellungen steht, die Kully jedoch während ihrer Flucht in verschiedenen Akkulturationskontexten aufgrund der Exilbedingungen als hinfällig entlarvt. Anders als die Mutter verharrt sie nicht in einer weinerlichen Position, sondern sie tritt als handlungsfähige Figur auf.[27] Wenn sie beispielsweise von holländischen Kindern wegen ihrer fehlenden Sprachkompetenz gehänselt wird, droht sie ihnen, sie mit dem Taschenmesser totzustechen. Kully rechtfertigt ihr Verhalten damit, dass ihre Mutter ihr gesagt habe,

---

24 Keun: Kind aller Länder, S. 67.
25 Vgl. Keun: Kind aller Länder, S. 61.
26 Vgl. Keun: Kind aller Länder, S. 118.
27 Vgl. Keun: Kind aller Länder, S. 118.

„man müsse immer alles mit gleicher Waffe schlagen"[28]. Abermals wird die Mutter als Referenzfolie herangezogen, um ihr Verhalten gegenüber den holländischen Kindern zu begründen. Sie deutet in ihrem selbstbestimmten Handeln implizit auf Wandlungsprozesse hin, indem sie nicht mehr unselbstständig wie die Mutter agiert. Die verschiedenen Fluchtstationen (Amsterdam, Zürich und Paris) führen schließlich dazu, dass Kully reagiert, während die Mutter aus der intern fokalisierten Perspektive der Tochter Kully die Rolle des Kindes einnimmt:

> Er [der Vater, L. J.] macht ihr [der Mutter, L. J.] ein Schinkenbrot. Sie soll davon abbeißen wie ein kleines Kind. Ich esse vollkommen erwachsen und selbstständig alles auf, was da ist.[29]

Die Fluchterfahrungen und die anhaltende finanzielle Not führen im Erzählbericht zur Umkehr altersbedingter weiblicher Rollen und zeigen veränderte Entwicklungen jenseits normativer Weiblichkeitsvorstellungen auf, die die Männer vorab in die Diegese artikuliert haben. Die Erzählinstanz greift im Vergleich zwischen Mutter und Kind zwar auf bestehende Geschlechterrollen zurück, die – anders als die männlichen Perspektiven insistieren – aus ihrem Blickwinkel alternative kultur- und literaturhistorische Mädchen-/Frauenrollen hervorbringen. Schließlich ist es das Mädchen, das trotz der existentiellen Fluchterfahrungen handlungsfähig bleibt, während die Mutter zum verstummenden Kind wird. Kullys bisherige Entwicklung eines selbstbestimmten Mädchens wird – aufgrund der Infantilisierung der Mutter – jedoch ad absurdum geführt. Indem ihre Mutter in die Rolle des Kindes zurückfällt, muss Kully die Rolle einer Erwachsenen einnehmen, womit die normativen Vorstellungen des Weiblichen auf den ersten Blick rehabilitiert scheinen. Nun bügelt Kully dem Vater die Hemden, nachdem die Mutter in Europa geblieben ist, da sie das Schiff nach Amerika verpasst hatte, und sorgt sich um ihre Mutter.[30] Die sich zuspitzende Diskrepanz zwischen dem figuralen Bewusstsein des Mädchens als selbstständig Agierende und dem realen sowie imaginierten Handeln der Mutter weist letztlich auf die fehlende Berücksichtigung der kindlichen Resilienz und Entwicklungsfähigkeit während der Flucht und des Exils hin, die bis dato nur die widerstandsfähige Frau erkannt hatte.

Insgesamt werden im Roman in den Fluchthandlungen weibliche Geschlechtereigenschaften wie das Weinerliche, Unselbstständige und wenig Reflexive aufgebrochen. Das Mädchenbild greift die verschiedenen geschlechtsspezifischen, historischen und sich in den Exilphasen wandelnden Ansichten in der direkten

---

28 Keun: Kind aller Länder, S. 107.
29 Keun: Kind aller Länder, S. 114.
30 Vgl. Keun: Kind aller Länder, S. 170.

Figurenrede auf, um in ihrer subversiven Ironisierung der Frau im Bewusstseinsbericht die Entwicklung des Mädchens während der Flucht hervorzubringen. Das Exil wird in dieser weiblichen Perspektive zu einem Prozess der Aushandlung bestehender männlicher und aufgrund der transitorischen Existenz fluiden Mädchenvorstellungen, die sich während der Flucht bilden. Gerade der Wechsel zwischen der öffentlichen Kommunikation (Figurenrede) und den nicht öffentlich artikulierten Bewusstseinsinhalten weist auf das unerkannte Potential der Rolle der Mädchen während der Flucht hin.

3 Ideologische Wandlungen der Geschlechtervorstellungen im „Dritten Reich" am Beispiel von Hermynia Zur Mühlen *Unsere Töchter, die Nazinen* (1935)

Das nationalsozialistische Mädchenbild wird in dem an erwachsene und jugendliche Leser*innen adressierten Roman von Hermynia Zur Mühlen *Unsere Töchter, die Nazinen* (1935) aufgegriffen, wobei hier das *setting* nicht das Exil, sondern das „Dritte Reich" ist. Verfasst wurde der Roman in Österreich nach ihrer Flucht als direkte Reaktion auf die Machtergreifung. Hermynia Zur Mühlen (1883–1951), die vorher mit Wieland Herzfelde für den kommunistischen Verlag Malik arbeitete, floh 1933 nach Österreich, 1938 in die Tschechoslowakei und 1939 nach Großbritannien.[31]

In ihrem Roman wird in den autodiegetischen Erzählperspektiven zweier Mütter (Kati Gruber und der Gräfin Agnes) die Ideologisierung der Töchter Toni und Claudia modelliert.[32] Kati Gruber ist die Mutter von Toni und die Frau eines Sozialdemokraten. Die Gräfin Agnes ist die Mutter von Claudia und gehört dem Adel an. Indem das Mädchenbild durchgehend von den Müttern fremdcharakterisiert wird, lässt sich das Zusammenspiel zwischen erwünschter Geschlechtskonstruktion und weltanschaulichen Voraussetzungen im „Dritten Reich" skizzieren.

---

31 Vgl. Urike Weymann: Polyperspektivische Wirklichkeitsdarstellung. Zeitgeschichte und Fiktion in Hermynia Zur Mühlens *Unsere Töchter, die Nazinen* (1935) und *Manja* (1938) von Anna Gmeyner. In: Literatur für Leser (2009) H. 3, S. 192–193.

32 In dem Roman lässt sich noch eine dritte, autodiegetische Erzählperspektive feststellen, die von Frau Feldhütter, die sich mehr auf ihre Rolle als Ehefrau konzentriert und daher in diesem Beitrag ausgeblendet wird.

Toni wird als Tochter des Sozialdemokraten Anton Gruber zu Beginn von der Mutter als „kluges Mädchen"[33] vorgestellt, das früh zu Parteiversammlungen ging, jedoch „immer alles so schwer nahm und sich mit Fragen abplagte, die mir [der Mutter Kati Gruber, L. J.] nie in den Sinn"[34] kamen. Die im Bewusstseinsbericht der Mutter geäußerten Wahrnehmungen konturieren das Bild eines klugen sowie nachdenklichen Mädchens, das sich über den Bezug zum Sozialismus als politisch Handelnde (fremd)charakterisiert. Indem das Mädchen Toni fremdcharakterisiert wird, ist das weibliche Geschlecht als soziale Kategorie an eine sozialistische Weltanschauung geknüpft. Obwohl die Mutter das weibliche Geschlecht der Tochter politisch-intellektuell grundiert, stellt sie den Vorstellungen des Weiblichen weiterhin das Komplement des Männlichen gegenüber: „Der Seppel hat so etwas Frohes und Freies an sich, der wäre gerade der rechte Mann für unsere Toni, die immer alles so schwer nahm"[35]. Die autodiegetische Erzählinstanz der Mutter bezieht hier ältere Geschlechternormen mit ein und verknüpft das Politisch-Partizipative mit der Rolle als Ehefrau. Entsprechend wird das Mädchenbild an den mütterlichen Vorstellungen gemessen, respektive alternative Entwicklungen wie das Politisch-Partizipative werden dadurch reguliert. Ob die mütterliche Perspektive auf die Tochter Tonis Charakter entspricht, ist in Frage zu stellen. Die in direkter Figurenrede von der Tochter gegenüber ihrem Freund Seppel geäußerten politischen Ansichten und Handlungen deuten eigene Vorstellungen an, die auf eine disparate Wahrnehmung auf das Mädchenbild hinweisen. Diese Disparität zeigt sich in Tonis Aussagen, die konträr zum vorab konstruierten mütterlichen Bild stehen. Nach dem Tod ihres Vaters entschließt sich Toni, die nationalsozialistische Partei zu wählen und begründet dies durchaus selbstreflexiv:

> Ich habe jetzt so viel Zeit zum Nachdenken, Seppel. Und da habe ich gesehen, daß nichts von dem geschehen ist, was 1918 versprochen wurde. Unser Reichskanzler ist ein Zentrumsmann und die Partei läßt ihm alles durchgehen, jede Notverordnung, alles. Und die Kommunisten schreien, aber sie tun nichts. Die andern [die nationalsozialistische Partei, L. J.] haben ein Programm, das für Deutschland paßt.[36]

Die Figurenrede bestätigt zwar in Anästzen die fremdcharakterisierte Sichtweise der Mutter, aber Toni gibt erstmals eigenständig Auskunft über die Funktion der Politik für ihr eigenes Leben. Die Entscheidung, die nationalsozialistische Partei

---

33 Hermynia Zur Mühlen: Unsere Töchter, die Nazinen. Wien 1935, S. 10.
34 Zur Mühlen: Unsere Töchter, die Nazinen, S. 13.
35 Zur Mühlen: Unsere Töchter, die Nazinen, S. 13.
36 Zur Mühlen: Unsere Töchter, die Nazinen, S. 21.

zu wählen, basiert nicht auf der Überzeugung der ideologischen, antisemitischen Ausrichtung der Partei, sondern auf ihrem Wunsch, nach dem Verlust der Arbeitsstelle mit Hilfe der nationalsozialistischen Partei eine neue Arbeit zu finden.[37] Differenziert werden über die Bewusstseinsinhalte der Mutter Kati und über die Figurenrede der Tochter Toni sozio-politische Verhältnisse aufgedeckt, die den historischen Wandel von der Weimarer Republik zum Nationalsozialismus in die Konstruktion des Mädchens einbauen. Das Mädchenbild wird zu einer Projektionsfolie, in der sich verschiedene historische Mädchenbilder sammeln und ausgehandelt werden. Aufgrund der dominierenden autodiegetischen Erzählperspektive bleiben die Erfahrungen mit der nationalsozialistischen Partei ausgeblendet, sodass die Abwendung der Tochter Toni vom Nationalsozialismus nicht nachvollziehbar ist. Im Wechselspiel zwischen den Bewusstseinsberichten und den Figurenreden wird Toni später als Widerstandskämpferin gegen den Nationalsozialismus dargestellt, wobei die Zuschreibung der „gute[n], tapfere[n] Tochter"[38] das Mädchenbild signifikant zugunsten der Vorstellungen des politischen Geschlechts rehabilitiert.

Die zweite Mädchenfigur Claudia, die Tochter der Gräfin Agnes, wendet sich wie auch Toni dem Nationalsozialismus zu, um sich vom mütterlichen Mädchenbild bewusst zu distanzieren. Auch Claudia wird an mütterlichen Vorstellungen beziehungsweise an deren eigenen Erinnerungen an ihre Kindheit und Jugend gemessen. Über Kontrast- und Korrespondenzbeziehungen wird ein historischer Wandel der Mädchenkonzeption – hier vom bürgerlichen Backfisch zur Nationalsozialistin – deutlich, wobei die Gräfin Agnes, im Gegensatz zu Kati Gruber, wenig reflexiv ihr eigenes Mädchendasein hinterfragt.

Die Gräfin Agnes charakterisiert sich eingangs selbst als „Backfisch"[39]. Seit ihrer Kindheit war sie in sich gekehrt, belesen und schloss aufgrund der aus der Lektüre resultierenden romantischen Liebesvorstellung die Ehe mit einem sechs Jahre jüngeren Offizier. Entsprechend ihrer Backfisch-Vorstellungen interpretiert die Mutter ihre Tochter Claudia als kalte, abstoßende und sexuell zu aktive junge Frau.[40] Auch Claudia charakterisiert sich über den Vergleich mit ihrer Mutter: „Du bist ja keine wirkliche Frau, bist nie eine gewesen"[41] und erläutert das mit Bezug auf ihre Männerwahl. Das männliche Geschlecht wird als Vergleichsgröße herangezogen, ohne zu spezifizieren, was unter *dem Mann* gefasst wird. Diese Kontrast-

---

37 Vgl. Zur Mühlen: Unsere Töchter, die Nazinen, S. 21.
38 Zur Mühlen: Unsere Töchter, die Nazinen, S. 135.
39 Zur Mühlen: Unsere Töchter, die Nazinen, S. 38.
40 Vgl. Zur Mühlen: Unsere Töchter, die Nazinen, S. 40.
41 Zur Mühlen: Unsere Töchter, die Nazinen, S. 44.

beziehung zwischen Mutter und Tochter zeichnet das Mädchenbild ambivalent. Historisch stehen sich in dieser Szene die Konzeptionen des sentimentalen Backfisches (vertreten durch die Gräfin Agnes) und der überzeugten Nationalsozialistin (Tochter Claudia) diametral gegenüber, um über die beiden Geschlechtsvorstellungen verschiedene politische Kollektivzugehörigkeiten hervorzurbringen.[42] Zum Beispiel negiert Claudia gegenüber ihrer Mutter die Anschuldigungen der Kommunisten, dass die Nationalsozialisten in der Mehrzahl die Kommunisten überwältigt hätten.[43]

Claudia bleibt aufgrund der dominierenden mütterlichen Perspektive schemenhaft und statisch. Die Auswirkungen der beschränkten Erzählperspektive und die daraus resultierende Einseitigkeit der Wahrnehmungsperspektive werden besonders zum Schluss deutlich. Im Erzählbericht der Mutter wird Tonis Bericht über das tödliche Schicksal von Claudia wiedergegeben. Zum Schutz eines sozialdemokratischen Mannes hat sich Claudia gegen die Schutzstaffel gestellt und wurde dabei erschossen. In Tonis Bericht tritt Claudia in ihrem Handeln gegenüber den Nationalsozialisten deutlich widerständiger auf als in den Bewusstseinsberichten der Gräfin Agnes. Deutlich wird der poetologische Effekt der perspektivischen Ausklammerung der Mädchenfiguren zugunsten der Abbildung der Erwartungen an die Mädchen im zeitgenössischen Kontext. Eine individuelle Nuancierung bleibt – sofern die Mädchen nicht sprechen – aus.

Im Vergleich der Geschlechtskonstruktion zeigt sich insgesamt ein Spannungsverhältnis zwischen den Konzeptionen des Backfisches, der „neuen" sowie der nationalsozialistischen Mädchen, wobei die Ausgestaltungen historisiert sind. Die ideologische Vereinnahmung wird generationenspezifisch unterschiedlich wahrgenommen und gedeutet. Wie in Keuns Roman wird die Entwicklung der Mädchen (zu jungen Frauen) an außenstehenden Erwartungen und Geschlechtsvorstellungen gemessen, wobei in Zur Mühlens Roman die Mädchenfiguren zur kritischen Reflexionsfolie von sich wandelnden Geschlechtsvorstellungen werden.

---

42 Vgl. Zur Mühlen: Unsere Töchter, die Nazinen, S. 48.
43 Vgl. Zur Mühlen: Unsere Töchter, die Nazinen, S. 53 ff.

4 Emanzipation des weiblichen Geschlechts als Reaktion auf die Erfahrungen der Heimatlosigkeit, Armut und Flucht am Beispiel von Kinderbandenanführerinnen: Kurt Helds *Die rote Zora und ihre Bande* (1941) und Hans Jahns *Babs und die Sieben* (1944)

Innerhalb der Exilliteratur treten neben den Mädchenfiguren, die die Erfahrungen des Exils oder des „Dritten Reichs" aushandeln, Mädchen auf, die zum Teil in einem ahistorischen Kontext exilspezifische Zeiterfahrungen wie Heimatlosigkeit, Armut und Flucht in ihrem Handeln als Anführer*innen einer Kinderbande verhandeln. Dazu gehören beispielsweise Kurt Helds *Die rote Zora und ihre Bande* (1941) und Hans Jahns *Babs und die Sieben* (1944).

Kurt Held ist das Pseudonym Kurt Kläbers. Er wurde nach dem Reichstagsbrand als Kommunist verhaftet und floh nach der Freilassung mit seiner Frau Lisa Tetzner in die Schweiz. Dort verfasste er u. a. den Roman *Die rote Zora und ihre Bande,* der bis heute zu den internationalen Klassikern der deutschsprachigen Kinder- und Jugendliteratur gehört.[44] Mit der roten Zora wurde eine „frühe Leitfigur in der feministischen Diskussion" als „unkonventionelles Muster der Geschlechtsrollenorientierung"[45] entworfen. Situiert ist das Geschehen in der Küstenstadt Senj, die zeitlichen Umstände bleiben vage. Der Protagonist Branko ist nach dem Tod der Mutter als Halbwaisenkind heimatlos, sein Vater reist als Pianist um die Welt. Auch die Bandenmitglieder der Uskoken Zora und Nicola sind Waisenkinder; Duro und Pavle wurden von den Vätern verjagt. Die Gesellschaft in Senj ist in zwei Gruppierungen geteilt, den Arbeitern (wie Brankos Mutter) und den wohlhabenden Bürgern wie dem Bürgermeister oder den Gymnasiasten.[46]

Nach dem Tod seiner Mutter besucht Branko allein und hungrig einen Markt im Stadtzentrum, wo er das erste Mal auf Zora trifft. Zora ist zu Beginn des Romans Gegenstand einer außenstehenden Beobachtung des männlichen Protagonisten Branko. Im Bewusstseinsbericht wird sie von der extradiegetisch-homodiegetischen

---

[44] Bettina Kümmerling-Meibauer: Klassiker der Kinder- und Jugendliteratur. Ein internationales Lexikon. Bd. 1. Stuttgart, Weimar 1999, S. 436.
[45] Stephanie Jentgens: Ein Robin Hood der Kinderwelt. Kurt Helds „Die rote Zora und ihre Bande". In: Bettina Hurrelmann (Hg.): Klassiker der Kinder- und Jugendliteratur. Frankfurt a. M. 1995, S. 509.
[46] Vgl. Julia Benner: Federkrieg. Kinder- und Jugendliteratur gegen den Nationalsozialismus 1933–1945. Göttingen 2015, S. 274 ff.

Erzählinstanz lediglich als „Mädchen mit dem roten Schopf"[47] charakterisiert. Wie auch Branko beabsichtigt sie, den auf der Straße liegenden Fisch auf dem Markt aufzuheben. Anders als das bisher namenlose Mädchen wird Branko des Diebstahls beschuldigt, der sich nicht gegen die Vorwürfe wehrt. Erst das Mädchen mit den markanten roten Haaren versucht die Situation den Gendarmen zu erklären, wobei über Brankos Beschreibung der „zornig blickenden Augen"[48] das Mädchen als handlungsstark semantisiert wird. Bereits auf den ersten Seiten wird das männliche und weibliche Geschlechterverhalten kontrastiv gegenübergestellt. Das Mädchen mit den roten Haaren zeigt durch ihr Handeln eine Raffinesse, über die der Junge Branko nicht verfügt. So hilft sie ihm, aus dem Gefängnis auszubrechen und stellt sich dabei in direkter Figurenrede metonymisch als „die Rote Zora"[49] vor, die innerhalb der Erzählwelt – wie die Handlung zeigt – das gefürchtetste Mädchen ist.

Im weiteren Verlauf wird das eingangs eingeführte Geschlechterverhältnis ausdifferenziert. So lassen sich im Kinderroman zahlreiche Passagen finden, die zwischen dem unspezifischen „Mädchen" und der Roten Zora unterscheiden. Indem im Text zwischen dem „Mädchen" und Zora differenziert wird, ist Zora eine singuläre Gestalt, die nicht verallgemeinerbar ist. Diese Unterschiede werden über zwei Grade der Fokalisierung hervorgebracht, die aufschlussreich für das Verständnis des narrativen Konstruktionsprozesses des Mädchenbildes sind. Beschreibt Branko *erstens* aus seiner extern fokalisierten Erzählperspektive, was Zora macht, wird der Begriff des „Mädchens" eingefügt, um das weibliche, meistens voranschreitende Handeln zu betonen, wie folgende Erzählpassage belegt: „Das Mädchen schwang sich bereits auf den nächsten Zaun und setzte darüber"[50]. Danach folgt aus der intern fokalisierten Erzählperspektive der roten Zora *zweitens* – weiterhin ausgehend von der extradiegetischen Erzählinstanz – der Wechsel, der das selbstbestimmte Handeln als Charaktereigenschaft belegt: „Zora scheint hier genau Bescheid zu wissen, und wie Brankos Befreiung hatte sie auch die Flucht gut vorbereitet"[51]. Deutlich wird, dass die rote Zora als Mädchenfigur auftritt und auch als „Mädchen" wahrgenommen wird, die aber nicht wie Kully im Spannungsverhältnis zu männlichen Ansichten steht, sondern selbstbestimmt den Jungen hilft.

Die extradiegetische Erzählinstanz nimmt damit innerhalb der Konstruktion des Mädchenbildes eine entscheidende Position ein. Aus seiner unpersönlichen

---

47 Kurt Held [i. d. R. Kläber]: Die Rote Zora und ihre Bande [1941]. Frankfurt a. M. 2019 (5. Aufl.), S. 44.
48 Held: Die rote Zora und ihre Bande, S. 46.
49 Held: Die rote Zora und ihre Bande, S. 55.
50 Held: Die rote Zora und ihre Bande, S. 56.
51 Held: Die rote Zora und ihre Bande, S. 56.

und allwissenden Erzählposition kontrastiert er über den andauernden Perspektivwechsel die weiblichen, von außen angetragenen Vorstellungen eines „Mädchens" mit den singulären Eigenschaften der Zora. Dadurch wird vermieden, Zora zum Gegenstand eines Objektes zu machen, wie es die Außenwelt handhabt. Vor allem die männlichen Bandenmitglieder evozieren durchgehend über die Fremdcharakterisierungen eine Handlungsstärke, die das bestehende Mädchenbild der Zeit zwischen 1933 und 1945 idealiter erweitert. Über die direkten Figurenreden der männlichen Bandenmitglieder werden Zora Eigenschaften zugeschrieben, die sie im Zusammenspiel mit dem weiblichen Geschlecht zu einer singulären Mädchengestalt in der Diegese werden lassen, indem sie sich vom männlichen Geschlecht abgrenzt. So sei Zora „stärker als wir alle"[52]. Bei dieser pauschalisierten Beschreibung belässt es der Roman nicht, sondern Zoras intern fokalisierte Sichtweisen nuancieren das Mädchenbild. Als die Bandenmitglieder beispielsweise vom alten Gorian beim Zurückbringen des zuvor gestohlenen Huhnes erwischt werden, wird einerseits ihre äußerlich attribuierte Stärke durch die intern fokalisierte Beschreibung ihrer Gefühle erweitert: „Zora fasste sich ans Herz, so erschrocken war sie."[53] Im darauffolgenden Satz wird andererseits erneut aus der extern fokalisierten Erzählperspektive das vorherige Mädchenbild der strategisch Handelnden stabilisiert: „Das Mädchen hatte sich schon wieder in der Gewalt. Sie sah sich nach allen Seiten um"[54]. Deutlich wird an dieser – und auch an weiteren – Erzählpassagen, dass die Mädchenfigur Zora differenzierter vom extradiegetischen Erzähler konstruiert wird. Das unterscheidet Helds Roman von den bisher untersuchten Exilromanen eindeutig. Die Folge ist, das ein Subtext entsteht, der im Wechsel zwischen Figur- und Erzählsicht zeitgenössische sowie neue Mädchenbilder hrvorbringt. Das weibliche Geschlecht wird hier zu einem Konstrukt, das zwischen den herangetragenen und alternativen Mädchenbildern stetig wechselt. So distanziert sich Zora, Benner folgend, in ihrem Handeln eindrücklich vom nationalsozialistischen Mädchenbild, das sich treu und ordentlich den Normen unterordnet.[55] Zoras intern fokalisierte Figurensicht deckt jedoch ihre Denkgewohnheiten und Empfindungen auf, die die äußerliche Stärke durch von außen nicht wahrgenommene Eigenschaften einer fürsorglichen Freundin ergänzt. Schließlich ist es Zora, die Branko immer wieder vor den Gendarmen oder den Gymnasiasten beschützt. In Helds Roman kommen in dieser doppelten Konstruktion des Weiblichen nicht nur vielfältige Bedeutungszuweisungen des Mädchens zum Ausdruck.

---

52 Held: Die rote Zora und ihre Bande, S. 75.
53 Held: Die rote Zora und ihre Bande, S. 109.
54 Held: Die rote Zora und ihre Bande, S. 109.
55 Vgl. Benner: Federkrieg, S. 6.

Es lassen sich das Zustandekommen, die Historizität und die Rhetorik der Formung des singulären Mädchenbildes analysieren. So gibt der Text über die narrativen Strukturen wie dem Wechsel der Fokalisierungstypen Auskunft, wie aus den Geschlechter-Differenzen neuere Mädchenbilder in der Exilliteratur inszeniert werden.

Neben Zora tritt in Hans Jahns Exilroman *Babs und die Sieben* (1940) eine weitere Mädchenfigur als Anführerin einer Kinderbande auf, die anders als die rote Zora nicht von den männlichen Bandenmitgliedern anerkannt wird, sondern erst durch ihr Handeln weibliche Stereotype widerlegen muss. Hans Jahn (1911–1965), der vorher als Journalist Artikel für kommunistische Zeitungen schrieb, verließ 1933 Deutschland und floh nach Spanien und Frankreich, bevor er 1936 nach Südamerika emigrierte.[56]

Eingeführt wird die Protagonistin über die Ankündigung des Leiters eines argentinischen Waisenhauses, des Professors, in direkter Figurenrede:

> Es handelt sich um eine kleine Dänin, die schon seit einiger Zeit in Südamerika lebt, und die jetzt in Buenos Aires zur Schule gehen soll. Ich weiss, dass es euch etwas merkwürdig vorkommen wird, ein Mädel zum Kameraden zu haben. Auch die Eltern des Kindes hatten ein wenig Angst, sie allein unter lauter Jungen zu lassen. Ich habe Ihnen gesagt, dass das Kind bei uns unter dem Schutz von sieben Männern stehen werde. Ich hoffe, dass ihr mich nicht blamiert. Zeigt, dass ihr ritterlich sein könnt. [...] Seid nett und zuvorkommend, wie man es von Männern erwarten sollte.[57]

In seiner Ansprache reproduziert der Professor weibliche Geschlechtsvorstellungen (des kleinen, schutzsuchenden Mädchens), die von den sieben Jungen erweitert werden: Mädchen seien langweilig, verlogen, sentimental, dumm oder streberhaft und würden nur mit Puppen spielen. Diese männliche Fremdcharakterisierung, die auf das Mädchenbild des Backfisches zurückgreift, wird mit dem ersten Auftritt der Figur Babs desavouiert. Das Mädchen widerlegt im Umgang mit den Jungs über die in direkter Figurenrede geäußerten Aussagen wie „Dummkopf" oder Fragen wie „Ist dir der Koffer zu schwer? Soll ich Dir helfen?"[58] die vorher artikulierten weiblichen Charaktereigenschaften eines Backfisches. Stattdessen führt ihr selbstbestimmtes Auftreten ein neues Mädchenbild ein. Diesem neuen Mädchenbild stehen nicht nur zu Beginn, sondern über den weiteren Handlungsverlauf männliche Stereotypenvorstellungen gegenüber, die über die direkte Figurenrede Mechanismen der Zuschreibung von Geschlechternormen aufdecken. Reflexionen oder Kommentare

---

56 Zlata Fuss Phillips: Hans Jahn. In: Zlata Fuss Phillips (Hg.): German Children's and Youth Literature in Exile 1933–1950. Biographies and Bibliographies. München 2001, S. 104.
57 Hans Jahn: Babs und die Sieben. Buenos Aires 1944, S. 7.
58 Jahn: Babs und die Sieben, S. 17.

seitens der Erzählinstanz sind nicht zu finden. Die Erzählinstanz tritt zugunsten eines, innerhalb der Diegese einsetzenden, Reflexionsprozesses der Geschlechternormen zurück.

In einem ersten Gespräch mit den Jungen geben die direkten Figurenreden Einblick in geschlechtsspezifische, sozialisierte Vorstellungen, die von Babs neu perspektiviert werden. Auf die Frage der Jungen, ob Babs ein Gewehr besitze, antwortet sie mit Ja. Diese für die Jungen ungewohnte Mädcheneigenschaft wird im Bewusstseinsbericht des Jungen Darwin reflektiert:

> So etwas konnte er sich doch nicht entgehen lassen. Ein Mädchen mit einem Gewehr, das war ja fantastisch. Vielleicht konnte sie sogar schießen, vielleicht sogar besser als er. Aber nein, das gab es doch gar nicht.[59]

Das Negieren der weiblichen Kompetenz deutet an, dass Babs zwar männliche Eigenschaften wie das Schießen erworben hat, aber in der Außenwahrnehmung in ihrer Rolle des Backfisches verharrt. Erst Babs' in direkter Figurenrede geäußerte Begründung, dass man als Mädchen mit einem Luftgewehr wie auch mit Puppen spielen kann, erweitert innerhalb der männlich dominierten Kinderbande das Mädchenbild. Die Erweiterung des Mädchenbildes ist nicht allein das Resultat ihrer Selbstcharakterisierung, die konträr zur männlichen Fremdcharakterisierung steht, sondern sie resultiert aus den Fluchterfahrungen, wie die nachfolgenden Dialoge belegen. So bestätigt Babs auf Darwins Frage, dass sie zwar in Dänemark mit Puppen gespielt habe, aber während ihrer Flucht keine Puppen mitnehmen konnte. Babs hat – wie Anna Seghers in ihrem Essay anmerkte – existentielle Erfahrungen machen müssen. Ihr Flüchtlingsboot wurde von Soldaten aus der Luft beschossen, ein Boot ging unter, das andere konnte sich nach England retten.[60] Der Verlust weiblicher Relikte wie der Puppe ist den äußeren Umständen, der Flucht, geschuldet. Damit regt der in direkter Figurenrede geäußerte Bericht zur Reflexion an. Die Weiterentwicklung ist folglich nicht immer ein dem historischen Wandel geschuldetes Ereignis, sondern das Ergebnis der Fluchterfahrungen. Das Verlassen der Heimat hat zur Weiterentwicklung des weiblichen Rollenbildes und -verhaltens geführt, indem Babs nach den Erfahrungen der Bombardierungen als widerstandsfähiges sowie reflexives Mädchen auftritt.

In beiden Exilromanen wird im Mikrokosmos der Kinderbande ein Reflexionsprozess über das selbstbestimmte Verhalten von Mädchen initiiert, der zur Revision von Geschlechterstereotypen innerhalb der erzählten Welt anregt. Mädchen werden

---

59 Jahn: Babs und die Sieben, S. 20.
60 Vgl. Jahn: Babs und die Sieben, S. 41.

hier in Abhängigkeit von ihrem sozialen Umfeld dargestellt, sie können die an sie herangetragenen Rollen jedoch durch ihr selbstreflexives Auftreten erweitern.

5 Resümee

Die Beispielanalysen demonstrieren, dass weibliche (kindliche) Figuren in der Exil-Kinder- und Jugendliteratur – entweder im Horizont des „Dritten Reichs", des Exils, der Flucht oder in ahistorischen Kontexten – differenziert und fluider konstruiert werden. In allen Romanen werden in der Konstruktion der Mädchenfiguren zunächst ideologische, respektive gesellschaftliche Sichtweisen projiziert, um entweder die Entwicklung der Mädchen zu kritisieren (Herymina Zur Mühlen), deren Eigenständigkeit hervorzuheben (Kurt Held und Hans Jahn) oder um Vorstellungen des Weiblichen zu dekonstruieren (Irmgard Keun). Es schreibt sich in den literarischen Texten demnach ein Subtext ein, indem im narrativen Konstruktionsprozess die Mädchenbilder zu einem Ausdrucksmittel weltanschaulicher Erfahrungen werden, die zeithistorische Veränderungen und gesellschaftliche Wandelsprozesse hervorbringen. Wie in der allgemeinen Exilliteratur lassen sich auch in an Kinder und Jugendliche adressierten Exilerzählungen weibliche Geschlechterstereotype wiederfinden, die über Kontrast- und Korrelationsbeziehungen zwischen Jungen/Vätern und Mädchen/Müttern reflektiert werden. Da die weltanschaulichen, politischen, sozio-kulturellen Verschränkungen in (a)historischen *settings* dominieren, bleiben die entstehenden Mädchenfiguren transformativ, indem die Exilsituationen zu einer Erprobung und Reflexion neuer Mädchenfiguren anregen. Das weibliche Geschlecht wird damit zu einer Projektionsfläche für die Verarbeitungsmechanismen und Handlungen der Mädchen, die – wie Anna Seghers eingangs formulierte – keine schwächlichen Pflanzen sind, sondern zähe gefiederte Samenkörner.

Literaturverzeichnis

Becker, Sabine: Transnational, interkulturell und interdisziplinär: Das Akkulturationsparadigma der Exilforschung. In: Dorte Bischoff und Susanne Komfort-Hein (Hg.): Literatur und Exil. Neue Perspektiven. Berlin, Boston 2013, S. 49–67.

Benner, Julia: Federkrieg. Kinder- und Jugendliteratur gegen den Nationalsozialismus 1933–1945 (Göttinger Studien zur Generationsforschung, 18). Göttingen 2015.

Bernstorff, Wiebke von: Geschichte(n) machen: Für eine Wiederaufnahme der historisch-politischen Perspektive in der Exil(literatur)- und Genderforschung. In: Ulrike Bohle und Stefani Brusberg-Kiermeier (Hg.): Sprachliche, mediale und literarische Konstruktionen von Geschlecht. Berlin, Münster 2015, S. 1–31.

Blumesberger, Susanne und Wiebke von Bernstorff: Kinder- und Jugendliteratur des Exils unter Gendergesichtspunkten. Ein Überblick über Deutschland und Österreich. In: Weertje Willms (Hg.): Gender in der deutschsprachigen Kinder- und Jugendliteratur. Vom Mittelalter bis zur Gegenwart. Berlin, Boston 2022, S. 235–272.

Grenz, Dagmar „Das eine sein und das andere auch sein ..." Über die Widersprüchlichkeit des Frauenbildes am Beispiel der Mädchenliteratur. In: Dagmar Grenz (Hg.): Geschichte der Mädchenlektüre. Mädchenliteratur und die gesellschaftliche Situation der Frauen vom 18. Jahrhundert bis zur Gegenwart. Weinheim 1997 S. 197–216.

Grenz, Dagmar: Kämpfen und arbeiten wie ein Mann – sich aufopfern wie eine Frau. Zu einigen zentralen Aspekten des Frauenbildes in der nationalsozialistischen Mädchenliteratur. In: Dagmar Grenz (Hg.): Geschichte der Mädchenlektüre. Mädchenliteratur und die gesellschaftliche Situation der Frauen vom 18. Jahrhundert bis zur Gegenwart. Weinheim 1997, S. 217–240.

Häntzschel, Hiltrud: Geschlechtsspezifische Aspekte. In: Claus-Dieter Krohn, Patrick von zur Mühlen, Gerhard Paul und Lutz Winckler (Hg.): Handbuch der deutschsprachigen Emigration 1933–1945. Darmstadt 1998, Sp. 101–117.

Häntzschel, Hiltrud: Irmgard Keun. Hamburg 2001.

Held [i. d. R. Kläber], Kurt: Die rote Zora und ihre Bande [1941]. Frankfurt a. M. 2019 (5. Aufl.).

Hopster, Norbert: Kinder, Familie, Alltag. In: Norbert Hopster, Petra Josting und Joachim Neuhaus (Hg.): Kinder- und Jugendliteratur 1933–1945. Ein Handbuch. Bd. II.: Darstellender Teil. Stuttgart, Weimar 2005, S. 541–602.

Jahn, Hans: Babs und die Sieben. Eine lustige Geschichte für Kinder von 12 bis 80 Jahren. Buenos Aires 1944.

Jentgens, Stephanie: Ein Robin Hood der Kinderwelt. Kurt Helds „Die rote Zora und ihre Bande". In: Bettina Hurrelmann (Hg.): Klassiker der Kinder- und Jugendliteratur. Frankfurt a. M. 1995, S. 502–519.

Josting, Petra: Kinder- und Jugendliteratur deutschsprachiger ExilautorInnen. In: Norbert Hopste, Petra Josting und Joachim Neuhaus (Hg.): Kinder- und Jugendliteratur 1933–1945. Ein Handbuch. Bd. II: Darstellender Teil. Stuttgart, Weimar 2005, S. 838–884.

Josting, Petra: Der Jugendschrifttums-Kampf des Nationalsozialistischen Lehrerbundes (Germanistische Texte und Studien, 50). Hildesheim, Zürich, New York 1995.

Kaminski, Winfred: Kinderbücher des Exils. In: Andrea Huwyler-Thomalla und Jörg Räuber (Hg.): Kinder- und Jugendliteratur im Exil 1933–1950. 2., überarb. Aufl. Leipzig, Frankfurt a. M., Berlin 1999, S. 9–16.

Keun, Irmgard: Kind aller Länder [1938]. Roman. Köln 2016.

Klapdor, Heike: Überlebensstrategie statt Lebensentwurf. Frauen in der Emigration. In: Claus-Dieter Krohn (Hg.): Frauen und Exil. Zwischen Anpassung und Selbstbehauptung. Boston 1993, S. 12–30.

Kümmerling-Meibauer, Bettina: Klassiker der Kinder- und Jugendliteratur. Ein internationales Lexikon. Bd. I. Stuttgart, Weimar 1999.

Lühe, Irmela von der: „Und der Mann war oft eine schwere, undankbare Last." Frauen im Exil – Frauen in der Exilforschung. In: Claus-Dieter Krohn, Erwin Rotermund, Lutz Winckler und Wulf Koepke (Hg.): Sprache – Identität – Kultur. Frauen im Exil (Exilforschung. Ein internationales Jahrbuch, 17). München 1999, S. 44–61.

Messinger, Irene und Katharina Prager: Doing Gender, Doing Difference – Die interdependente Kategorie Geschlecht in der Exil- und Migrationsforschung. In: Irene Messinger und Katharina Prager (Hg.): Doing gender in exile: Geschlechterverhältnisse, Konstruktionen und Netzwerke in Bewegung. Münster 2019, S. 7–28.

Mikota, Jana: Girl's Literature by German Writers in Exile (1933–1945). In: Angela E. Hubler (Hg.): Little red readings: historical materialist perspectives on children's literature. Jackson 2014, S. 151–168.

Phillips, Zlata Fuss: German Children's and Youth Literature in Exile 1933–1950. Biographies and Bibliographies. München 2001.

Schmaus, Marion: Exil und Geschlechterforschung. In: Bettina Bannasch und Gerhild Rochus (Hg): Handbuch der deutschsprachigen Exilliteratur. Von Heinrich Heine bis Herta Müller. Berlin, Boston 2013, S. 121–147.

Schüller, Liana: „Schreckliche Grenzen". Emigration und Alltag in Irmgards Keuns Kind aller Länder. In: Thorsten Carstensen und Mattias Pirholt (Hg.): Das Abenteuer des Gewöhnlichen. Alltag in der deutschsprachigen Literatur und Moderne (Philologische Studien und Quellen; 267). Berlin 2018, S. 215–234.

Seghers, Anna: Frauen und Kinder in der Emigration. In: Ursula Emmerich und Erika Pieck (Hg.): Anna Seghers, Anna und Wieland Herzfelde. Gewöhnliches und gefährliches Leben. Ein Briefwechsel aus der Zeit des Exils 1939–1946. Berlin 1985, S. 128–146.

Stansch, Hildegard: Was fordern wir vom Mädelbuch. Eine Stellungnahme aus der Prüfungsarbeit der Reichsschrifttumsstelle der Hitler-Jugend. In: Jugendschriften-Warte 47 (1942) H. 7/8, S. 57–59.

Tost, Birte: Moderne und Modernisierung in der Kinder- und Jugendliteratur der Weimarer Republik (Kinder- und Jugendkultur, -literatur und -medien. Theorie–Geschichte–Didaktik, 35). Frankfurt a. M. 2005.

Zur Mühlen, Hermynia: Unsere Töchter, die Nazinen. Roman. Wien 1935.

II Totalitäre Herrschaft und Exilerfahrung:
‚Naive' Verhandlungen von Exil und Migration
aus der Kinderperspektive

Ksenia Kuzminykh
Die Perlmutterfarbe. Ein Kinderroman für fast alle Leute von Anna Maria Jokl – Ein Roman über die Anfänge totalitärer Herrschaft, Zivilcourage und Gemeinsinn

1 Einleitung: Forschungsinteresse

Der Beitrag nimmt den unter außerordentlich erschwerten Bedingungen im Exil verfassten und unter abenteuerlichen Umständen auf der Flucht geretteten Roman *Die Perlmutterfarbe. Ein Kinderroman für fast alle Leute* (1948) von Anna Maria Jokl[1] in den Blick. Die Schriftstellerin wurde am 23. Januar 1911 in Wien geboren. Sie starb am 21. Oktober 2001 in Jerusalem. In ihrem Buch *Aus sechs Leben* (2010) spricht sie von einer „Odyssee durch die Zeit."[2] Jokl kam an Orte – Wien, Berlin, Prag, London und Jerusalem –, die zu „Brennpunkten [...] der Zeit wurden"[3]. Das Leben in Berlin von 1928 bis 1933 stand bereits unter den Auspizien der tiefgreifenden politischen Veränderungen der folgenden Jahre. Die als Sprecherin beim Deutschlandsender und als Dramaturgin bei der UFA arbeitende junge Autorin interpretierte die mit relativer Kontinuierlichkeit deutlicher werdenden Indizien der sich nähernden Diktatur richtig und floh aus dem nationalsozialistisch gewordenen Berlin nach Prag.[4] Im Prager Exil arbeitete sie von 1933 bis 1939 als Journalistin für die *Arbeiter-Illustrierte-Zeitung*, das *Prager Tagblatt* und den *Prager Börsenkurier* und wirkte aktiv an den kulturellen und politischen Tätigkeiten der deutschsprachigen Emigranten mit. Insbesondere ist darunter Anna Maria Jokls seit 1933 bestehende Zugehörigkeit zu dem von Franz Carl Weiskopf und Wieland Herzfelde gegründeten ‚Bert Brecht Club' in Prag und dem ‚Bund proletarisch-revolutionärer Schriftsteller' in Berlin zu akzentuieren.[5]

Im Prager Exil verfasste sie 1937 ihr als autobiografisch inspiriert geltendes Buch[6] *Die Perlmutterfarbe. Ein Kinderroman für fast alle Leute*, „um die Folgen

---
1 Anna Maria Jokl: Die Perlmutterfarbe. Ein Kinderroman für fast alle Leute [1948]. Frankfurt a. M. 2019 (6. Aufl.).
2 Anna Maria Jokl: Aus sechs Leben. Frankfurt a. M. 2011, S. 11.
3 Jokl: Aus sechs Leben, S. 11.
4 Vgl. Susanne Blumesberger u. a.: Einleitung: Anna Maria Jokl – Werk und Wirkung. In: Susanne Blumesberger u. a. (Hg.): „Hieroglyphe der Epoche?". Zum Werk der österreichisch-jüdischen Autorin Anna Maria Jokl (1911–2001). Wien 2014, S. 7–17.
5 Susanne Blumesberger: Handbuch der österreichischen Kinder- und Jugendbuchautorinnen. Wien, Köln, Weimar 2014, S. 525.
6 Vgl. Blumesberger: Handbuch, S. 527.

zu schildern, die überhebliches Machtstreben mit Hilfe von Lügen und Tricks ergeben [...] und die nur durch [einen] ehrlichen gemeinsamen Kampf überwunden werden können."[7] In dieser Intention lässt sich die tiefgründig ethisch und strategisch motivierte Überlegung der Autorin über die Möglichkeiten einer Gesellschaft, Aggressionen seitens einer totalitären Macht auch in unbewaffneter Insubordination entgegenzutreten, identifizieren. Zentrale Themen des parabolisch[8] konstruierten *Kinderromans für fast alle Leute* sind somit die Genese einer tyrannischen Unterdrückung und die davor schützenden Modi zivilen Widerstands.[9] *Die Perlmutterfarbe* kann als Signum des geistigen Widerstands der Autorin gelesen werden.

Jokls Text wurde jedoch erst 1948 publiziert. Folgende Gründe erklären diese elfjährige Verzögerung: Die erste Tschechoslowakische Republik wurde am 28. Oktober 1918 gegründet. Die Kämpfe der nationalen Minderheiten um integrative Autonomie, die in dem 14-Punkte-Programm von Woodrow Wilson zugesichert worden war, evozierten jedoch eine unruhige Atmosphäre in dem jungen Staat und führten neben anderen Faktoren schließlich zur Implosion der Tschechoslowakischen Republik.

Die Angliederung der Sudetengebiete an das Deutsche Reich wurde als Konsequenz des Münchner Abkommens vollzogen. Der bald darauffolgende Einmarsch der deutschen Wehrmacht am 15. März 1939 kann als eine der pluralen Eskalationen gelesen werden, die in den Zweiten Weltkrieg führten. Anna Maria Jokl floh gerade noch rechtzeitig über die Französische Botschaft in Prag mit Hilfe eines tschechischen Schmugglers namens Joseph vorerst nach „Katowitz [sic!]"[10] und schließlich nach London. Das Manuskript blieb zurück. Das Faktum, dass die junge Schriftstellerin ihren Text zurückerhielt, war Josephs Zivilcourage zu verdanken. In den „gefährlichen Nachtstunden an der Grenze" hörte er der Erzählung der jungen Frau zu, die nur das Zurücklassen des „eben geschriebene[n] Buches bereute", und holte ihr Schriftstück, zum wiederholten Male sein Leben riskierend, in der Französischen Botschaft ab, ohne eine Entlohnung für „solch Unbelohnbares"[11] zu verlangen oder gar darauf zu hoffen. Im Vorwort ihres *Kinderromans für fast alle Leute* würdigt Anna Maria Jokl den mutigen Mann als einen der 36 Gerechten der jüdischen Tradi-

---

7 Jokl: Perlmutterfarbe, S. 7.
8 Vgl. Renate von Heydebrand: Parabel. In: Klaus Weimar u. a. (Hg.): Reallexikon der deutschen Literaturwissenschaft. Bd. III: P–Z, Berlin 1997, S. 11–15.
9 Vgl. Jacques Sémelin: Ohne Waffen gegen Hitler: eine Studie zum zivilen Widerstand in Europa. Aus dem Französischen von Ralf Vandamme. Göttingen 2021.
10 Jokl: Perlmutterfarbe, S. 9.
11 Jokl: Perlmutterfarbe, S. 9–10.

tion, die unerkannt unter Menschen leben und um derentwillen die Welt erhalten wird. Joseph ist nach Worten der Autorin ein „Mensch in seiner großen Stunde."[12]

Bald nach dem Erscheinen des Romans sollte er in Ostberlin verfilmt werden. Doch die Dreharbeiten waren mit Schwierigkeiten behaftet. Anna Maria Jokl folgte der Einladung des Kultusministeriums der Deutschen Demokratischen Republik, um an der Verfilmung mitzuwirken. Aus bislang nicht vollständig geklärten Gründen wurde sie jedoch nach zwei Monaten ausgewiesen.[13] Die Verfilmung kam nicht zustande. Erst im Jahre 2008 wurde *Die Perlmutterfarbe* von Marcus Rosenmüller verfilmt.[14]

Im Folgenden sollen die narrativen Strategien des Textes unter besonderer Berücksichtigung des zeithistorischen Kontextes seiner Entstehung im Prager Exil analysiert werden. Untersucht wird, inwiefern die Rückschau auf die unmittelbar zurückliegenden Jahre der Machtübernahme durch die Nationalsozialisten diesen Roman über die Macht der Zivilcourage und den Wert des Gemeinsinns prägt. Dafür werden zunächst theoretische Überlegungen zum Phänomen des zivilen Widerstands in Kürze expliziert.

2 Theoretisches Fundament: Ziviler Widerstand

Jacques Sémelin schlägt für die „spontane[n], [mit dynamischen Entwicklungen verknüpften] und unbewaffnete[n] Kampfhandlung[en] einer Zivilgesellschaft – sei es durch die Mobilisierung ihrer wichtigsten, gesellschaftsstrukturierenden Institutionen, ihrer Bevölkerung oder aber beider zugleich – gegen einen äußeren Aggressor"[15] den Begriff ziviler Widerstand vor. Diese Bezeichnung impliziert Handlungen, durch die sich eine grundsätzliche Verweigerungshaltung kollektiv Ausdruck verschafft und die eine Konfrontation mit dem Gegner vorsehen.[16] Der Aspekt der Kollektivität markiert die Abgrenzung von individuellen Aktionen, die als ‚Dissidenz' oder ‚Ungehorsam' zu bezeichnen sind. Er verwahrt sich gegen die präventiven Formen der Verteidigung. Der zivile Widerstand reagiert hingegen auf eine gegenwärtige, unvorhergesehene Situation und ist dementsprechend von der präventiven Verteidigung auch in Bezug auf Fragilität und Flexibilität zu unterscheiden. Der zivile Widerstand differenziert sich auch von der psychologischen Kriegsführung, deren Telos in der

---

12 Jokl: Perlmutterfarbe, S. 10.
13 Vgl. Blumesberger u. a.: Einleitung, S. 8.
14 Vgl. Blumesberger u. a.: Einleitung, S. 9.
15 Sémelin: Widerstand, S. 14.
16 Vgl. Sémelin: Widerstand, S. 47–48.

Unterstützung des Krieges durch die Demoralisierung der feindlichen Truppen und der Bevölkerung mittels Täuschungen oder Lügen besteht.[17]

Sémelins Begriffsdefinition ist differenzierter als die von Jørgen Hæstrup vorgeschlagene synonyme Verwendungsweise der negativ konnotierten Begriffe ‚passiver Widerstand' und ‚ziviler Ungehorsam'[18], auch ist sie klarer als die von Francois Bédarida eingeführte Trichotomie, die ‚zivilen Widerstand' vom ‚bewaffneten Widerstand' und ‚humanitären Widerstand'[19] unterscheidet.

Sémelin differenziert drei Formen der inneren Opposition: Die erste definiert Widerstand im militärischen Kontext.[20] Dieser kann unter anderem subversive Formen annehmen. Die zweite Form impliziert den politischen Widerstand, der sich in Opposition und im Exil formiert.[21] Die dritte Form der inneren Opposition beschreibt den moralischen beziehungsweise geistigen Widerstand. Dieser basiert auf gewaltlosen Handlungen sowie auf intellektuellen und religiösen, den Widerstandsgeist widerspiegelnden Äußerungen von Personen, die trotz ihres Wissens um ihre Minorität im Namen ihres Glaubens und ihrer Ideale den Mut finden, der politischen Pression zu widerstehen.[22] Dazu gehört auch die ethische Haltung, die über Erziehung vermittelt wird, etwa durch vorbildliches Verhalten oder die überzeugende Darlegung moralischer Werte. Die beiden zuletzt genannten Ansätze können in den Aktionen der Figuren im Text *Die Perlmutterfarbe. Ein Kinderroman für fast alle Leute* von Anna Maria Jokl identifiziert werden.

3 Bezugnahmen auf den politischen Diskurs: Dystopie und ziviler Widerstand

Der Roman *Die Perlmutterfarbe* von Anna Maria Jokl ist eine Parabel[23] auf die Genese einer totalitären Diktatur, angesiedelt im Mikrokosmos einer Schule. Das Ende der Narration kulminiert in einem utopischen Gegenentwurf zum Dritten

---

17 Vgl. Sémelin: Widerstand, S. 49.
18 Jørgen Hæstrup: European Resistance Movements, 1939–1945: A Complete History. Westport 1981.
19 Bédarida, François: L'histoire de la résistance. Lectures d'hier, chantiers de demain (Gekürzt. und überarb. Bericht vom 16. Internationalen Historikerkongress, Stuttgart, 1985). In: Vintième Siècle. Revue d'histoire (1986), 11: Nouveaux enjeux d'une décennie: fascismes, antifascismes, 1935–1945. S. 75–90, https://www.persee.fr/doc/xxs_0294-1759_1986_num_11_1_1486 (Zugriff: 10.2.2023).
20 Sémelin: Widerstand, S. 41–52.
21 Vgl. Sémelin: Widerstand, S. 43.
22 Vgl. Sémelin: Widerstand, S. 43.
23 Vgl. Heydebrand: Parabel, S. 11–15.

Reich *en miniature*. In der Tiefendimension des Textes lässt sich der direkte historische Konnex zu benachteiligten Minderheiten identifizieren. Sie deckt die politische Formation eines totalitären Regimes auf, das sich auf Konstituenten wie Subalternität mit martialischen Ausgrenzungsmechanismen, das ‚Führerprinzip' und die Stärkung von kollektiver Identität mit der Überakzentuierung eines blinden Patriotismus durch das einnehmende Zusammengehörigkeitsgefühl stützt sowie auf Propaganda, Agitation und Indoktrination angewiesen ist. Gezeigt wird, wie sich allmählich die Pervertierung tradierter Werte in neue Ideologeme vollzieht.

Der Roman sympathisiert implizit, wenn auch unmissverständlich mit linken, kommunistischen Positionen. Gestützt wird diese Lesart durch das Wissen um Anna Maria Jokls Engagement in proletarisch-revolutionären Institutionen.[24]

Trotz betonter Marginalisierung – „der Winzigkeit"[25] der zivilen politischen Opposition in der Diegese – erreichen ihre Akteure eine friedliche Lösung, die Similaritäten zu dem Theorem einer (proletarischen) Revolution ohne die Involviertheit autoritärer Organe aufweist. In der Diegese sind als solche Handlungsträger Eltern und Lehrer markiert.[26] Die oppositionelle Haltung fungiert im Text als *argumentum ad lazarum*.[27] In den sich als fortschrittlich verstehenden Kreisen wurde das Phänomen Revolution *per se* seit der amerikanischen Revolution von 1776, der französischen von 1789 sowie dem Beginn der Novemberrevolution von 1918 im Sinne einer Entwicklung zu mehr Freiheit, Gerechtigkeit und Humanität positiv konnotiert.[28]

In Jokls Schulroman koexistieren die sozialen Komprimate, die Klasse A und die Klasse B, wie „zwei Nachbarn"[29] miteinander. Die Wahl dieser Buchstaben ist für die parabolische Narration aus mehreren Gründen von entscheidender Signifikanz: Zum einen kann ausgehend von der linearen Anordnung dieser Lettern im Alphabet eine Priorisierung A vor B hypostasiert werden. Zum anderen kann diese scheinbare Superiorität von A vor dem politisch-historischen Hintergrund legitimiert werden. In der Jokl'schen Parabel ist A in dieser Funktion als ein phonetisches Äquivalent auch für die ‚arische Rasse' mit ihrem durch Adolf Hitler sowie durch seine Apologeten sich selbst attestierten hybriden Anspruch auf eine privilegierte Position interpretierbar. Die leitmotivische Darstellung der Schülerinnen und Schüler der Klasse B ergibt sich im Kontrast hierzu aus der figuralen sprachlichen und ideologischen

---

24 Vgl. Blumesberger: Handbuch, S. 525.
25 Jokl: Perlmutterfarbe, S. 236.
26 Vgl. Gudrun Wilcke: Vergessene Jugendschriftsteller der Erich-Kästner-Generation. Frankfurt a. M. 1999, S. 195.
27 Vgl. Jokl: Perlmutterfarbe, S. 237.
28 Vgl. Volker Ullrich: Die 101 wichtigsten Fragen: Hitler. München 2019, S. 71.
29 Jokl: Perlmutterfarbe, S. 13.

Perspektive[30], die sie von A als minderwertig unterscheidet. In diesem assoziativen Sinn ist ebenfalls die Opposition Alexander/Albert Gruber versus B-Karli zu deuten. Alexanders Name allusioniert auf den von der Machtspitze der Nationalsozialisten bewunderten,[31] charismatischen Hegemon Alexander den Großen. Es gelingt der skrupellosen und intriganten Figur des neuen Schülers Albert Gruber, bei der A-Klasse ein hybrides Superioritätsgefühl zu wecken. Seine Figur weist auf diversen Ebenen – Aussehen, Egomanie, „rhetorische Überwältigungsmacht, die sich gegen das Ende der Narration in Ton und Diktion zu den verschärften Hasstiraden steigert"[32], Charakter, Biografie, phonetische und assoziative Äquivalenz in den Initialen – Parallelen zu einer historischen Person der außertextuellen Wirklichkeit, nämlich Adolf Hitler, auf.[33] Auch die *Modi operandi* der fiktionalen wie der historischen Figur sind identisch: geschickt eingesetzte Manipulation, rücksichtslose Vehemenz bei der Durchsetzung des uneingeschränkten, alleinigen Führungsanspruchs, Deindividualisierung durch ein monolithisches Gegnerbild, rigide Freund-Feind-Ideologie sowie die Evokation von Empathie mittels heroisierender Selbstinszenierung und dem damit korrelierenden Streben nach einer definiten Revision der vorausgegangenen Niederlage. Ferner sind es die Tat und die Aktion, die im Selbstverständnis der Apologeten einen hohen Stellenwert besitzen.[34] Allegorisch wird die politische Situation mit den in einem Kochtopf weich zu kochenden Kartoffeln verglichen,[35] wobei der nichtdiegetische narratoriale Erzähler proleptisch den Dampf erwähnt, der die Topfwände sprengt.[36] Diese Allegorie liest sich somit ebenfalls als ein Zeichen des zivilen geistigen Widerstands.[37]

Als *initium belli* fungiert der Übergriff von Alexander auf den angeblich „in einem besseren Licht stehenden"[38] roten B-Karli. Diesem wird von Alexander gewaltsam sein Buch mit dem sprechenden Titel *Wir sind alle Menschen* entrissen, durch eine unglückliche Koinzidenz – das Auslaufen der Perlmutterfarbe – beschädigt und schließlich aus Angst vor Konsequenzen verbrannt.[39] In dieser Episode

---

30 Vgl. Wolf Schmid: Elemente der Narratologie. Berlin u. a. 2014 (3. Aufl.), S. 127.
31 Vgl. Christian Hartmann u. a. (Hg.): Hitler, Mein Kampf. Eine kritische Edition. Bd. 1. München, Berlin 2016, S. 423; Hagen Schulze: Weimar. Deutschland 1917–1933. Berlin 1982, S. 23; Hans-Ulrich Thamer: Verführung und Gewalt. Deutschland 1933–1945. Berlin 1994, S. 71–92.
32 Ullrich: Fragen, S. 138. Vgl. Jokl: Perlmutterfarbe, S. 79.
33 Vgl. Wilcke: Vergessene Jugendschriftsteller, S. 230–249.
34 Vgl. Hartmann: Kritische Edition. Bd. 1, S. 487–575.
35 Vgl. Jokl: Perlmutterfarbe, S. 84–89.
36 Vgl. Jokl: Perlmutterfarbe, S. 95.
37 Vgl. Sémelin: Widerstand, S. 45.
38 Jokl: Perlmutterfarbe, S. 14.
39 Vgl. Jokl: Perlmutterfarbe, S. 23.

scheint die auktoriale Affirmation des zivilen geistigen Widerstands[40] in doppelter Perspektive durch. Der „winzige"[41] B-Karli legt Zeugnis für die Freiheit des Geistes ab, indem er andere Werte lebt und hier konkret andere Bücher liest[42] als die dominante Mehrheit der Schülerinnen und Schüler. Im Fortgang der Narration wird mehrfach auf diesen unbezwingbaren Geist der für „Wahrheit und Gerechtigkeit"[43] kämpfenden Minorität rekurriert. Diese introversive Opposition markiert einen Akt der inneren geistigen Opposition. Des Weiteren ist die Offenlegung der Gründe für das Verbrennen des Buches mit dem sprechenden Titel, das auf die Bücherverbrennung von 1933 Bezug nimmt, ein additives Signum des zivilen geistigen Widerstands. Bei diesem Autodafé wurden zahlreiche Texte vernichtet, die der neuen Ideologie nicht konform waren.

Der Überfall bleibt nicht unbeobachtet, was dem Augenzeugen Albert Gruber Macht über den metaphorisch in die „Ecke Gedrängten"[44] einräumt, die mit Drohungen durchgesetzt wird.[45] Mit dieser Episode deutet die auktoriale Erzählinstanz[46] auf die Grenzen hin, die jedes Individuum trotz der ihm attestierten Fähigkeit, sich des eigenen Verstandes unter Einbezug der Konsequenzen seiner Taten bedienen zu können, überwinden lernen muss.

Im Verlauf der Narration nennt sich die Gruppe der von Gruber „Auserwählten"[47], wodurch erneut der historische Kontext pointiert wird,[48] ELDSA. Sie verwendet eine spezielle Grußformel, entwickelt eigene Regeln und führt Mitgliedsbeiträge ein,[49] wodurch eine kollektive Identität petrifiziert und mit der Angst vor Ausgrenzung[50] kontrastiert wird. Sowohl die phonetische Äquivalenz als auch die Semantik der Abbreviatur A in Abgrenzung zu B deutet auf die sich selbst attestierte Überlegenheit hin.[51] Im Verlauf der Narration wird diese mit Napoleon und seiner in der Literatur verwendeten pseudoreligiösen Überhöhung als ‚Menschengott' konnektiert.[52]

---

40 Vgl. Sémelin: Widerstand, 45.
41 Jokl: Perlmutterfarbe, S. 236
42 Vgl. Jokl: Perlmutterfarbe, S. 23.
43 Jokl: Perlmutterfarbe, 42–43, 221.
44 Ullrich: Fragen, S. 55.
45 Vgl. Jokl: Perlmutterfarbe, S. 223.
46 Vgl. Schmid: Narratologie, S. 127.
47 Jokl: Perlmutterfarbe, S. 40.
48 Vgl. Hartmann u. a.: Kritische Edition. Bd. 1, S. 559.
49 Vgl. Jokl: Perlmutterfarbe, S. 124, 128, 129, 247.
50 Vgl. Jokl: Perlmutterfarbe, S. 247.
51 Vgl. Jokl: Perlmutterfarbe, S. 129.
52 Vgl. Jokl: Perlmutterfarbe, S. 51.

Dem destruktiven Einfluss kann sich nur eine erkennbar auktorial affirmierte[53] kleine, links und egalitär[54] (in Bezug auf *sex* und *class*)[55] organisierte Gruppe um Maulwurf und Lotte entziehen. Sie leisten, mit Sémelin gesprochen, politischen und geistigen Widerstand.[56] Der Maulwurf vergleicht sich in seiner Eigencharakterisierung mit dem nach Wahrheit strebenden Giordano Bruno und grenzt sich von Galileo Galilei ab.[57] Der Spitzname Maulwurf fungiert onomastisch betrachtet als eine indirekte Charakterisierung seiner Aktionen. Er verweist auf die oppositionellen (jugendlichen) Untergrundorganisationen der außerdiegetischen Realität[58] und ruft zugleich auch die Tragikomödie *Amphitryon* (1807) von Kleist[59] in Erinnerung, in der Maulwürfe das Symbol des Erkenntnisstrebens sind.

Wichtige Elemente des zivilen Widerstands liegen in Jokls Roman auch in der Gestaltung von Gender- und Identitätskonfigurationen. Die Figuren Lotte und Klari sind mit Eigenschaften ausgestattet, die einen konträren soziokulturellen Genderentwurf zu der in den 1933er–1945er Jahren herrschenden Weiblichkeitsideologie darstellen. Emanzipation, mentale Autarkie, Mut und Integrität dieser Figuren lesen sich als ein ziviler geistiger Protest gegen die Heroisierung des männlichen[60] und die Reduktion des weiblichen Geschlechts auf die Rolle der Mutter beziehungsweise der Hausfrau[61] mit der damit einhergehenden Degradierung der Ehe zu einer Art „Zuchtstation"[62]. Beide Aspekte kommen in den Worten von Albert Gruber zum Ausdruck: „Ein Mädchen? Die soll Wache stehen? So was ... hahaha"[63] und „Man darf nicht mehr weichlich denken."[64] Die letzte Aussage appliziert die vehemente Ablehnung der „Verweichlichung" beziehungsweise der „schmachvollen Verweibsung [sic!]"[65], die für die Ideologeme der damaligen historischen Periode konstitutiv waren. Lottes leitende Position wird dementsprechend von der gegnerischen Seite

---

53 Vgl. Jokl: Perlmutterfarbe, S. 51, 83, 221–222.
54 Vgl. Jokl: Perlmutterfarbe, S. 187, 208.
55 Vgl. Judith Butler: Sex and Gender in Simone de Beauvoir's Second Sex. In: Yale French Studies 72 (1985), S. 35–49.
56 Vgl. Sémelin: Widerstand, S. 45.
57 Vgl. Jokl: Perlmutterfarbe, S. 92.
58 Vgl. Wilfried Breyvogel (Hg.): Piraten, Swings und Junge Garde. Jugendwiderstand im Nationalsozialismus. Bonn 1991; Alexander Goeb: Er war sechzehn, als man ihn hängte. Das kurze Leben des Widerstandskämpfers Bartholomäus Schink. Reinbek 2001 (5. Aufl.).
59 Heinrich von Kleist: Amphitryon [1807]. Berlin 2011.
60 Vgl. Jokl: Perlmutterfarbe, S. 156.
61 Vgl. Ullrich: Fragen, S. 28–40.
62 Hartmann u. a.: Kritische Edition, Bd. 1, S. 50.
63 Jokl: Perlmutterfarbe, S. 140.
64 Jokl: Perlmutterfarbe, S. 122.
65 Hartmann u. a.: Kritische Edition, Bd. 1, S. 58.

ironisiert und dient der Diskreditierung sowie Diffamierung der Gruppe, die sie um sich versammelt hat.[66] Die kontrastierende Figur Mausi zeichnet sich dagegen durch Subalternität aus. Ihre Figur mit dem negativ konnotierten Namen sowie mit dem verstellten äußeren Erscheinungsbild[67], das aus ihrem brennenden Wunsch nach Anerkennung in der ‚Jungengesellschaft' als ihresgleichen resultierte, inkorporiert zwar das propagierte Idealbild, aber diese bedingungslose Subordination bietet ihr dennoch keinen Schutz vor Diskriminierung. Ihr feminines Geschlecht wird ganz im Gegenteil als ein genetischer „Geburtsfehler"[68] bezeichnet. Dieser präsupponierte „unabänderliche Fehler, der mit ihr mitgeboren war"[69], setzt sie mit den verfolgten Juden gleich. Ihre einzige Locke – in Allusion auf die Schläfenlocke Peot, die nach der Halacha von jüdischen Männern zu tragen ist[70] – augmentiert diesen Vergleich.

Unter den Erwachsenen ist es die Figur von Alexanders Mutter Klari, deren Gestaltung ebenfalls dem aufoktroyierten Geschlechterverständnis widerspricht. Klaris kognitive Souveränität, ihre roten Wangen[71] sowie ihre Bereitschaft, das ‚verbotene' Buch *Wir sind alle Menschen* zu kaufen, deuten auf diese Kontrafraktur hin. Durch die Anrede mit ihrem Vornamen wird die Gleichstellung der Frau auf diversen Ebenen etabliert. Ihr Vorhaben ist ein Indiz für geistigen Widerstand,[72] ja ein Symbol der Unbezwingbarkeit des Geistes, die auch in den dunkelsten Stunden[73] bewahrt werden und einen Paradigmenwechsel bewirken kann. Es ist Klari, die in einem parabolischen Gespräch[74] ihren Sohn dazu bewegt, sich gegen die Fesseln der Fremdbestimmung zu wehren und Konsequenzen für sein Handeln zu übernehmen. Mit dieser Episode wird darüber hinaus gegen das Argument der „moralischen Verwahrlosung"[75] polemisiert, das im Kontext der sich in der Weimarer Republik radikalisierenden Jugend häufig angeführt wurde. Das präsupponierte Phänomen sollte aus der Absenz der biologischen, im Ersten Weltkrieg gefallenen Väter resultieren und eine entscheidende Disposition für die Entstehung

---

66 Vgl. Jokl: Perlmutterfarbe, S. 206.
67 Vgl. Jokl: Perlmutterfarbe, S. 140.
68 Hartmann u. a.: Kritische Edition, Bd. 1, S. 58.
69 Jokl: Perlmutterfarbe, S. 140.
70 Vgl. Julius H. Schoeps (Hg.): *Neues Lexikon des Judentums*. Gütersloh 2000, S. 646.
71 Vgl. Jokl: Perlmutterfarbe, S. 172.
72 Vgl. Sémelin: Widerstand, S. 43.
73 Vgl. Jokl: Perlmutterfarbe, S. 121.
74 Vgl. Jokl: Perlmutterfarbe, S. 167–174.
75 Sven Reichardt: Gewalt, Körper, Politik. Paradoxien in der deutschen Kulturgeschichte der Zwischenkriegszeit. In: Wolfgang Hardtwig (Hg.): Politische Kulturgeschichte der Zwischenkriegszeit 1918–1939. Göttingen 2005, S. 224.

der „nationalsozialistischen Terrorherrschaft"⁷⁶ bilden. Diese kausale Dependenz wird auktorial als Simplifizierung entlarvt und kontrapunktisch vor dem Hintergrund der tiefenpsychologischen Erklärungsmodelle in der Narration widerlegt: Der von Hybris ergriffene Albert Gruber hat einen Vater, der repressiv-autoritär alle Bedürfnisse seines Sohnes dominiert.⁷⁷ Im psychoanalytischen Diskurs, für den sich Anna Maria Jokl interessierte und dessen Lineamente sie später studierte,⁷⁸ herrscht Konsens über die Entwicklung eines Individuums zu einer autoritären Persönlichkeit unter solchen familialen Bedingungen. Die integren Figuren sind dagegen entweder verwaist (Maulwurf) oder sie haben nur einen Elternteil (A-Karli).

Lotte leistet ebenfalls geistigen Widerstand.⁷⁹ Sie findet, auch wenn sie in dem Moment ganz allein agiert, den Mut und die Kraft, dem aufoktroyierten Denkmodell zu widerstehen. Dadurch „zaubert [sie] auf den Jungengesichtern [einen] neuen Mut und neuen Glauben"⁸⁰ und bedingt durch ihre couragierten Aktionen den glücklichen Ausgang der kommenden Ereignisse.

Die Parabel ist durchwirkt von Symbolik. So folgen gleich zu Beginn negativ konnotierte Hinweise auf die politische Situation: „November, der die Grenze zwischen ihnen verschärfte", „braunes totes Unkraut im Wind und Regen", „Marschieren in Reih und Glied" mit dem „Trommelwirbel"⁸¹, „der entsetzliche Sumpf"⁸² sowie eine kontinuierliche Polarisierung von rechts und links.⁸³ Der Monat konnektiert die Novemberrevolution, den ersten Versuch der Machtübernahme im Münchener Putsch am 8. November 1923 und die Pogrome vom 9. und 10. November 1938. Das baldige Weihnachtsfest verweist analeptisch auf diese Ereignisse und allusioniert darüber hinaus die „Weihnachtsunruhen".⁸⁴ Wiederum ist das „braune Unkraut"⁸⁵ ein Synonym zu der „braunen Unkultur"⁸⁶, gegen die die exilierten Schriftstellerinnen und Schriftsteller in der Zeitschrift *Neue Deutsche Blätter* von Jokls Freund Wieland Herzfelde anschrieben.

---

76 Julia Benner: Federkrieg: Kinder- und Jugendliteratur gegen den Nationalsozialismus 1933–1945. Göttingen 2015, S. 283.
77 Vgl. Jokl: Perlmutterfarbe, S. 176.
78 Vgl. Blumesberger: Handbuch, S. 525.
79 Vgl. Jokl: Perlmutterfarbe, S. 83–84.
80 Jokl: Perlmutterfarbe, S. 84.
81 Ullrich: Fragen, S. 38.
82 Jokl: Perlmutterfarbe, S. 221.
83 Vgl. Jokl: Perlmutterfarbe, S. 41, 247.
84 Ullrich: Fragen, S. 101.
85 Jokl: Perlmutterfarbe, S. 13.
86 Blumesberger: Handbuch, S. 525.

Ferner sticht der inflationäre Gebrauch von exakten Zeitangaben bei der Darstellung der Ereignisse auf der Ebene der *histoire* sowie die Berufung auf die Pflicht bei der Erfüllung der Aufträge des langen Gruber ins Auge. Diese Elemente deuten auf die büro- und technokratische Präzision bei der pflichtbewussten Befehlsausführung hin.[87] Die Berufung auf die Pflicht ist eine pervertierte Modifikation des Kant'schen Begriffs der Pflicht[88] in ein Unterwerfungsverhältnis bis hin zur Selbstaufgabe.[89] Radikaler Dogmatismus sowie Indifferenz für die Konsequenzen des eigenen Tuns sind ebenfalls wiederholte und konstitutive Elemente der Ideologie. Die intertextuelle Bezugnahme auf *Hamlet* von William Shakespeare mit der „Frage nach dem Sein oder Nichtsein"[90] wird aus ihrem primär anthropologischen Sinnzusammenhang gelöst und findet dezidiert in einem kriegerisch-militärischen Sinn Verwendung, der sich auch für den außerdiegetischen Zusammenhang nachweisen lässt.[91]

In Jokls Text wird das schmerzhafte Erkennen des eigenen Fehlverhaltens, das einen Kreislauf falscher Verdächtigungen, scheinbarer Legalität und Hasskampagnen auslöste, als ein „mentales Ereignis"[92] für die Figur Alexanders konstruiert.[93] Im Augenblick der kritischen Selbstreflexion, die auf der Ebene des *discours* mittels eines inneren Monologs[94] markiert wird, erlebt Alexander sich als ein vernunftwidriges und amoralisches Wesen. Diese Erkenntnis mündet schließlich in eine grundlegende Selbstbefragung. In ihr wird die Amoralität, die die faktische Macht besaß und Alexander beherrschte, delegitimiert und die Vernunft im genuin Kant'schen Sinne, welche sich durch moralische Integrität auszeichnet, wird wieder in ihre Rechte eingesetzt. Im Text wird dies mit dem Sieg des *sol invictus* – dem Inbegriff der Aufklärung – akzentuiert und mit dem Nebel, der Feuchtigkeit, der Kälte als auch der Dunkelheit kontrastiert.[95]

---

87 Vgl. Hannah Arendt: Über das Böse. Eine Vorlesung zu Fragen der Ethik, hg. von Jerome Kohn. Aus dem Englischen von Ursula Ludz. München 2007.
88 Vgl. Immanuel Kant: Zu einer allgemeinen Geschichte in weltbürgerlicher Absicht. Berlin 1870.
89 Vgl. Hartmann u. a.: Kritische Edition. Bd. 1, S. 774.
90 Jokl: Perlmutterfarbe, S. 237.
91 Vgl. Hartmann u. a.: Kritische Edition. Bd. 1, S. 22.
92 Wolf Schmid: Mentale Ereignisse. Bewusstseinsveränderungen in europäischen Erzählwerken vom Mittelalter bis zur Moderne. Berlin u. a. 2019, S. 66.
93 Vgl. Jokl: Perlmutterfarbe, S. 221.
94 Vgl. Jokl: Perlmutterfarbe, S. 221–223.
95 Vgl. Jokl: Perlmutterfarbe, S. 249–250.

4 Fazit

Anna Maria Jokl kritisiert mittels parabolischer Narration die sozial-politischen Verhältnisse des 20. Jahrhunderts scharf. Sie skizziert die Genese einer Diktatur, in der unschwer Anspielungen auf den deutschen Nationalsozialismus zu erkennen sind. Ihr Roman entwirft zugleich ein sich im Rahmen der konzipierten Parabel als effizient und erfolgreich erweisendes Modell der zivilen Courage. In der Terminologie von Jacques Sémelin[96] ist diese Haltung angesichts des Menetekels der heraufziehenden Expansion des Deutschen Reiches und der damit konnektierten Ideologie als ein Akt des zivilen geistigen, moralischen Widerstands zu verstehen.

Die Verwendung von absorbierenden spannungsgenerierenden Strukturen[97] lässt die jugendlichen Rezipientinnen und Rezipienten auf der Oberflächenebene einen Schülerroman erkennen, doch die in die Parabel implementierten unverkennbaren Zahlen- und Farbsymbole sowie die Allusionen auf historische Daten, Ereignisse und Persönlichkeiten deuten auf die Tiefendimension hin.

Der Erkenntnisprozess, den die Figur Alexander durchläuft, wird vor allem durch seine Mutter, die in Jokls Roman eine der Figuren ist, die geistigen Widerstand leisten, ausgelöst. Indiziert wird damit die Möglichkeit eines selbstbestimmten Handelns, dessen Konsequenzen im Vorfeld bedacht werden können und die das Böse gar nicht erst zu Stande kommen lassen.

Literaturverzeichnis

Arendt, Hannah: Über das Böse. Eine Vorlesung zu Fragen der Ethik, hg. von Jerome Kohn. Aus dem Englischen von Urusla Ludz. München 2007.

Bannasch, Bettina und Gerhild Rochus (Hg.): Handbuch der deutschsprachigen Exilliteratur. Von Heinrich Heine bis Herta Müller. Berlin, Boston 2013.

Bédarida, François: L'histoire de la résistance. Lectures d'hier, chantiers de demain (Gekürzt. und überarb. Bericht vom 16. Internationalen Historikerkongress, Stuttgart, 1985). In: Vintième Siècle. Revue d'histoire (1986), 11: Nouveaux enjeux d'une décennie: fascismes, antifascismes, 1935–1945. S. 75–90, https://www.persee.fr/doc/xxs_0294-1759_1986_num_11_1_1486 (Zugriff: 10.2.2023).

Benner, Julia: Federkrieg. Kinder- und Jugendliteratur gegen den Nationalsozialismus 1933–1945 (Göttinger Studien zur Generationsforschung, 18). Göttingen 2015.

Blumesberger, Susanne: Handbuch der österreichischen Kinder- und Jugendbuchautorinnen. Wien, Köln, Weimar 2014, https://doi.org/10.7767/boehlau.9783205793007 (Zugriff: 10.2.2023).

---

[96] Vgl. Sémelin: Widerstand, S. 43–45.

[97] Vgl. Ksenia Kuzminykh: Spannungskonstruktionen in der Abenteuerliteratur für Kinder- und Jugendliche. In: Daria Khrushcheva, Mark Schwindt und Oleksandr Zabirko (Hg.): Figurationen des Ostens. Zwischen Literatur, Philosophie und Politik. Berlin 2022, S. 297–317.

Blumesberger, Susanne u. a.: Einleitung: Anna Maria Jokl – Werk und Wirkung. In: Susanne Blumesberger u. a. (Hg.): „Hieroglyphe der Epoche?". Zum Werk der österreichisch-jüdischen Autorin Anna Maria Jokl (1911–2001) (BiografiA, 12). Wien 2014, S. 7–17.
Breyvogel, Wilfried (Hg.): Piraten, Swings und Junge Garde. Jugendwiderstand im Nationalsozialismus. Bonn 1991.
Butler, Judith: Sex and Gender in Simone de Beauvoir's Second Sex. In: Yale French Studies 72 (1986), S. 35–49.
Goeb, Alexander: Er war sechzehn, als man ihn hängte. Das kurze Leben des Widerstandskämpfers Bartholomäus Schink. Reinbek 2001 (5. Aufl.).
Hartmann, Christian u. a. (Hg.): Hitler, Mein Kampf. Eine kritische Edition. 2 Bände. München, Berlin 2016, https://www.mein-kampf-edition.de/ (Zugriff: 10.2.2023).
Hæstrup Jørgen: European Resistance Movements, 1939–1945: A Complete History. Westport 1981.
Heydebrand, Renate von: Parabel. In: Klaus Weimar u. a. (Hg.): Reallexikon der deutschen Literaturwissenschaft. Bd. III: P–Z, Berlin 1997, S. 11–15.
Jokl, Anna Maria: Aus sechs Leben, hg. von Jennifer Tharr. Frankfurt a. M. 2011.
Jokl, Anna Maria: Die Perlmutterfarbe. Ein Kinderroman für fast alle Leute [1948]. Frankfurt a. M. 2019 (6. Aufl.).
Kant, Immanuel: Zu einer allgemeinen Geschichte in weltbürgerlicher Absicht. Berlin 1870.
Kleist, Heinrich von: Amphitryon [1807]. Berlin 2011.
Kuzminykh, Ksenia: Spannungskonstruktionen in der Abenteuerliteratur für Kinder- und Jugendliche. In: Daria Khrushcheva, Mark Schwindt und Oleksandr Zabirko (Hg.): Figurationen des Ostens. Zwischen Literatur, Philosophie und Politik. Berlin 2022, S. 297–317.
Reichardt, Sven: Gewalt, Körper, Politik. Paradoxien in der deutschen Kulturgeschichte der Zwischenkriegszeit. In: Wolfgang Hardtwig (Hg.): Politische Kulturgeschichte der Zwischenkriegszeit 1918–1939 (Geschichte und Gesellschaft, 21). Göttingen 2005, S. 205–240.
Schmid, Wolf: Elemente der Narratologie. Berlin u. a. 2014 (3. Aufl.).
Schmid, Wolf: Mentale Ereignisse. Bewusstseinsveränderungen in europäischen Erzählwerken vom Mittelalter bis zur Moderne (Narratologia, 58). Berlin u. a. 2019.
Schoeps. Julius H. (Hg.): Neues Lexikon des Judentums. Gütersloh 2000.
Schulze, Hagen: Weimar. Deutschland 1917–1933 (Die Deutschen und ihre Nation, 4). Berlin 1982.
Sémelin, Jacques: Ohne Waffen gegen Hitler: eine Studie zum zivilen Widerstand in Europa. Aus dem Französischen von Ralf Vandamme. Göttingen 2021.
Thamer, Hans-Ulrich: Verführung und Gewalt. Deutschland 1933–1945 (Die Deutschen und ihre Nation, 5). Berlin 1994.
Ullrich, Volker: Die 101 wichtigsten Fragen: Hitler. München 2019.
Wilcke, Gudrun: Vergessene Jugendschriftsteller der Erich-Kästner-Generation (Kinder- und Jugendkultur, -literatur und -medien. Theorie – Geschichte – Didaktik, 4). Frankfurt a. M. 1999.

Dirk Krüger

„Vater, du musst mir zuerst etwas erklären ... Wie kommt es, dass jemand staatenlos ist?"[1] Leben und Werk der deutsch-jüdischen Kinder- und Jugendbuchautorin Ruth Rewald

1 *Janko, der Junge aus Mexiko.* Das erste Buch im Exil

Am 25. Oktober 1934 saßen sich in der kleinen Buchhandlung *Biblion* in Paris in der 25 Rue Bréa die Kinder- und Jugendbuchautorin Ruth Rewald und ein Vertreter der Société Actionnaire des Éditions du Carrefour gegenüber. Zwischen ihnen auf dem Tisch lag das Typoskript eines Jugendromans. Nach einem kurzen Gespräch, in dem Rewald darüber informierte, dass der Oprecht-Verlag wie auch der Querido-Verlag eine Veröffentlichung des Jugendromans abgelehnt hätten, entschlossen sie sich, einen Vertrag mit den folgenden Kernfestlegungen abzuschließen:

> Vertrag zwischen Frau Ruth Rewald, im Folgenden kurz Autorin genannt, und der S.A. des Éditions du Carrefour, im Folgenden kurz Verlag genannt, wurde heute folgender Vertrag geschlossen:
> 1) Der Autor übergibt dem Verlag die gesamten Rechte in deutscher und in allen anderen Sprachen für sein Werk mit dem vorläufigen Titel „Janko, der Junge aus Mexiko".
> 2) [...]
> 3) Der Autor erhält als Honorar aus der deutschen Ausgabe 10 % vom Verkaufspreis des broschierten Exemplars, sowie 10 % vom Verkaufspreis des gebundenen Exemplars der Universumbücherei Zürich, falls diese eine Auflage anfertigt.
> 4) Die Einnahmen aus der USSR gehören dem Autor gänzlich.
> 5) Der Autor erhält eine Vorschußzahlung von frs 1.000.– bei Unterzeichnung des Vertrages.
> 6) [...]
> 7) Der Autor erklärt sich damit einverstanden, daß die deutsche Ausgabe des Buches erscheint bei SEBASTIAN BRANT VERLAG STRASBOURG. Die Rechte und Pflichten der Vertragschließenden werden hiervon nicht berührt.
> 8) Die erste Auflage der deutschen Ausgabe wird ca. **2.500 Exemplare** betragen.

---

[1] Ruth Rewald: Janko, der Junge aus Mexiko. Strasbourg 1934, S. 36.

9) Für alle in diesem Vertrag nicht erwähnten Beziehungen zwischen Autor und Verlag sowie für Streitigkeiten aus diesem Vertrag unterwerfen sich die Vertragschließenden den Vorschriften des Schutzverbandes Deutscher Schriftsteller (Gruppe Ausland).
(Unterschriften)
Paris, den 25. Oktober 1934"[2]

Einige Tage später, am 11. November 1934, konnte Rewald ihrem ersten Verleger Gundert in Stuttgart mitteilen: „Außerdem bin ich erst seit einem halben Jahr im Stande, mich für mich nicht nur als Verkäuferin von Büchern, sondern als ihre Autorin umzutun. Als ich anfangs hierher kam, war ich fest davon überzeugt, daß ich nie mehr die Ruhe noch die Möglichkeit haben könnte, etwas zu schreiben und gab mich sozusagen auf. Nun habe ich erstens in diesem Sommer etwas mehr Zeit für mich und auch den genügenden Antrieb gehabt, daß ich etwas zustande gebracht habe, das mir selbst ganz gut gefällt; zweitens habe ich aber auch das Glück gehabt, einen Interessenten zu finden. Dadurch wieder kann ich für ‚unsere' Müllerstraße viel mehr tun als früher."

Den auf die kindgerechte Gestaltung der Exilproblematik gerichtete Kern dieser Geschichte legte der Verlag selbst in einem Werbematerial frei: „Aber Janko ist nicht nur ein Ausreißer, er ist durch die Tücke des Gesetzes staatenlos. Wie der staatenlose Janko sich mit den ihn verfolgenden Aktenbündeln herumschlägt und doch zu seinem Ziel zu kommen weiß, das ist eine Frage, die für viele tausend Kinder in der Welt von Bedeutung ist. In der Sprache der Jungen geschrieben, wird dieses Buch von Ruth Rewald bei allen Jugendlichen begeisterte Aufnahme finden. Alle Eltern können dieses spannende Abenteuerbuch ohne Bedenken in die Hände

---

2 Das Original dieses Vertrages sowie die Originale aller Dokumente des Nachlasses von Ruth Rewald, die in diesem Aufsatz zitiert werden, waren bis 1990 im Zentralen Staatsarchiv der DDR archiviert. Es gab keine Kennzeichnung der einzelnen Dokumente und keine Signatur. Über den Weg in das Zentrale Staatsarchiv der DDR, den der Nachlass nach der Beschlagnahmung durch die Gestapo nahm, wird an anderer Stelle berichtet. (Dirk Krüger: „Vater, du musst mir zuerst etwas erklären. Was bedeutet staatenlos? Wie kommt es, daß jemand staatenlos ist?". Kinder- und Jugendliteratur im Exil – Erinnerungen an die deutsch-jüdische Autorin Ruth Rewald. In: Claus-Dieter Krohn, Erwin Rotermund, Lutz Winkler und Wulf Koepke (Hg.): Frauen und Exil. Zwischen Anpassung und Selbstbehauptung (Exilforschung. Ein internationales Jahrbuch, Bd. 11), München 1993, S. 171–189). 1990 eignete sich das Bundesarchiv in Berlin den Nachlass an und gab ihm die Signatur N 22 35. Dort können alle Zitate, die hier ohne nähere Bezifferung aus dem Nachlass zitiert werden, überprüft werden. Der hier vorliegende Beitrag dokumentiert die mühevolle Pionierarbeit, die erforderlich war, um Rewalds Werk dem Vergessen zu entreißen. Er stützt sich auf frühere Archivarbeiten des Verfassers im zentralen Staatsarchiv der DDR sowie auf Dokumente, die dem Verfasser anvertraut wurden und sich in seinem Besitz befinden, außerdem auch auf zahlreiche Gespräche, die er mit Zeitzeugen führte, darunter insbesondere mit Hans Schaul, dem Ehemann von Ruth Rewald.

ihrer Kinder geben, denn die Schicksale Jankos, des Jungen aus Mexiko, zeigen die Unvernunft von Rassenhass und Nationalismus."

Nach dem Erscheinen des Buches setzte um die Jahreswende 1934/1935 eine umfangreiche intensive internationale Rezensionstätigkeit ein. Nachgewiesen werden können Rezensionen in *La Republique*, Strasbourg, *Wirtschaftskorrespondenz für Polen*, Kattowitz, *Prager Sonntagsblatt* und *Volkswille*, Schweiz, *Volksrecht*, Zürich, *Freie Innenschweiz*, *Tagesanzeiger*, Zürich. Auch deutsche Exil-Publikationen widmeten dem Buch große Aufmerksamkeit. *Die Arbeiter-Illustrierte Zeitung* (AIZ) veröffentlichte Hinweise auf das Buch in den Ausgaben vom 13. Dezember 1934, 20. Dezember 1934, 27. Dezember 1934 und vom 31. Januar 1935. In der Ausgabe vom 27. Dezember 1934 veröffentlichte die AIZ einen Auszug aus *Janko* mit dem Eingangstext: „Janko, der Junge aus Mexiko, heißt der neue, spannende Jugendroman, den wir unseren Kindern, AIZ-Lesern, sowie ihren Eltern empfehlen. Ruth Rewald, die Verfasserin, ist vielen Kindern schon durch ihren Jugendroman ‚Müllerstraße' gut bekannt. Wir bringen heute einen – wenn auch infolge Raummangels leider kleinen – Ausschnitt aus dem neuen hübschen Kinderbuch und hoffen, es wird euren Beifall finden." Lob und Anerkennung erhielt die Autorin auch von dem Romancier, Dramatiker, Essayisten, Journalisten und Übersetzer Heinz Liepmann, der inzwischen in die USA hatte emigrieren können. Übersetzte Buchausgaben gab es nach Forschungen von Zlata Fuss Phillips in Norwegen, Serbien und Schweden.

Eine Reaktion auf ihren *Janko* hat Ruth Rewald besonders berührt. Sie stammt von Lisa Tetzner. Am 17. Dezember 1934 schrieb sie aus ihrem Exil in der Schweiz: „Ich kam erst jetzt dazu, Ihr Buch zu lesen, noch als Manuskript, was mir Kurt mitbrachte." Lisa Tetzner setzte ihren Brief fort: „Liebe Ruth Rewald, Sie haben da ein sehr gutes Buch geschrieben. Wirklich, ich bin selten von einem Kinderbuch so beglückt gewesen, zumal ich in dem Buch spüre, daß Sie als Schriftstellerin und Könnerin einen unerhört großen Schritt vorwärts getan haben. Mit Ihrem letzten Buch[3] konnte ich noch wenig anfangen. Zu dem sage ich in jeder Weise ‚JA'. Ich bin traurig, daß meine Buchgemeinschaft nicht geworden ist, wie gerne hätte ich das Buch in meinem Verlag."[4] Lisa Tetzner beendete den Brief: „Nun, so wünsche ich ihm in dem seinen guten Erfolg. Lassen Sie mir bitte das Buch zuschicken. Ich will es hier besprechen, wo ich kann und viel für das Buch tun, weil es dieser Kinderroman verdient. Ich werde wahrscheinlich auch dem gleichen Verlag daraufhin ein Buch

---

3 Gemeint ist Ruth Rewalds Jugendroman *Müllerstraße*.
4 Lisa Tetzner hatte geplant, in Zürich eine Buchgemeinschaft zu gründen und hatte außerordentlich drängend um die Mitarbeit von Ruth Rewald gebeten. Das Projekt scheiterte schließlich. Vgl. dazu auch: Gisela Bolius: Leben und Werk der Schriftstellerin Lisa Tetzner. Inauguraldissertation, Freie Universität Berlin 1995, S. 290 ff.

von mir anbieten, denn ich würde gern in einer Reihe mit dem Janko stehen. Hier kann ein Weg liegen, für uns. Ich wünsche Ihnen viel Gutes. Arbeiten Sie weiter in der Linie."

Die Rezension aus der Exilzeitschrift *Das Neue-Tage-Buch* vom 19. Januar 1935 sei hier ausführlich zitiert, weil sie exemplarisch den Grundton trifft, den das Buch auszeichnet. Wir lesen: „Im Reich bekommen die Kinder Bücher wie etwa diese: ‚Im Hexenkessel der Granaten', ‚Durch Front und Feuer', ‚Panzer, Minen und Torpedos' ‚Trommeln rufen durch Kamerun' und ‚Propeller überm Feind'. Die Zehnjährigen, die früher ihre abenteuerlichen Instinkte abreagierten, indem sie Kästner und den ‚Dr. Dolittle' lasen, werden heute angehalten, sich an den Wunschträumen schreibender Standartenführer zu erhitzen. Man verlegt glücklicherweise auch Kinderbücher jenseits der deutschen Grenzen. Eines, soeben erschienen, stammt von Ruth Rewald: ‚Janko, der Junge aus Mexiko'. Es ist ein zartes, beinahe dichterisches Buch, diese Geschichte von Janko, dem Vagabunden, der seinen Verwandten in Mexiko davongelaufen ist und in eine deutsche Schule kommt, nachdem er sich als Schuhputzer, Geschirrwäscher, Zeitungsjunge durchgeschlagen hat. Es ist auch etwas Romantik in diesem Buch, jene Romantik nämlich, die die Jugend braucht, um ihre Sehnsucht nach fernen Ländern, nach Indianergeschichten, Lagerfeuern und exotischen Urwaldnächten zu befriedigen. Dahinter aber steht, ebenso naiv wie anschaulich erzählt, ein Schicksal von heute. Janko ist nämlich staatenlos. Und was das heißt, ohne Paß in der Welt herumzuirren, von einem Konsulat zu anderen zu wandern und nirgends ‚zuständig' zu sein, das wird hier einer Emigrationsjugend berichtet, die an sich selbst den Wahrheitsgehalt solcher Erzählung nachprüfen kann. Ebenso heimatlos wie jener Janko, wird sie aus dem Optimismus, mit dem hier einer der Ihren sich dem Leben stellt, neuen Mut und neue Zuversicht schöpfen. Das Buch ist, mit vielen hübschen Zeichnungen von Paul Urban, im Sebastian-Brant-Verlag, Straßbourg, erschienen."

Soweit diese beispielhafte Rezension. Spätestens hier war die Frage nach der Autorin aufgeworfen: Wer war diese Ruth Rewald, diese junge Frau aus Berlin? Bis 1990 wusste darauf kein einziges Lexikon eine Antwort. Selbst das dreibändige *Lexikon der Kinder- und Jugendliteratur* mit Ergänzungsband versagte. Auch nicht die wissenschaftliche Forschung zur Kinder- und Jugendliteratur und/oder die Forschung zur Exilliteratur der Jahre der faschistischen Herrschaft von 1933 bis 1945 hatten eine Antwort. Keine Berliner Institution suchte und hatte eine Antwort. Eine Kinder- und Jugendbuchautorin Ruth Rewald existierte bis zu diesem Zeitpunkt nicht. Fast wäre die Absicht der Nazis aufgegangen, jede Erinnerung an diese Jüdin aus dem Gedächtnis der Menschen gänzlich und für immer zu tilgen.

Erst als im Frankfurter dipa-Verlag 1990 die Dissertation *Die deutsch-jüdische Kinder- und Jugendbuchautorin Ruth Rewald und die Kinder- und Jugendliteratur im Exil 1933–1945* erschien, war das Erstaunen groß und es setzte eine dauerhafte und umfangreiche Beschäftigung mit Leben und Werk dieser Autorin und der bis dahin weitgehend unbeachteten Kinder- und Jugendliteratur im Exil 1933 bis 1945 ein. Es gibt seit 1990 ein breites Angebot an Sekundärliteratur zu Rewald und der Kinder- und Jugendliteratur im Exil 1933–1945, Dutzende von Artikeln, Examensarbeiten, Büchern, Ausstellungen in Leipzig, Münster, Wuppertal, Aachen, Dresden, Korbach, Stuttgart, München und Frankfurt, Interviews, Ergänzungen in Lexika, etc.

In seinem historischen Roman *Exil der frechen Frauen* porträtiert Robert Cohen drei Frauen im Exil 1933–1945, eine der Frauen ist Ruth Rewald. Er bemerkt dazu: „Silvia Schlenstedt und Dirk Krüger würden zu den Gerechten gehören, an denen die Absicht der Nazis, selbst noch die Erinnerung an die Opfer aus dem Gedächtnis der Menschheit auszulöschen, scheiterte."[5] Zwei der unpublizierten Manuskripte Ruth Rewalds wurden inzwischen in Buchform veröffentlicht und ein Buch als Neuausgabe. Ein journalistischer Text von Rewald aus dem Bürgerkrieg in Spanien „Die Wandlungen der spanischen Frau" ist in einem Sammelband erschienen.[6] Zwei ihrer Bücher wurden ins Französische übersetzt und in einem französischen Verlag herausgegeben. Eine Übersetzung ihres Jugendromans *Vier spanische Jungen* ins Spanische ist abgeschlossen und wird von der Vereinigung *Asociacion de Amigos de las Brigadas Internacionales* in Madrid als Buch erscheinen. In Antalya arbeitet derzeit ein Wissenschaftler an der Übersetzung von Rewalds Jugendroman *Tsao und Jing Ling* ins Türkische.

Erinnert wurde an Ruth Rewald und ihre Tochter Anja Schaul in der französischen Kleinstadt Les Rosiers-sur-Loire. Dort bekam nach einem einstimmigen Beschluss des Stadtrats die Grundschule den Namen *Ecole Primaire Publique Anja Schaul*. An dem letzten Wohnhaus von Ruth und Anja wurde eine große Gedenktafel angebracht. Schüler erarbeiteten eine Ausstellung *La Shoah dans l'arrondissement de Saint-Nazaire*, die auch im Internet aufgerufen werden kann[7] und es gab zwei große kulturelle Erinnerungsveranstaltungen mit wissenschaftlichen Vorträgen von Mathilde Léveque. Wann wird ein vergleichbares Engagement in der Geburtsstadt von Ruth Rewald – in Berlin – zu erleben sein? Wird die erneute Herausgabe ihres Buches *Müllerstrasse* im Berliner Verlag Walter Frey Anstoß zu einer angemessenen Würdigung werden? Kehrt damit die Erinnerung an Ruth Rewald in ihre Geburtsstadt Berlin zurück? Gibt es bald eine Straße und/oder eine Schule, einen Kindergarten oder ein Jugendzentrum, die ihren Namen tragen werden?

---

5 Robert Cohen: Exil der frechen Frauen. Berlin 2009, S. 525.
6 Erich Hackl (Hg.): Soweit uns Spaniens Hoffnung trug. Erzählungen und Berichte aus dem Spanischen Bürgerkrieg. Zürich 2016, S. 116 ff.
7 Die Internetadresse lautet: La Shoah dans l'arrondissement de Saint-Nazaire https://shoahpresquile.com/2019/01/03/ruth-schaul-148/.

2 Wer war Ruth Rewald?

Damit zurück zu der Frage: Wer war Ruth Rewald? Sie wurde am 5. Juni 1906 in Wilmersdorf, damals noch ein Vorort von Berlin, in der Nachodstraße 4 geboren und verlebte ihre Kindheit und Jugend in der Trautenaustraße 20. Sie erhielt den Namen Ruth Gustave. Sie war das einzige Kind des jüdischen Kaufmanns Arthur M. Rewald und seiner Ehefrau Elsa, geborene Salzmann. Die Mutter stammte aus Wien, war Jüdin und aktive österreichische Sozialdemokratin.

Ruth wuchs in einem gutbürgerlichen, mittelständischen Elternhaus auf. Politisch stand die Familie links, mit zahlreichen Kontakten zu Berliner Sozialdemokraten. Die Rewalds waren keine praktizierenden Juden. Doch das jüdische und weltoffene, erfolgreiche und kulturinteressierte Bürgertum als geistige Lebensform ihres Elternhauses hat die Entwicklung von Ruth Rewald entscheidend geprägt – auch wenn das Verhältnis zu ihrem Vater nicht immer ohne Konflikte verlief. Wie alle Kinder besuchte auch sie die Schule und machte das Abitur. Danach begann sie auf Drängen des Vaters ein Jura-Studium zunächst in Berlin, das sie in Heidelberg fortsetzte. Während des Studiums lernte sie den Jura-Studenten Hans Schaul kennen und heiratete ihn am 6. November 1929. Bis zu ihrer Emigration 1933 lebte das Paar in einer Wohnung in Berlin-Wilmersdorf im Bechstedter Weg 16.

Während Hans sein Studium abschloss und auf Empfehlung von Ruths Vater in einer Anwaltspraxis als Rechtsanwalt tätig wurde, wandte sich Ruth mehr und mehr vom Jura-Studium ab. Immer stärker wurden ihre Neigungen zu den Sozialwissenschaften und vor allem für die Jugendarbeit. In einem Brief vom 28. August 1934 an Hertha Kraus in New York, in dem es eigentlich um die Übersiedlung aus dem französischen Exil in das US-amerikanische Exil ging, findet sich das Eingeständnis: „Seit Beginn meines Studiums hatte ich den Wunsch, in der Wohlfahrtspflege tätig zu sein, wenn möglich in dem Gebiet der Jugendwohlfahrt. [...] Meine Vorbildung und bisherige Tätigkeit ist folgende: Referendarin, 16 Monate vor dem Assessor." Ruth Rewald handelte konsequent. Sie brach das Jura-Studium ab und machte zunächst ein mehrmonatiges Praktikum in einer Jugendwohlfahrtseinrichtung in Berlin.

Und sie entdeckte in dieser Zeit ihre Neigung, auch schriftstellerisch tätig zu werden. Das alles verband sie mit einem intensiven Leben einer Bohemienne. Das war für eine junge Frau zwischen zwanzig und fünfundzwanzig Jahren in einer pulsierenden Großstadt wie Berlin kein Widerspruch.

3 Eine Kinder- und Jugendbuchautorin wird geboren

In diesem brodelnden Lebensabschnitt debütierte die 25-jährige Ruth Rewald 1931 als Kinder- und Jugendbuchautorin im renommierten D. Gundert-Verlag. Im Rahmen der Kinderbuch-Serie *Sonne und Regen im Kinderland* erschienen ihre Erzählungen „Rudi und sein Radio" und „Peter Meyer liest seine Geschichte vor".[8] Die Erzählungen dieser Reihe wurden vom Verlag als „Klassenlesestoff und für Schulbibliotheken" empfohlen. Ab 1930 erschienen zudem zahlreiche Kinderkurzgeschichten von ihr in Kinder- und Jugendbeilagen von Tageszeitungen, vornehmlich mit sozialdemokratischer Orientierung. Insgesamt waren das erste, tastende Versuche, sich als Kinder- und Jugendbuchautorin einen Namen zu machen. Ein Artikel des marxistischen Theoretikers Edwin Hoernle gab ihr wichtige Impulse, ihre schriftstellerische Arbeit zu überdenken. Hoernle schrieb: „Tag für Tag werden die Kinder des arbeitenden Volkes mit einer Unmenge literarischer Erzeugnisse überschüttet, die von privaten Verlegern und Unternehmern ohne jede bewußte erzieherische Absicht einfach zu Gewinnzwecken auf den Markt geworfen werden, die aber all den Geist und die Weltauffassung der bestehenden kapitalistischen Ordnung und der Herrschaft der Besitzenden tragen." Ruth Rewald fühlte sich getroffen und faßte daraufhin den Plan, ein eigenes Buch zu schreiben. Dazu hatte sie auch der Gundert-Verlag ermuntert. Der wollte für das Weihnachtsgeschäft ein Mädchenbuch. Also schrieb sie „Achtung! Renate!", das aber wegen mangelnder literarischer Qualitäten trotz verschiedener Überarbeitungsversuche schließlich vom Gundert-Verlag abgelehnt wurde.[9]

Konsequent wie sie war, und auf Drängen ihres Mannes, entschloss sie sich, sich zunächst intensiv mit den Diskussionen um die Entwicklung der Kinder- und Jugendliteratur in den sozial und politisch bedrängten Zeiten der Weimarer Republik zu beschäftigen. Zu einer ihrer Quellen wurden die Verlautbarungen des 1925 gegründeten *Bundes proletarisch-revolutionärer Schriftsteller* (BPRS) in dessen Zeitschrift *Die Linkskurve*. Auch wenn die dort geführten Diskussionen sich nicht um die Kinder- und Jugendliteratur drehten, hat Rewald sie verfolgt und versucht, daraus Schlüsse und Anregungen für das eigene Schaffen zu ziehen. Den positiven oder negativen Kommentaren zu Zitaten, die sie in ihrem Notizheft festhielt, das sich im Nachlass befindet, ist zu entnehmen, dass sie sich besonders

---

[8] Es handelt sich bei diesen Veröffentlichungen nicht im eigentlichen Sinn um Bücher, eher um Hefte und Broschüren.
[9] Das Manuskript befindet sich unveröffentlicht im Nachlass im Bundesarchiv.

intensiv mit den literatur-theoretischen Diskussionen um die Entwicklung einer eigenständigen proletarischen Literatur, die im BPRS geführt wurden, beschäftigt hat. Ihre Haltung zu wichtigen Positionen des BPRS lässt sich als ambivalent charakterisieren. Es gab Zustimmung, aber auch strikte Ablehnung. So lehnte sie die Aussage Johannes R. Bechers in seinem Aufsatz „Über die proletarisch-revolutionäre Literatur in Deutschland" ab, nach der „unsere Schriftsteller einfache Soldaten der Revolution sind"[10]. Auf Ablehnung stieß bei ihr auch diese Aussage: „Es besteht also die Aufgabe, die proletarisch-revolutionäre Literatur zur Waffe des Proletariats innerhalb der Gesamtliteratur zu gestalten."[11]

Ruth Rewald fühlte sich dagegen dieser Aussage des BPRS verpflichtet: „Die Aufgaben des BPRS sind eine fruchtbare Weiterentwicklung der proletarisch-revolutionären Literatur, von der zu erwarten ist, daß sie vor allem dazu beiträgt, die Arbeiterjugend und Kinder zu bilden, zu schulen und zu fördern, daß sie zu einer Lebenshilfe für die Arbeiterjugend und Arbeiterkinder wird."[12] Die Arbeit des BPRS und damit auch die literatur-theoretischen Diskussionen wurden 1933 durch die Machtübertragung an die Nationalsozialisten abgebrochen. Eine kleine und kurzfristige Wiederaufnahme der Diskussion erfolgte 1937 in der Publikation *Das Wort*. In der Ausgabe April–Mai 1937 erschien der Aufsatz, überschrieben „Kinderliteratur" von Alex Wedding. Der Kernsatz lautete: „Unsere Kinderschriftsteller müßten sich diejenigen schriftstellerischen Fähigkeiten aneignen, mittels derer Kästner und seinesgleichen so erfolgreiche Kinderbücher schreiben."[13] Aus dem Notizheft geht hervor, dass Rewald diesen Aufsatz kannte.

Zusätzlich motiviert war sie, wie ihr Ehemann Hans Schaul in einem Gespräch mit dem Verfasser dieses Beitrags berichtete, bereits 1929 durch den überwältigenden Erfolg von Erich Kästners *Emil und die Detektive* sowie die Kinder- und Jugendbücher von Hermynia Zur Mühlen, der Rebellin gegen die aristokratische Herkunft, von Alex Wedding und von Lisa Tetzners *Hans Urian. Die Geschichte einer Weltreise* aus dem Jahre 1931. Zur Hauptquelle wurden aber ihre eigenen konkreten Erfahrungen, die aus einem Brief ersichtlich werden, den sie am 24. Februar 1932 erhielt. Darin lesen wir:

---

10 Zur Tradition der deutschen sozialistischen Literatur. Eine Auswahl von Dokumenten. 1926–1935. Berlin, Weimar 1979, S. 70.
11 Ebd., S. 71.
12 Ebd.
13 Das Wort. Literarische Monatsschrift. Redaktion: Bertolt Brecht, Lion Feuchtwanger, Willi Bredel. Heft 4–5, April–Mai 1937, S. 50 ff.

Stadt Berlin, Bezirksamt Prenzlauer Berg
Jugendamt
Przl. Berg Jug41 Berlin, den 24. Februar 1932
NO 55, Danziger Str. 64
Frau Ruth Rewald, Berlin-Wilmersdorf Bechstedter Weg 16
Ich danke Ihnen bestens für die Zusendung Ihres Manuskripts „Müllerstraße", das ich mit starkem Interesse gelesen habe. Ich freue mich, daß Ihre Hospitation in unserem städtischen Kinderhort Ihnen auch nach dieser Richtung hin Anregungen gegeben hat und wünsche Ihnen für die Publikation des Werkes guten Erfolg.
(Unterschrift unleserlich)

Dem Brief ist zu entnehmen, dass um die Jahreswende 1931/32 die Arbeiten an ihrem ersten großen Buch, an der *Müllerstrasse* abgeschlossen waren. 1932 wurde es dann vom Gundert Verlag veröffentlicht.

Ruth Rewald macht die eigenen Erfahrungen, die sie mit Arbeiterkindern gesammelt hatte, zum Kern ihres Buches *Müllerstrasse*. Hier findet sie den Stoff, die Fabel, die Bilder und Figuren, die Zeitumstände und die Entwicklungen, die sie poetisch verarbeitet. Das wirkt bei ihr nicht aufgesetzt, sondern entwickelt sich glaubhaft aus den Handlungen der Kinder, der Art und Weise wie sie miteinander umgehen, sich gegenseitig bedingen und ergänzen. Ein Vergleich mit Kästners *Emil* zeigt: Kästner zeichnet nicht die wirkliche Welt, wie sie ist, sondern wie sie sein kann, sein sollte. Ruth Rewald zeigt dagegen die Welt so, wie sie ist und welche Möglichkeiten und Potenziale in ihr stecken. Sie verbindet das mit der Aufforderung an die Kinder und Jugendlichen, diese zu ergreifen und zu nutzen, dafür tätig zu werden. Der Sinn ihres Lebens bestehe darin, „etwas Wertvolles für alle", etwas „Vernünftiges" zu schaffen – „wie die Arbeiter in der Fabrik". Der Erfolg des Buches beruhte auch auf der Tatsache, dass es Ruth Rewald mit *Müllerstrasse* gelang, die Erwartungen der Leser durch ihren Sprachgebrauch zu erfüllen. Sie ist wesentlich ernsthafter, „trockener" als Kästner, trifft dadurch aber auch genauer die wirkliche Sprachpraxis der Arbeiterkinder aus den Berliner Arbeiterbezirken, ohne in deren Jargon ‚herabzusteigen'. Sie setzt die Sprache bewusst als Bildungselement ein und bedient sich deswegen in voller Absicht der hochdeutschen Sprache. Das wurde nicht zuletzt auch vom Verlag gefordert, der den Verkauf des Buches in ganz Deutschland, der Schweiz und Österreich im Blick hatte. Die Sprache, die Rewald verwendete, zielte besonders auf das Arbeiterkind. Diesem Ziel dient auch die von ihr gewählte Erzählstruktur. Ihre moralischen Wertmaßstäbe sind in der *Müllerstrasse* nicht idealistisch überhöht und moralisch pädagogisierend, sondern sie entsprechen denen des realen Lebens der Arbeiterkinder. Rewalds didaktische Absicht ist also nicht, mit ihrem Schreiben bestimmte Werte überhaupt erst herauszubilden, sondern sie geht davon aus, dass diese bereits in den Kindern angelegt sind und dass es lediglich gilt, sie zu festigen und zur Norm ihres Verhaltens zu machen. Ihre grundsätzliche Haltung war es, die Kinder- und Jugendliteratur ihrer Zeit als Mittel für die Bildung und Erziehung der jungen Generation des Proletariats bewusst zu nutzen. Damit befand sie sich in Übereinstimmung mit einer Position des BPRS, der Kinder- und Jugendliteratur – wie gezeigt – als „Lebenshilfe für proletarische Kinder und Jugendliche" definierte. Ruth Rewald hat dazu mit ihrer *Müllerstrasse* einen Beitrag geleistet.

Aber es ging ihr nicht allein darum. Sie registrierte die intensiven Diskussionen, die im BPRS um zwei Grandsatzfragen der Literatur geführt wurden. Sie sollen hier nur angedeutet und nicht in ihrer ganzen Breite nachgezeichnet werden. Nach Vorstellungen eines Teils der Mitglieder im BPRS, müsse die Ästhetik der Kinder- und Jugendliteratur, der ästhetische Gehalt – nicht nur, aber auch – in den Büchern für Kinder und Jugendliche, die von „proletarischen Autoren" geschrieben wurden, deutlich verbessert und auf eine Stufe gehoben werden mit den Büchern für Kinder und Jugendliche, die von „bürgerlichen Autoren", wie etwa Erich Kästner, mit großem Erfolg geschrieben wurden. Diese Zielstellung schloss alle Vorstellungen, die von einem anderen Teil der Mitglieder des BPRS vertreten wurden, nachdrücklich aus, nach denen auch die Kinder- und Jugendliteratur ein „Kampfinstrument der proletarisch-revolutionären Literatur" sein müsse. Diesem Ruf des BPRS ist Rewald mit der *Müllerstrasse* wie auch mit ihren folgenden Werken nicht gefolgt. Sie widersetzte sich damit auch dem Drängen ihres Mannes.

Das Buch lässt sich auch kritisch sehen. Bestimmte gesellschaftliche und soziale Erscheinungen, die tiefe und negative Auswirkungen auf das Leben der Kinder haben, werden nicht auf ihre gesellschaftlichen Ursachen zurückgeführt. Arbeitslosigkeit, die daraus resultierende Trunksucht und Aggressivität, Resignation und Perspektivlosigkeit werden zwar durchaus angedeutet, die Konsequenzen für die Kinder und die sie auslösenden Ängste und Fragen aufgezeigt, die eigentlichen Ursachen dafür werden aber nicht erhellt. Es wird nicht erklärt, warum das Bezirksamt kein Geld hat, um den Kindern die Teilnahme an einer Ferienaktion zu ermöglichen. Der Junge Geuni muss in der Küche schlafen. Warum ist das so? Darauf gibt es keine Antwort.

4 Die Jahre im Exil Mai 1933 bis Juli 1942. Drei Bücher für Kinder und Jugendliche entstanden! Ein Kind wurde geboren. Ein Brief an Isaak Babel gesendet

Das Jahr 1933 brachte eine radikale Wende im Leben von Ruth Rewald und Hans Schaul. Am 30. Januar hatte Reichspräsident Hindenburg Adolf Hitler zum Reichskanzler ernannt. Der schuf in rascher Folge Gesetze, mit denen er seine Gegner ausschalten und seine Macht stabilisieren und ausbauen konnte. Es gab weiter Massenarbeitslosigkeit, steigende Armut, Verelendung und Wohnungsnot. In den Straßen herrschte der Nazi-Terror, der sich vor allem gegen Sozialdemokraten, Kommunisten und Juden richtete. Am 27. Februar brannte der Reichstag und löste eine ungeahnte Verhaftungs- und Terrorwelle aus. Am 23. März verabschiedete der Reichstag das berüchtigte Ermächtigungsgesetz, das den Nazis praktisch freie Hand für ihren Terror ließ. Einige Tage danach ordnete die NSDAP-Leitung für den 1. April 1933 eine schlagartige, reichsweite Großaktion gegen deutsche Juden, den Boykott jüdischer Geschäfte, Arzt- und Anwaltspraxen an, am 10. Mai kam es zu den Bücherverbrennungen.[14] In der Familie Rewald-Schaul erkannte man schnell die Gefahren und entschied sich – nachdem Hans Schaul als Jude Berufsverbot bekam und als „Nichtarier" kein Gerichtsgebäude mehr betreten durfte –, Deutschland zu verlassen und getrennt nach Paris ins Exil zu gehen. Ruth Rewald wählte den Weg über einen Besuch bei ihrem Verlag Gundert in Stuttgart. „Elle est entrée en France le 21 mai 1933 avec un visa sans limitation de durée délivré par le Consulat de France à Berlin de 31 mars 1933 et visé 16 mai 1933."[15] Hans Schaul folgte ihr einige Zeit später, nachdem ihm im Konsulat in Berlin am 20. Juni 1933 ein Visum „valable deux mois" ausgehändigt worden war.

Damit begann der Existenzkampf. Ruth Rewald kaufte sich in Paris mit etwas Geld, das aus ihrer schriftstellerischen Tätigkeit stammte, in die Buchhandlung *Biblion* ein. Aber bereits am 31. Januar 1934 musste sie dem Verleger Gundert gestehen: „Ich will mich nicht beklagen, ich habe uns ein minimales Existenzminimum geschaffen von ungefähr 100 RM. Seit dem 1. Dezember (1933) bin ich nämlich tat-

---

[14] Vgl. Reinhard Kühnl: Der deutsche Faschismus in Quellen und Dokumenten. Köln 1979; Saul Friedländer: Das Dritte Reich und die Juden, Bd. 1. München 2007.
[15] Historiker der Universität Nantes haben diesen Hinweis in den Akten des französischen Innenministeriums zu Hans Schaul und Ruth Rewald gefunden und dem Verfasser eine Kopie des Originals zur Verfügung gestellt. Nachzulesen ist das im Internet. Siehe: La Shoah dans l'arrondissement de Saint-Nazaire https://shoahpresquile.com/2019/01/03/ruth-schaul-148/

sächlich Mitinhaberin unseres Buchverleihgeschäfts und der Buchhandlung *Biblion* in der 25 Rue Bréa geworden. Aber das, was das Geschäft vorläufig abwerfen kann, zumal wir vier Inhaber sind, beträgt eben nicht mehr als die angegebene Summe. So suche ich mir neben meiner Hauptarbeit, die mich volle 8 Stunden in Anspruch nimmt, noch verschiedene Nebenverdienste durch Stundengeben und Übersetzungen. Dazu kommt noch die übliche Hausarbeit Kochen, Waschen etc." Dann plagte sie ein großes Problem. Sie hatte für den Verkauf in der Buchhandlung bei ihrem Verleger Gundert eine Anzahl Bücher bezogen, aber noch nicht bezahlt. Vor diesem Hintergrund schrieb sie am 22. November 1936 erleichtert an Gundert: „Biblion ist jetzt so gut wie verkauft. Aus dem Erlös, dafür werde ich sorgen, bekommen vor allem Sie die restlichen ungefähr jetzt 200 frs." Sie ergänzte am 16. März 1937: „Sie müssen nicht denken, daß die arg verzögerte Begleichung der Biblionschuld auf meine Nachlässigkeit zurückzuführen ist. Erst jetzt ist der Verkauf endgültig zustande gekommen, und die Schuldenregelung hat ein Liquidator für den Käufer übernommen. Was mich persönlich anlangt, so machen die Schulden genau soviel aus wie der Kaufpreis, es bleibt also 0,0 dabei für mich übrig."

Der Erlös aus dem Abenteuer *Biblion* war also gering. Er reichte nicht, um den Unterhalt der Familie zu decken. Sie musste in den ersten Monaten im Exil ständig umziehen und bekam schließlich eine kleine Wohnung in der 11 Rue Daguerre, Atelier 10, Paris 14e. Dort erreichte sie auch der folgende Brief ihres Verlegers Gundert aus Stuttgart. Er informierte: „Sie können sich wohl nicht denken, wie sehr sich die Verhältnisse auf dem Jugendschriftenmarkt seit dem Frühjahr geändert haben, welche Beeinflussung durch die politische Umwälzung hier vor sich gegangen ist. Es ist heute ganz unmöglich geworden, ein Buch von Ihnen herauszubringen. Ich muß Ihnen das ganz offen sagen. Die neuen nationalsozialistischen Kriterien sind eindeutig und lauten: ‚Was diesem ersten und wichtigsten Zielen schädlich ist, was überwundene liberalistische, individualistische und pseudosozialistische Tendenzen an die Jugend heranträgt, was artfremd und undeutsch, das wird ausgemerzt werden aus dem Erziehungsgut der deutschen Jugend!' Das, sehr geehrte Frau Rewald, sind die neuen ‚geistigen Grundlagen für die kommende Arbeit am Schrifttum für die Kinder und die Jugend"[16].

Es war unschwer zu erkennen, dass Ruth Rewalds Literatur diesen nationalsozialistischen Kriterien nicht entsprach. Sie war damit vom deutschen Kinder- und Jugendbuchmarkt verbannt. Dennoch hielten der Verlag und Ruth Rewald zunächst weiter Kontakt. Sie schilderte Gundert im Januar 1934 erneut ihre schwierige Situation, warf die Frage auf: „Wann soll ich da ein Kinderbuch verfassen?"

---

16 Vgl. dazu auch Winfred Kaminski: Faschismus. In: Reiner Wild (Hg.): Geschichte der deutschen Kinder- und Jugendliteratur. Stuttgart 2002, S. 266 ff.

und antwortete sich selbst und Gundert: „Trotzdem hätte ich sogar im Augenblick große Lust dazu, aber nur eine Geschichte für größere Jungen. Das ist nun einmal meine Schwäche." Im August 1934 antwortete ihr Gundert: „Leider ist der Verkauf in Deutschland ganz schlecht geworden. So kann ich noch immer nicht an einen kleinen Neudruck der ‚Müllerstrasse' denken, der vor zwei Jahren geradezu nahe bevorstand." Ruth Rewald versuchte, die *Müllerstrasse* in Palästina, Holland, den USA, Kroatien, Schweden und Norwegen herauszubringen. Leider ohne Erfolg. Die Handlung sei zu stark auf eine deutsche Großstadt, auf Berlin fixiert. Es gab aber zwei Ausnahmen. In Norwegen und Kroatien wurde 1937 das Buch übersetzt, herausgegeben und bezahlt.[17] Damit endeten auch die Kontakte zwischen Gundert und Ruth Rewald.

Die Situation wurde für Ruth und ihren Mann immer bedrohlicher. Ruth war immer häufiger gezwungen, ihr und ihres Mannes Auskommen mit Gelegenheitsarbeiten aller Art zu sichern. Dennoch hielt sie an ihrem Vorhaben fest, „eine Geschichte für größere Jungen" zu verfassen. Nur nachts fand sie die Ruhe, an einer neuen Geschichte zu schreiben. Und sie war erfolgreich. Es entstand ihr erstes Buch im Exil, die Geschichte *Janko, der Junge aus Mexiko*. Das Honorar war großzügig bemessen und enthob sie für einige Zeit der finanziellen Sorgen. Eine wichtige Frage war damit für Ruth und Hans beantwortet. Andere Fragen waren offen. Sie betrafen auch alle anderen deutschen Kinder- und Jugendbuchautoren, die ins Exil getrieben worden waren: Schreibe ich weiter in Deutsch oder in der Sprache meines Exillandes? Diese Frage wurde unterschiedlich beantwortet. Ruth Rewald entschied sich, weiter in Deutsch zu schreiben. Die zweite Frage war: Ist meine Literatur – wie von Heinrich Mann gefordert – ein Beitrag zum Kampf gegen den Faschismus? Für die Bücher Ruth Rewalds, die sie im Exil schrieb, kann diese Frage eindeutig mit einem Ja beantwortet werden.

Die Produktivität der Autorin sollte nicht darüber hinwegtäuschen, dass das Exil eine Zeit der Angst, der Unsicherheit und Bedrohung, der ständigen materiellen und finanziellen Sorgen war.[18] Umso bedeutsamer war in diesen dunklen Tagen eine Solidaritätsaktion, die Alfred Kantorowicz im Dezember 1938 in seinem Artikel „Fünf Jahre Schutzverband deutscher Schriftsteller im Exil" so schilderte: „In diesem Zeitpunkt (1936) erfuhren wir die Solidarität der Sowjetunion, die der deutschen Literatur nicht nur in Worten Heimstatt gab [...]. Und dann kamen die

---

17 Das ergibt sich aus der Korrespondenz und den Überweisungen im Nachlass. Nachforschungen haben ergeben: Der Verlag in Kroatien existiert nicht mehr. Der Verlag in Norwegen existiert noch, hat aber keine Bücher von Rewald und auch keine Dokumente und Erinnerungen an sie.
18 Vgl. dazu Kunst und Literatur im antifaschistischen Exil 1933–1945 in sieben Bänden. Band 7. Exil in Frankreich. Frankfurt a. M. 1981.

Pakete: Lebensmittelpakete, ein jedes gute 25 Pfund schwer. Die russischen Schriftsteller schickten ihren deutschen Kollegen in die Emigration Gaben ihres Landes. Olga Halpern ist die unermüdliche Vermittlerin und Organisatorin gewesen. Mehr als hundert russische Schriftsteller sandten an mehr als hundert deutsche Schriftsteller in der Emigration diese Pakete. Das war eine große Sache: diese praktische Betätigung der Solidarität unserer sowjetrussischen Kollegen half uns in einer sehr schweren Zeit, half uns moralisch wie materiell."[19]

Ruth und Hans haben diese Solidarität selbst erfahren. Sie richteten am 1. Juli 1936 einen Brief an den russischen Schriftsteller Isaak Babel in Odessa, den sie im Juni 1935 auf dem Schriftstellerkongress zur Verteidigung der Kultur in Paris kennengelernt hatten und der später Opfer der Verbrechen Stalins wurde. Ruth schrieb: „Ihre Lebensmittelkiste steht noch immer in Ehren an der Wand. Manchmal brauchte ich zwar das Holz zum Feuer anmachen und hatte kein Geld, mir welches kaufen zu können. Trotzdem habe ich mich nicht entschließen können, Ihr Holz zu verbrennen, sondern habe weiter geborgt. Und so steht sie immer noch da, und erinnert mich seit drei Monaten täglich daran, Ihnen nun endlich zu erzählen, welche Freude Sie mit Ihrem Schinken, Ihren Bonbons angerichtet haben. Gleich am nächsten Tag nach der Ankunft saßen wir, viele Freunde, zusammen, tranken russischen Tee, aßen russische Wurst, russischen Kuchen und wollten Ihnen voller Begeisterung einen gemeinsamen Brief schreiben. Aber dann waren wir alle satt, und müde und zufrieden, und so blieb es bei der Begeisterung. Aber heute, da ich gerade Ihr Buch von ‚Budjonnys Reiterarmee' zu Ende gelesen habe, bin ich doppelt stolz, daß ich gerade von IHNEN ein persönliches Zeichen erhalten habe, und nun drängt es mich, Ihnen endlich allerherzlichst zu danken. So angenehm es war, meinen leeren Brotkasten mit Speck, Schinken und Würsten aufzufüllen und zu wissen, daß man in den nächsten Wochen genug zu essen hat, das Schönste daran war, das Bewußtsein, daß Ihr an uns denkt, und daß es Euch so gut geht, daß Ihr uns so großzügig helfen könnt."

Es gibt im Nachlass viele Hinweise auf die Kämpferin Ruth Rewald, als aktive Mitgestalterin der Exil-Gemeinschaft. So ist ihre Mitarbeit, sind Vorträge an der von Emigranten gegründeten und betriebenen *Freien Deutschen Hochschule* in Paris belegt. Nachgewiesen werden kann auch ihre Mitarbeit im *Comité Mondial des Femmes* in der 2, rue de Londres, Paris 9e. Sie schreibt Artikel zu Ehefragen und Ehescheidungen im faschistischen Deutschland sowie zu Kriegsvorbereitungen in den deutschen Schulen. Und sie hält Vorlesungen im *Schutzverband Deutscher Schriftsteller* (SDS), sie wird eingeladen zur Gründungsversammlung einer *Freien*

---

[19] Vgl. dazu auch Alfred Kantorowicz: Fünf Jahre Schutzverband deutscher Schriftsteller im Exil. In: Das Wort 12 (Dezember 1938), S. 60 ff.

deutschen Frauengruppe sowie zu einem „Zuschneidekurs" organisiert von der *Vereinigung Deutscher Frauen und Mädchen*.

Beide, Ruth und Hans, waren in der Emigration politisch aktiv, aber nicht Mitglied in der KPD. Ruth hat nachweislich intensiv und regelmäßig an den Aktivitäten des *Freundeskreises der Deutschen Volksfront* teilgenommen. Dies wurde begünstigt durch die politischen Veränderungen in Frankreich und die neue politische Linie der Kommunisten. An die Stelle der Aus- und Abgrenzung trat nun die Idee der Zusammenführung aller politischen Kräfte gegen den Faschismus, die Idee einer Volksfront. Hans Schaul berichtete am 3. Februar 1987 in einem Gespräch mit dem Autor dieses Beitrags: „Wir waren eine Gruppe von Sympathisierenden der Partei, der KPD, und machten schon damals Einheitsfrontpolitik. Wir waren zu diesem Zeitpunkt nicht Mitglied der Partei. Man konnte gar nicht eintreten. Ich, als Rechtsanwalt, Jurist schon gar nicht. In der Emigration gab es zunächst keine Neuaufnahmen. So arbeiteten wir und diskutierten wir politisch und organisiert in einer Gruppe von Sympathisierenden der KPD. Ruths politische Vorstellungen waren die, dass sie freundlich gesinnt war mit Kommunisten. Sie hat deren Vorstellungen und Ziele aber letztlich gleichgesetzt mit allgemeiner Menschlichkeit, mit Humanismus. Journalistisch war sie fortschrittlich. Man kann aber nicht sagen, dass sie stark politisiert worden ist, obgleich wir beide in der Parteikandidatengruppe waren. Sie hat sich politisch eigentlich nicht weiterentwickelt. Das hing in starkem Maße auch mit der Sorge um das Kind zusammen, der Angst vor der Polizei, der sie ja auch nicht gewachsen war. Aber, sie war jedenfalls immer Sympathisierende und da sie Jüdin war – unverkennbar – war sie die Kandidatin für einen der ersten Deportationszüge nach Auschwitz."[20]

5 Die China-Geschichte *Tsao und Jing Ling* entsteht und erhält eine „lobende Erwähnung"

Während dieser Zeit konzentrierte sich die politische Aufmerksamkeit Ruth Rewalds jedoch mehr und mehr auf die Ereignisse im fernen China. Ihre Aufmerksamkeit wurde besonders gefesselt von der Lage der Bauern und Arbeiter und deren Kinder. Im Katastrophenjahr 1931/32 verhungerten allein in der Provinz Shanxi mehr als drei Millionen Bauernfamilien. Vor diesem Hintergrund reifte bei Ruth Rewald der Entschluss zu einem neuen Kinder- und Jugendbuch, dessen Handlung in China

---

[20] Das längere Gespräch mit Hans Schaul, ihrem Ehemann, fand am 27. Januar 1987 in seiner Wohnung in Berlin statt und wurde vom Verfasser dieses Aufsatzes aufgezeichnet.

angesiedelt sein sollte. Den unmittelbaren und entscheidenden Anstoß erhielt sie jedoch durch den Aufruf: „Gegen den weißen Schrecken in China", der sich „an alle fortschrittlichen Schriftsteller und Gelehrten, an die Intellektuellen der ganzen Welt, an alle Streiter für Kultur und Menschhlichkeit" wandte. Er trug die Unterschriften der gesamten internationalen demokratischen Schriftstellergemeinschaft. So entstand in dieser Zeit ihr zweites Kinder- und Jugendbuch. Sie gab ihm den Titel: *Tsao und Jing Ling. Kinderleben in China.* Am 20. Juni 1936 beendete sie die Arbeit an dem neuen Buch, mit dem sie sich in die lange Tradition stellte, die dieses Thema in der deutschen Literatur hatte. Ihrem Notizheft ist zu entnehmen, dass sie Anregungen erhielt u. a. aus Lisa Tetzners *Hans Urian* und besonders aus Egon Erwin Kischs Reportage „China geheim". In dem bereits zitierten Brief an Isaak Babel vom 1. Juni 1936 ist auch der folgende Passus enthalten: „In dem letzten Jahr habe ich an einem neuen Buch gearbeitet. Es handelt von chinesischen Kindern. Sie sind Kinder armer Bauern, werden in eine Seidenfabrik verkauft. Der Junge läuft fort, erlebt viele Abenteuer, wird Kuli, hilft eine Kuliorganisation zu gründen, und es gelingt ihm auf vielen Umwegen auch auf seine Schwester, die immer noch in der Fabrik Spinnerin ist, einzuwirken. Es bricht ein Streik aus, der zwar die verkauften Kinder nicht befreit, aber einige Erleichterungen schafft und das Bewußtsein der tausenden von Frauen und Kindern in der Fabrik stärkt für die Zukunft."

Ruth Rewald bleibt mit diesem Jugendroman ihrer Linie treu. Im Zentrum der Geschichte stehen nicht proletarische Helden, die um eine sozialistische Gesellschaftsordnung kämpfen, sondern Fabrikarbeiterfrauen und das Mädchen Jing Ling, deren Bruder aus der Fabrik fliehen kann und sich bei der Gründung einer Gewerkschaft engagiert. Auch der Kampf der Frauen und des Mädchen Jing Ling hat nicht das Ziel, eine neue Gesellschaftsordnung zu errichten. Es geht unmittelbar um gewerkschaftliche Ziele: Bessere Arbeitsbedingungen und mehr Lohn. Aber Ruth Rewald lenkt mit dem letzten Satz den Blick auch in die Zukunft: „Und im ganzen Land begann das Erwachen und der Kampf für ein glückliches China."[21]

Die von Lisa Tetzner erbetene Beurteilung dieses Romans befindet sich nicht im Nachlass. Womöglich wurde sie mündlich erteilt. Am 15. November 1936 konnte Lisa Tetzner Ruth Rewald jedoch mitteilen, dass eine Buchausgabe von *Tsao und Jing Ling* zwar nicht möglich sei, dass aber eine Schweizer Gewerkschaftszeitung

---

21 Ruth Rewald beendet den Jugendroman mit den Sätzen: „Nach Jahren, Tschen war von ihnen getrennt, im Gefängnis, und Tsao führte den Kampf, als Jing-Lings Name den Mächtigen bekannt war, und die Polizei sie suchte, kehrte sie in ihre Heimat zurück. In Ning-Su sprach sie mit ihrem alten Vater, zu ihren Brüdern, zu allen armen, hungernden Bauern. Und im ganzen Land begann das Erwachen und der Kampf für ein glückliches China" (Rewald: Tsao und Jing Ling. Mühltal 2002, S. 191).

den Roman in Fortsetzungen und gegen Bezahlung veröffentlichen werde. Und am 19. Juli 1937 erhielt sie dann von der Gewerkschaft die Mitteilung: „Mit der letzten Nummer des ‚Öffentlichen Dienstes' war die Chinesengeschichte fertig abgedruckt." Danach erfolgte am 7. Mai 1937 der Beginn des Abdrucks der Geschichte, der am 16. Juli 1937 endete. Als Buch ist *Tsao und Jing Ling* erst 2002 erschienen.[22]

Am 31. August 1936 lobte der Schutzverband Deutscher Schriftsteller, Sektion Frankreich, den „Heinrich-Heine-Preis" aus. Die Resonanz war ungewöhnlich groß. Über 80 Einsendungen konnte Ernst Leonhard, der als Obmann fungierte, entgegennehmen. Unter den eingereichten (unveröffentlichten) Manuskripten war auch „Die Kinder aus China" von Ruth Rewald. So jedenfalls lautete der Arbeitstitel. In dem umfangreichen Bericht über die feierliche Verleihung des Preises, die angelegt und angekündigt war als eine Kundgebung aus Anlass des vierten Jahrestages der faschistischen Bücherverbrennungen vom 10. Mai 1933, war in der *Pariser Tageszeitung* vom 12. Mai 1937 u. a. zu lesen: „Weiter hat das Preisgericht lobend erwähnt: [...] ‚Die Kinder aus China', ein Kinderbuch von Ruth Rewald [...]." Es konnte nicht geklärt werden, ob Ruth Rewald an der Veranstaltung teilgenommen hat oder nicht.

6 Der spanische Bürgerkrieg 1936–1939. Das einzige deutschsprachige Kinder- und Jugendbuch zu diesem Krieg, *Vier spanische Jungen*, entsteht

Am 18. Juli 1936 begann der Bürgerkrieg in Spanien. Ruths Ehemann Hans Schaul folgte sofort dem Aufruf, sich nach Spanien zu begeben und sich dort den im Aufbau befindlichen Internationalen Brigaden anzuschließen. Bereits im August 1936 wurde in Paris ein Internationaler Solidaritätskongress mit der Spanischen Republik durchgeführt. Ruth Rewald nahm daran teil. Aus seinem Moskauer Exil reiste auch Heiner Rau an. Ruth und Heiner kannten sich aus der gemeinsamen Berliner Zeit. Es kam zu einer intimen Verbindung zwischen ihnen. Ruth wurde schwanger.

Das Jahr 1937 wurde für Ruth Rewald zu einem aufregenden Jahr. Die Schwangerschaft war nicht einfach. Sie war allein und häufig krank. Hans war in Spanien. Von dort erreichten sie nicht nur gute Nachrichten. In Moskau fanden Stalins Schauprozesse statt. Am 16. Mai wurde Ruth Rewalds Tochter Anja geboren und hatte nach

---

[22] Das Buch wurde als fünfter Band der *Jüdischen Bibliothek* im Verlag Dr. Peter Wagener veröffentlicht, es wurde herausgegeben von Deborah Vietor-Engländer.

französischem Recht die französische Staatsbürgerschaft. Obgleich Hans Schaul wusste, dass er nicht der Vater sein konnte, nahm er die Vaterschaft an und drängte Ruth, zusammen mit dem Kind ganz nach Spanien umzuziehen. Ruth lehnte ab. Dann erreichte sie die Schilderung der vier spanischen Jungen, die vor den Franco-Soldaten aus der Bergarbeiterstadt Penarroya zu den Internationalen Brigaden geflohen waren. Alfred Kantorowicz hatte die Geschichte aufgeschrieben und Hans Schaul die Fotos dazu gemacht.[23] Die Geschichte war eine Sensation. Alle Exil-Zeitungen berichteten darüber. Die Schilderung, die auch Ruth Rewald in Paris erreichte, war mit der Aufforderung von Hans Schaul, Alfred Kantorowicz, Gustav Regler, Heiner Rau und Willi Bredel an Ruth Rewald verbunden, nach Spanien zu kommen, die Situation der Kinder zu erfahren, um danach ein Buch darüber zu scheiben. Nachdem sie eine Betreuung für ihre Tochter gefunden hatte, machte sie sich auf den Weg nach Spanien. Um die Jahreswende 1937/38 war sie vier Monate in Spanien und arbeitete im Kinderheim Ernst Thälmann, das in der Nähe von Madrid in einem alten Schloss von den Internationalen Brigaden für Kinder gefallener republikanischer Soldaten eingerichtet und betrieben wurde. Es waren überwältigende Eindrücke, die sie tief beeindruckt haben. Nach Paris zurückgekehrt, schrieb sie das Buch *Vier spanische Jungen* und journalistische Berichte zu politischen und sozialen Erlebnissen, die sie auf Exkursionen nach Madrid gewonnen hatte. Und sie hielt öffentliche Vorträge im Schutzverband. Anna Siemsen konnte einige Berichte – gegen Bezahlung – in Schweizer Zeitungen unterbringen. Der Beitrag „Die Wandlungen der spanischen Frau" ist erschienen und nachzulesen in der Anthologie *So weit uns Spaniens Hoffnung trug. Erzählungen und Berichte aus dem Spanischen Bürgerkrieg.*[24]

Im Herbst 1938 beendete Ruth Rewald die Arbeit an *Vier spanische Jungen*. Es ist bis heute das einzige deutschsprachige Jugendbuch zum Spanischen Bürgerkrieg geblieben. Es setzten intensive Bemühungen ein, einen Verlag für die Herausgabe zu gewinnen. Alle Bemühungen endeten mit dem Hinweis: Wir haben bald Ende 1938. Der Krieg ist für die Republik verloren. Die Internationalen Brigaden sind verabschiedet. Das Interesse an einem solchen Buch ist nur noch sehr gering – und dann auch noch in deutscher Sprache. So landete auch dieses Buch auf dem großen Stapel der Literatur für die Schublade. Erst 1987 konnte die Geschichte von den vier

---

23 Vgl. dazu „TSCHAPAIEW" – Das Bataillon der 21 Nationen – Dargestellt in Aufzeichnungen seiner Mitkämpfer – Redigiert von Alfred Kantorowicz – (Informationsoffizier des Bataillons) Madrid (Espana) 1938.
24 Erich Hackl (Hg.): So weit uns Spaniens Hoffnung trug. Erzählungen und Berichte aus dem Spanischen Bürgerkrieg. 46 Texte deutschsprachiger Frauen und Mädchen aus sechs Ländern. Zürich 2016, S. 116 ff.

spanischen Jungen als Buch in einem Kölner Verlag im Rahmen der Dissertation zu Ruth Rewald bei Thomas Koebner an der Bergischen Universität Wuppertal veröffentlicht werden. Frithjof Trapp, Leiter der Hamburger Arbeitsstelle für Deutsche Exilliteratur urteilte damals „Das ist ein in jeder Hinsicht bemerkenswerter, aufregender Fund!"[25]

7 Das Ende: Juli 1942 bis 8. Mai 1945. Zwei Leben erlöschen und werden von der Nachwelt vergessen – bis zum Jahr 1990

Am 27. März 1939 fiel Madrid. Der Spanische Bürgerkrieg endete mit einem Sieg Francos, der mit militärischer Unterstützung durch Italien und Deutschland und der „Nichteinmischungs-Haltung" Frankreichs und Englands errungen wurde. Nur fünf Monate später, am 1. September begann mit dem Überfall auf Polen der Zweite Weltkrieg. Hans Schaul war bereits im Oktober 1938 aus Spanien nach Paris zurückgekehrt und beteiligte sich dort – argwöhnisch beobachtet von der französischen Polizei – aktiv an der Solidaritätsarbeit für die Flüchtlinge aus Spanien. Von da an wurde er, das wissen wir aus Akten des französischen Innenministeriums als „bolschewistischer Agent" gesehen und so auch bezeichnet. Die Situation änderte sich für die männlichen deutschen Emigranten Anfang September 1939 dramatisch. Mit dem Beginn des 2. Weltkriegs durch den deutschen Überfall auf Polen wurden alle deutschen Männer in Lagern im Süden Frankreichs inhaftiert. Hans Schaul wurde nach kurzen Zwischenaufenthalten in verschiedenen Lagern im berüchtigten Lager Le Vernet interniert.

Von diesem Tag an trennten sich die Wege von Hans, Ruth und Anja für immer. Hans wurde, weil er gegen die unmenschlichen Haftbedingungen im Lager Le Vernet protestierte, als Rädelsführer in das Lager Djelfa in Algerien verschleppt. Dort erreichten ihn und andere Häftlinge zu Beginn des Jahres 1943 Einladungen und Reisepapiere in die Sowjetunion. Die Ausreise gelang. Das rettete ihm das Leben, denn die jüdischen Häftlinge in den verschiedenen Lagern in Frankreich wurden von den französischen Behörden an die Nazis ausgeliefert, die sie in die Konzentrationslager transportierten und dort ermordeten. Einigen gelang die Flucht und

---

[25] Vgl. Dirk Krüger: Die deutsch-jüdische Kinder- und Jugendbuchautorin Ruth Rewald und die Kinder- und Jugendliteratur im Exil 1933–1945. Frankfurt a. M. 1990. Der Brief von Trapp ist im Besitz des Verfassers dieses Beitrags.

damit ihre Rettung. In der Sowjetunion beteiligte sich Hans Schaul an der Antikriegspropaganda gegenüber den Wehrmachtssoldaten. Nach Kriegsende kehrte er nach Berlin (DDR) zurück, lehrte an der Universität in Berlin und publizierte eigene wissenschaftstheoretische Schriften. Ein besonderes, ihn tief berührendes Erlebnis, wurde für ihn, wenige Wochen vor seinem Tod am 10. Mai 1988, die Übergabe des Buches *Vier spanische Jungen*.[26]

Ruth und Anja konnten zunächst in Paris bleiben. Als aber im Juni/Juli 1940 die deutsche Wehrmacht über Holland und Belgien auf Paris zumarschierte und viele Emigranten in den Süden Frankreichs flüchteten mit der Hoffnung, in einem der Häfen einen Platz auf einem Überseeschiff zu bekommen, mussten auch Ruth und Anja Paris verlassen. Mit Hilfe von französischen Freunden, die Hans aus der Solidaritätsarbeit kannte, erreichten Ruth und Anja am 29. November 1940 die Kleinstadt Les Rosiers-sur-Loire. Dort wurden sie herzlich aufgenommen und auf vielfältige Weise unterstützt. Besonders hervorzuheben sind der Bürgermeister, seine Tochter und Anjas Lehrerin, die dem Verfasser dieses Beitrages in einem langen Brief die damalige Situation schilderte und ihre leider erfolglosen Bemühungen, das Kind Anja vor der Verhaftung durch die Gestapo zu retten, beschrieben hat. Ab dem 18. April 1941 durfte Ruth Rewald Postkarten an ihren Mann im Lager Djelfa schicken, deren Inhalt aber von den französischen Behörden kontrolliert wurde. Aus diesen insgesamt 40 Karten, die Hans Schaul im Lager Djelfa erreichten, die er retten konnte und dem Verfasser dieses Beitrags überlassen hat, kennen wir Einzelheiten aus dem Leben Ruth Rewalds und ihrer Tochter Anja in dieser Zeit. In diesen Karten hat Ruth sehr oft (verschlüsselt) den Krieg gegen die Sowjetunion kommentiert. Wir wissen, ab wann sie den Judenstern tragen musste und viele weitere Einzelheiten. Außerdem informierte sie ausführlich über Anjas Alltag in der Schule. Auch Anja schickte ihrem Papa Karten und kleine Briefe mit liebevollen Zeichnungen.[27]

Inzwischen hatte sich in Berlin auf der geheimen Wannseekonferenz am 20. Januar 1942 die nationalsozialistische Führungsriege darauf geeinigt, auch Frankreich rasch „judenfrei" zu machen. Damit beauftragt wurde Adolf Eichmann. So kam es am 16. und 17. Juli 1942 zur berüchtigten ‚Rafle du Vel d'Hiv'. Auch Ruth wurde verhaftet und in das Gefängnis von Angers gebracht. Dort gelang es ihr, noch eine Karte an Hans zu schreiben: „Mein lieber Hans, es ist soweit. Ich fahre zur Erntearbeit, ich weiß noch nicht wo: nahe Deiner Geburtsstadt" (Hohensalza, frühere Provinz Posen, seit 1918 Inowraclaw/Polen [D.K.]) „oder noch näher beim Doktor", (Das war eine von der KPD benutzte Tarnbezeichnung für die Sowjetunion und/oder für Stalin [D.K.]) „dort werden wir sicher bleiben. Ich glaube nicht, daß

---

26 Vgl. dazu Neues Deutschland (12. Mai 1988), S. 2.
27 Sie befinden sich ebenfalls im Besitz des Verfassers dieses Beitrags.

du sobald Nachricht bekommst. Aber du wirst etwas hören, sorgt Euch darum nicht. Außer der Trennung von Anja wird mir nichts etwas ausmachen. Anja ist zunächst bei einer wohlhabenden netten Nachbarin geblieben, bis Frau Renaud sie holt. Euch allen guten Mut. Ich habe ihn. Es wäre wunderbar, wenn ich mit meinen Reisegefährtinnen zusammenbleiben könnte. Es ist nicht wie in der Familie (Tarnbezeichnung für die Partei/KPD, D.K.), aber sie sind fröhlich und arbeitsam, Bäuerinnen. Dir alles Gute!"[28]

Die Karte trägt das Datum 18. Juli 1942. Sie ist das letzte Lebenszeichen der deutsch-jüdischen Kinder- und Jugendbuchautorin Ruth Gustave Rewald. Am Sonntag, dem 19. Juli, wurden die Deportationslisten für den Transport nach Auschwitz erstellt. Sie umfassten die Namen von 824 jüdischen Menschen. Unter der laufenden Nummer 68 wurde Ruth Gustave Schaul, geb. Rewald, aufgeführt. Als Beruf wurde vermerkt ‚Referendarin'. Am 20. Juli 1942, um 21.35 Uhr, verließ der Transportzug den Bahnhof Angers-St.-Laud[29] und damit endete auch – ganz wie es die Nazis wollten – jede Erinnerung an diese junge deutsch-jüdische Schriftstellerin.

Aber die Nazis machten – glücklicherweise – einen Fehler. Bei der Verhaftung beschlagnahmten sie aus dem Besitz von Ruth Rewald einen großen Karton. Darin enthalten war der gesamte Nachlass von Ruth Rewald: viele Manuskripte und Übersetzungen, Notizhefte, Fotos, umfangreiche Briefwechsel, Zeitungsartikel, Quittungen, Anzeigentexte etc. Die Nazis vernichteten den Karton und seinen Inhalt nicht, sondern brachten ihn nach Berlin und lagerten ihn im Keller des Gestapo-Hauptquartiers. Als 1945 die Soldaten der Roten Armee das Hauptquartier erobert hatten, fanden sie im Keller auch den Karton. Sie brachten ihn nach Moskau. Dort wurde der Inhalt untersucht. 1952 wurde der Karton dann der DDR übergeben. Weil es ein ‚Staatsakt' war, wurde der Karton im Zentralen Staatsarchiv der DDR in Potsdam archiviert – und vergessen. Selbst Hans Schaul, ihr Ehemann, wusste lange nichts von dem Karton.[30]

Erst 1975 kam Bewegung in die Sache. In diesem Jahr stellte sich ein Kollektiv von Wissenschaftlern der DDR die Aufgabe, eine Geschichte des antifaschistischen Exils in Länderdarstellungen zu schreiben. Mit dem Band 6: *Kunst und Literatur im antifaschistischen Exil 1933–1945. Exil in den Niederlanden und in Spanien* betraute man die Wissenschaftlerin Silvia Schlenstedt. Bei Forschungen im Zentralen Staatsarchiv machte man sie auf den Karton aufmerksam. So kam es zu dem Hinweis in dem Buch: „Adressatin des Briefes (von Heiner Rau am 4. Juli 1937 [D.K.]) war die Schriftstellerin Ruth Rewald-Schaul, die Rau veranlaßte, ein Buch über spa-

---

28 Vgl. dazu das Nachwort zu *Vier spanische Jungen*, Köln 1987, S. 172 f.
29 Ebd., S. 168 f.
30 Gespräch mit Hans Schaul (vgl. Anm. 20).

nische Kinder zu schreiben. Der Kinderroman ‚Vier spanische Jungen', der auf einer authentischen Begebenheit beruht, entstand nach einem Spanienaufenthalt Ruth Rewalds, konnte aber nicht als Buch herauskommen." Und in der dazugehörigen Anmerkung informiert Schlenstedt: „Das Typoskript des Romans findet sich im ‚Zentralen Staatsarchiv' Potsdam."[31] Und so wurde der Autor dieses Beitrags darauf aufmerksam. Er bekam die Erlaubnis zu einem längeren Studienaufenthalt im Zentralen Staatsarchiv in Potsdam und das Einverständnis, das Typoskript zu *Vier spanische Jungen* als Teil seiner Dissertation bei Thomas Koebner an der Universität Wuppertal zu Leben und Werk von Ruth Rewald in einem Kölner Verlag als Buch zu veröffentlichen.

Ruth Rewald wurde am 15. Juni 1950 vom Amtsgericht Berlin-Mitte für tot erklärt und als Zeitpunkt des Todes der 8. Mai 1945 festgestellt. Der Beschluss trägt das Aktenzeichen 58.11.599.50.[32] Am 25. Januar 1944 ereilte die sieben Jahre alte Anja das gleiche Schicksal wie ihre Mutter. Sie wurde aus der Schulklasse während des Unterrichts von der Gestapo und ihren französischen Helfern verhaftet und ebenfalls nach Auschwitz verschleppt und dort ermordet. Auf der Deportationsliste erhält sie die Nummer 1201.[33] Anja wurde am 29. Mai 1951, wie ihre Mutter, vom Amtsgericht Berlin-Mitte, Abteilung 58, für tot erklärt. Der Vorgang bekam das Aktenzeichen: 58II5506/50.[34]

8 Versuch eines Fazits

Das literarische Exilwerk Ruth Rewalds entwickelte sich in Übereinstimmung mit den markanten politischen und literarischen Ereignissen und Strömungen der für die deutsche Literaturentwicklung schwierigsten Zeit im 20. Jahrhundert und erfuhr von diesen wichtige und schöpferische Impulse. „Die Arbeits- und Lebensbedingungen des Exils 1933–1945 waren dem literarischen Experiment, der formalen Neuerung nicht günstig."[35]

Diese Feststellung F.C. Weiskopfs trifft auch auf das Werk Ruth Rewalds zu. Ihr durch die Umstände bewirktes schmales Werk ist und bleibt aber ein Beitrag

---

31 Silvia Schlenstedt: Exil und antifaschistischer Kampf in Spanien. In: Kunst und Literatur im antifaschistischen Exil 1933–1945. Band 6. Frankfurt a. M., Leipzig 1981, S. 286 und S. 391.
32 Das Original-Dokument befindet sich im Besitz des Verfassers dieses Beitrags.
33 Vgl. Nachwort zu Ruth Rewalds Buch „Vier spanische Jungen". Köln 1987, S. 165.
34 Das Originaldokument befindet sich im Besitz des Verfassers dieses Beitrags.
35 F.C. Weiskopf: Unter fremden Himmeln. Ein Abriss der deutschen Literatur im Exil 1933–1947. Berlin, Weimar 1981, S. 23.

zum Thema Zukunft Deutschlands. In dem Sinne, wie es Anna Seghers bereits 1944 in ihrem Aufsatz „Aufgaben der Kunst" formuliert hat: „Die Künstler müssen die Begriffe in drei Werten in der deutschen Jugend neu erwecken: Das Individuum, das Volk, die Menschen."[36]

Die zentrale Idee im Werk Ruth Rewalds ist der Humanismus in der Art wie ihn Ludwig Marcuse bereits 1936 beschrieben hat: „Humanismus ist aber nicht nur ein Gegenstand des Abbaus. Er ist vielmehr, in seinem fruchtbaren Kern, die einzige Parole gegen den Faschismus […]. Es gibt sehr verschiedene Gegner des Faschismus: Ihr Generalnenner ist ein Negativum. Doch es gibt, falls ich richtig sehe, nur eine einzige Zentralidee, in der alles wurzelt, was mehr ist als nur Gegen ist: Die Idee der humanitas; die Idee der menschlichen Solidarität vor den Nöten auf dieser Erde; die Idee des Anrechts der Menschen auf die Früchte dieses Sterns, die nicht einem Mann und nicht einer Gruppe und nicht einer Nation mehr gehören als einem anderen Mann und einer anderen Gruppe und einer anderen Nation […] mit aller Energie und aller Klugheit die humanitas zu verwirklichen – dort ist Humanismus."[37] In diesem Sinne wird Rewalds Werk zu einem humanistischen Protest und zu einer Alternative zu der auf Rassenhass, Unmenschlichkeit, Völkerfeindschaft und Kriegsbereitschaft zielende Kinder- und Jugendliteratur im ‚Dritten Reich'.

Ruth Rewald wurde nur 36 Jahre alt. So blieb ihr Werk relativ schmal, zumindest was den Umfang betrifft. Vieles macht den zeitbedingten Eindruck des Unfertigen. Die Zeit, in die sie hineingeboren wurde, waren ihrer Entwicklung und Reife als Kinder- und Jugendbuchautorin nicht günstig. Dennoch, aus dem, was sie geschrieben und wie sie es geschrieben hat, werden wir Nachgeborenen die Verpflichtung ableiten müssen, der deutsch-jüdischen Schriftstellerin Ruth Rewald den Platz in der Geschichte der Kinder- und Jugendliteratur einzuräumen, der ihr und ihrem Werk gebührt. Ihr Schicksal ist ein weiterer Beleg für die Verbrechen, die von den deutschen Faschisten an dem jüdischen Volk begangen worden sind. Die eigentliche Bedeutung ergibt sich aber aus der Tatsache, dass Ruth Rewald und ihr Werk uns erneut darauf aufmerksam machen, unsere jüdischen Mitbürger nicht vorwiegend und ausschließlich als Opfer nationalsozialistischer Verbrechen zu begreifen, sondern auch und vor allem als bedeutende Mitschöpfer der deutschen Kultur, in ihrem Fall als wertvolle Urheberin der deutschen demokratischen und humanistischen Kinder- und Jugendliteratur.

---

36 Bertuchs Weltliteratur für junge Leser. Band 6: Kennst du Anna Seghers? Bertuch-Verlag Weimar 2007, S. 105.
37 Ludwig Marcuse: Der Fall Humanismus. Das Wort 1, (Juli 1836), S. 62 ff.

Literaturverzeichnis

Bolius, Gisela: Leben und Werk der Schriftstellerin Lisa Tetzner. Inauguraldissertation, Freie Universität Berlin 1995.

Brogi, Susanna: Ruth Rewald: Janko, der Junge aus Mexiko (1934). In: Handbuch der deutschsprachigen Exilliteratur. Von Heinrich Heine bis Herta Müller, hg. von Bettina Bannasch und Gerhild Rochus. Berlin, Boston 2013, S. 492–498.

Handbuch der deutschsprachigen Emigration 1933–1945. Hg. von Klaus-Dieter Krohn, Patrik von zur Mühlen, Gerhard Paul und Lutz Winkler. Darmstadt 1998, S. 984 ff.

Budke, Petra und Schulze, Jutta: Schriftstellerinnen in Berlin 1871 bis 1945. Berlin 1995.

Cohen, Robert: Exil der frechen Frauen. Berlin 2009.

Das Wort. Literarische Monatsschrift. Redaktion: Bertolt Brecht, Lion Feuchtwanger, Willi Bredel. Heft 4–5, April–Mai 1937 und Heft 1, Juli 1936.

Dick, Jutta und Marina Sassenberg (Hg.): Jüdische Frauen im 19. und 20. Jahrhundert. Reinbek bei Hamburg 1993.

Fernengel, Astrid: Im „modernen Dschungel einer aufgelösten Welt" – Kinderliteratur im Exil. Marburg 2008.

Friedländer, Saul: Das Dritte Reich und die Juden, Bd. 1. München 2007.

Hackl, Erich (Hg.): Soweit uns Spaniens Hoffnung trug. Erzählungen und Berichte aus dem Spanischen Bürgerkrieg. Zürich 2016.

Kaminski, Winfred: Exil und innere Emigration. In: Reiner Wild (Hg.): Geschichte der deutschen Kinder- und Jugendliteratur. Stuttgart 2002, S. 285–298.

Kaminski, Winfred: Faschismus. In: Reiner Wild (Hg.): Geschichte der deutschen Kinder- und Jugendliteratur. Stuttgart 2002, S. 266–284.

Kantorowicz, Alfred: Fünf Jahre Schutzverband deutscher Schriftsteller im Exil. In: Das Wort. Heft 12, Dezember 1938

Kühnl, Reinhard: Der deutsche Faschismus in Quellen und Dokumenten. Köln 1979.

Kunst und Literatur im antifaschistischen Exil 1933–1945 in sieben Bänden. Band 6. Exil in den Niederlanden und in Spanien. Klaus Hermsdorf, Hugo Fetting und Silvia Schlenstedt (Hg.), Frankfurt a. M. 1981.

Kunst und Literatur im antifaschistischen Exil 1933–1945 in sieben Bänden. Band 7. Exil in Frankreich. Frankfurt a. M. 1981.

Krüger, Dirk: Die deutsch-jüdische Kinder- und Jugendbuchautorin Ruth Rewald und die Kinder- und Jugendliteratur im Exil 1933–1945. Frankfurt a. M. 1990.

Krüger, Dirk: „Vater, du musst mir zuerst etwas erklären. Was bedeutet staatenlos? Wie kommt es, daß jemand staatenlos ist?" Kinder- und Jugendliteratur im Exil – Erinnerungen an die deutschjüdische Autorin Ruth Rewald. In: Claus-Dieter Krohn, Erwin Rotermund, Lutz Winkler und Wulf Koepke (Hg.): Frauen und Exil. Zwischen Anpassung und Selbstbehauptung (Exilforschung. Ein internationales Jahrbuch, Bd. 11), München 1993, S. 171–189).

Phillips, Zlata Fuss: German Children's and Youth Literature in Exile 1933–1950. München 2001.

Rewald, Ruth: Janko, der Junge aus Mexiko. Straßbourg 1934 (auch in: Ruth Rewald: Janko, der Junge aus Mexiko und Tsao und Jing-Ling. Kinderleben in China. Hg. von Deborah Vietor-Engländer. Mühltal 2002; Ruth Rewald: Janko, der Junge aus Mexiko. Illustriert von Paul Urban. Hg. und mit einem Nachwort von Dirk Krüger. Wuppertal 2007; Ruth Rewald: Vier spanische Jungen. Hg. und mit einem Nachwort von Dirk Krüger. Reihe Röderberg Köln 1987; Ruth Rewald: Müllerstraße. Jungens von heute. Stuttgart 1932 und als Neuausgabe mit einem Nachwort von Dirk Krüger. Walter Frey Verlag Berlin 2023.

Silvia Schlenstedt: Exil und antifaschistischer Kampf in Spanien. In: Kunst und Literatur im antifaschistischen Exil 1933–1945. Band 6. Frankfurt a. M., Leipzig 1981.

TSCHAPAIEW – Das Bataillon der 21 Nationen – Dargestellt in Aufzeichnungen seiner Mitkämpfer – Redigiert von Alfred Kantorowicz – (Informationsoffizier des Bataillons) Madrid (Espana) 1938.

Wall, Renate: Verbrannt, verboten, vergessen. Köln 1988.

Weiskopf, F.C.: Unter fremden Himmeln. Ein Abriss der deutschen Literatur im Exil 1933–1947. Berlin, Weimar 1981.

Wrobel, Dieter und Mikota, Jana (Hg.): Flucht-Literatur. Texte für den Unterricht. Band 1 Primarstufe und Sekundarstufe I. Baltmannsweiler 2017.

Zur Tradition der deutschen sozialistischen Literatur. Eine Auswahl von Dokumenten. 1926–1935. Berlin, Weimar 1979.

Isabelle Leitloff

Literarische Verhandlungen von Fluchterfahrungen jüdischer Kinder in Kinder- und Jugendliteratur. Kindspezifische Rezeptionen einer Flucht in *Über die Grenze* und *Als Hitler das rosa Kaninchen stahl*

Zwei Geschwister, ein Mädchen und ihr älterer Bruder, müssen in Maja Lundes und Judith Kerrs Kinder- und Jugendromanen vor dem Nationalsozialismus flüchten. Beide Romane – *Über die Grenze* und *Als Hitler das rosa Kaninchen stahl* – sowie die gleichnamige filmische Umsetzung Caroline Links thematisieren die Flucht aus dem Nationalsozialismus und nehmen dabei die Perspektive von Kindern im Allgemeinen und im Besonderen die Perspektive jüdischer Kinder ein.

In Maja Lundes Roman *Über die Grenze*, übersetzt von Antje Subey Cramer mit Illustrationen von Regina Kehn, versuchen Sarah und Daniel im Jahr 1942 aus dem von Deutschen besetzten Norwegen nach Schweden zu fliehen und begegnen dabei Otto und seiner Schwester, der zehnjährigen Gerda, aus deren Perspektive der Roman erzählt wird.

Judith Kerrs *Als Hitler das rosa Kaninchen stahl* beschreibt die Flucht der neunjährigen Anna, ihres zwölfjährigen Bruders Max und ihrer Familie von Berlin nach London. Caroline Link verfilmt im Jahr 2019 den auf Kerrs eigener Lebensgeschichte beruhenden Roman und setzt die Fluchterfahrung Annas medial um. Der Beitrag zeigt auf, wie die Perspektive eines Kindes auf Flucht und Exil in den ausgewählten kinder- und jugendmedialen Texten transnational und intermedial verhandelt wird.

1 Einführung

Fluchterfahrung ist ein breit erforschtes Themenfeld in der Soziologie, den Politikwissenschaften, den Literaturwissenschaften und den Medienwissenschaften.[1]

---

[1] Aus dem Bereich der Literaturwissenschaften und der Kunstgeschichte sollen hier besonders Forschungen und Publikationen von Doerte Bischoff, Susanne Komfort-Hein, Bettina Bannasch und Burcu Dogramaci hervorgehoben werden. Siehe dazu: Doerte Bischoff: Exil und Interkulturalität: Positionen und Lektüren. In: Bettina Bannasch und Gerhild Rochus (Hg.): Handbuch der

https://doi.org/10.1515/9783111066677-008

Literarische Verhandlungen von Fluchterfahrungen in der Kinder- und Jugendliteratur sind weitaus weniger erforscht.[2] Dabei bieten die Kinder- und Jugendliteratur im Allgemeinen und die zu untersuchenden Romane – *Über die Grenze* und *Als Hitler das rosa Kaninchen stahl* – im Besonderen Anlass, um Exil- bzw. Fluchtliteratur aus einer anderen Perspektive neu auszuhandeln. Beide Romane thematisieren die Flucht aus dem Nationalsozialismus und nehmen dabei die Perspektive weiblicher (jüdischer) Kinder ein. Dabei ist auffällig, dass die Handlungsebenen beider Romane und der filmischen Umsetzung sehr ähnlich sind: Zwei um die zehnjährigen Geschwister müssen vor dem Nationalsozialismus flüchten. Ein Mädchen und ihr älterer Bruder fliehen in den jeweiligen Kinder- und Jugendmedien aus ihrem Heimatland über (die) Grenze(n) hinweg, begegnen der Angst, der Hoffnungslosigkeit, der Einsamkeit, aber sie entwickeln auch Resilienz und erleben Gemeinschaft auf ihrem Weg in ein neues Leben. Elisabeth Bronfen schreibt in *Die Kunst des Exils*:

> Erzwungen oder freiwillig hat der- oder diejenige, die ins Exil gehen, sich von ihrer vertrauten Umwelt getrennt, eine Entwurzelung auf sich genommen, die einer Weltlosigkeit gleichkommt, und auf die nur mit neuen Selbstentwürfen reagiert werden kann. ‚Kunst' bezieht sich in diesem Fall auf die Fähigkeit, ein sinnstiftendes Narrativ zu finden, um mit dieser Existenz zwischen zwei Welten zu leben: zwischen Bekanntem und Fremden, zwischen einer Vergangenheit (die einen nie loslässt) und einer Zukunft (die offen bleiben muss).[3]

---

deutschsprachigen Exilliteratur. Von Heinrich Heine bis Herta Müller. Berlin, Boston 2013, S. 97–119; Doerte Bischoff: Flucht und Exil in der Gegenwartsliteratur: Begriffsverhandlungen, vernetzte Geschichten, globale Perspektiven. In: Gegenwartsliteratur 20: Flucht – Exil – Migration. Berlin 2021, S. 28–54; Doerte Bischoff und Susanne Komfort-Hein: Literatur und Exil. Neue Perspektiven. Berlin, New York 2013; Doerte Bischoff und Susanne Komfort-Hein: Vom anderen Deutschland zur Transnationalität: Diskurse des Nationalen in Exilliteratur und Exilforschung. In: Claus-Dieter Krohn, Lutz Winckler und Erwin Rotermund (Hg.): Exilforschung. Ein internationales Jahrbuch 30 (2012): Exilforschungen im historischen Prozess. München 2012, S. 242–273; Burcu Dogramaci und Karin Wimmer (Hg.): Netzwerke des Exils. Künstlerische Verflechtungen, Austausch und Patronage nach 1933. Berlin 2011; Burcu Dogramaci u. a.: Arrival Cities. Migrating Artists and New Metropolitan Topographies in the 20th Century. Leuven University Press 2020, open access, https://library.oapen.org/handle/20.500.12657/41641 (Zugriff: 9.2.2023).

2 Zwar gibt es einige Forschungen zu der Perspektive von Kindern im Holocaust, allerdings selten spezifisch zu Kinder- und Jugendliteratur. Interessante Forschungen zur Perspektive von Kindern in der Exilforschung sind Folgende: Claus-Dieter Krohn u. a. (Hg.): Exilforschung. Ein internationales Jahrbuch 24 (2006): Kindheit und Jugend im Exil – Ein Generationenthema. München 2006; Inge Hansen-Schaberg (Hg.): Als Kind verfolgt. Anne Frank und die anderen. Berlin 2004; Viktoria Hertling (Hg.): Mit den Augen eines Kindes: Children in the Holocaust, Children in Exile, Children under Fascism. Amsterdam, Atlanta 1998.

3 Elisabeth Bronfen: Die Kunst des Exils. In: Doerte Bischoff und Susanne Komfort-Hein (Hg.): Literatur und Exil. Neue Perspektiven. Berlin, Boston 2013, S. 381.

In beiden Romanen handelt es sich um ein unfreiwilliges und damit erzwungenes Verlassen des Wohnortes und um eine Entwurzelung. Maja Lundes Roman beschreibt – im Gegensatz zu Judith Kerrs Roman – dezidiert die Flucht und den Übertritt der Grenze und bleibt somit in der Handlung des Fliehens haften. Die Geschichte endet mit dem Übertritt der Grenze und dem erreichten Ziel – die Sicherheit der Kinder vor den Nationalsozialisten in Schweden. Judith Kerr beschreibt in ihrem Roman die von Bronfen angesprochenen Konsequenzen der Entwurzelung: Das Gefühl der Weltlosigkeit, die Auseinandersetzung mit neuen Selbstentwürfen und das Oszillieren zwischen Bekanntem und Fremdem, Vergangenheit und Zukunft. Dabei steht der Akt des Fliehens ebenfalls und immer wieder im Zentrum, da die Familie der Protagonistin Anna erst von Deutschland in die Schweiz, dann nach Frankreich und schlussendlich nach England flieht.

2 *Über die Grenze* von Maja Lunde

Im Oktober 2021 erscheint Maja Lundes *Über die Grenze* aus dem Norwegischen von Antje Subey-Cramer mit Illustrationen von Regina Kehn – ein Kinderbuch, das die Thematik der Flucht vor dem Nationalsozialismus aus einer anderen Perspektive – aus der Perspektive von Kindern – schildert.

Der Roman erschien bereits 2012 in Norwegen und erst 9 Jahre später in deutscher Übersetzung und beschreibt aus der Sicht von vier Kindern die Flucht vor dem Nationalsozialismus. In Deutschland erlangte Lunde mit dem 2015 erschienenen Roman *Bienes historie* (deutscher Titel: *Die Geschichte der Bienen*[4]), dem 2017 erschienenen *Blå* (deutscher Titel: *Die Geschichte des Wassers*[5]), dem Roman *Przewalskis hest* (deutscher Titel: *Die letzten ihrer Art*[6]), der 2019 erschien, sowie mit dem 2020 veröffentlichten Roman *Als die Welt stehen blieb*[7] Bekanntheit. Das Kinderbuch ist bislang weniger erfolgreich, kaum rezipiert und besonders in der Forschung nicht präsent.

Maja Lundes Roman *Über die Grenze* beginnt im Jahr 1942 in Norwegen im Haus einer Familie, die mit den Konsequenzen des Krieges zu leben versucht. Der zwölfjährige Otto und die zehnjährige Gerda haben eine unbeschwerte Kindheit, bei der sich der Krieg nur durch weniger Lebensmittel zeigt. Doch schon bald wird sich auch ihr Leben ändern. Gerda, aus deren Perspektive der Roman erzählt

---

4 Maja Lunde: Die Geschichte der Bienen. München 2017.
5 Maja Lunde: Die Geschichte des Wassers. München 2019.
6 Maja Lunde: Die Letzten ihrer Art. München 2019.
7 Maja Lunde: Als die Welt stehen blieb. München 2020.

wird, entdeckt Stimmen im Keller.[8] Als sie nachts aufwacht, im Garten eine Person sieht und dieser spielerisch-neugierig folgt, wandelt sich die Situation in eine dramatische Schlüsselszene des Romans: Polizisten stürmen das Haus der Familie, durchsuchen alle Räume, verdächtigen die Familie, jüdische Kinder zu verstecken, nehmen beide Eltern fest und führen sie ab (ML 35–42). Als die zwei Kinder allein sind, hören sie erneut Stimmen in ihrem Haus und finden Sarah und Daniel (ML 46, 47):

> Sie hießen Sarah und Daniel. Sie war sieben Jahre alt, er zehn, genau wie ich. Und sie waren zwei völlig normale Kinder. Ihr Vater war Lehrer, die Mutter war schon vor langer Zeit gestorben. [...] Sie hielten sich seit vier Tagen in unserem Keller versteckt. Mama und Papa hatten sie mit Essen versorgt. Es waren also Daniel und Sarah, die unsere Lebensmittel bekommen hatten (ML 49).

Auf sich allein gestellt überlegen sie, wie sie jetzt handeln und entscheiden, dass sie bald das Haus verlassen müssen, um die zwei jüdischen Kinder in Sicherheit zu bringen (ML 49). Deren Vater, der schon früher Norwegen verlassen hat, wartet in Schweden auf sie, sodass sie entscheiden, die zwei Kinder auf ihrem Weg zu begleiten (ML 49 f.). Sarah, Daniel, Gerda und Otto brechen mit dem Zug nach Halden auf, um ihre Tante Vigdis zu besuchen und von dort weiterzureisen (ML 89). Auf dem Weg nach Schweden begegnen sie Vetter Per, der für die Widerstandsbewegung Zeitungen verteilt hat (ML 101) und sie in einem Transporter weiter gen Grenze bringt (ML 106 f). Per vermittelt den Kindern durch seine Aussage „mutig sein bedeutet, Dinge zu tun, vor denen man große Angst hat" (ML 101) eine für die weitere Handlung wichtige Botschaft. Die Aussage wird zur Schlüsselszene des Romans, zu einem roten Faden, der auch den weiteren Verlauf bestimmen wird.

Lundes Roman bringt Kindern in ihrer Sprache und aus ihrer Perspektive die Auseinandersetzung mit dem Nationalsozialismus und seinen Konsequenzen nahe. Dabei vermittelt der Roman – aus der Perspektive junger Kinder – interkulturelles Wissen, das durch gegenseitige Neugierde in den Gesprächen der Kinder geteilt wird:

> Sarah fuhr fort, das Lied zu singen. „Wovon handelt es?", fragte ich. „Ich weiß es nicht genau ... Papa hat es immer gesungen. Es ist auf Jiddisch, unserer anderen Sprache", sagte sie. „Habt ihr zwei Sprachen?" „Drei. Hebräisch auch noch. Aber ich kann eigentlich fast nur Norwegisch." „Drei!" „Ja. Wir benutzen Hebräisch, wenn wir beten. Und an den Samstagen in der Synagoge. Und der Siddur ist auch in Hebräisch geschrieben." (ML 86).

---

[8] Maja Lunde: Über die Grenze. München 2021, S. 23. Im Folgenden wird die Sigle ML verwendet, wenn es sich um den Roman *Über die Grenze* von Maja Lunde handelt.

Später werden die für Gerda und Otto unbekannten Worte aufgegriffen und erläutert, wenn es heißt: „Jiddisch ist die Sprache der Juden. Die Synagoge ist unsere Kirche und Siddur das Gebetbuch. Es sind einfach andere Wörter für Dinge." (ML 95). Die Begegnung der vier Kinder entwickelt sich nicht nur zu einem gemeinsamen Abenteuer, das durch die Flucht aus dem von Deutschen besetzten Norwegen nach Schweden zu einer bedrohlichen und lebensgefährlichen Situation wird, sondern auch zu einer Begegnung zwischen den Geschwisterpaaren, zwischen vier Kindern, die mitten im Krieg unterschiedliche Realitäten erleben und eine gemeinsame Lösung für das sichere Ankommen in Schweden zu finden suchen. Auch über die gemeinsame Leidenschaft für Literatur, für ihr Lieblingswerk *Die drei Musketiere* (ML 97), findet (interkulturelle) Begegnung statt. Ihre eigenen Fluchterfahrungen verarbeiten sie über die hergestellte Analogie zu ihrem Lieblingsroman, einer Abenteuergeschichte, die den Weg über die Grenze etwas erträglicher zu machen scheint. Hinter dem ‚Abenteuer', das die Kinder erleben, bleibt der wahre Grund der Flucht thematisch nicht unbehandelt. Lund greift empathisch und kindgerecht das Schicksal der zwei jüdischen Kinder auf, erzeugt Blick- und Perspektivwechsel zwischen den Kindern und damit eine Annäherung und Begegnung:

> Gestern hatte ich Verstecken gespielt, heute waren Mama und Papa vielleicht schon in Grini. Und die Nazis wollten Daniel und Sarah ins Lager stecken, nur weil sie Juden waren. Es war nicht zu glauben, es war einfach völlig falsch – so falsch, wie es nur sein konnte. Und ungerechter und furchtbarer als alles andere, von dem ich je gehört hatte. Das wollte ich Daniel sagen, aber ich konnte nicht. Das Ganze war so ungeheuer groß, dass ich keine passenden Worte fand (ML 96).

Die Unmöglichkeit Gerdas, den Schmerz, das Entsetzen und die Wut über die Situation auszudrücken, wird an dieser Stelle deutlich. Doch was könnte an die Stelle dieser Wortlosigkeit treten? Wie lassen sich ihre Gefühle erklären und wie wird das Unsagbare sagbar? Wie werden die Fluchterfahrungen jüdischer Kinder verbalisiert und kindgerecht vermittelt? In Lundes Roman gelingt es, Kindern die Fluchterfahrung im zweiten Weltkrieg in Wort und Bild zu vermitteln und den Umgang mit Schuld, Angst und Verzweiflung zu artikulieren. Abstrakte Gefühle werden bildhaft erklärt und im Text zu „wilden Tieren" (vgl. ML 43, ML 97):

> Otto weinte. Aus seinen Augen rannen dicke Tränen. Er stand aufrecht wie ein Pfeiler und weinte nur. In mir waren keine Tränen. Stattdessen war da anderes, das an mir riss und zerrte, fast wie wilde Tiere. Ich wusste nicht, was ich mit all diesen Tieren tun sollte, aber ich schaffte es jedenfalls nicht, ruhig zu bleiben (ML 43).

Neben dem Vermitteln des Wahrnehmens von und dem Umgang mit Gefühlen, versteht Lunde es, in ihrem Roman negativen Verhaltensweisen, die im Krieg vermittelt werden und denen die Protagonist*innen begegnen, wie Brutalität, Erniedrigung, Verrat, Unmenschlichkeit, Unehrlichkeit, Misstrauen und Illoyalität, positive Verhaltensweisen wie Mut, Loyalität, Altruismus, Fürsorglichkeit, Integrität, Menschlichkeit, Zusammenhalt und Verantwortung gegenüberzustellen. Die Kinder verstehen, dass der Vater ihres ehemaligen Freundes Mitglied der Nasjonal Samling, kurz NS, ist (ML 26) und durch ihn, Dypvik, eine Hetzjagd durch Norwegen beginnt (ML 131), die bis an die Grenze Schwedens führt (ML 177). Sie erleben, dass eine alte Dame namens Wilhelmine Andersen nicht nur ein Bild Hitlers versteckt (ML 121 f.), sondern auch ihre eigenen Nachbarn denunziert, an das Konzentrationslager ausliefert und nun statt ihnen zu helfen, die „deutsche Patrouille" (ML 128) ruft, um auch sie zu denunzieren (ML 128). Kurz vor der Grenze treffen die Kinder auf Soldaten und auf Dypvik (ML 176 f.). Um die Soldaten abzulenken, trennt sich Otto von der Gruppe, es kommt zu einem Schuss: „Alles andere trat zurück. In der ganzen Welt gab es nur dieses eine Geräusch. Den Pistolenschuss." (ML 179) und die drei Kinder müssen allein weiter:

> Dort war Schweden. Dann gingen wir hinüber – über das, was die Grenze sein musste. Aber hier war keine rote geschwungene Linie wie auf der Karte. Nur der gleiche Wald auf beiden Seiten. Und auch in mir veränderte sich nichts: Die Freude, von der ich geglaubt hatte, dass ich sie spüren würde, stellte sich nicht ein (ML 181).

Um die schwedische Patrouille zu treffen und in Sicherheit zu sein, laufen die Kinder weiter (ML 182) und treffen Otto, der – anders als geglaubt – nicht von der Pistolenkugel getroffen wurde, sondern überlebt hat (ML 184). Sarah und Daniel sind sicher in Schweden angekommen und für Gerda und Otto beginnt der Rückweg und damit endet die Reise über die Grenze. Im Roman bleibt nicht nur die topographische Grenze beim Grenzübertritt unscharf, auch vermeintlich kulturelle, religiöse und ethnische Alteritäten werden hinterfragt und ihre Konstruiertheit – sowohl der Grenze als auch der vermeintlichen Fremdheit der jüdischen Kinder – wird durch die Kinder selbst aufgedeckt. Zuschreibungen und Wertungen als fremd sind in der Begegnung der Kinder inexistent und geschehen im Roman ausschließlich auf Ebene der Erwachsenenhandlung. Dabei wird die Differenz allerdings auch nicht negiert – es kommt im Gegenteil zu einer realen Begegnung, die über Grenzen hinausgeht.

3 Als Hitler das rosa Kaninchen stahl und Über die Grenze im Vergleich

Bei Judith Kerrs *Als Hitler das rosa Kaninchen stahl* handelt es sich nicht dezidiert um eine Geschichte der Begegnung zwischen Kindern. Vielmehr ist es die Geschichte der neunjährigen Anna als Protagonistin, ihres zwölfjährigen Bruders Max und ihrer Familie, die im Jahr 1933 aufgrund des Krieges und der Judenverfolgung aus Berlin fliehen müssen und deren Leben in der Schweiz, in Frankreich und England und damit im Exil beschrieben wird. 1973 wird der Roman, den Kerr auf Englisch schrieb, ins Deutsche übersetzt, ein Jahr später, 1974, mit dem Jugendliteraturpreis gewürdigt[9] und „in den schulischen Lektürekanon aufgenommen und […] damit zum Teil des kulturellen Gedächtnisses in Deutschland."[10] Caroline Link verfilmt im Jahr 2019 den auf Kerrs eigener Lebensgeschichte beruhenden Roman und setzt die Fluchterfahrung Annas medial um. Dabei wird im Film nur auf den ersten Band der Trilogie Bezug genommen. Der zweite und dritte Teil, *Warten bis der Frieden kommt* und *Eine Art Familientreffen*, sind im Film nicht präsent und sollen auch im vorliegenden Beitrag nur erwähnt werden.

Der erste und hier behandelte Teil der Trilogie trägt den Titel *Als Hitler das rosa Kaninchen stahl* und beginnt im Berlin der frühen Dreißigerjahre. Die Protagonistin Anna ist mit ihrer Schulfreundin auf dem Heimweg von der Schule und passiert ein Wahlplakat mit eben jenem Mann, der – so glaubt Anna später – ihr rosa Kaninchen stiehlt. Die beiden Mädchen, Anna und Elsbeth, betrachten und kommentieren das Plakat mit dem ‚Mann mit dem Schnurrbart', der „will, dass alle bei den Wahlen für ihn stimmen" (JK 8) und – so schlussfolgert Elsbeth – „den Juden einen Riegel vorschieben" wird. (JK 8) Als Anna daraufhin erklärt, sie sei auch Jüdin, verneint Elsbeth ihre Aussage mit der Ergänzung, sie gingen nicht in eine „besondere Kirche wie Rachel Löwenstein" (JK 8). Anna erläutert ihrer Freundin, dass ihre Familie zwar jüdisch, aber nicht religiös sei. Somit beginnt der Roman mit der Frage, was Jüdisch-Sein bedeutet, und der Interpretation zweier Mädchen, deren Antworten auf die Frage darin münden, dass Annas jüdische Identität erst vor einer Woche an Bedeutung gewann, als ihr Vater aufgrund der anstehenden Wahlen davon zu sprechen begann (JK 9). Der Roman handelt von einer wohlhabenden Familie bestehend aus der Protagonistin Anna, ihrem Bruder Max, der jüdischen Pianistin und Mutter, dem jüdischen Journalisten und Vater sowie der Haushälterin Heimpi, die in Berlin leben (vgl. JK). Kurz vor den Wahlen im Jahr 1933 verlässt der Vater alleine das Land – die Mutter erklärt den Kindern die anstehende Flucht der Familie:

> „Papa glaubt, dass Hitler und die Nazis die Wahlen gewinnen könnten. Wenn das geschieht, möchte er nicht mehr in Deutschland leben, solange sie an der Macht sind, und keiner von uns möchte das."

---

[9] Vgl. Judith Kerr: Als Hitler das rosa Kaninchen stahl. Ravensburg 1987, S. 242. Im Folgenden wird die Sigle JK verwendet, wenn aus dem Werk *Als Hitler das rosa Kaninchen stahl* zitiert wird.
[10] Johanna Hofmann: Judith Kerr: When Hitler Stole the Pink Rabbit (1971), deutsch: Als Hitler das rosa Kaninchen stahl (1973). In: Bannasch, Rochus: Handbuch der deutschsprachigen Exilliteratur, S. 356.

„Weil wir Juden sind?", fragte Anna. „Nicht nur, weil wir Juden sind. Papa glaubt, dass dann niemand mehr sagen darf, was er denkt, und er könnte dann nicht mehr schreiben. Die Nazis wollen keine Leute, die anderer Meinung sind als sie" (JK 21).

Die Familie – jetzt bestehend aus der Mutter und ihren beiden Kindern – reist nach einem plötzlichen und schnellen Abschied mit dem Zug in die Schweiz – dem Vater nach (vgl. JK 35–47). Das rosa Kaninchen muss Anna bei der Abreise in Berlin lassen – ein erster tiefgreifender Verlust, der zum Symbol für Annas Loslösungsprozesse, für ihren Abschied von der Heimat, von ihrer Kindheit und für ihr Erwachsenwerden wird (JK 33).

In der Schweiz besuchen Anna und Max die Schule und versuchen, sich ein Leben aufzubauen, doch ihre Fremdheit wird nun durch ihr Deutsch- und ihr Jüdisch-Sein und durch ihr Leben auf der Flucht markiert (vgl. JK 81). Dieses Leben ‚im Transit' ist ein stetiges Unterwegs-Sein und eine konstante Suche nach der Identität zwischen Selbst- und Fremdzuschreibung. Als Annas Vater sie zu ihrem zehnten Geburtstag einen Flüchtling nennt, kontert die Protagonistin: „Ich glaube, ich habe mich noch nicht ganz daran gewöhnt, dass ich ein Flüchtling bin." (JK 82) Ihr Leben ist nun geprägt von stetigen Umbrüchen und so bleibt auch die Schweiz nur ein Transitort:

> „Wenn die Schweizer nichts von dem, was ich schreibe, drucken wollen, weil sie Angst haben, die Nazis jenseits der Grenze zu verärgern, dann können wir genauso gut in einem ganz anderen Land leben. Wohin möchtest du denn gerne gehen?"
> „Ich weiß nicht", sagte Anna. „Ich glaube Frankreich wäre schön", sagte Papa. (JK 82)

Nach Zürich folgt Paris als Zufluchtsort – die Familie lernt Französisch und der Vater versucht in Paris als Journalist zu arbeiten und für seine Artikel Geld zum Leben zu erhalten, doch Annas Mutter stellt fest: „Es ist für Papa nicht möglich, in diesem Land so viel zu verdienen, dass wir anständig leben können" (JK 225). Das Pariser Exil wird zum Refugium von kurzer Dauer – die Familie verlässt aufgrund von Geldnot die Stadt und das Land und flieht weiter nach England.

Die Verarbeitung der stetigen Wechsel, Umbrüche und Transformationsprozesse im Leben der Kinder geschieht auf unterschiedliche Weise und wird in der literarischen Verhandlung ebenfalls dargestellt. Johanna Hofmann führt aus:

> Kerr erreicht mit diesem Buch eine Generation von Lehrern und Eltern, die den Krieg noch als Kinder und Heranwachsende erlebt haben und nun selbst Kinder haben, denen sie die Jahre zwischen 1933 und 1945 nahebringen möchten. Dazu bietet sich die Geschichte einer gelungenen Flucht aus Deutschland, verbunden mit einer Adoleszenzerzählung, ohne Zweifel eher an als Erzählungen von Verfolgung und Ermordung oder als die Geschichten von Tätern.[11]

---

11 Hofmann: Judith Kerr (2013), S. 356.

Hofmanns Aussage, die Fluchterfahrung verbunden mit einer Adoleszenzerzählung böte sich zum Nahebringen der Kriegsjahre eher an als Geschichten der Verfolgung und Ermordung, trifft besonders auf die Vermittlung von Fluchterfahrungen in Kinder- und Jugendliteratur und damit auch auf *Über die Grenze* zu. Anders als Hofmann bedeutet dies meines Erachtens jedoch kein Auslassen, sondern lediglich ein anders fokussiertes Erzählen. Denn durch die Narration der Fluchterfahrung wird die Verfolgung der Juden zwischen den Zeilen und implizit auch die Ermordung vieler Juden beschrieben. Eine für Kinder vertretbare Narration bedeutet meines Erachtens kein Auslassen von Informationen, sondern vielmehr ein für Kinder sensibilisiertes Erzählen und damit eine Erzählung aus ihrer Perspektive. Allerdings scheint dies in Lundes Roman stärker umgesetzt worden zu sein.

Bereits die Erzählperspektive in *Als Hitler das rosa Kaninchen stahl* verdeutlicht den – im Gegensatz zum Roman *Über die Grenze* – anderen Fokus, denn es findet weitestgehend eine Nullfokalisierung statt. Annas Perspektive wird zwar an manchen Stellen im Roman durch direkte Rede eingenommen, jedoch bleibt durch die Nullfokalisierung („Bald war sie so in ihre Arbeit versunken, dass sie nicht bemerkte, wie [...]", JK 17) eine gewisse Distanz erhalten. Das – an vielen Stellen im Roman vorhandene – Mehrwissen des Erzählers führt zu einer Infragestellung der Perspektive des Kindes, was in *Über die Grenze* nicht der Fall ist. Johanna Hofmann beschreibt die Perspektive des Kindes als kindlich und essentialistisch:

> Der Roman nimmt konsequent eine kindliche Perspektive ein. Die Bindung an die Familie und die Probleme des Heranwachsens werden ins Zentrum des Textes gerückt; politisch-historische Ereignisse treten in den Hintergrund. Essentialistische Auffassungen von Heimat als Nation oder Territorium werden substituiert durch eine als kindlich ausgewiesene, essentialistische Auffassung von Familie als Heimat: Für die heranwachsende Protagonistin Anna ist die Familie ihre Heimat.[12]

Diese kindliche Perspektive auf die Fluchterfahrung als Abenteuer lässt sich – wie schon vorab beschrieben – auch in *Über die Grenze* finden. Interessant ist allerdings, dass es sich in beiden Romanen um einen Verarbeitungsmechanismus des jeweiligen Kindes handelt. Die kaum auszuhaltende Situation wird in etwas Positives umgewandelt, der Schmerz allerdings bleibt, wie hier in Kerrs *Als Hitler das rosa Kaninchen stahl*, zwischen den Zeilen dennoch präsent:

> Sie schämte sich beinahe es zuzugeben, aber je länger sie darüber nachdachte, desto lieber wollte sie hin. In einem unbekannten Land zu sein, wo alles anders war – einem anderen Haus zu wohnen, in eine andere Schule mit anderen Kindern zu gehen ... Sie wünschte sich, das alles kennen zu lernen, und obgleich sie wusste, dass es herzlos war, lächelte sie. (JK 24)

---

12 Hofmann: Judith Kerr (2013), S. 356.

Die naive und wie Hofmann sagt ‚kindliche Perspektive' der Flucht als Abenteuer verändert sich darüber hinaus im Roman hin zu einer Entwicklung, die das Exil nun auch als Chance und nicht mehr ‚nur' als Abenteuer begreift. Im und durch das Exil findet eine Entwicklung statt, die – vergleichbar zu Maja Lundes Roman – über kulturelle, nationale und persönliche Grenzen hinausführen kann:

> Die Allgemeingültigkeit, die der Text beansprucht, weist damit über die engere Exilthematik hinaus. Er beschreibt die schwierige Phase der Adoleszenz, zugespitzt durch die besonderen Lebensumstände des Exils. Dabei gelingt es dem Mädchen Anna, das Exil als Chance zu nutzen. Sein produktiver und kreativer Umgang mit national, kulturell und geschlechtlich kodierten Differenzen mündet in das Konzept einer progressiven Hybridität ein.[13]

Gleichzeitig verändert sich im Laufe der Erzählung und der Entwicklung der Protagonistin auch das Narrativ der Reise; von positiven und neugierigen Erwartungshaltungen hin zu Beschreibungen der Anstrengung: „Das große Gepäck wurde aufgegeben, dann kämpften sie sich über den Bahnhofsplatz hinüber. Anna trug einen Koffer, der ihr dauernd gegen die Beine schlug, und der Regen fiel so dicht, dass sie kaum etwas sah." (JK 41)

Die Beschreibung der Flucht als Abenteuer und die Neugierde auf das ‚Andere' kann als auffälligste Parallele zwischen den Romanen und der filmischen Umsetzung festgehalten werden. Lundes *Über die Grenze* evoziert durch die intertextuellen Verweise auf *Die drei Musketiere* eine Parallele zwischen dem Abenteuerroman Alexandre Dumas' und der Fluchtgeschichte der vier Kinder. Die Flucht von Norwegen nach Schweden wird als Abenteuer beschrieben, auf dem sie sich untereinander begegnen und ihre Alterität interessant finden. In *Als Hitler das rosa Kaninchen stahl* ist es die Mutter, die versucht, ihren Kindern die Flucht als lange Reise zu erklären und sie damit von den wahren Beweggründen abzulenken: „Wir fahren durch ganz Deutschland hindurch. So eine lange Reise habt ihr noch nie gemacht." (JK 38) Dabei wird auch hier die Alterität durch den anderen Akzent (JK 38), durch den französischen Käse und – am deutlichsten in der Verfilmung – die andere Landschaft voller Neugierde betrachtet. In Kerrs Roman heißt es: „Es kam ihr schön und abenteuerlich vor, ein Flüchtling zu sein, kein Zuhause zu haben und nicht zu wissen, wo sie wohnen würde." (JK 83) Das Narrativ der Flucht als Abenteuer wird jedoch in beiden Romanen und auch in der Verfilmung gebrochen; die ständige Anpassung an neue Lebensumstände wird zunehmend als Anstrengung empfunden und eine Müdigkeit aufgrund der stetigen Veränderungen tritt ein: „Es war seltsam, wieder Abschied zu nehmen und in ein anderes fremdes Land zu ziehen. ‚Genau in dem Augenblick, wo wir richtig Französisch können', sagte Max."

---

13 Hofmann: Judith Kerr (2013), S. 356.

(JK 232) und die besonderen Anstrengungen und Schattenseiten einer Kindheit auf der Flucht und im Exil treten am Ende von Kerrs Roman immer deutlicher zutage: „Es muss schwer sein, wenn man seine Kindheit damit zubringt, von Land zu Land zu ziehen." (JK 239)

Die Transformationsprozesse – angestoßen durch die stetigen Landeswechsel und die divergenten Refugien – sind eine Konstante in den Werken. Interessant ist darüber hinaus, dass beide Werke das Festhalten der Kinder an Dingen, die Projektion von Bedeutung und die Zuschreibung von Identität auf die ausgewählten Dinge aufgreifen und teilweise sogar in den Fokus stellen. Das Festhalten an Dingen und dessen literarisch-mediale Verarbeitung ist die Reaktion auf die stetigen Umbrüche und Veränderungsprozesse. Winnicots Ansatz des Übergangsobjektes als *transitional phenome*[14] kann somit als Merkmal in der Beschreibung der Fluchterfahrung der hier ausgewählten Werke verstanden werden. In *Über die Grenze* wird die Puppe Sarahs durch die Trennung und den Verlust ihrer Eltern (durch den realen Tod ihrer Mutter und den durch die Flucht ausgelösten temporären Verlust ihres Vaters) zu einem Übergangsobjekt, das der Stabilisierung der eigenen Identität dient und über den Verlust hinweghilft. Als ihre Puppe auf der Flucht hinfällt, weint sie und – obwohl eigentlich keine Zeit ist – läuft ihr Bruder nach unten, um Sarah ihre heruntergefallene Puppe zu bringen (ML 55). Auch medienästhetisch greift der Roman das Übergangsobjekt als wichtiges Symbol auf: Eine Zeichnung der herunterfallenden Puppe – sichtbar durch den Schatten unter ihr und durch Bewegungselemente im Bild – befindet sich als Illustration vor dem Kapitel ‚Handschellen' (ML 39). In *Als Hitler das rosa Kaninchen stahl* ist die Verwendung eines Übergangsobjekts, des rosa Kaninchens, sogar titel- und handlungsführend. Das Übergangsobjekt steht hier stellvertretend für die gewaltvolle Wegnahme der Besitztümer durch die Nationalsozialisten, die gewaltvolle Wegnahme der Heimat und der Identität (ausgedrückt durch die Pässe) und die darauffolgende Odyssee:

> „Max, diese ... diese ‚Konfiszierung des Eigentums', oder wie man es nennt – haben die Nazis wirklich alles mitgenommen? Auch unsere Sachen?" Max nickte. Anna versuchte, es sich vorzustellen. Das Klavier war weg, die Vorhänge im Esszimmer mit dem Blumenmuster ... ihr Bett ... alle Spielsachen, auch das rosa Kaninchen. [...] Warum hatte sie nur statt ihres lieben rosa Kaninchens diesen blöden Wollhund mitgenommen? Das war ein arger Fehler gewesen,

---

[14] Mit dem Übergangsobjekt ist ein Objekt gemeint, das außerhalb des eigenen Seins liegt und im kindlichen Spielen einen Ersatz der Mutter darstellt. Winnicott hat in seinen Forschungen den Begriff des Übergangsobjekts geprägt, der in der vorliegenden Analyse über die eigentliche Bedeutung als Ersatzobjekt in den frühen Entwicklungsjahren bis zum 12. Lebensmonat hinausgeht. Das *transitional phenome* ist ein oft auftretendes Phänomen in literarischen Verhandlungen von Fluchterfahrungen von Kindern. Vgl. Donald Woods Winnicott: Playing and Reality. London 1991, S. 20 ff.

und sie würde ihn nie wieder gut machen können. [...] „Ich wusste immer, dass wir die Spiele-Sammlung hätten mitnehmen sollen", sagte Max. „Hitler spielt wahrscheinlich im Augenblick Dame damit!" „Und hat mein rosa Kaninchen lieb!", sagte Anna und lachte. Aber gleichzeitig liefen ihr die Tränen über die Wangen. „Na, wir haben Glück, dass wir überhaupt hier sind", sagte Max. [...] [A]m Morgen nach den Wahlen kamen die Nazis in unser Haus. Sie wollten uns die Pässe abnehmen (JK 59).

Das Festhalten an Vertrautem – hier sinnbildlich übertragen auf eine Puppe und das rosa Kaninchen, auf ein Kuscheltier – wird auch an anderen Stellen deutlich, wenn Anna beispielsweise die Pässe und das Kamel auf der Tasche ihrer Mutter schon fast zwanghaft festhält (JK 37).

Zusammenfassend lässt sich festhalten, dass eine transnationale – und intermediale – Betrachtung von Flucht und Exil die Komplexität der Thematik widerspiegelt und nur so der historischen Verstrickung, der Grenzen-übergreifenden Verfolgung und der Pluralität in der Reflexion dieser historischen Zeit und seiner literarischen Verhandlung gerecht werden kann. Um diese Pluralität abzubilden, ist es unabdingbar, auch die Stimmen und Perspektiven von Kindern auf Flucht und Exil zu inkludieren und in der Forschung die literarischen Verhandlungen von Fluchterfahrungen in der Kinder- und Jugendliteratur zu untersuchen. Sowohl Judith Kerrs *Als Hitler das rosa Kaninchen stahl* als auch Maja Lundes *Über die Grenze* zeigen jeweils unterschiedlich gestaltete, doch in beiden Fällen die kindlichen Protagonist*innen in den Blick nehmende beziehungsweise deren Blick übernehmende Erzählungen und Rezeptionen von Flucht und Exil auf. Grenzen werden in beiden Büchern nicht nur geographisch, sondern auf vielfältige Weise überschritten, auch wenn dabei – wieder aus Sicht eines Kindes gedacht – an Gewohntem festzuhalten versucht wird. Ein Festhalten, das zwar nicht immer möglich ist, aber gerade darin die Schrecken der Zeit, der Flucht und des Exils aus der Perspektive eines Kindes und für Kinder darzustellen vermag.

Literaturverzeichnis

Bannasch, Bettina und Rochus, Gerhild (Hg.): Handbuch der deutschsprachigen Exilliteratur. Von Heinrich Heine bis Herta Müller. Berlin, Boston 2013.
Bischoff, Doerte: Flucht und Exil in der Gegenwartsliteratur. Begriffsverhandlungen, vernetzte Geschichten, globale Perspektiven. In: Gegenwartsliteratur 20 (2021). Flucht – Exil – Migration. Berlin 2021, S. 28–54.
Bischoff, Doerte: Exil und Interkulturalität. Positionen und Lektüren. In: Bettina Bannasch und Gerhild Rochus (Hg.): Handbuch der deutschsprachigen Exilliteratur. Von Heinrich Heine bis Herta Müller. Berlin, Boston 2013, S. 97–119.

Bischoff, Doerte und Komfort-Hein, Susanne (Hg.): Literatur und Exil. Neue Perspektiven. Berlin, Boston 2013.

Bischoff, Doerte und Komfort-Hein, Susanne: Vom anderen Deutschland zur Transnationalität: Diskurse des Nationalen in Exilliteratur und Exilforschung. In: Claus-Dieter Krohn, Lutz Winckler und Erwin Rotermund (Hg.): Exilforschung. Ein internationales Jahrbuch 30 (2012): Exilforschungen im historischen Prozess. München 2012, S. 242–273

Bronfen, Elisabeth: Die Kunst des Exils. In: Doerte Bischoff und Susanne Komfort-Hein (Hg.): Literatur und Exil. Neue Perspektiven. Berlin, Boston 2013, S. 381–395.

Dogramaci, Burcu und Wimmer, Karin (Hg.): Netzwerke des Exils. Künstlerische Verflechtungen, Austausch und Patronage nach 1933. Berlin 2011.

Dogramaci Burcu u. a. (Hg.): Arrival Cities. Migrating Artists and New Metropolitan Topographies in the 20th Century. Leuven University Press 2020, open access, https://library.oapen.org/handle/20.500.12657/41641 (Zugriff: 9.2.2023).

Hansen-Schaberg, Inge (Hg.): Als Kind verfolgt. Anne Frank und die anderen. Berlin 2004.

Hertling, Viktoria (Hg.): Mit den Augen eines Kindes: Children in the Holocaust, Children in Exile, Children under Fascism. Amsterdam, Atlanta 1998.

Hofmann, Johanna: Judith Kerr: When Hitler Stole the Pink Rabbit (1971), deutsch: Als Hitler das rosa Kaninchen stahl (1973). In: Bettina Bannasch and Gerhild Rochus (Hg.): Handbuch der deutschsprachigen Exilliteratur: Von Heinrich Heine bis Herta Müller. Berlin, Boston 2013, S. 350–357.

Kerr, Judith: Als Hitler das rosa Kaninchen stahl. Ravensburg 1987.

Krohn, Claus-Dieter u. a. (Hg.): Exilforschung. Ein internationales Jahrbuch 24 (2006): Kindheit und Jugend im Exil – Ein Generationenthema. München 2006.

Link, Caroline: Als Hitler das rosa Kaninchen stahl. Hamburg: Sommerhaus Filmproduktion GmbH 2019.

Lunde, Maja: Über die Grenze. München 2021.

Lunde, Maja: Als die Welt stehen blieb. München 2020.

Lunde, Maja: Die Geschichte des Wassers. München 2019.

Lunde, Maja: Die Letzten ihrer Art. München 2019.

Lunde, Maja: Die Geschichte der Bienen. München 2017.

Winnicott, Donald Woods: Playing and Reality. London 1991.

Marijke Box
„Wiedersehen kann man sich nicht. Man kann nur sterben und sich gegenseitig umschweben." Todesahnung und inneres Erleben in Irmgard Keuns Exilroman *Kind aller Länder* (1938)

1 Einleitung

Obwohl Irmgard Keun erst 1936 aus NS-Deutschland geflohen ist und zuvor, nachdem ihr die Aufnahme in die Reichsschrifttumskammer verwehrt wurde, noch einige Publikationen (mitunter bei durchaus linientreuen Verlagen) unterbringen konnte,[1] gilt sie heute als eine der wichtigsten deutschsprachigen antifaschistischen Autorinnen des 20. Jahrhunderts. Diese Einordnung hängt maßgeblich mit ihrem Exilwerk zusammen, in dem sie sich völlig aufs politische Sujet verlegt, ihre so erprobten wie erfolgreichen Schreibweisen aus der Zeit der Weimarer Republik jedoch beibehält.

1938 erscheint Keuns Roman *Kind aller Länder* beim Amsterdamer Exilverlag Querido. Im Mittelpunkt steht die zehnjährige Kully, die als scheinbar naive Ich-Erzählerin das Leben und den Alltag im Amsterdamer Exil mit ihren Eltern beschreibt. Der politisch verfolgte Vater Peter, ein Schriftsteller, ist oft abwesend, während sich die Mutter Anni weitgehend allein um die Tochter kümmert. So ergeben sich ständig neue Herausforderungen. Die Handlung wird durch die (chronologisch teils nicht korrekten) politischen Ereignisse des Jahres 1938 gerahmt. Kully begleitet schließlich ihren Vater in die USA, doch die Emigration dorthin misslingt. Der Vater kann beruflich nicht Fuß fassen. Die beiden kehren nach Europa zurück und treffen die zurückgelassene Mutter, deren Ausreise zuvor nicht gelungen war, in Amsterdam wieder.

Irmela von der Lühe hat den Begriff der ‚Alltagspoetik' in Bezug auf weibliche Literaturproduktionen während des Exils von männlich-politischer Exilliteratur abgegrenzt: „Die literarischen Arbeiten von Frauen sind also weniger ästhetische Selbstentwürfe oder literarische Inszenierungen der Überlebensproblematik als

---

[1] So zum Beispiel *Er liebt mich nicht – ich räche mich. Unglückliche Liebe als Ursprung des Kitschromans* (1935). Vgl. Heinrich Detering und Beate Kennedy: Kommentar. In: dies. (Hg.): Irmgard Keun. Das Werk. Bd. 2: Texte aus NS-Deutschland. Texte aus dem Exil 1933–1940. 2. Aufl. Göttingen 2018, S. 739.

einer ästhetischen Krise, sondern sie sind die narrative Vergegenwärtigung des Alltags und lassen sich von daher als eine Poesie und Poetik des Alltäglichen lesen." Weiter konstatiert von der Lühe: „Die im Erzählen und im Erzählten entworfene Vision gilt dem Alltag und seiner Bewältigung, nicht primär dem Überleben der Kunst bzw. in der Kunst"[2].

Diese Definition greift sowohl in Bezug auf die Inhalte wie auch die Verfahrensaspekte zu kurz. Keun stellt in ihren Exilromanen vielmehr weibliche Hauptfiguren in den Mittelpunkt, die versuchen, sich trotz widriger Umstände zu orientieren und zu behaupten. Sie entwickelt und variiert dabei metaphorisch geprägte Texturen, mit denen sie den erlebten Alltag ihrer Protagonistinnen zwar einfängt, sich aber keineswegs auf eine rein dokumentarische Darstellungsweise beschränkt, sondern vielmehr teils selbstreferenzielle Auseinandersetzungen mit der eigenen Kunst leistet.

Neben der in der Forschung verbreiteten (und aufgrund der vielen Parallelen zwischen Handlungsorten und biografischen Stationen der Autorin zunächst auch plausiblen) Annahme, dass Irmgard Keun mit *Kind aller Länder* „vor allem ihr eigenes Exildasein in Szene"[3] setze, soll im Folgenden die spezifische Literarizität des Romans beleuchtet werden, denn auch die exilliterarischen Texte zeichnen sich durch Textverfahren aus, die über das rein Autobiografische und Dokumentarische hinausgehen. Zwar gilt es grundsätzlich, die Bedeutung des Exillebens für die literarische Produktivität von Autor*innen nicht zu unterschätzen, schließlich sind „Realität und Text [...] keine Gegensätze, sondern aufeinander verwiesene Kategorien, die sich gegenseitig ergänzen."[4] Mit dem Blick auf die Textverfahren jedoch wird die Wahrnehmung des Alltags diskursiv und beschreibbar.

So wird mit der individuellen Figurenrede der Protagonistin, die ausführlich über ihren Exilalltag berichtet, auch deren Innenleben textlich arrangiert,

---

[2] Irmela von der Lühe: „Und der Mann war oft eine schwere, undankbare Last". Frauen im Exil – Frauen in der Exilforschung. In: Thomas Koebner (Hg.): Exilforschung. Ein internationales Jahrbuch 14 (1996): Rückblick und Perspektiven. München 1996, S. 56 f. Barbara Drescher hat von der Lühes Definition einer „Alltagspoetik" mit Blick auf die Autorinnen Irmgard Keun, Dinah Nelken und Ruth Landshoff-Yorck scharf kritisiert: So „haben die Protagonistinnen als weibliche Opfer des Faschismus das Ziel, die antifaschistische Politik des ‚Anderen Deutschlands' um so effektiver zu positionieren. Indem diese antifaschistischen Zeitromane klar als politische Waffe gegen den Faschismus fungieren, ist daher die These der Alltagspoetik nicht haltbar." Barbara Drescher: Junge „Girl"-Autorinnen im Exil: Emanzipation oder Ende der „Neuen Frau" aufgrund der antifaschistischen Literaturpolitik nach 1933? In: Julia Schöll (Hg.): Gender – Exil – Schreiben. Würzburg 2002, S. 131.
[3] Drescher: Junge „Girl"-Autorinnen im Exil, S. 134.
[4] Anne Kuhlmann: Das Exil als Heimat. Über jüdische Schreibweisen und Metaphern. In: Thomas Koebner (Hg.): Exilforschung. Ein internationales Jahrbuch 17 (1999). Sprache, Identität, Kultur. Frauen im Exil. München 1999, S. 207.

da es in einem direkten Zusammenhang mit den alltäglichen Erfahrungen steht. Die ausgeprägte Konzentration auf das Innere des erzählenden und vor allem erlebenden Ichs der kindlichen Hauptfigur zeigt die Gedankengänge und Assoziationen oftmals in einer eindrücklichen Unmittelbarkeit, die eine affektorientierte Lektüre nahelegt. Dieser Beitrag soll also das innere Erleben der Protagonistin untersuchen, die sich in einer existenziellen Ausnahmelage befindet und aus dieser spezifschen Situierung heraus äußert. Im Zusammendenken von innerem Erleben, Erfahrung und Textverfahren lässt sich so zeigen, wie literarische Subjekte angesichts spezifischer sozialgeschichtlicher Situierungen gezeichnet werden.

Dabei kommt besonders anhand von zwei Aspekten die intensive Auseinandersetzung mit der Exilsituation zum Vorschein. So reflektiert Kully auf der einen Seite durch die enge Bindung an die Mutter und die häufigen Phasen der Abwesenheit des Vaters wiederkehrend die komplizierten Familienverhältnisse, mithin auch die existenziellen Krisen der Eltern. Auf der anderen Seite wird immer wieder die Auseinandersetzung mit dem Tod, oder genauer genommen, eine mehr oder minder unterschwellige Todesahnung erkennbar, etwa wenn Kully, nachdem ihr Onkel Pius im Zusammenhang mit den Geschehnissen um den ‚Anschluss' Österreichs in Wien Suizid begangen hat, erklärt: „Wiedersehen kann man sich nicht. Man kann nur sterben und sich gegenseitig umschweben."[5]

Wenngleich Kully die politischen Zusammenhänge kognitiv nicht verstehen kann, inszeniert Keuns Roman die vorreflexiven Wahrnehmungen seiner Protagonistin teils durch subtile Stimmungsbilder, teils aber auch durch direkte Thematisierungen, sodass das kindliche Erleben des Exils auf verschiedenen Reflexionsebenen beobachtbar wird. Durch die Entscheidung für die Perspektive einer Zehnjährigen werden so emotionale Momente geschildert, die durch einen erwachsenen Zugriff nicht auf dieselbe Weise zu versprachlichen wären, und eine effektvolle Vehemenz der kindlichen Weltwahrnehmung erlangen.

---

5 Zitiert wird im Folgenden, unter Angabe der Seitenzahl, aus Irmgard Keun: Kind aller Länder [1938]. In: dies.: Das Werk. Bd. 2: Texte aus NS-Deutschland. Texte aus dem Exil 1933–1940. Hg. von Heinrich Detering und Beate Kennedy. Göttingen 2018 (2. Aufl.), S. 561.

2 Erzählverfahren

Moritz Baßler beschreibt die zentralen Textverfahren in *Kind aller Länder* folgendermaßen: „Vor allem […] wird durch die bewusste Simplizität (‚Meine Mutter', ‚Mein Vater', ‚Meine Mutter') und die bewusst beschränkte personale Fokalisierung auf das Kind für den erwachsenen Leser alles in eine intensive Emotionalität getaucht, die anders kaum erreichbar wäre: Formulierungen wie ‚wild und fest', die Redundanzen […] und die Beschreibung des Wartens der Mutter […] zielen auf den Effekt des Herzzerreißenden, der der offenen existentiellen Situation des Exils angemessen erscheint."[6]

Darüber hinaus lässt sich in der Prosa von Irmgard Keun durchgängig ein starker Fokus auf das leibliche Erleben erkennen,[7] so auch in *Kind aller Länder*: Die Gefühlszustände der kindlichen Protagonistin drücken sich immer wieder über den Körper aus. So werden Wahrnehmungen durch ein emotional extrem involviertes Ich eingefangen, das auch Momente der Überforderung und Verzweiflung zu erkennen gibt: „[I]ch konnte garnicht mehr sprechen, weil auf einmal alle Worte sich in meinem Kopf versteckten" (S. 584). Interessant ist an solchen Stellen, dass die Ich-Erzählerin von temporären Ausdrucksunfähigkeiten berichtet, diese jedoch zugleich – im Rückblick – durch produktive Metaphern illustriert. Doch auch in Momenten der Unbeschwertheit bringt Kully ihre Wahrnehmungen durch scheinbar beliebige und spielerische Metaphern zum Ausdruck: „Washington war keine Stadt sondern eine Torte aus Zucker und weissem Schaum" (S. 689).

An anderen Stellen wiederum zeigt sich eine Leibgebundenheit ihrer Hilflosigkeit, die den Blick auf Kullys existenzielle Grenzerfahrungen lenkt. Als Kully einmal mit ihrem Vater in einem Salzburger Café sitzt und er die Rechnung nicht begleichen kann, lässt er seine Tochter gewissermaßen als Pfand zurück (eine Erfahrung, die sich im Übrigen wiederholt), um Geld aufzutreiben. Während Kully warten muss, kommt es zu einem sensationellen Ereignis, das für sie jedoch ein einziges Grauen bedeutet: Die anderen Cafébesucher*innen beobachten vom Innenraum des Cafés aus, wie der abgedankte englische König Edward VIII. ein Geschäft auf der gegenüberliegenden Straßenseite betritt. Im Gedränge der Schaulustigen geht Kully zu Boden und hat solche Todesangst, dass sie dissoziativ reagiert: „Ich habe mich garnicht mehr bewegt und auch nicht geweint, weil ich geglaubt habe, ich

---

[6] Moritz Baßler: Deutsche Erzählprosa 1850–1950. Eine Geschichte literarischer Verfahren. Berlin 2015, S. 344.
[7] Vgl. Marijke Box: Leibliches Erleben und Körper(wahrnehmungen) in Irmgard Keuns *Das kunstseidene Mädchen* (1932). In: Limbus. Australisches Jahrbuch für germanistische Literatur- und Kulturwissenschaft 12 (2019), S. 35–53.

sei tot getreten. So viele Schuhe waren um mich, das war so schrecklich" (S. 590). Auch als ihr Vater später zurückkommt, lässt sich Kully nicht mehr beruhigen, sondern bewirft die Erwachsenen mit Kuchenstücken: „Ich will die Leute damit tot werfen, sie haben mich tot getreten, ich bin tot", erklärt Kully ihrem Vater, und führt aus: „Ich war tot, mein Vater glaubte es nicht, er wollte mich festhalten, aber er konnte es nicht. Tische tanzten und Bäume kamen, ich wollte sie kaputt machen, Eisen war in meinen Händen – und dann bin ich geflogen, ich bin so weit fortgeflogen" (S. 590). Wenn hier auf der einen Seite zwar Humor eingesetzt wird, um Kullys Schmerz dem unmittelbar Überwältigenden zu entziehen, so zeigt sich anhand der absurden Vergeblichkeit ihres Racheversuchs doch vor allem die bittere Verzweiflung der kindlichen Protagonistin, die den Verhaltensweisen der Erwachsenen – auch aufgrund der Verantwortungslosigkeit des Vaters – schutzlos ausgeliefert ist.

Das Motiv des Fliegens, oftmals auch ganz konkret in Verbindung mit Vögeln, geht im Roman immer wieder mit dem Wunsch oder dem Bedürfnis nach dem Verlassen der Realität einher. Dabei bedeutet Fliegen für das Kind Kully jedoch nicht etwa die Befreiung von gesellschaftlichen Zwängen oder Normen, wie wir es aus anderen Epochen und Zusammenhängen und in Bezug auf erwachsene Figuren kennen. Es deutet vielmehr eine Todesahnung an, mit der sie sich aufgrund der Exilierung der Familie und ihrer eigenen zunehmenden Vereinsamung mehr oder minder bewusst konfrontiert sehen muss.

Später, als Kully sich von dem Ereignis erholt hat, kann sie nicht nur mit Humor davon berichten, sondern gibt sogar eine gewisse Überlegenheit gegenüber den Erwachsenen zu erkennen: „Später hat mir mein Vater mal den Herzog gezeigt. / Es ist garnichts an ihm zu sehen, ich verstehe die Menschen nicht, dass sie seinetwegen Kinder umwerfen und quetschen. Früher war er mal ein König, und eigentlich gehört er nach England" (S. 591).

Kully, die als früh entwurzelte Einzelgängerin gezeichnet ist und wiederkehrend ihr Unverständnis gegenüber den Äußerungen und Verhaltensweisen der Erwachsenen zum Ausdruck bringt, erweist sich an anderen Stellen als gewieft und anpassungsfähig, wenn sie sich in ihr unbekannten Situationen behaupten muss. So formuliert die kindliche Ich-Erzählerin insbesondere durch die Konfrontation mit fremden Sprachen und im Zusammenhang mit interkulturellen Begegnungen Erfahrungen, die sie als wiederkehrend beschreibt: „Man lernt in einem neuen Land zuerst immer auch Worte, die mein Vater unanständig findet und die ich nicht aussprechen soll. Ich finde das sehr schade, wenn man von den wenigen Worten, die man hat, welche abgeben soll. [...] Und gerade, wenn ich unanständige Worte sage, werden die Leute immer so nett und fröhlich" (S. 582).

3 „Ich habe meinen Vater wenig gesehen in New York". Die Ambivalenzen der elterlichen Figuren

Beate Kennedy benennt die narratologischen Vorteile einer kindlichen Erzählinstanz, wie sie in *Kind aller Länder* zum Einsatz kommen: „Die Etablierung einer kindlichen narrativen Instanz zehrt von allen Vorteilen der einem Kinde attribuierten Eigenschaften [...]: Kullys Wahrnehmungen geschehen ungefiltert, ihre Darstellungen wählen das Mitzuteilende willkürlich; ihre Imaginationskraft schafft es, die aufgenommenen Realitätspartikel zu tönen und zu durchdringen."[8] Einer kindlichen Hauptfigur ist aufgrund ihrer Naivität außerdem immer schon eine hohe moralische Unbescholtenheit zu eigen, sodass Ambivalenzen, Widersprüche und auch schuldhaftes Verhalten auf die elterlichen Nebenfiguren ausgelagert werden. Auf die Unzuverlässigkeit des Vaters ist bereits hingewiesen worden, doch auch Kullys Mutter ist – bei aller Sorge, die sie für ihr Kind aufbringt – keine völlig integere Figur.

Unvermittelt erzählt Kully an einer Stelle: „Etwas Schreckliche ist passiert. Meine Mutter war auf einmal nicht mehr meine Mutter. Ich dachte, sie sei der Krieg und eine Bombe und zersprungen. / Ich kam ins Zimmer, sie sprang aus dem Bett und schrie und gab mir eine Ohrfeige und schrie" (S. 596). Was ist passiert? Zuvor hat Kully Meerschweinchen gekauft, und zwar in der Hoffnung, dass die Meerschweinchen Jungen bekommen und sie diese Jungen wiederum verkaufen könne, um ihre Familie zu unterstützen – „und wir werden immer Geld haben" (S. 596). Kullys kindlich-treuherziger Plan geht natürlich nicht auf: Stattdessen hält ihre Mutter die Tiere für Ratten und gibt ihrer Tochter keine Gelegenheit, sich zu erklären: „Sie wollte sterben, und alles sollte Geld kosten, und dann hat sie wieder telefoniert und geschrien" (S. 597). Am Ende ihres Wutausbruchs legt sich die Mutter vollkommen übermüdet ins Bett und schläft ein. Kully ist nun abermals diejenige, die die Fürsorge für ihre Mutter übernimmt: „Ich hatte keine Angst mehr, ich habe meine Mutter zugedeckt" (S. 597).

Im Zusammenhang mit der Nachlässigkeit der Eltern steht Kullys teils delinquentes Sozialverhalten, das mitunter zu brenzligen Situationen führt. So gelangt Kully etwa an Taschenmesser, die eigentlich ihrem Vater gehören, und bringt sie zu einem Treffen mit den Kindern einer niederländischen Familie mit. Als schließlich ein Streit über Spielzeug zwischen Kully und den Kindern eskaliert, die Kinder

---

[8] Beate Kennedy: Irmgard Keun: Zeit und Zitat. Narrative Verfahren und literarische Autorschaft im Gesamtwerk. Berlin, Boston 2014, S. 223.

an Kullys Haaren ziehen, sie schließlich Todesdrohungen gegen die Kinder ausspricht und wiederum vom Vater der Kinder bedroht wird, erzählt sie: „Jetzt darf ich diese holländische Familie nicht mehr betreten, aber ich wollte sie ja überhaupt nie betreten. Meine Mutter hat zu mir gesagt, in mir sei ein Teufel, und ich dürfe nie jemanden tot machen wollen" (S. 608). In einem nächsten Schritt denkt sie über die Worte ihrer Mutter nach, und verschiedene Eindrücke bezüglich des zurückliegenden Vorfalls und elterlicher Lehrsätze aus der Vergangenheit häufen sich zu einem kurzen inneren Monolog an: „Aber wenn ein Teufel in meinem Bauch wäre, würde ich doch Bauschmerzen haben. Und ich will es nicht haben, dass fremde Leute und Kinder mich schlagen und mir weh tun wollen, wenn ich artig bin und mit ihnen spielen will. Meine Mutter hat auch einmal gesagt, man müsse immer alles mit gleicher Waffe schlagen. Das geht aber nicht immer. Als mich in Italien die Moskitos stachen, konnte ich nicht zurückstechen, denn ich habe ja keinen Stachel. Ich konnte die Tiere nur totschlagen" (S. 608). Scheinen die wortwörtlichen Interpretationen der mütterlichen Aussagen zunächst wie humorige Ausdrücke einer notwendigerweise kindlich eingeschränkten Perspektive, so offenbart sich in ihr letztlich doch ein Moment der Überforderung. Denn durch solche scheinbar spontanen Assoziationsketten, die die widersprüchlichen Regeln der Erwachsenenwelt offenlegen, zeigt sich Kullys gesammeltes Erfahrungswissen und die gleichzeitige Orientierungslosigkeit, durch die sie wiederum als moralisch integre Figur markiert ist. Später leitet sie dann auch für sich die Devise ab: „Man muss am besten sorgen, dass man alles auf der Welt allein rausfindet, und ich habe auch schon viel herausgefunden" (S. 662).

Während und vor allem nach der langen Überfahrt nach New York, die Kully mit ihrem Vater allein unternimmt, wird ihre Vernachlässigung deutlich. An mehreren Stellen erwähnt sie, „er wollte am liebsten auch von mir in Ruhe gelassen werden" (S. 660). So verbringt sie viel Zeit allein oder aber mit zufälligen Bekanntschaften. Allmählich zeichnet sich auch ihre hygienische Verwahrlosung ab. In New York angekommen, bemerken erst die Mitarbeiter einer Emigrantenzeitung, die Fotos von den angekommenen Familien aufnehmen, dass Kully sich „längere Zeit zu wenig gewaschen hatte" (S. 666). Sie fügt hinzu: „Ich konnte auch eigentlich nichts für den Schmutz, weil ich auf dem Schiff zuletzt mit ein paar Heizern befreundet war" (S. 666). Was hier nebensächlich erwähnt wird, ist Ausdruck der Versäumnisse ihres Vaters, der weder in der Lage noch willens scheint, die Verantwortung für die Tochter zu übernehmen. „Ich habe meinen Vater wenig gesehen in New York" (S. 672), berichtet Kully dementsprechend und in verschiedenen Varianten. Während diese Nichtbeachtung von der Ich-Erzählerin über weite Strecken als unerheblich (und gewissermaßen unabänderlich) registriert wird, verdichtet sie sich schließlich in einer dramatischen Episode, als Kully sich in New York verläuft.

4 Tod und Todesahnung

Kully besucht mit ihrem Vater eine kommunistische Versammlung, verlässt jedoch irgendwann vor Langeweile den Saal. Draußen verliert das überdies völlig erschöpfte und vereinsamte Kind die Orientierung. Sie denkt an ihre in Europa zurückgebliebene Mutter und erinnert sich an deren Geschichten über Flieder.[9] Im Zustand der Übermüdung stellt Kully sich „Gärten mit Flieder" (S. 670) vor, in denen sie schlafen kann. Sie läuft durch die Stadt, bleibt auf der Suche nach Flieder an Blumengeschäften stehen und bekommt immer stärkere Sehnsucht nach ihrer Mutter: „ich habe alle fliederartigen Blumen im Schaufenster angesehen und gleichzeitig den wehenden Duft der gehenden Frauen gerochen, – da hatte ich auf einmal Flieder und Mai und meine Mutter. Ich habe sie geküsst, indem ich das Schaufenster küsste" (S. 671). Die nun folgende Phase der Bewusstlosigkeit wird als eine Art Nahtoderfahrung inszeniert. Das abermals dissoziierende Kind imaginiert sich als einen Vogel, der die lebensbedrohliche Realität verlässt: „Ich wollte ein Vogel aus Flieder werden, und ich wurde es und schwebte zwischen den steinernen Riesenhäusern, meine Federn waren aus Flieder, und ich sang und zwitscherte Lieder eines Vogels. Das hat sich so schön angehört, ich sang immer lauter. Einmal hob mich ein Schutzmann auf und verstand nicht, dass ich ein singender schwebender Vogel war. / Er mochte mein Singen nicht. / Aber ich hatte ja garnicht gesungen, der Fliedervogel hatte gesungen und geduftet. / Ich war nicht mehr da, als der Schutzmann mich aufhob, aber wie ich dann wieder da war, konnte ich ihm meinen Vater und unser Hotel beschreiben. Er hat mich an der Hand geführt später und war gut"

---

[9] Ein Zusammenhang zwischen Flieder und der rauschhaften Übermüdung eines Kindes findet sich auch in Keuns Exilroman *Nach Mitternacht* (1937). Hier ist es die fünfjährige Bertchen Silias, die mit einem Fliederstrauß ausgestattet wird. Um Bertchen Silias wird eine kurze Binnenerzählung entwickelt, die sich als Parabel auf den Führerkult lesen lässt: Das kleine Mädchen wird zum Stolz ihrer Eltern zur Reihendurchbrecherin ernannt. Sie lernt lediglich zu diesem Anlass ein hymnisches Gedicht auf Adolf Hitler auswendig, das sie vor ihm aufsagen soll, wozu es aber nicht mehr kommt. Bei den anschließenden Feierlichkeiten im Lokal wird an verschiedenen Stellen erkennbar, dass das bis aufs Äußerste instrumentalisierte Kind schon seit einer Weile krank und mittlerweile übermüdet ist. So entspricht auch die Beschaffenheit des Fliederstraußes dem gesundheitlichen Zustand des Kindes: „Bertchen rast im Lokal herum, immer den Blumenstrauß im Arm. Ganz welk ist der Flieder schon und etwas gelblich" (S. 308). Diese Analogie fortführend, verliert das Mädchen plötzlich das Bewusstsein: „Auf einmal liegt der große weiße Fliederstrauß auf dem Tisch, Biergläser fallen um, der Flieder schwimmt in Schnaps und Bier. Auf dem Strauß liegt Bertchen wie auf einem Bett, vergraben das Gesicht in den feuchten welken Blüten" (S. 312). Daraufhin taucht ein Arzt auf und stellt den Tod der Fünfjährigen fest. Irmgard Keun: Nach Mitternacht. In: dies.: Das Werk. Bd. 2: Texte aus NS-Deutschland. Texte aus dem Exil 1933–1940. Hg. von Heinrich Detering und Beate Kennedy. 2. Aufl. Göttingen 2018, S. 274–416.

(S. 671–672). Die Angst scheint sich vom Körper zu lösen, Kully befindet sich lediglich noch in einem halbbewussten Zustand, durch den sie ihre Handlungen zwar wahrnehmen, diese aber offenbar nicht mehr steuern kann. Anhand von solchen Episoden der völligen Verlassenheit dokumentiert sich nicht zuletzt auch die Traumatisierung der kindlichen Protagonistin, die ihren Ausdruck in Momenten der Dissoziation, Depersonalisation und Todesangst findet. Zurück im Hotel legt sich Kully auf ihre „zerrissenen Strümpfe" (S. 672) – ein weiteres Zeichen ihrer Vernachlässigung –, die auf einer Schlafcouch liegen, und schläft ein.

Die assoziative Verknüpfung von Vögeln, Tod und Fliegen ist im Roman schon früh angelegt und ein impliziter Referenzpunkt für Kully, die einmal darüber nachdenkt, was wohl mit toten Vögeln geschieht: „Auch die weissen Möwen sterben und werden nicht begraben. Wo sind denn nur alle toten Möwen und Tauben? Vielleicht fliegen sie so hoch, dass sie nicht mehr runterkönnen und tot in den Wolken liegen" (S. 602). Ebenso scheint Kully eine Art von vager Todesahnung oder sogar -sehnsucht an ihrer eigenen Mutter zu erkennen, wenn sie sie beschreibt: „sie hat [...] eine runde weiche Brust wie so ein Vogel und ängstliche Augen, und immer sieht sie aus, als wollte sie gleich fortfliegen. Sie sitzt auch nie richtig breit und fest wie ein Mensch sondern wie ein Vogel auf einem Zweig" (S. 530). Später wiederum bestätigt sich diese Ahnung, und Kully berichtet in erzählter Rede: „Meine Mutter will manchmal sterben, dann hat sie Ruhe und keine Angst mehr. Aber sie weiss nicht, was dann aus mir werden soll" (S. 592). Gerade dadurch, dass angesichts ihrer Suizidgedanken die Redeanteile der Mutter nur indirekt wiedergegeben werden, und so ein dramatischer Modus vermieden wird, zeigt sich auf paradoxe Weise die Brutalität ihrer Äußerungen, die innerhalb der autodiegetischen Erzählsituation wesentlich gravierender ausfallen könnten, wie bereits zu sehen war. Das Changieren zwischen den Wahrnehmungen des dramatisch-unmittelbar erlebenden Ichs und den nüchternen Beschreibungen des erzählenden Ichs inszeniert die Hauptfigur als ein schutzloses Wesen, das zu einer Verantwortungsübernahme für ihre eigenen Eltern gezwungen wird, von der es zugleich überfordert ist. Dass Kully dabei dennoch in der Lage ist, die gravierenden Härten des Exils auszuhalten und in ihnen überhaupt zu überleben, macht sie innerhalb der Textlogik, also angesichts der Verantwortungslosigkeit der Eltern, zu einer wesentlich reiferen Figur, die letztlich den Anforderungen des Exilalltags eher gewachsen ist als die Erwachsenen. Auch ihr (implizites) Wissen um den Tod, ihre wiederkehrende Angst vor dem Tod und ihre entsprechenden Ahnungen und Erfahrungen verleihen ihr ein vorreflexives Verständnis für die existenzielle Krise, in der sich die Familie befindet.

5 Schluss

Mit Kullys Alteritätserfahrungen im Exil gehen, wie gezeigt wurde, überwiegend Momente der Verzweiflung und Hilflosigkeit einher. Teils wird aber auch das Sammeln neuen (wenn auch mitunter impliziten) Wissens ermöglicht, das ihr eine gewisse Resistenz verleiht. Da es sich bei Kully um eine kindliche Ich-Erzählerin handelt, ist per se von der Unzuverlässigkeit ihrer Narration auszugehen, die wiederum mit den Grenzen ihres eigenen Verstehens zusammenhängen. Nicht nur wird das Exilerleben der Zehnjährigen als existenzielle Notlage gezeichnet, auch entzieht es sich in großen Teilen ihres eigenen Verständnisses. Dabei illustriert ihre erzählerische Unzuverlässigkeit letztlich die Beschränkungen ihres Handlungsspielraums und ihrer Einflussmöglichkeiten. Hier drückt sich ein traumatisiertes Kind aus, dessen (Über-)Leben vom Handeln der Eltern abhängt. Die notwendigen Ungenauigkeiten zeigen so die Schutzlosigkeit einer Figur, die über weite Strecken auf sich selbst gestellt ist.

Einen Hinweis auf ihre eigene Unzuverlässigkeit und Orientierungslosigkeit liefert die Ich-Erzählerin an einer Stelle selbst: „Wir haben [...] keine Zeiten, an denen wir uns festhalten können, manchmal erfahren wir nur ganz zufällig, dass Sonntag ist oder Weihnachten oder Allerheiligen" (S. 661). Sämtliche Ereignisse werden zwar ausschließlich autodiegetisch durch Kullys Filter vermittelt, interessanterweise werden Dialoge und Redeanteile ihrer Eltern jedoch oftmals in direkter Rede vermittelt, so auch ein Gespräch zwischen Vater und Mutter, das sie kurz vor ihrer geplanten Flucht in die USA führen: „‚Wolltest du mich betrügen, Annchen?', fragt mein Vater [...]. Du weisst doch, dass du mir gehörst und niemandem sonst. [...] / ‚Aber ich habe ja gar nichts getan', sagt meine Mutter leise, ‚ich liebe dich, und ich war so allein.' / ‚Ich weiss, dass du nichts getan hast, Annchen, sonst hätte ich dich schon aus dem Fenster geworfen.' / Mein Vater hämmert seine Faust gegen die Wand, ich habe Angst und will mich verstecken" (S. 613).[10] Diese Gleichzeitigkeit von zwangsläufiger Unzuverlässigkeit und genauer Dokumentation der gesprochenen Worte machen die Ich-Erzählerin somit zu einer akribischen Beobachterin der Erwachsenenwelt. Kully kann ihre Eltern völlig ohne explizite Anklagen (und damit gewissermaßen unter der Hand) mit all ihren Rücksichtslosigkeit darstellen, ohne sie offen zu konfrontieren.

Am Ende tritt Kully zunächst allein die Rückfahrt nach Europa an, während ihr Vater versucht, in den USA die Grundlage für ein gemeinsames Leben zu schaf-

---

[10] Auch an dieser Stelle wird erneut das Motiv des Fliegens aufgegriffen, und zwar in einer existenziell-bedrohlichen Variante, durch die das Ausgeliefertsein der Mutter auch im privaten Raum markiert wird.

fen. Der Plan scheitert, die Familie findet sich schließlich in Amsterdam wieder. In einer für Keuns Romane typischen Manier formuliert die kleine Protagonistin einen versöhnlichen Schluss, der vor allem ihr selbst (aber auch den erwachsenen Leser*innen) Trost spendet: „Ich möchte [...] nirgends hin, ohne dass meine Mutter dabei ist. Richtiges Heimweh habe ich darum eigentlich nie. Und wenn dazu auch noch mein Vater bei uns ist, schon garnicht" (S. 691).

Literaturverzeichnis

Baßler, Moritz: Deutsche Erzählprosa 1850–1950. Eine Geschichte literarischer Verfahren. Berlin 2015.

Box, Marijke: Leibliches Erleben und Körper(wahrnehmungen) in Irmgard Keuns Das kunstseidene Mädchen (1932). In: Limbus. Australisches Jahrbuch für germanistische Literatur- und Kulturwissenschaft 12 (2019), S. 35–53.

Detering, Heinrich und Beate Kennedy: Kommentar. In: dies. (Hg.): Irmgard Keun. Das Werk. Bd. 2: Texte aus NS-Deutschland. Texte aus dem Exil 1933–1940. 2. Aufl. Göttingen 2018, S. 707–837.

Drescher, Barbara: Junge „Girl"-Autorinnen im Exil: Emanzipation oder Ende der „Neuen Frau" aufgrund der antifaschistischen Literaturpolitik nach 1933? In: Julia Schöll (Hg.): Gender – Exil – Schreiben. Würzburg 2002, S. 129–145.

Kennedy, Beate: Irmgard Keun: Zeit und Zitat. Narrative Verfahren und literarische Autorschaft im Gesamtwerk. Berlin, Boston 2014.

Keun, Irmgard: Nach Mitternacht. In: dies.: Das Werk. Bd. 2: Texte aus NS-Deutschland. Texte aus dem Exil 1933–1940. Hg. von Heinrich Detering und Beate Kennedy. 2. Aufl. Göttingen 2018, S. 274–416.

Keun, Irmgard: Kind aller Länder [1938]. In: dies.: Das Werk. Bd. 2: Texte aus NS-Deutschland. Texte aus dem Exil 1933–1940. Hg. von Heinrich Detering und Beate Kennedy. 2. Aufl. Göttingen 2018, S. 528–691.

Kuhlmann, Anne: Das Exil als Heimat. Über jüdische Schreibweisen und Metaphern. In: Thomas Koebner (Hg.): Exilforschung. Ein internationales Jahrbuch 17 (1999). Sprache, Identität, Kultur. Frauen im Exil. München, S. 198–213.

Lühe, Irmela von der: „Und der Mann war oft eine schwere, undankbare Last". Frauen im Exil – Frauen in der Exilforschung. In: Thomas Koebner (Hg.): Exilforschung. Ein internationales Jahrbuch 14 (1996): Rückblick und Perspektiven. München, S. 44–61.

Kathrin Heintz
„Versetzung, Entwurzelung, Bruch mit jeder gängigen Perspektive." Literarische Darstellungen von Exilerfahrungen während der NS-Zeit bei Anne C. Voorhoeve und Ursula Krechel

1 Einführung

Der Beitrag nimmt vergleichend ausgewählte literarische Werke in den Blick, deren Protagonist*innen vor der nationalsozialistischen Verfolgung nach Shanghai und London ins Exil fliehen.[1] In den beiden jugendliterarischen Werken *Liverpool Street* (2007) und *Nanking Road* (2013) von Anne C. Voorhoeve bangt die Familie Mangold um ihre Existenz. Aufgrund der restriktiven Einreisebestimmungen vieler Länder kommen vor allem zwei Optionen in Frage: Die Eltern träumen von einer gemeinsamen Flucht nach Shanghai, und, um zumindest die Tochter in Sicherheit bringen zu können, von einem Kindertransport nach England. Beide Fluchtmöglichkeiten thematisiert auch Ursula Krechel in ihrem erwachsenenliterarischen Werk *Shanghai fern von wo* (Hörspielfassung 1998, Romanfassung 2008). Es zeigt mehrere Elternpaare, die ihre Kinder ins vermeintlich sichere England bringen ließen, ehe sie selbst nach Shanghai beziehungsweise Kuba flohen. Ihre Protagonist*innen blicken somit bereits auf Entscheidungen zurück, die in Voorhoeves Romanen erst noch zu treffen sind. In Krechels vergleichend hinzugezogenem Roman *Landgericht* (2012) wird die Exilthematik durch einen aus dem kubanischen Exil nach Deutschland zurückgekehrten Remigranten noch weiter aufgefächert.

---

[1] Das Zitat in der Überschrift stammt aus dem Roman *Shanghai fern von wo* von Ursula Krechel und findet sich dort auf S. 310. – Der vorliegende Beitrag ist gendersensibel formuliert. Personengruppen werden möglichst mit Begriffen bezeichnet, die unabhängig von Geschlechtszuschreibungen sind. Damit hebt sich sein Sprachgebrauch von dem der fiktionalen Werke, die besprochen werden, ab. Insbesondere Ursula Krechel nutzt vielfach das generische Maskulinum. Als wesentlicher Bestandteil ihrer narrativen Strategie ist es zu verstehen, dass sie Begriffe wie ‚Juden' und ‚Arier' in der Logik der Nationalsozialisten nutzt. Sie macht bspw. Aussagen wie „1933 musste er wie alle jüdischen Studenten sein Studium aufgeben". (Ursula Krechel: Shanghai fern von wo. Roman. Salzburg, Wien 2008 (2. Aufl.), S. 65). Dabei werden auch diejenigen als ‚Juden' bezeichnet, die lediglich aufgrund der Gesetze der Nationalsozialisten als solche verstanden wurden. Der vorliegende Forschungsbeitrag, der diese Verfahren untersucht, wählt bewusst eine andere Sprache.

In thematischer Hinsicht ergänzen sich die Werke von Krechel und Voorhoeve. Vielstimmig und facettenreich werden in ihnen Exilerfahrungen von Kindern, Jugendlichen und Erwachsenen verarbeitet. Während bei Voorhoeve die Adoleszenz einer eingangs noch kindlichen Figur im Fokus steht und beide Romane vor allem Jugendliche auf der Schwelle zum Erwachsensein adressieren, sind es bei Krechel Erwachsene, die im Mittelpunkt der Handlung stehen und angesprochen werden. Die hier vorgelegte vergleichende Betrachtung lässt die Werke miteinander in Dialog treten und kontrastiert, auch unter Berücksichtigung von Gender-Aspekten, die Sicht-, Wahrnehmungs- und Erzählweisen von Eltern- und Kindergeneration.

Mit London beziehungsweise England und Shanghai stehen zwei besondere Exil-Orte im Fokus dieser literarischen Darstellungen. Für England galt eine Visumspflicht, die für Heranwachsende im Alter von bis zu 17 Jahren zeitweise gelockert wurde. Minderjährige, die nachweisen konnten, dass sie nach ihrer Ankunft vom Refugee Children's Movement versorgt werden, durften im Rahmen der von den Quäkern maßgeblich organisierten ‚Kindertransporte' einreisen. Zwischen Ende November 1938 und Ende August 1939 wurden auf diese Weise annähernd 10.000 Kinder evakuiert. Sie wurden nach London gebracht, von wo aus sie zunächst auf Pflegefamilien und, als ihre Zahl später stark anwuchs, auf Internierungseinrichtungen verteilt wurden. England ist damit der Exil-Ort der alleinreisenden Kinder, die ihre Eltern im nationalsozialistischen Deutschland zurücklassen mussten. Nach dem Kriegseintritt Großbritanniens war man auch in England an Leib und Leben bedroht. Die deutschen Kinder wurden nun zudem von vielen als Feinde angesehen und schließlich – sofern sie männlich und im ‚waffenfähigen Alter' waren – interniert.

Shanghai hatte seit Mitte des neunzehnten Jahrhunderts (der Niederlage im Ersten Opiumkrieg) den Status einer sogenannten offenen Stadt, das bedeutet eine Einreise war ohne Visum möglich. Dies wurde Schätzungen zufolge bis Ende 1941 von 18.000 bis 20.000 Juden aus Mitteleuropa genutzt, die an diesen letzten für sie zugänglichen Ort flüchteten.[2] In *Shanghai fern von wo* und *Nanking Road* zeigt sich deutlich, dass das für Migrant*innen prinzipiell geöffnete Shanghai dem Ansturm von Geflüchteten nicht gewachsen war, zumal es zu dieser Zeit von Japanern besetzt und von chinesischen Binnenflüchtlingen überfüllt war. Zu den strukturellen Pro-

---

[2] Dies entspricht den Angaben der Bundeszentrale für politische Bildung. (Vgl. Jan Fischer: Historisch-politische Karte. In: Wünschmann, Kim: Exilländer jüdischer Flüchtlinge aus dem Deutschen Reich ab 1933. Bundeszentrale für politische Bildung (2014), https://www.bpb.de/fsd/centropa/exillaender_welt.php (Zugriff: 8.12.2022)). In *Shanghai fern von wo* ist von 18.000 Personen die Rede. (Vgl. Krechel: Shanghai fern von wo, S. 220).

blemen, die damit einhergingen, traten institutionelle Repressalien: Neu ankommende Deutsche, die von den Nationalsozialisten als jüdisch eingestuft waren, wurden ab 1941 in Shanghai (wie international an zahlreichen anderen Orten auch) für staatenlos erklärt und ab 1943 gezwungen, in der sogenannten ‚Designated Area' im Stadtteil Hongkou zu wohnen und sich dort – außer für berufliche Tätigkeiten – dauerhaft aufzuhalten.

Die für die folgenden Überlegungen ausgewählten und thematisch eng verzahnten Werke sind nicht als Exilliteratur im Sinne von im Exil entstandener Literatur einzuordnen, sondern verarbeiten in (auto)biographischen Schriften vorliegende Exilerfahrungen des mittleren zwanzigsten Jahrhunderts literarisch. Ines Schubert spricht in Bezug auf *Shanghai fern von wo* von einer „Umkehrung der für exilliterarische Texte üblichen Schreibsituation"[3]. Sie plädiert für einen weiten Begriff von Exilliteratur, der davon gelöst ist, wo die Werke verfasst wurden, und auch Texten der „zweiten beziehungsweise schon dritten Generation", wie sie hier vorliegen, Beachtung schenkt.[4]

2 Betrachtung der ausgewählten literarischen Werke

2.1 Ursula Krechel *Shanghai fern von wo*

Ursula Krechels *Shanghai fern von wo* wurde als zweiteiliges Hörspiel vom SWR produziert und dort erstmals 1998 ausgestrahlt. Die Autorin verarbeitete den Stoff im Anschluss zusätzlich zu einem Roman, der unter gleichlautendem Titel 2008 erschien. Beide Versionen verweben die Erzählstimmen und Perspektiven mehrerer deutschsprachiger Exilant*innen in Shanghai miteinander und kreieren so ein polyphones Erzählgeflecht, in dem sich das Geschilderte nach und nach zu einem Mosaik, jedoch nicht zu einem geschlossenen Bild fügt.

Im Hörspiel lassen sich die Stimmen personal greifbaren Figuren zuordnen, die in Ich-Form vermeintlich unmittelbar aus dem Exil berichten. Anders als der Roman, der sich auf deutschsprachige Exilant*innen konzentriert, wird auch einer chinesischen Fremdenführerin namens Fräulein Ling, dem aus Indien stammen-

---

[3] Ines Schubert: Ursula Krechel: Shanghai fern von wo (2008). In: Bettina Bannasch und Gerhild Rochus (Hg.): Handbuch der deutschsprachigen Exilliteratur. Von Heinrich Heine bis Herta Müller. Berlin, Boston 2013, S. 393.
[4] Schubert: Krechel, S. 398.

den Händler Mister Tartar sowie dem englischsprachigen Migranten Mister Brown das Wort erteilt. In den ersten 20 Minuten des ersten Teils sind sogar ausschließlich deren Stimmen zu hören.

Inhaltlich liegt der Fokus des Hörspiels, das einen weiteren historischen Blick hat als der Roman, auf der Stadt Shanghai. Es wird angedeutet, dass schon seit langer Zeit Europäer*innen in die Stadt strömen und dort in eigenen Stadtteilen, relativ isoliert von der chinesischen Bevölkerung leben. Damit wird zumindest skizzenhaft die Stadtgeschichte bis zur Mitte des neunzehnten Jahrhunderts dargestellt. Das Shanghai in der Gegenwart der Erzähler*innen erscheint als Sammelbecken armer Exilant*innen, die die Gelegenheit ergreifen, ihre Geschichten zu erzählen und einander dabei wederholt unterbrechen oder stimmlich überlagern. Zudem gibt es einige sehr leise Passagen, die kaum verständlich sind. Dass der Versuch der Exilant*innen, sich Gehör zu verschaffen, wegen der Gleichzeitigkeit von vielen, teilweise zaghaften Äußerungen scheitern muss, wird damit auf formaler Ebene deutlich.

Der Roman erzählt retrospektiv und enthält wie das Hörspiel zahlreiche wörtliche Übernahmen aus historischen Dokumenten, die durch Kursivdruck optisch markiert und damit in dieser Fassung deutlich ausgewiesen sind. Die Geschichten der Exilant*innen werden von einer personal nicht greifbaren Erzählinstanz, die „mit multipler Perspektive ausgestattet und in den unterschiedlichen Erinnerungs- und Erzählweisen anwesend und abwesend zugleich [ist]"[5], erzählt. „Sie vertritt die Generation der Enkel, die nur auf Grundlage der Zeitzeugenberichte ihrer Vorfahren erzählen können."[6] Wiederholt lässt der Roman in kleinen Formulierungen erkennen, dass die Erzählinstanz nur über begrenztes Wissen verfügt und zudem nicht ermessen kann, wie zuverlässig ihre Quellen sind. Ein Exilant, Ludwig Lazarus, spielt eine besondere Rolle: Der historische Lazarus hat im Exil Tonbandaufzeichnungen angefertigt, auf die die fiktionale Erzählung wiederholt referiert. Es bleibt jedoch weitgehend offen, welche Informationen konkret auf ihn zurückgehen. Gelegentlich kommt die Figur Lazarus als Ich-Erzähler zu Wort. Dann treten seine Darstellung und die des Er-Erzählers, also zweier Instanzen, die sich auf verschiedenen Zeit- und Fiktionsebenen befinden, miteinander in Dialog. Darin deutet sich an, dass die gesamte Erzählung als fiktionalisierte Auseinandersetzung mit historischen Quellen aus einer gegenwärtigen Sicht konstruiert ist. Der Roman reflek-

---

5 Hannelore Scholz-Lübbering: Das Unaussprechliche der Bilder: Shanghai fern von wo von Ursula Krechel. In: Miroslawa Czarnecka, Christa Ebert und Grazyna Barbara Szewczyk (Hg.): Der weibliche Blick auf den Orient. Reisebeschreibungen europäischer Frauen im Vergleich. Bern u. a. 2011, S. 216.
6 Schubert: Krechel, S. 394.

tiert damit in seiner formalen Gestalt seine Position zum historischen Erzählinhalt. Die Glaubwürdigkeit von Lazarus wird gelegentlich mehr oder weniger subtil hinterfragt („so gab er es wieder auf dem Tonband, so hatte er es verstanden"[7]).

Die Erzählungen werden durch den Bezug auf die Tonbänder, die wiederum auf Begegnungen und Gespräche zurückgehen, zudem als etwas gekennzeichnet, das bereits von verschiedenen Instanzen weitergegeben, bewertet und einer Deutung unterzogen wurde. Lazarus wird damit einerseits als unzuverlässige Quelle dargestellt und andererseits als derjenige, der dafür sorgt, dass man sich überhaupt an die Personen in seinen Erzählungen erinnert. Das verweist auf die Diskursivität von Geschichte, wie Hayden White sie bereits in den 1980er Jahren postulierte. White argumentiert, dass jede historische Darstellung fiktionale Elemente beinhalte:

> Meines Erachtens erfahren wir die „Fiktionalisierung" von Geschichte aus demselben Grunde, wie wir große fiktionale Literatur als Erhellung einer Welt, in der wir zusammen mit dem Autor leben, erfahren. In beiden Fällen erkennen wir die Formen, mit denen das Bewußtsein die Welt, in der es sich einrichten will, sowohl konstituiert als auch kolonisiert.[8]

Die Lückenhaftigkeit und Unzuverlässigkeit der historischen Dokumente führen dazu, dass Schriftsteller*innen wie Historiograph*innen Interpretationsarbeit leisten müssen und keinen unmittelbaren Zugriff auf so etwas wie eine historische Wahrheit haben. Whites Verdienst besteht darin, den postmodernen beziehungsweise -strukturalistischen Zugriff und damit das Verständnis, dass der Zugang zu Gegenwart und Vergangenheit immer ein auf Texten, auf Erzählungen basierender ist, für die neuere Geschichtswissenschaft ausformuliert zu haben. Teil dieser Entwicklung ist auch, dass sowohl die historiographischen Erzählungen als auch zeitgenössische fiktionale Geschichtserzählungen, wie sie mit den Werken von Voorhoeve und Krechel vorliegen, dieses Verständnis reflektieren.

Wenn andere Exilant*innen in *Shanghai fern von wo* zu Wort kommen, was nur in der Hörspielfassung in der Ich-Form vorkommt, sind diese damit befasst, die eigene Geschichte zu rekonstruieren und beobachten kaum, wie die anderen Exilant*innen sich in Shanghai einrichten. Bei allen fallen Lücken im Erzählten auf. So gibt es unter den Exilant*innen ehemalige KZ-Insassen. „Lazarus war [...] in Dachau und Buchenwald gewesen, aber er erzählte nicht von Dachau und Buchenwald, er erzählte von Shanghai."[9] Der Kunsthistoriker Lothar Brieger, der sich mit ihm ein kleines Zimmer in der Flüchtlingsunterkunft in Shanghai teilt, war mit ihm im Kon-

---

7 Krechel: Shanghai fern von wo, S. 324.
8 Hayden White: Auch Klio dichtet oder die Fiktion des Faktischen. Studien zur Tropologie des historischen Diskurses. Stuttgart 1986, S. 121.
9 Krechel: Shanghai fern von wo, S. 215.

zentrationslager. Für das, was sie dort erfahren haben, scheint Lazarus keine Worte zu haben, er lässt es daher aus. „Es ist der Topos des Unsagbaren, der [...] in *Shanghai fern von wo* zu einem allgegenwärtigen Narrativ entfaltet wird."[10] Besonders, aber nicht ausschließlich in Lazarus' Versuch, das Leben im Exil zu dokumentieren, wird, wie noch zu zeigen ist, in den Lücken der Erzählung die „anstürmende Flut des Nichterzählbaren"[11] spürbar.

Krechel stellt beiden Versionen des Werks ein Zitat voran, in dem explizit gemacht wird, warum die Exilant*innen über Vieles schweigen: „,Wir trauten uns nicht von unserem Überleben in Shanghai zu erzählen. Andere hatten so viel Schlimmeres erlebt und nicht überlebt.' Anonymer Emigrant"[12]. Damit wird deutlich, dass die Autorin (in fiktionalisierter Form) denjenigen eine Stimme verleiht, die es womöglich nicht wagten, über die eigenen Erlebnisse zu sprechen.

2.2 Anne C. Voorhoeve *Liverpool Street* und *Nanking Road*

Voorhoeve stellt in ihren beiden Romanen zwei alternative Versionen der Lebensgeschichte von Franziska Mangold dar. In beiden Geschichten stammt Franziska aus Berlin, ist protestantischen Glaubens und hat jüdische Wurzeln. Beide Geschichten setzen 1938 ein und begleiten die zu diesem Zeitpunkt zehnjährige Franziska bis nach Kriegsende. Franziska tritt in beiden Werken als retrospektiv erzählende autodiegetische Erzählinstanz auf. Aufgrund der fixierten internen Fokalisierung weisen die Jugendromane eine klare, gut nachvollziehbare erzählerische Kohärenz auf. Ihr zentrales Thema ist die Adoleszenz im Exil, wobei die Rahmenbedingungen für das Mädchen, das sich in beiden Fällen als starke, reflektierte und anpassungsfähige Persönlichkeit zeigt, deutlich variieren.

In *Liverpool Street* (2007) plant Familie Mangold, nach Shanghai zu fliehen. Die Internierung des Vaters Franz im Konzentrationslager Sachsenhausen, die unter Vorwänden immer wieder verlängert wird, offenbart die Willkür des Nazi-Regimes. Die Eltern wollen Franziska in Sicherheit wissen und melden sie für die Kindertransporte an. Franziska wird nach London gebracht und von einer jüdischen Pflegefamilie aufgenommen. Den zurückbleibenden Eltern gelingt es nach einiger Zeit, in die Niederlande zu fliehen. Die Konstitution des Vaters verschlechtert sich

---

10 Schubert: Krechel, S. 394.
11 Ursula Krechel: Landgericht. Roman. Salzburg 2012 (5. Aufl.), S. 215.
12 Krechel: Shanghai fern von wo, S. 5. Und Ursula Krechel: Shanghai fern von wo. Teil 1: In die offenen Augen der Chinesen. Reg. Hans Gerd Krogmann. Prod. SWR, Stuttgart/Deutschland 1998. Erstsendung: 15.11.1998, 00:21–00:36.

dort sukzessive. Er verstirbt im April 1940, also noch vor der Besetzung des Landes durch die Nazis. Die Mutter überlebt dort den Krieg als gebrochene Persönlichkeit – so zumindest nimmt es die erzählende Tochter wahr. Ein zentrales Problem, das Franziska belastet, ist das Gefühl, nirgends zugehörig zu sein. Das Mädchen fühlt sich zwischen zwei Nationen, zwei Religionen und zwei Familien, insbesondere zwei Müttern, verortet. Dass ihre Freundin Becca den Holocaust nicht überlebt, erzeugt bei Franziska, die fürchtet, Beccas Platz im Kindertransport eingenommen zu haben, Schuldgefühle.

In dem fünf Jahre später erschienenen Roman *Nanking Road* wird eine alternative Version der Geschichte erzählt: Die Mangolds ergattern Plätze für eine Schiffspassage nach Shanghai. Die Familie bleibt vereint, überlebt unter schwierigen Bedingungen und kehrt 1947 nach Deutschland zurück. Im Exil führt das erzwungene Zusammenleben auf engstem Raum zu Konflikten zwischen Mutter und Tochter und verstärkt Franziskas Bedürfnis, sich geistig und emotional von ihrer Mutter zu emanzipieren. Auch in *Nanking Road* ist es ein großes Thema, dass Franziska sich ihrer Freundin Becca verpflichtet fühlt, die nach England evakuiert wurde, aber postalisch schwer erreichbar ist. Becca überlebt den Krieg in dieser Version.

2.3 Fakt und Fiktion bei Krechel und Voorhoeve

2012 erschien Ursula Krechels mit dem Deutschen Buchpreis ausgezeichneter Roman *Landgericht*. Darin geht es um den aus dem kubanischen Exil nach Deutschland zurückgekehrten jüdischen Richter Richard Kornitzer. Seine Frau Claire war in Deutschland verblieben, die beiden Kinder Selma und Georg wurden nach England evakuiert. Kornitzer und seiner Frau werden aus widersinnigen Gründen Entschädigungszahlungen verweigert. Der Richter reibt sich im juristischen Kampf gegen diese Ungerechtigkeit auf. Der Roman reflektiert die Exilerfahrungen von Richard und seinen Kindern retrospektiv und zeigt, wie stark diese das weitere Leben der Familie prägen.

Historische Vorlagen für die Figuren sind der Richter Robert Bernd Michaelis und seine Familie. Michaelis „war allerdings nach Shanghai [...] emigriert. Andere Details der Lebensgeschichte Kornitzers stimmen dagegen mit dem Leben von Michaelis überein" wie Christine Arendt erörtert. Sie untersucht „Krechels Schreibtechnik zwischen Zitat, Collage und Fiktion" und damit auch das Verhältnis von historischer Realität und fiktionaler Darstellung.[13]

---

13 Christine Arendt: Zwischen Fiktion und Zitat. Migration und Remigration in Ursula Krechels Roman Landgericht (2012). In: Wirkendes Wort 72 (2022), 2, S. 315.

Für alle vier hier besprochenen Romane legen die Paratexte explizit offen, dass Krechel, aber auch Voorhoeve in ihren fiktionalen Erzählungen auf dieselben Quellen zurückgreifen, die auch Historiker*innen zur Verfügung stehen. Sie bewerten und deuten diese und fügen sie zu Darstellungen zusammen, die der historischen Wirklichkeit „formale Kohärenz verleihen"[14]. Beide Autorinnen wählen dennoch unterschiedliche Vorgehensweisen: Während Krechel Figuren in den Mittelpunkt stellt, die fiktionalisierte Abbilder historischer Personen sind (das gilt für die Kornitzers in *Landgericht* ebenso wie für Lazarus, Brieger und zahlreiche weitere Protagonist*innen in *Shanghai fern von wo*), macht Voorhoeve explizit, dass Franziska Mangold eine fiktive Figur ist.

3 Eltern, Kinder und Familien im Exil

3.1 Die Relevanz religiöser und nationaler Zugehörigkeiten für die Familien

Alle für diesen Beitrag ausgewählten Werke stellen die Frage, wie Exilerfahrungen sich auf familiäre Beziehungen auswirken. Als Kornitzer zu Beginn von Krechels *Landgericht* in Lindau am Bahnhof ankommt, zeigt er sich äußerst irritiert von anderen, zielstrebig vorwärts eilenden Reisenden. „Kornitzers Ziel war so lange im Ungefähren geblieben, nicht einmal ein verschwommenes Sehnsuchtsziel dachte er sich aus, so daß er diesen Widerspruch überaus schmerzlich empfand. Seine transitorische Existenz war ihm Gewissheit geworden"[15]. Er beschreibt sich „als Mister Nobody [...] aus Nowhere"[16] und zeigt damit, dass er diese „Gewissheit", die er – wie neben der Formulierung auch das Plusquamperfekt erkennen lässt – aus dem Exil mitbringt, nicht mehr ablegen kann. Er ist laut des Ausweises der Vereinten Nationen eine „*bona-fide Displaced Person*"[17]. Der Begriff ,Displaced Person' wurde 1943 von den Alliierten Streitkräften eingeführt und bezeichnet Personen, die sich unfreiwillig außerhalb ihres Heimatlandes aufhalten. Der aus dem Lateinischen stammende Ausdruck ,bona-fide' heißt wörtlich ,in gutem Glauben' und bringt zum

---

14 White: Auch Klio dichtet, S. 121.
15 Krechel: Landgericht, S. 8. Womöglich handelt es sich bei der Formulierung um eine intertextuelle Anspielung auf Anna Seghers' berühmten exilliterarischen Roman *Transit* aus den 1940er Jahren, in dem ein namenloser Ich-Erzähler auf der Flucht vor den Nazis durch die Welt getrieben wird, ehe er sich zum Kämpfer gegen die Faschisten entwickelt.
16 Krechel: Landgericht, S. 35.
17 Krechel: Landgericht, S. 35, Herv. i. O.

Ausdruck, dass die im Ausweis dokumentierte Identität nicht ausreichend durch Dokumente nachgewiesen wurde. Man kann also sagen, dass der Ausweis das, was er bescheinigt, zugleich ein Stück weit in Frage stellt.

Krechel führt vor, dass es für diesen Mann kein Ankommen, für seine Familie keine Wiedervereinigung geben kann, so sehr er und Claire es sich auch wünschen mögen.[18] „Die Zusammenhänge, aus denen er stammte, waren abgeschnitten und er selbst war eine Rumpfexistenz."[19] Die Beschränkung Kornitzers auf seinen Rumpf und die gleichzeitige Vereinzelung, die hier thematisiert werden, zeichnen zusammen das Bild eines äußerst Hilflosen, der kaum noch mit anderen in Verbindung treten kann. Dies passt stimmig zur späteren Entwicklung des Protagonisten, der sich im juristischen Kampf um Wiedergutmachung geradezu auflöst: „Kornitzer arbeitete an sich selbst, er arbeitete an einem Entwurf von Welt, rutschte weg ins Unfaßliche, Unstoffliche."[20] „Er ist der Meinung, der höchste Grad der Gegenwart ist die Abwesenheit."[21] Seine Familie und das gesamte soziale Gefüge, in das er eingebettet ist, scheinen sich aufzulösen.

Krechel zeigt, indem sie den erzählerischen Fokus im Roman stark auf Richard Kornitzer und seinen juristischen Kampf legt, dass in seinem Leben nichts anderes mehr Raum zu haben scheint als der Versuch, das erlittene Leid zumindest anerkannt zu bekommen und die strukturellen Ungerechtigkeiten der Justiz zu beenden. Seine Frau und seine Kinder, die er sehr liebt, werden angesichts seiner leidvollen Erfahrungen zu Randfiguren. Sogar er selbst, tritt in seinem Leben in den Hintergrund. Was die Kornitzers erfahren, ist eng verwoben mit ihrer (Nicht-)Zugehörigkeit zum Judentum und ihrer deutschen Nationalität. Die Familie lebt säkular. Die nationalsozialistische Gesetzgebung erklärt die Mutter zur ‚Arierin' und den Vater zum Juden. Als dieser sich bereits im Exil befindet, wird ihm im Zuge der sogenannten Massenexpatriation zusätzlich die Staatsbürgerschaft entzogen. Die Kinder gelten im Verständnis der Nazis als ‚Halbjuden', den jüdischen Traditionen gemäß, die sich an der Religion der Mutter orientieren, jedoch als nicht-jüdisch. Für die ungerechte Behandlung nach dem Krieg ist ausschlaggebend, dass Richard nicht mehr als Deutscher verstanden wird und man Claire andererseits nicht glauben möchte, dass sie als ‚Arierin' Repressalien durch die Nationalsozialisten ausgesetzt war. Die künstliche und fatale Einteilung der Bevölkerung in deutsche und jüdische Menschen, die nicht als deutsch gelesen werden, wird damit fortgeschrieben.

---

18 Vgl. Krechel: Landgericht, S. 35. Sein Sohn wird später in die Nähe von Mainz ziehen und ähnliche Probleme haben: „Das Ankommen war eine Erschütterung wie das Weggehen, so hatte er es von seinem Vater erfahren." (Krechel: Landgericht, S. 503).
19 Krechel: Landgericht, S. 40.
20 Krechel: Landgericht, S. 460.
21 Krechel: Landgericht, S. 465.

Ähnliche Erfahrungen machen auch die Protagonist*innen in sämtlichen anderen hier besprochenen Werken: Familie Mangold (*Liverpool Street* und *Nanking Road*) ist protestantisch, wird aber durch die ‚Nürnberger Gesetze' als jüdisch eingeordnet. Dies macht sie zu einem Teil der verfolgten, existenziell massiv bedrohten Leidensgemeinschaft.

Der Entzug der Staatsbürgerschaft spielt für die Mangolds zumindest in *Nanking Road* eine Rolle, wenn erwähnt wird, dass in Deutschland, aber auch in der deutschen Botschaft in Shanghai das „verräterische rote ‚J'"[22] in den Ausweis von ‚nicht arischen' Personen gestempelt wird. Franziska erlebt, dass Deutschen, die nicht als jüdisch ‚abgestempelt' wurden, „die Welt offenstand"[23], während die anderen starke Einschränkungen erfahren.

Dass die Möglichkeiten, die sich den Exilant*innen im Exil bieten, weiterhin davon abhängig sind, ob sie als deutsch oder jüdisch eingeordnet werden, trifft auch die Figuren in *Shanghai fern von wo*, die gleich nach der Ankunft mit dieser Kategorisierung konfrontiert werden, überraschend:

> Jetzt [...] seid ihr nur noch Juden. Das paßte Lazarus nicht. Kronheim war nie nur Jude gewesen, er war Ostpreuße, ein Berliner Uhrmacher aus Halensee, wählte die Sozialdemokratie, er wollte nicht nur Jude sein. Jude von Hitlers Gnaden. In einem Heim untergebracht.[24]

Bewertet wird das Vorgehen nicht von dem namentlich genannten Betroffenen Heinz Kronheim, sondern von Lazarus. Dies ist damit eine der Passagen, in denen auffällt, worüber Lazarus *nicht* redet: Er nimmt keine Stellung dazu, wie es *ihm* damit ergeht, darauf reduziert zu werden, ein Jude zu sein, sondern echauffiert sich ausschließlich über die ungerechte Beschneidung der Identität des Uhrmachers Kronheim.

Für die Kinder Selma und Georg in *Landgericht* sind die Kategorien Deutsch und Jüdisch ebenfalls prekär:

> Daß sie Juden waren, daß sie Feinde des Feindes waren, war ein Spezialwissen, daß sich vielleicht in London verbreitet hatte, aber nicht in jeden Winkel von *Great Britain*. Etwas anders wäre es gewesen, die Kinder hätten [...] tapfer und energisch gesagt, sie seien Juden [...]. Doch das konnten sie nicht, [...] weil sie sich nicht als solche fühlten. In Wirklichkeit waren sie NICHTS. [...] Nichts war wirklich NICHTS, NICHTS [...].[25]

---

22 Voorhoeve: Nanking Road, S. 33.
23 Voorhoeve: Nanking Road, S. 217.
24 Krechel: Shanghai fern von wo, S. 80. Ähnlich auch Krechel: Shanghai fern von wo. Teil 1, 46:28–46:36.
25 Krechel: Landgericht, S. 141–142, Herv. i. O.

Selma und Georg weigern sich im Exil konsequent, sich die durch die Nazis vorgenommene Einordnung als Juden anzueignen. Der Preis hierfür ist hoch: Man weiß in England nicht mit ihnen umzugehen und sie fühlen sich als Niemand. Die Kinder machen also ähnliche Erfahrungen wie ihr Vater bei seiner Rückkehr. (Diese Parallele scheinen sie jedoch beim späteren Wiedersehen nicht zu reflektieren.) Um sich Anfeindungen zu entziehen, beschließen beide Kinder, dass sie nicht mehr als Deutsche wahrgenommen werden möchten. Sie passen sich so gut wie möglich an die englische Bevölkerung an. Die ‚Überassimilation' der Kinder unterstützt die Entfremdung von ihren leiblichen Eltern, die aus der langen Trennungszeit von elf Jahren resultiert.[26] Als Claire und Richard erleben, dass ihre Kinder Teil der Gastfamilie, und ihnen selbst zugleich fremd geworden sind, können sie das kaum fassen und ertragen. Besonders stark zeigt sich das in der Beziehung zwischen Claire und ihrer Tochter Selma, die keine gemeinsame Sprache mehr haben. Richard, der erfahren hat, was es heißt, im Exil zu sein (und sich in Kuba selbst auf eine neue Liebe einließ), begreift eher als seine Frau, dass die Kinder andernorts heimisch geworden sind.

Das Hineinwachsen in die Exilsituation und das Einlassen auf diese finden sich in sämtlichen Werken ausschließlich bei den kindlichen Protagonist*innen. Nur bei Selma und Georg lässt sich beobachten, dass die alte Identität dabei quasi vollständig aufgegeben wird. Dies steht damit in Zusammenhang, dass beide nach der Flucht rasch den Kontakt zu den leiblichen Eltern verlieren. Franziska Mangold steht in *Liverpool Street* in London hingegen immer wieder im schriftlichen Austausch mit ihrer Mutter. Der Postweg ist hochgradig unzuverlässig und Briefe kommen nur sporadisch an, dennoch stabilisiert diese Kommunikation die Beziehung zwischen den leiblichen Eltern und ihrem Kind. Außerdem bleiben Margot und Franz in dieser Konstellation, weil sie postalisch erreichbar sind, aktive Erziehungsberechtigte, die weiterhin die wesentlichen Entscheidungen für Franziska treffen.

Nach der Ankunft in England gereicht es dem Mädchen zunächst zum Nachteil, dass sie Protestantin ist, da die Gastfamilien jüdische Kinder aufnehmen wollen. Franziskas Gastmutter Amanda Shephard reagiert zunächst schockiert, als sie das Kreuz sieht, das Franziska trägt. Das Mädchen hatte dies nicht erwartet und glaubt, versagt zu haben.[27] Als Franziska später erfährt, dass Amanda von ihren Schwiegereltern nicht akzeptiert wird, weil sie keine jüdische Mutter hat, zeigt sich das Mädchen solidarisch, indem es offensiv das Schmuckstück, das es als Christin ausweist, präsentiert. „Denn das war ICH."[28] Franziska lernt also, sich souverän zu positionieren.[29]

---

26 Vgl. Arendt: Landgericht, S. 320.
27 Vgl. Voorhoeve: Liverpool Street, S. 123.
28 Voorhoeve: Liverpool Street, S. 209.
29 Zur Relevanz der beiden Kategorien Deutsch und Jüdisch in *Liverpool Street* und dem didaktischen Potential des Romans siehe auch: Kathrin Heintz: Anne C. Voorhoeve: Liverpool Street (2007).

Am Ende beider Romane begreift sie sich als Christin mit einer Affinität zum Judentum. In *Liverpool Street*, wo sie dem Judentum in einem positiven und zwanglosen Umfeld begegnet, entwickelt sie eine weit größere Faszination dafür als in Shanghai, wo ihr die Einordnung als Jüdin aufgezwungen wird. Sie versteht sich in *Liverpool Street* zusätzlich als Deutsche, die einer leiblichen und einer Pflegefamilie (der „Familie für den Krieg"[30]) angehört und sich dazu entschließt, in England zu leben. Franziska lernt, einen eigenen Zugang zu den Kategorien Deutsch und Jüdisch zu entwickeln und es als bereichernd und befreiend wahrzunehmen, sich selbst positionieren zu können. Eindrücklich zeigt sich im Gespräch mit Mischa Konitzer, der mit seiner Familie ebenfalls auf der Flucht aus Deutschland ist, dass dieser das als nicht legitim empfindet:

> „Schön, aber wenn wir von allem etwas sind, sind wir doch auch etwas deutsch!" Überrascht horchte ich meinen Worten nach. Ich hatte plötzlich das Gefühl, ein großes Welträtsel gelöst zu haben. Aber Mischa schüttelte den Kopf. [...] „Aber mein Vater ist Jude und Deutscher." „Ziska, hör auf, das gibt es nicht mehr!" „Doch, das gibt es – weil er sich nämlich so fühlt! Vielleicht bedeutet Jude zu sein gar nicht für alle dasselbe. Vielleicht kommt es darauf an, was man im Herzen hat."[31]

Man kann hier von kultureller Hybridität im Sinne Homi K. Bhabhas sprechen. Darunter versteht Bhabha „einen externen wie internen Grenzraum der Ambivalenz und der kultureller [sic!] Verschränkungen"[32]. Dies beschreibt Franziskas Auseinandersetzung mit scheinbar widersprüchlichen Zuordnungen und den Prozess des sich selbst Verortens, den sie durchläuft, stimmig.

3.2 Differenzen zwischen erwachsener und kindlicher Exilerfahrung

Unmündige Kinder können nicht selbst über die Modalitäten der Flucht entscheiden. Zudem bleiben bei den literarischen Beispieltexten die Entscheidungsprozesse der Eltern für sie häufig undurchschaubar. Die Kinder nehmen kaum wahr, dass die Eltern zu einer Art Pokerspiel mit einer ungewissen Zukunft gezwungen sind

---

Was es bedeutet, (k)eine Jüdin zu sein. In: Jana Mikota und Dieter Wrobel (Hg.): Flucht-Literatur. Texte für den Unterricht. Bd. 2: Sekundarstufe I und II. Baltmannsweiler 2017, S. 46–52.

30 Voorhoeve: Liverpool Street, S. 425.
31 Voorhoeve: Nanking Road, S. 251.
32 Karen Struve: Zentrale Konzeptionen: Von kultureller Differenz bis Mimikry. In: dies. (Hg.): Zur Aktualität von Homi K. Bhabha. Einleitung in sein Werk. Wiesbaden 2013, S. 94.

und viele spätere Entwicklungen nicht vorausahnen können („Der Krieg, der Krieg, wer hätte gedacht, daß auf England Bomben fallen?"[33]). Dies betrifft besonders die nach England evakuierten Kinder, die sich teilweise von ihren Eltern alleingelassen fühlen, obwohl diese sie nur schweren Herzens gehen ließen.

In *Nanking Road* haben Franziskas Shanghaier Nachbarn, die Fräkels, ihren Sohn nach England geschickt, was Frau Fräkel bitter bereut. Ihr Mann versucht sie zu beruhigen:

> „Wir sind in Sicherheit, wir alle drei, begreif das doch endlich! Jakob ist bei einer lieben Familie. Für seine Gesundheit wird bestens gesorgt, was weder in Deutschland noch hier der Fall wäre, und nächstes, spätestens übernächstes Jahr, wenn wir weiter nach Amerika dürfen …" „Wenn du gehört hättest, wie er geweint hat! Ich hätte das niemals zulassen dürfen!"[34]

Die vierjährige Selma legt sich in *Landgericht* die Erklärung zurecht, ihre Eltern hätten sie nach England geschickt, um sie zu bestrafen.[35] Die emotionale Distanz, insbesondere zur Mutter, die daraus resultiert, kann Selma auch als Jugendliche nicht überwinden. Nach dem Besuch von Claire im Jahr 1953 notiert sie in ihrem Tagebuch:

> *It was an immense shock to be confronted with a strange woman and told that she was my mother. I didn't recognize her at all. […] What on earth had this big fat woman to do with me?! […] She wanted to pull me to her and hug me but I couldn't bear her touching me.* Und das war etwas, was ihre Mutter nie erfahren sollte, aber auf Anhieb spürte.[36]

Zwischen Mutter und Tochter bleibt Sprachlosigkeit. Fremdheit und Unverständnis können auch bei einer späteren Begegnung nicht ausgeräumt werden. Die Kornitzers sehen ein, dass das Mädchen nicht bei ihnen bleiben will, und lassen es zu den Menschen zurückkehren, die seine Familie geworden sind.[37] Für Claire ist dies ein kaum zu ertragendes Zugeständnis, dennoch hat sie die Größe, ihrer Tochter das neue Leben nicht zu nehmen.

Franziska Mangold hat in beiden Romanen Voorhoeves das Glück, die Entscheidungsprozesse ihrer Eltern mitverfolgen und eine reflektierte Haltung entwickeln

---

33 Krechel: Shanghai fern von wo, S. 162.
34 Voorhoeve: Nanking Road, S. 190.
35 Vgl. Krechel: Landgericht, S. 161.
36 Krechel: Landgericht S. 143, Herv. i. O. Die Passage ist mit zwei kleinen Auslassungen aus dem Tagebuch der Tochter von Michaelis, Ruth Barnett, übernommen, wie Arendt darlegt. Vgl. Arendt: Landgericht, S. 319 f.
37 Vgl. Krechel: Landgericht, S. 171.

zu können. Dennoch kommt auch sie emotional immer wieder an ihre Grenzen und gerät in Konflikt mit ihrer Mutter Margot und in *Liverpool Street* auch mit ihrer Gastmutter Amanda. Amanda macht sich viele Gedanken um die schwierige Lage, in der Franziska und Margot sich befinden, sie erklärt und vermittelt. Als Margot nicht erlauben möchte, dass Franziska während der Bombardierung in London verbleibt, fühlt sich Franziska unverstanden und ist äußerst aufgebracht. Mamu, wie Franziska ihre Mutter Margot nennt, sieht, anders als der Vater, zunächst nur, dass Franziska in London nicht sicher ist. Sie begreift nicht, dass Amandas Nähe dem Mädchen so wichtig ist, weil die Trennung von den leiblichen Eltern sehr schmerzhaft für es ist. („Einmal hatte ich diesen Fehler gemacht und meine Familie verloren, jetzt waren sie in einem anderen Land und vielleicht kamen nicht einmal mehr Postkarten zwischen uns an. Aber meine zweite Familie würde ich nicht aufgeben."[38]) Nach dem Tod ihres Mannes im April 1940 lenkt Margot jedoch ein, so dass das Mädchen nach London zu Amanda zurückkehren kann.[39] Damit zeigt sie sich wie Claire Kornitzer als fähig nachzugeben und die Perspektive der heranwachsenden Tochter zu übernehmen.

Dass die erwachsenen Figuren sehr fokussiert auf die existenzielle Bedrohungslage sind, führt auch dazu, dass es ihnen im Gegensatz zu den jüngeren kaum gelingt, sich auf die fremde Umgebung einzulassen und deren positive Seiten wahrzunehmen. Franziska bemängelt in *Nanking Road* bereits auf der Schiffspassage: „Die Erwachsenen hatten keinen Blick für die Farbe des Meeres."[40] Später erfreut sich Franziska an den vielen Menschen unterschiedlicher Herkunft, denen sie begegnet: „Menschen aller Herren Länder arbeiteten, lebten und kauften auf der Nanking Road ein, noch nie hatte ich so viele Gesichter und ein solches Sprachgewirr erlebt. [...] Aber wie langweilig war es auf dem Kudamm im Vergleich zur Nanking Road!"[41] Und als die Familie vom Flüchtlingsheim in eine sehr beengte, aber eigene Wohnung umzieht, schwärmt sie: „Unsere Dachterrasse bot eine einmalige Kulisse"[42]. Einzig ihr Onkel Erik, der später zur Familie stößt, vermag es, auch Schönes an Shanghai zu entdecken und richtet besagte Terrasse mit einfachen Mitteln gemütlich ein.

Mit Blick auf das kinder- und jugendliterarische Genre Fluchtliteratur strukturieren Dieter Wrobel und Jana Mikota Fluchterzählungen „literarisch-topographisch", indem sie „zwischen Heimat-Orten (Orten des Aufbruchs, Abschieds und

---

38 Voorhoeve: Liverpool Street, S. 262.
39 Vgl. Voorhoeve: Liverpool Street, S. 322–326.
40 Voorhoeve: Nanking Road, S. 91.
41 Voorhoeve: Nanking Road, S. 170.
42 Voorhoeve: Nanking Road, S. 188.

des Verlustes), Transit-Orten (Orten, der Ab- bzw. Durchreise, Zwischen- und Durchgangsstationen) sowie Ziel-Orten (Orten des Ankommens) unterscheiden"[43]. Legt man diese Dreiteilung an die Werke an, so fällt auf, dass in sämtlichen Werken auch das Exil als Ort des Verlustes dargestellt und eher als Transit-, denn als Ziel-Ort verstanden wird. Darin äußert sich „die spezifische Wurzellosigkeit des Exilanten"[44]. Die kindlichen Figuren sehnen sich danach, anzukommen und, wie sich am Beispiel von Franziskas Evakuierung aufs Land zeigt, an einem Ort zu verweilen. Für Selma verlieren nicht nur ihre ursprüngliche Heimat, sondern selbst die leiblichen Eltern scheinbar jegliche Bedeutung. Mit dem Heimisch-Werden im Exil verschiebt sich die Fremdheit von der neuen Heimat, der fremden Sprache und den (Gast-)Eltern auf die alte Heimat und die leiblichen Eltern sowie die Muttersprache, die Selma (im Gegensatz zu ihrem älteren Bruder) verlernt.

3.3 Exotisches Exil für die Erwachsenen – eine neue Umgebung für die Kinder

Das Problem der Fremdheit ist in Shanghai besonders ausgeprägt. Dies ist nicht nur in den fiktionalen Erzählungen erkennbar, sondern schlägt sich auch in der historischen Forschung nieder:

> In Bezug auf jüdische Emigrationsgeschichte zeigt sich, dass die betonte Sonderstellung der Stadt Shanghai sowohl vom Westen als auch vom Osten thematisiert wird. Dabei haben die Diskurse über das Shanghaier Exil einen Wandel vom europäischen Orientalismus über den chinesischen Aneignungsprozess bis hin zu einem ständigen Oszillieren zwischen West und Ost durchlaufen.[45]

Bereits der Titel *Shanghai fern von wo* deutet in verdichteter Form an, dass die Stadt selbst Denjenigen „fern" erscheint, die entwurzelt und an keinem festen Ort mehr heimisch sind. Die Fremdheit rührt unter anderem daraus, dass sie kaum Wissen

---

[43] Dieter Wrobel und Jana Mikota: Flucht erzählen – Flucht verstehen. Flucht-Literatur im Unterricht. Zur Einführung. In: dies. (Hg.): Flucht-Literatur. Texte für den Unterricht. Bd. 1: Primarstufe und Sekundarstufe I. Baltmannsweiler 2017, S. 11.
[44] Doerte Bischoff: Exil und Interkulturalität – Positionen und Lektüren. In: Bettina Bannasch und Gerhild Rochus (Hg.): Handbuch der deutschsprachigen Exilliteratur. Von Heinrich Heine bis Herta Müller. Berlin, Boston 2013, S. 97.
[45] Xin Tong und Fan Zhang: Erinnern als interkulturelles Handeln am Beispiel des Shanghaier Exils. In: Interkulturelles Forum der deutsch-chinesischen Kommunikation 2 (2022), 1, S. 13. Wenn Xin Tong und Fan Zhang von „jüdischer Emigrationsgeschichte" sprechen, referieren sie damit auf die Geschichte derer, die von den Nazis als Juden verfolgt wurden.

über China mitbringen. Ihre Informationen haben manche aus dem Schulatlas der Kinder.[46] Shanghai ist und bleibt selbst für die wenigen Erwachsenen, die es sich anders wünschen, ein fremder Ort: „Aber Rosenbaum, der sich glücklich schätzte, angekommen zu sein, verstand die ganze Welt nicht mehr, obwohl er doch willig war, die ganze Welt zu verstehen, soweit er Zugang zu ihr hatte."[47] Im Hörspiel äußert er: „Ich habe den Geschmack an China verloren. [...] Alles ist anders als bei uns."[48]

Krechels *Shanghai*-Roman macht, da er nur deutsche Exilant*innen zu Wort kommen lässt, noch stärker als das Hörspiel durch die Auswahl der Erzählinstanzen klar, wie stark sich die Neuangekommenen isolieren. Dass die Fremdheit bestehen bleibt, resultiert in den Werken erkennbar aus dem Verhalten der jüdischen Exilant*innen, die sich nicht auf die neue Lebenswelt einlassen. Dies rührt aus historischer Perspektive daher, dass sie in relativ kurzer Zeit in großer Zahl in die Stadt flüchten und dort eine große, eigenständige Gruppe bilden.[49] Diese vertritt, so stellt es Krechel dar, die „Idee eines kulturellen Erbes, das im Exil bewahrt und, im Falle einer Rückkehr, am heimatlichen Ort wieder gepflegt und weiterentwickelt werden könne"[50]. Schubert spricht im Zusammenhang damit davon, dass das Selbstbild der Geflüchteten in *Shanghai fern von wo* von dieser Fortschreibung der bekannten kulturellen Praktiken bestimmt wird, von „essentialistischen Identitätskonstruktionen"[51]. Teilweise bringen die Exilant*innen sogar rassistische Vorurteile mit, wie sich an ihrem abschätzigen Blick auf die chinesische Bevölkerung zeigt. Im Hörspiel von Krechel heißt es beispielsweise: „Wir Deutschen bilden eine redliche, adrette Gemeinde zwischen all dem Fremdländischen. [...] Wir Deutschen rücken nah zusammen im Millionenmeer von Shanghai. Man geht leicht unter in den gelben Wogen."[52]

Eine Auseinandersetzung mit den Chines*innen, ihren außerordentlich schwierigen Lebensumständen (Krieg, Besatzung und große Armut), Traditionen und Bräuchen, der chinesischen Sprache und der Stadt Shanghai stoßen nicht auf Interesse bei den erwachsenen Exilant*innen. Stattdessen pflegen sie zum Beispiel

---

46 Krechel: Shanghai fern von wo. Teil 1, 32:16–32:20.
47 Krechel: Shanghai fern von wo, S. 165.
48 Krechel: Shanghai fern von wo. Teil 1, 45:25–45:40.
49 In der Hörspielfassung erzählt Mister Tartar davon, dass Shanghai schon lange eine Stadt sei, in die viele einwanderten, ohne mit der einheimischen Bevölkerung in Kontakt zu treten. Auch er selbst ist ein Emigrant, der „vor sehr, sehr langer Zeit [...] auf der Suche nach einem Zipfel Glück" nach Shanghai kam. (Krechel: Shanghai fern von wo. Teil 1, 02:01–03:37).
50 Bischoff: Exil und Interkulturalität, S. 7.
51 Schubert: Krechel, S. 396
52 Krechel: Shanghai fern von wo. Teil 1, 04:27–04:51.

ihre Kaffeehauskultur. Noch im Sterben ruft Tausig nach Palatschinken, die ihm seine Frau eilig bereitet, obwohl unter den gegebenen Umständen in der Eile und mit den falschen Zutaten nichts weiter als ein grauer Brei entstehen mag.[53]

In *Liverpool Street* sucht Franziska Mangold nach ihrer Ankunft in London regelmäßig das Café Vienna auf, in dem sich deutschsprachige Geflüchtete treffen. Sie hofft dort auf ein Forum, das ihr hilft, eine Anstellung für ihre Eltern zu finden, damit diese Visa bekommen können. Bereits bei ihrem ersten Besuch lernt sie Professor Julius Schueler kennen, der erzählt: „‚Jeden Tag die gleichen Gesichter an den gleichen Tischen. [...] Hier sitzen wir und feiern, was wir verloren haben.' ‚Wenn Sie nur sitzen und feiern', sagte ich [...], ‚ist es kein Wunder, dass es niemand von den anderen mehr rüberschafft.'"[54]

Der geschwächte Max Rosenbaum in *Shanghai fern von wo* ist nicht mehr in der Lage, zu feiern, kommt aber seinem Bedürfnis nach, seine Erinnerungen an Deutschland an seinen Sohn weiterzugeben. Er erzählt ihm von Erlebnissen mit der Mutter, von deutschen Weihnachtstraditionen und „von Dürer, das war schon ziemlich kühn"[55]. Auffällig ist, dass er jüdische Traditionen nicht thematisiert. „Mit dem Wort ‚Chanukka' wollte er das Kind nicht verwirren, er war selbst verwirrt genug."[56] Der Sohn hingegen lernt in den Straßen Shanghais mit chinesischen Kindern laufen und kann auf Chinesisch seinen Hunger ausdrücken, er wächst also scheinbar unbedarft in die neue Umgebung hinein. Der Stellenwert, den Herkunft, Tradition und Sprache einnehmen, spiegelt sich in *Shanghai fern von wo* darin, dass deren Wert als gegeben verstanden und zumindest in der Romanfassung nicht hinterfragt wird. Die Exilant*innen leben in Shanghai in Stadtteilen, in denen sie beinah ausschließlich von anderen, hauptsächlich europäischen Geflüchteten umgeben sind. Sie sprechen mit großer Selbstverständlichkeit Deutsch miteinander, pflegen die ihnen bekannten Traditionen und passen zunächst nicht einmal ihren Kleidungsstil den völlig anderen klimatischen Bedingungen an. Dass es andere Optionen geben könnte, wird gar nicht erst erwähnt. Es ist von Damen die Rede, die im schwül-warmen Shanghai die vor den Nazis geretteten Pelze tragen und davon, dass Frau Rosenbaum dort weiterhin Handschuhe verkauft. In der Hörspielfassung wird die Abgrenzung und Verachtung der Europäer*innen gegenüber der chinesischen Bevölkerung und Sprache explizit thematisiert, wenn es zum Beispiel heißt: „Sprachkenntnisse im Chinesischen sind doch überflüssig. Dolmetscher kosten nichts – fast nichts."[57]

---

53 Vgl. Krechel: Shanghai fern von wo, S. 329.
54 Voorhoeve: Liverpool Street, S. 150.
55 Krechel: Shanghai fern von wo, S. 207.
56 Krechel: Shanghai fern von wo, S. 206. Vgl. hierzu auch Schubert: Krechel, S. 396.
57 Krechel: Shanghai fern von wo. Teil 1, 1:07:36–1:07:4.

Bei Voorhoeve kann man kaum feststellen, dass Shanghai Franziska fremder erscheint als London. Sie bewegt sich souverän in beiden Städten. Einzig ihre Bemühungen, die Landessprache zu lernen, deuten darauf hin, dass das Mädchen sich auf das Leben in England mehr einlässt. Allerdings benötigt sie dort das Englische, um sich mit Ihrer Gastfamilie zu verständigen. (Da sie nicht Jiddisch spricht, fehlt zu Beginn eine gemeinsame Sprache.) Zudem besucht Franziska dort die öffentliche Schule, braucht das Englische also zudem als Unterrichtssprache.

3.4 Existenzsicherung und Perspektiven für Kinder, Jugendliche und Erwachsene im Exil

Die Schule besuchen zu dürfen, stellt für Franziska in beiden Romanen ein großes Privileg dar. In Deutschland führte die Einordnung als Jüdin dazu, dass sie zuerst gezwungen wird, die Schule zu wechseln und diese schließlich gar nicht mehr besuchen darf. Mit dem Unterricht kehrt in London ein Stück kindlicher Alltag zurück. Wegen fehlender Englischkenntnisse wird Franziska dort jedoch mit weit jüngeren Schüler*innen in eine Klasse gesteckt.

In China (in *Nanking Road*) steht Franziska zunächst nur eine spezielle Schule für Geflüchtete offen, die jedoch deutlich zu klein dimensioniert ist, um die vielen Kinder adäquat unterrichten zu können. Die Konitzers bezahlen für Franziska Schulgeld, damit sie die als besser geltende Shanghai Jewish School besuchen kann.[58] Dort eckt das Mädchen an, weil es nur rudimentäres Wissen über das Judentum mitbringt.[59] Franziska freut sich über ihre Schuluniform, muss aber feststellen: „Dass ich aussah wie die anderen, hieß keineswegs, dass ich passte."[60] Wiederum werden ihre Möglichkeiten also davon beeinflusst, dass ihr Selbstverständnis nicht den externen Zuschreibungen entspricht. Franziska freundet sich mit der jüdischen Vorzeigeschülerin Judith an, die sie unter anderem unterstützt, indem sie ihr zahlreiche jüdische Begriffe und Traditionen erläutert.

Über Georg Kornitzer wird in Krechels Roman *Landgericht* gesagt, dass er ein guter Schüler ist und in Cambridge studieren will. Diese Perspektive erarbeitet er sich gemeinsam mit seinen Gasteltern. Die leiblichen Eltern unterstützen, dass der Sohn dauerhaft in England bleiben und studieren kann.

---

58 Aus historischer Sicht muss hier ergänzt werden, dass die Exilant*innen trotz dieser unzureichenden Beschulung als im Vergleich zu den Einheimischen privilegiert verstanden werden müssen, weil das öffentliche Schulsystem zu dieser Zeit in China nicht existent war. Erst nach der Gründung der Volksrepublik (1949) wurden die Grundschulen wieder etabliert.
59 Voorhoeve: Nanking Road, S. 165–168 und S. 206.
60 Krechel: Shanghai fern von wo, S. 166.

Für die Eltern steht die Frage danach, wie sie ihren Lebensunterhalt bestreiten können, im Vordergrund. Dabei zeigt sich, dass viele Exilant*innen dafür ganz neue Wege finden und beschreiten müssen. Einige Personen, unter ihnen Franziska Tausig in *Shanghai fern von wo*, waren bisher nicht darauf angewiesen, erwerbstätig zu sein. Dies ändert sich im Exil, weil sie ihr Vermögen verloren haben. Viele sind zudem bisher Berufen nachgegangen, mit denen sich im Exil kein Geld verdienen lässt. Das wiederum gilt für Herrn Tausig, „ein schöner Mann, ein kluger Mann mit großer Zukunft – so sah es aus."[61] „‚Das ist ein ungarischer Rechtsanwalt. Seine Frau backt hier die Apfelstrudel.' – ‚Das *war* ein ungarischer Rechtsanwalt.'"[62] Oder noch expliziter: „Was kann ein österreichischer Rechtsanwalt in Shanghai? [...] [E]igentlich kann er nichts."[63] Frau Tausig profitiert davon, als „bessere Wienerin"[64] wahrgenommen zu werden. Sie nutzt die damit verbundenen Stereotypen für sich: Der Strudel, den sie zu Vorführzwecken macht, ist ihr erster.

Franz Mangold arbeitet in *Liverpool Street* und *Nanking Road* in Berlin zunächst noch als Rechtsanwalt. *Liverpool Street* erzählt davon, dass er 1939 mit einem Berufsverbot belegt wird und dies deutlich kommentiert: „Wir sind erledigt! Margot, verstehst du? Das war's! Es ist aus, finito!"[65] Die heimlich lauschende Franziska erfasst nicht, weshalb ihr Vater sich derart besorgt zeigt. Ihre Eltern hatten ihr nachdrücklich eingeschärft, dass sie sich unauffällig benehmen solle, weil sonst die gesamte Familie schlimme Repressalien zu befürchten hätte. Das Mädchen ist angesichts der ständigen Anfeindung und Verfolgung, der es im Alltag ausgesetzt ist, völlig verunsichert und weiß nicht, wie ein angepasstes und unauffälliges Benehmen aussehen könnte. Das Berufsverbot des Vaters deutet für Franziska darauf hin, dass sie diesbezüglich versagt habe: „Die Deutschen durften ja mit uns machen, was sie wollten. Aber dass es so schlimm kommen würde, dass wir erledigt waren, durch meine Schuld, damit hatte ich nicht gerechnet."[66]

In *Nanking Road* prophezeit seine Frau Margot vor der Flucht: „Franz hat keinen Beruf, mit dem man da drüben etwas anfangen kann. Wir werden bettelarm und ausgeplündert ankommen, wir werden von Almosen leben und Krankheiten bekommen, von denen wir nicht einmal gehört haben!"[67] Tatsächlich schlagen sich die Mangolds besser als Margot es befürchtete. Ihre Prognose beschreibt aber die Erfahrungen, die andere Familien wie die der Rosenbaums in *Shanghai fern von*

---

61 Krechel: Shanghai fern von wo. Teil 1, 25:50–25:54.
62 Krechel: Shanghai fern von wo. Teil 2, 43:16–43:24.
63 Krechel: Shanghai fern von wo, S. 21.
64 Krechel: Shanghai fern von wo. Teil 1, 26:03. Und Krechel: Shanghai fern von wo, S. 9.
65 Voorhoeve: Liverpool Street, S. 17.
66 Voorhoeve: Liverpool Street, S. 18.
67 Voorhoeve: Nanking Road, S. 20.

wo machen, treffend. Max Rosenbaum war Jurist und dekorierte später die Schaufenster des Handschuh-Geschäfts seiner (nicht-jüdischen) Frau. Ihn ereilt dasselbe Schicksal wie Tausig, Mangold und Kornitzer: Er wird nicht nur von den Nazis, sondern auch erzählerisch marginalisiert, verharrt in Passivität und erkrankt. Er und Mangold (in *Liverpool Street*) überleben die Kriegszeit nicht. Die Frauen „können sich den Bedingungen besser anpassen, organisieren das Nötigste klug"[68]. Sie überleben – mit Ausnahme von Amy Rosenbaum – die Exilzeit. Wenn man sich die Personen betrachtet, die dieser Bruch mit tradierten Rollen konkret betrifft, zeigen sich Gründe dafür, die mit dem Geschlecht nur mittelbar in Zusammenhang stehen: Speziell für die Juristen (allesamt Männer) gilt, dass sie bisher aufgrund ihres Berufs eine angesehene gesellschaftliche Stellung innehatten und als Teil der Judikative sogar zur Staatsgewalt gehörten. Für sie stellen der Verlust von Macht und Einfluss und die Erkenntnis, dass ihr Beruf ihnen nicht dabei nützlich ist, diese im Exil wiederzuerlangen, dramatische Erfahrungen dar. Die Frauen an ihrer Seite haben (mit Ausnahme der Werbetexterin Claire Kornitzer in *Landgericht*) keine berufliche Ausbildung. Sie lassen sich, vermutlich aufgrund dieser im Vergleich zu den Männern anders gelagerten Rahmenbedingungen, offener auf die Bedingungen im Exil ein. Auf bereits bewährte Erwerbsstrategien können sie nicht zurückgreifen, also prüfen sie, welche Optionen es für sie gibt, Geld zu verdienen. Frau Tausig „etabliert sich als Backwarenhändlerin und streift nach und nach notgedrungen auch vermeintlich typische weibliche Charaktereigenschaften ab"[69].

Den Heranwachsenden scheint eine berufliche Perspektive in sämtlichen Werken völlig zu fehlen – im Alltag unter Exilbedingungen bleibt ihnen weder in London noch an der Seite ihrer Eltern in Shanghai Raum für ein Entwerfen in die Zukunft hinein. Auffällig ist, dass Berufswünsche ihrerseits nicht thematisiert werden. Daran zeigt sich, dass im Exil (Familien-)Traditionen, die zuvor Bestand hatten, aufgelöst werden, weil ihre Fortschreibung nicht gelingen kann: Victor Konitzer eröffnet in *Nanking Road* eine Zahnarztpraxis. Es ist aber nicht die Rede davon, dass sein Sohn Mischa ebenfalls Zahnarzt werden könnte. Familie Tausig (in *Shanghai fern von wo*) hatte sich in Österreich bis zur Enteignung vom florierenden Holzhandel der Familie (Frau Tausig erinnert sich: „Mein Vater – klaftertief in Eiche."[70]) ernährt. In Shanghai kommen sie mittel- und hilflos an. Otto fügt sich in das Leben auf dem Hühnerhof, auf dem er untergebracht ist, ein. Damit wird zumindest angedeutet, dass er fortführen wird, was ihm die Gasteltern vorleben. Damit enden für Familie Tausig wie für viele andere (Herkunfts-)Familien die bisherigen Traditionen,

---

[68] Scholz-Lübbering: Das Unaussprechliche der Bilder, S. 219.
[69] Schubert: Krechel, S. 396.
[70] Krechel: Shanghai fern von wo, S. 9.

Tätigkeiten und Selbstverständnisse. Die Heranwachsenden sind viel zu sehr vom Alltag im Exil gefordert, ihre Bildungs- und Berufsmöglichkeiten zu stark beschnitten, um tragfähige Pläne zu schmieden. Letzteres gilt auch für die Elterngeneration.

3.5 Das Ende des Krieges – das Ende des Exils?

Die Eltern, die von ihren Kindern getrennt sind, träumen davon, ihre Familie wieder zu vereinen. Für viele gibt es neben dieser einen keine andere nennenswerte Zukunftsperspektive. Als Krieg und Exile enden, zeigt sich jedoch, dass die einzelnen Familienmitglieder sich stark verändert haben und nicht an das frühere Familienleben, das die Kinder zum Teil kaum erinnern, anknüpfen können. Am Beispiel der Kornitzers (in *Landgericht*) wurde das vorgeführt. Die Begegnungen beider Generationen verlaufen auch in anderen Fällen erschütternd.

Franziska Tausig bricht, wie Krechels Hörspiel eindrücklich berichtet, von Shanghai nach Deutschland auf, um dort Otto zu treffen. Sie färbt sich, um die Spuren, die das Exil hinterlassen hat, abzumildern, die Haare. Die Farbe will jedoch nicht an ihren Haaren haften und lässt sie noch mitgenommener aussehen.[71]

Franziska Mangold erinnert sich in *Liverpool Street* an das Treffen mit ihrer Mutter in den Niederlanden:

> *Oh mein Gott, ist das Mamu?* Ich erkannte sie daran, dass sie an Onkel Eriks Arm ging: eine ältere Frau im hellen Mantel und mit schwarzen, zu stark gefärbten Haaren, die das Gesicht darunter noch fahler und blasser erscheinen ließen. […] Entsetztes Begreifen, was die Nazis getan hatten: meine stolze Mutter […] Auch sie war *ums Leben gekommen*. […] Etwas schien sie bewegen zu wollen, es noch einmal mit sich zu versuchen. Nein. Nicht *etwas*. Ich.[72]

Ihre Mutter, die der Begegnung sehr ängstlich entgegensah, auch weil Franziska noch nicht entschieden hat, ob sie nach England zurückkehren oder bei ihr bleiben wird, ist positiv überrascht von dem herzlichen Empfang, den ihr Amanda, zu der sie sich in Konkurrenz sieht, bereitet. „‚Mit allem hatte ich gerechnet', sagte Mamu später. ‚Nur nicht damit, dass da ein Du auf mich wartet.'"[73] Auch darin zeigt sich der Stellenwert der aufrecht erhaltenen Kommunikation. Die Mangolds werden damit in dieser Erzählung als eine Familie gezeigt, der es in der reflektierten Auseinandersetzung miteinander gelingt, die familiären Strukturen neu zu denken und trotz aller Widrigkeiten wieder zueinander zu finden.

---

71 Krechel: Shanghai fern von wo. Teil 2, 1:13:25–1:13:36.
72 Voorhoeve: Liverpool Street, S. 549–550, Herv. i. O.
73 Voorhoeve: Liverpool Street, S. 541.

4 Fazit

In den untersuchten Werken wird deutlich, was es heißt, ins Exil gehen zu müssen: Die Exilant*innen wissen, was sie hinter sich lassen müssen, haben neben diesem Lebensentwurf ex negativo aber kaum tragfähige Pläne für das Leben im Exil, in das sie fliehen um ihr Leben zu retten, das also eine unfreiwillige Übergangssituation darstellt, die sie aus guten Gründen schnellstmöglich hinter sich lassen wollen. Die prekären und herausfordernden Bedingungen dort treffen sie ebenso unerwartet wie der lange Fortbestand des Nazi-Regimes, der zu einer langen Verweildauer im Exil führt, zumal selbst die Protagonist*innen, die nach Deutschland zurückkehren wollen, dies nicht unmittelbar nach dem Ende des Zweiten Weltkriegs tun können. Die Gründe dafür sind vielfältig. Die Shanghaier Exilant*innen befanden sich zunächst noch in einem Kriegsgebiet. (Der Zweite Chinesisch-Japanische Krieg endete zwar im September 1945, der Chinesische Bürgerkrieg dauerte jedoch weiter an.) Die nach England evakuierten Kinder hatten vielfach den Kontakt zu den leiblichen Eltern verloren und mussten erst über den 1945 eingerichteten und bis heute bestehenden Suchdienst des Roten Kreuzes wieder gefunden und zurückgefordert werden (diesen Weg bestreitet Claire, um ihre Kinder, aber auch ihren Mann wiederzusehen). Zudem durften Exilant*innen nicht in alle Teile des besetzten und in Zonen aufgeteilten Deutschlands ohne Weiteres einreisen.

Die lange Zeit im Exil führt in den hier besprochenen Werken nicht erkennbar dazu, dass die erwachsenen Exilant*innen ihre Haltung verändern und sich auf ein Leben in der neuen Umgebung einrichten. Ihre Orientierungspunkte bleiben ein Land und ein Leben, die in der bekannten Form nicht mehr existieren und sie zerbrechen psychisch an dem, was sie durchleiden. Teilweise äußert sich dies auch physisch – mehrere der männlichen Erwachsenen versterben sogar im Exil. Die heranwachsende Generation muss ebenfalls viel ertragen, ist aber zumeist aufnahmefähiger und offener. Sie wächst in die Situation hinein und vermag es trotz aller Schwierigkeiten und Einschränkungen, dem Exil auch positive Seiten abzugewinnen. Franziska äußert an einer Stelle zuversichtlich: „Meine Zukunft wird gut sein, egal wo."[74]

Die Erfahrung des Exils zerstört und beschädigt in vielen Fällen das Verhältnis von Kindern und ihren Eltern. Den Kindern fällt es häufig schwer, die Perspektive zu wechseln und Empathie für die Elterngeneration zu entwickeln. Die Kommunikation zwischen Alt und Jung ist gestört, auch, weil gerade die emotional besonders belastenden Erfahrungen kaum zu verbalisieren sind. Im Schweigen, das sich zwischen Eltern und Kindern ausbreitet, aber auch in den inhaltlichen Lücken

---

[74] Voorhoeve: Nanking Road, S. 380.

der Erzählungen der Exilant*innen und im Verweis auf die historischen Quellen machen die Werke erfahrbar, wie fließend die Grenzen zwischen Sagbarem und Nicht-Sagbarem sind. Sie zeigen auf, wie wichtig es ist, Exilgeschichten – insbesondere auch aus der Perspektive der Heranwachsenden und für diese – zu erzählen und einen reflektierten Zugriff auf diese zu entwickeln. Eben dies leistet Literatur, die von den verstörenden Erfahrungen des Exils erzählt.

Literaturverzeichnis

Aichinger, Ilse: Die größere Hoffnung [1948]. Frankfurt a. M. 2016 (13. Aufl.).
Arendt, Christine: Zwischen Fiktion und Zitat. Migration und Remigration in Ursula Krechels Roman Landgericht (2012). In: Wirkendes Wort 72 (2022), 2, S. 315–332.
Bischoff, Doerte: Exil und Interkulturalität – Positionen und Lektüren. In: Bettina Bannasch und Gerhild Rochus (Hg.): Handbuch der deutschsprachigen Exilliteratur. Von Heinrich Heine bis Herta Müller. Berlin, Boston 2013, S. 97–119.
Fischer, Jan: Historisch-politische Karte. In: Wünschmann, Kim: Exilländer jüdischer Flüchtlinge aus dem Deutschen Reich ab 1933. Bundeszentrale für politische Bildung (2014), https://www.bpb.de/themen/holocaust/gerettete-geschichten/177609/exillaender-juedischer-fluechtlinge-aus-dem-deutschen-reich/ (Zugriff: 8.12.2022).
Heintz, Kathrin: Anne C. Voorhoeve: Liverpool Street (2007). Was es bedeutet, (k)eine Jüdin zu sein. In: Jana Mikota und Dieter Wrobel (Hg.): Flucht-Literatur. Texte für den Unterricht. Bd. 2: Sekundarstufe I und II. Baltmannsweiler 2017, S. 46–52.
Krechel, Ursula: Shanghai fern von wo. Teil 1: In die offenen Augen der Chinesen. Reg. Hans Gerd Krogmann. Prod. SWR, Stuttgart/Deutschland 1998. Erstsendung: 15.11.1998.
Krechel, Ursula: Shanghai fern von wo. Teil 2: Die geschlossene Stadt. Reg. Hans Gerd Krogmann. Prod. SWR, Stuttgart/Deutschland 1998. Erstsendung: 22.11.1998.
Krechel, Ursula: Shanghai fern von wo. Roman. Salzburg, Wien 2008 (2. Aufl.).
Krechel, Ursula: Landgericht. Roman. Salzburg 2012 (5. Aufl.).
Küchler, Sabine: Mein Hörspiel „Shanghai fern von wo". Im Gespräch mit Autorin Ursula Krechel. In: Deutschlandfunk, Hörspielmagazin (2019), https://www.hoerspielundfeature.de/im-gespraech-mit-der-autorin-ursula-krechel-mein-hoerspiel-100.html (Zugriff: 14.10.2022).
Schubert, Ines: Ursula Krechel: Shanghai fern von wo (2008). In: Bettina Bannasch und Gerhild Rochus (Hg.): Handbuch der deutschsprachigen Exilliteratur. Von Heinrich Heine bis Herta Müller. Berlin, Boston 2013, S. 392–399.
Scholz-Lübbering, Hannelore: Das Unaussprechliche der Bilder: Shanghai fern von wo von Ursula Krechel. In: Miroslawa Czarnecka, Christa Ebert und Grazyna Barbara Szewczyk (Hg.): Der weibliche Blick auf den Orient. Reisebeschreibungen europäischer Frauen im Vergleich (Jahrbuch für internationale Germanistik, 102). Bern u. a. 2011, S. 211–224.
Seghers, Anna: Transit [1944]. Roman. Darmstadt 1977.
Struve, Karen: Zentrale Konzeptionen: Von kultureller Differenz bis Mimikry. In: dies.: Zur Aktualität von Homi K. Bhabha. Einleitung in sein Werk. Wiesbaden 2013, S. 37–149, https://doi.org/10.1007/978-3-531-94251-3 (Zugriff: 13.10.2022).
Voorhoeve, Anne C.: Liverpool Street. Ravensburg 2007.

Voorhoeve, Anne C.: Nanking Road. Ravensburg 2013.
White, Hayden: Auch Klio dichtet oder die Fiktion des Faktischen. Studien zur Tropologie des historischen Diskurses (Sprache und Geschichte, 10). Stuttgart 1986.
Wrobel, Dieter und Jana Mikota: Flucht erzählen – Flucht verstehen: Flucht-Literatur im Unterricht. Zur Einführung. In: dies. (Hg.): Flucht-Literatur. Texte für den Unterricht. Bd. 1: Primarstufe und Sekundarstufe I. Baltmannsweiler 2017, S. 9–16.
Xin Tong und Fan Zhang: Erinnern als interkulturelles Handeln am Beispiel des Shanghaier Exils. In: Interkulturelles Forum der deutsch-chinesischen Kommunikation 2 (2022), 1, S. 1–22, https://doi.org/10.1515/ifdck-2022-0002 (Zugriff: 29.09.2022).

Vojin Saša Vukadinović
Ankommen, Staunen, Zurückkehren. Grete Hartwig-Manschingers unveröffentlichter Kinderroman *Didi fährt nach Amerika*

Leben und Werk von Grete Hartwig-Manschinger sind bislang kaum erforscht.[1] Die 1899 in Wien geborene und 1971 in Florida verstorbene österreichische Autorin, Tochter des Freidenkers Theodor Hartwig, Schwester der indes nicht mehr ganz vergessenen Schriftstellerin Mela Hartwig und Ehefrau des Komponisten Kurt Manschinger, teilte das Schicksal zahlreicher weiterer geflohener Autorinnen – ihr künstlerisches und schriftstellerisches Wirken wurde durch die politische Unterdrückung und antisemitische Verfolgung während des Nationalsozialismus und der darauffolgenden Zeit des Exils kaum bekannt oder blieb – wie im Falle des hier erstmals ausführlicher vorgestellten Kinderromans – unveröffentlicht. Hartwig-Manschinger war Teil einer beachtlich produktiven österreichischen Exilszene in Manhattan, deren Protagonistinnen und Protagonisten sich nach 1945 zumeist gegen eine Rückkehr in die Heimat entschieden. Doch auch diese Teilhabe konnte die Autorin nicht vor dem Vergessen-Werden bewahren.[2] Nach ihrem Tod fiel ihr Name in der literaturhistorischen Forschung so selten, dass die entsprechenden Erwähnungen an einer Hand abzuzählen sind.[3] Selbst die Wiederentdeckung Mela Hartwigs, für die sich etwa Hartmut Vollmer zu Beginn der 1990er Jahre stark gemacht hat, löste kein unmittelbar folgendes Interesse an der jüngeren Schwes-

---

[1] Die Autorin verwendete zeitlebens unterschiedliche Namensvarianten: Geboren als Margarethe Hartwig, zeichnete sie erste Beiträge in den 1920er Jahren mit Grete Hartwig und trat so auch auf den Bühnen auf. Ihr erster Roman wiederum erschien 1948 unter dem Namen Grete Manschinger. Im US-amerikanischen Exil wechselte sie zwischen „Greta H. Manschinger" und „Greta Hartwig-Manschinger" – zwei Abwandlungen, die den dortigen Gepflogenheiten entsprachen. Im Folgenden wird deshalb diejenige Variante verwendet, die für den deutschsprachigen Kontext und angesichts der jahrzehntelangen Werk-Symbiose mit ihrem Ehemann Kurt Manschinger am naheliegendsten ist: Grete Hartwig-Manschinger.
[2] Zum vielfältigen Wirken jener österreichischen Dichterinnen und Dichter, die in den USA blieben, siehe Joshua Parker (Hg.): Blossoms in Snow. Austrian Refugee Poets in Manhattan. New Orleans 2020.
[3] Helmut F. Pfanner: Deutschsprachige Exilliteratur: Grundlagen zur kontrastiven Kulturanalyse. In: Die Unterrichtspraxis/Teaching German 15 Nr. 2 (1982), S. 222; Helmut F. Pfanner: Was There an Austrian Literature in Exile? In: Modern Austrian Literature 17 No. 3/4 (1984), S. 87 f.; Michael Winkler: Die Großstadt New York als Thema der deutschsprachigen Exilliteratur. In: Colloquia Germanica 18 Nr. 4 (1985), S. 316.

ter aus.⁴ Einzig das 1995 im Kore-Verlag erschienene und neun Jahre später von Haland & Wirth neu verlegte *Lexikon deutschsprachiger Schriftstellerinnen im Exil 1933–1945*, das von Renate Wall herausgegeben worden war, porträtierte die Autorinnenschwestern Seite an Seite.⁵ Beide sind im *Lexikon der österreichischen Exilliteratur* zu finden, das im Jahr 2000 erschien.⁶ In manchen nachfolgenden Anthologien, die Einträge zu Mela Hartwig führen, fanden sich bisweilen zumindest Hinweise auf Grete Hartwig-Manschinger.⁷

Dank der Dissertationsschriften von Valerie Popp und Katrin Wilhelm, die sich mit den Amerikabildern in den Schriften deutschsprachiger Exilantinnen und Exilanten respektive mit dem literarischen Netzwerk von Hartwig-Manschingers Weggefährtin Mimi Grossberg befassten, tauchte der Name der Autorin punktuell wieder in der Forschung auf.⁸ Mit der Neuedition des in New York entstandenen, obschon 1948 in Wien erschienenen Romans *Rendezvous in Manhattan* ist 2021 der Anfang für eine literaturhistorische Würdigung einer in ihrem literarischem Schaffen bis heute lesenswerten, originellen wie unabhängigen Autorin gemacht worden.⁹

1 Ein Bühnenleben

Trotz des bislang spärlichen wissenschaftlichen Interesses an der Schriftstellerin sind die wesentlichen Stationen ihres Lebens rekonstruierbar und mehrere Schaffensphasen auszumachen. Margarethe Hartwig, zeitlebens „Grete" gerufen, wurde 1899, sechs

---

4 Vgl. Mela Hartwig: Ekstasen. Novellen, hg. und mit einem Nachwort versehen von Hartmut Vollmer. Frankfurt a. M., Berlin 1992. Siehe zudem Petra Maria Wende: Eine vergessene Grenzgängerin zwischen den Künsten. Mela Hartwig 1893 Wien – 1967 London. In: Ariadne. Almanach des Archivs der deutschen Frauenbewegung 31 (Mai 1997), S. 32–37; Hartmut Vollmer: Hartwig, Mela. In: Andreas B. Kilcher (Hg.): Metzler Lexikon der deutsch-jüdischen Literatur. Stuttgart, Weimar 2000, S. 205–206.
5 Vgl. o. A.: Mela Hartwig. In: Renate Wall (Hg.): Lexikon deutschsprachiger Schriftstellerinnen im Exil 1933–1945. Gießen 2004, S. 143–144; o. A.: Grete Hartwig-Manschinger. In: ebd., S. 145–146.
6 Vgl. o. A.: Mela Hartwig. In: Siglinde Bolbecher/Konstantin Kaiser (Hg.): Lexikon der österreichischen Exilliteratur. Wien, München 2000, S. 285–286; o. A.: Grete Manschinger. In: ebd., S. 467–468.
7 Vgl. etwa o. A.: Hartwig, Mela. In: Renate Heuer (Red.): Güde-Hein (Lexikon deutsch-jüdischer Autoren 10). München 2002, S. 237.
8 Vgl. Valerie Popp: „Aber hier war alles anders ..." Amerikabilder der deutschsprachigen Exilliteratur nach 1939 in den USA. Würzburg 2008, S. 162–167; Katrin Wilhelm: Mimi Grossberg (1905–1997) und ihr literarisches Netzwerk im New Yorker Exil. Berlin 2017, S. 112–137.
9 Grete Manschinger: Rendezvous in Manhattan. Amerikanischer Roman. Wien 1948; Grete Hartwig-Manschinger: Rendezvous in Manhattan. Amerikanischer Roman, hg. und mit einem Nachwort von Vojin Saša Vukadinović. Wien 2021.

Jahre nach ihrer Schwester Mela, in Wien geboren. Ihre Eltern waren der Philosoph Theodor Hartwig (1872–1958), der vom Judentum zum Katholizismus konvertiert war und später zu einem der wichtigsten Protagonisten der Freidenker-Bewegung avancieren sollte[10], und Katharina Heß. Ein jüngerer Halbbruder starb 1924.[11]

Die Töchter genossen eine musische Erziehung[12], und beide zog es zunächst auf die Bühne: Mela Hartwig hatte vor ihrer Ehe mit dem jüdischen Rechtsanwalt Robert Spira (1888–1967) als Schauspielerin gearbeitet, um sich gegen Ende der Weimarer Republik der Literatur zuzuwenden, wo ihre Novellensammlung *Ekstasen* und ihr nicht minder als irritierend aufgenommener Roman *Das Weib ist ein Nichts* umgehend für Aufsehen sorgten.[13] Grete Hartwig, die in Gesang und Tanz ausgebildet worden war, verfasste indes erste politische Schriften.[14] 1929 heiratete sie Kurt Manschinger (1902–1968), einen ehemaligen Privatschüler von Anton von Webern, mit dem sie bis zu seinem Tod zusammenbleiben sollte. Aus dieser Verbindung, die auch eine künstlerische war, sollten in den folgenden vier Jahrzehnten sechs Opern, 100 Lieder und unzählige weitere Arbeiten entstehen.[15]

Das Paar lebte anfangs in Augsburg, wo Kurt Manschinger, der zeitweilig die antifaschistisch ausgerichtete Zeitschrift *Der Zwiebelfisch* herausgab, als Dirigent arbeitete.[16] Rückblickend erklärte Hartwig-Manschinger einmal, dass das Paar in jenem Moment nach Österreich zurückgekehrt sei, als ihm klar geworden sei, dass in naher Zukunft ein Wahlerfolg der NSDAP drohe, welcher die Bühnenkultur in Deutschland unweigerlich zerstören würde.[17] Als der Augsburger SPD-Reichstagsabgeordnete Josef Felder, mit dem sich die Eheleute angefreundet hatten, 1933 aus Deutschland fliehen musste, nahmen sie ihn bei sich auf.[18]

---

10 Vgl. Walter Schieß: Dank und Anerkennung. Zum 85. Geburtstag von Theodor Hartwig. In: Der Freidenker 1 (1958), S. 3–6.
11 Posthum sollte der Vater seinem Sohn Kurt einen Band widmen: vgl. Theodor Hartwig: „Vorbei ...". Skizzen und Reflexionen. Wien 1927.
12 University of Albany, SUNY, German and Jewish Émigré Collections, Greta Hartwig Manschinger and Kurt Manschinger (Ashley Vernon) Papers, 1912–1995: Greta H. Manschinger: Biographical Notes for Jean Evans. September 1967, S. 1.
13 Vgl. Mela Hartwig: Ekstasen. Novellen. Berlin, Wien, Leipzig 1928; Mela Hartwig: Das Weib ist ein Nichts. Roman. Berlin, Wien, Leipzig 1929.
14 Vgl. etwa Grete Hartwig: Straßendemonstration. In: o. A. (Hg.): Arbeiter Fest-Tage. Wien 1928 (2. Aufl.), S. 10–11.
15 Vgl. Wilbur S. Broms: Ashley Vernon (1902–1968) and Greta Hartwig (1899–1971). In: Ashley Vernon: The Barber of New York. Opera in One Act. Bryn Mawr 1975, S. 3.
16 Vgl. o. A.: Manschinger, Kurt. In: Rudolf Vierhaus (Hg.): Kraatz-Menges (Deutsche Biographische Enzyklopädie 2, 2., überarbeite und erweiterte Ausgabe). München 2006, S. 712.
17 Manschinger: Biographical Notes for Jean Evans, S. 4.
18 Vgl. Josef Felder: Warum ich NEIN sagte. Erinnerungen an ein langes Leben für die Politik. Zürich, München 2000, S. 161, wo das Ehepaar Manschinger allerdings nicht namentlich genannt wird. .

In Wien wirkten sie als Klavier- und Gesangs-Duo. In diesem Arbeitszusammenhang entstand etwa das Agitations-Lied „Viele sind stark", für das Manschinger einen von der Sozialdemokratie gestifteten Preis gewann und das im deutschsprachigen Raum noch Jahrzehnte später von linken Gruppen oder von Sängerinnen intoniert werden sollte.[19] Zu den gemeinsamen Aktivitäten gehörte auch das kurzlebige, mit Jura Soyfer betriebene Kabarett „Die Seeschlange".[20] Hartwig-Manschinger verfasste derweil zudem Hörspiele.[21]

Auf Grund seiner politischen Exponiertheit floh das Paar noch in der Nacht des ‚Anschlusses' überstürzt in die Tschechoslowakei. Kurt Manschinger begab sich von dort allein weiter nach Großbritannien, während seine Frau, die zeitweilig von der Gestapo festgesetzt worden war, erst später folgte.[22] Im Londoner Exil, wohin sich auch Mela Hartwig, Robert Spira sowie die Mutter der beiden Schwestern hatten retten können, gründeten sie das Theater „Laterndl" mit, das für die aus Österreich Geflohenen zu einem der wichtigsten Treffpunkte überhaupt avancierte.[23] Den Nationalsozialisten war Grete Hartwig-Manschingers Exil derweil nicht entgangen: So fand sich ihr Name etwa auf der *Sonderfahndungsliste G. B.*, mit welcher das Reichssicherheitshauptamt vorsorglich Buch über 3000 missliebige Personen führte, die nach einer deutschen Invasion Großbritanniens umgehend hätten festgesetzt oder direkt ermordet werden sollen.[24]

1940 gelang es den Eheleuten, in die USA auszureisen. Sie zogen nach Manhattan, betätigten sich dort weiterhin politisch, schlugen sich mit Gelegenheitsarbeiten durch und versuchten, Anschluss an das Bühnenleben zu finden. Über das Rote Kreuz erreichte sie 1943 die codierte Nachricht, dass Theodor Hartwig am Leben war und sich in der Tschechoslowakei vor den Deutschen versteckte.[25] Nach dem Zweiten Weltkrieg entschieden sie sich gegen eine Rückkehr nach Österreich und ließen sich in den Vereinigten Staaten einbürgern.[26]

---

19 Vgl. Vorstand der Sozialdemokratischen Partei Deutschlands (Hg.): Jahrbuch der Deutschen Sozialdemokratie für das Jahr 1931. Berlin 1931, S. 152 f. Eine späte Adaption findet sich mit leicht modifiziertem Titel etwa bei Topsy Küppers: „Viele sind stark". Immer Wieder Widerstand. Preiser Records 1974.
20 Vgl. Horst Jarka: Jura Soyfer. Leben, Werk, Zeit. Wien 1987, S. 174.
21 Vgl. o. A.: Manschinger, Kurt, S. 712.
22 Manschinger: Biographical Notes for Jean Evans, S. 6 f.
23 Vgl. Reinhard Hippen: Satire gegen Hitler. Kabarett im Exil. Zürich 1986, S. 131–137; Vike Martina Plock: The BBC German Service during the Second World War. Broadcasting to the Enemy. Cham 2021, S. 110–119.
24 O. A. [Reichssicherheitshauptamt], Sonderfahndungsliste G. B., o. O [Berlin 1940], S. 130.
25 University of Albany, SUNY, German and Jewish Émigré Collections, Greta Hartwig Manschinger and Kurt Manschinger (Ashley Vernon) Papers, 1912–1995: Berta Skribany: Nachricht an Greta Manschinger, Rotes Kreuz, 18.01.1943.
26 University of Albany, SUNY, German and Jewish Émigré Collections, Greta Hartwig Manschinger and Kurt Manschinger (Ashley Vernon) Papers, 1912–1995: Margarethe Manschinger: Certificate of Naturalization, 01.04.1946.

1948 veröffentlichte Grete Hartwig-Manschinger ihren einzigen zu Lebzeiten publizierten Roman, *Rendezvous in Manhattan*, der vom Wiener Freidenker-Verlag Rudolf Cerny veröffentlicht wurde, wo auch Schriften ihres Vater erschienen.[27] Sie verarbeitete darin, in der Geschichte der Fabrikarbeiterin Edna Scarlatti, für ein österreichisches Publikum ihre eigenen Eindrücke des Exillandes Amerika. Mela Hartwig wiederum beendete zeitgleich die Arbeit an ihrem Manuskript zu *Inferno*, einem Roman, der das „Soziale" an der nationalsozialistischen Gewaltherrschaft sezierte, der jedoch ganze siebzig Jahre lang unveröffentlicht bleiben sollte.[28] Hier wie da fallen die Hauptfiguren auf, bei denen es sich jeweils um weibliche Heranwachsende handelt, die während des Zweiten Weltkriegs ihren Platz in der Welt suchen und lernen, diese als politische zu begreifen. Wie Kurt Manschinger, der sich in den USA das Pseudonym „Ashley Vernon" zugelegt hatte, eine Karriere als Komponist aufzubauen vermochte und zunehmend Erfolg mit seinen Arbeiten hatte, versuchte auch seine Gattin, sich auf der amerikanischen Bühne zu bewähren. 1946 trat sie mit einer „One Woman Show" auf und finanzierte sich später vornehmlich durch ihre Tätigkeit als Gesangslehrerin.[29] Ihre Herkunftsfamilie sollte sich räumlich derweil nicht mehr vereinen, da aus den Exil-Orten permanente Aufenthaltsstätten geworden waren. Katharina Hartwig starb 1956 in Großbritannien, wo sich ihre ältere Tochter und deren Ehemann um sie gekümmert hatten. Theodor Hartwig blieb in der Tschechoslowakei und lebte bis zu seinem Tod 1958 mit seiner dritten Ehefrau in Brno. Mela Hartwig und Robert Spira starben 1967, Kurt Manschinger ein Jahr darauf, Grete Hartwig-Manschinger schließlich 1971. „I am a diseuse", hatte sie zuvor auf ihr Leben zurückblickend festgehalten, „and in spite of all the bad things I've gone through […] I am a happy person."[30]

2 Didi fährt nach Amerika

In Hartwig-Manschingers Nachlass, der in den *German and Jewish Émigré Collections* an der State University of New York in Albany aufbewahrt wird, findet sich das Manuskript eines Kinderromans, den die Autorin nach ihrer eigenen Flucht aus Europa verfasste. Es trägt den Titel *Didi fährt nach Amerika*, spielt im Jahr

---

27 Vgl. etwa Theodor Hartwig: Die Tragödie des Schlafzimmers. Beiträge zur Psychologie der Ehe. Wien 1947; Theodor Hartwig: Der Existentialismus. Eine politisch reaktionäre Ideologie. Wien 1948.
28 Vgl. Mela Hartwig: Inferno. Graz, Wien 2018.
29 Vgl. Wilhelm: Mimi Grossberg, S. 118; Greta H. Manschinger: Biographical Notes for Jean Evans, S. 10.
30 Manschinger: Biographical Notes for Jean Evans, S. 11.

... und im Hintergrund die Fuenfte Avenue. (S.32)

Abb. 1: Grete Manschinger: Im „Zentral Park", in: Didi faehrt nach Amerika, S. 32 (University of Albany, SUNY, German and Jewish Émigré Collections, Greta Hartwig Manschinger and Kurt Manschinger (Ashley Vernon) Papers).

1947 – in welchem die Geschichte auch niedergeschrieben worden sein dürfte – und blieb unveröffentlicht.[31] Nahezu der einzige wissenschaftliche Hinweis, der bislang auf die Existenz dieser Schrift getätigt wurde, findet sich in der Studie von Valerie Popp.[32] Im Gegensatz zu *Rendezvous in Manhattan* ist hier ein vollständiges Manuskript erhalten, das aus Deckblatt, Widmung, Inhaltsverzeichnis und weiteren 104 maschinenbeschriebenen Seiten besteht, auf denen sich einige Zeichnungen der Autorin und ihre eingedeutschten Nachdichtungen von Gospel-

---

31 Im Manuskript finden sich mehrere Illustrationen von Grete Hartwig-Manschinger, welche die Autorin eigens für diesen Kinderroman angefertigt hatte. Die Untertitel, mit der sie von der Schriftstellerin versehen wurden, beziehen sich auf entsprechende Textstellen; zum besseren Verständnis sind den im Rahmen dieses Beitrags abgebildeten Illustrationen Beschreibungen beigefügt.
32 Vgl. Popp: „Aber hier war alles anders ...", S. 294.

liedern finden.[33] Obwohl sich Hartwig-Manschinger zuvor punktuell mit einem Kinderpublikum befasst hatte – 1932 war in gemeinschaftlicher Arbeit mit ihrem Gatten ein „Kinderlied" entstanden[34] –, weicht der Roman von ihren übrigen Schriften ab, weil er sich in Wort und Bild ausdrücklich an junge Leserinnen und Leser richtet. Die Handlung ist rasch zusammengefasst: Die elfjährige Didi lebt mit ihren Eltern und ihren beiden jüngeren Brüdern in ärmlichen Verhältnissen in Wien. Der Familie mangelt es an allem: die Wohnung ist nicht beheizt, die Kleidung abgetragen und auch das Essen so knapp, dass die Kinder von der schwedischen Ausspeisung durchgebracht werden. Eines Tages erhält die Mutter ein Paket aus den Vereinigten Staaten, das von einer alten Freundin, Alice, stammt. Noch vor Beginn des Zweiten Weltkriegs war diese aus Österreich ausgewandert und hatte einen US-Amerikaner geheiratet. Auf die Sendung mit alltäglichen, in der Nachkriegszeit jedoch kostbaren Waren wie Tee, Kaffee und Schokolade folgt alsbald ein Brief. In diesem erklärt die aus wohlhabender Familie kommende Wahlamerikanerin, dass sie um die materielle Not in ihrer Heimat weiß und sich deshalb zum Handeln gezwungen sieht: „Es greift uns ans Herz, in den Zeitungen zu lesen, wie schrecklich es in Europa aussieht. Die Folgen des Krieges sind hart fuer Euch und der Unschuldige muss da wohl mit dem Schuldigen leiden."[35] Alice berichtet weiter, inzwischen Mutter einer Tochter zu sein, die ungefähr in Didis Alter ist, und spricht deshalb die Einladung aus, dass diese den Sommer bei ihr in den Vereinigten Staaten verbringen möge. Obwohl Didi von diesem Vorschlag zwar beeindruckt ist, reagiert sie angesichts der damit verbundenen mehrmonatigen Trennung von ihren Eltern und ihren Geschwistern zögerlich. Ihre Eltern stimmen jedoch zu und schicken ihre Tochter mit einer Reisebetreuung des Roten Kreuzes über den Atlantik. (Abb. 1) In New York City wird Didi von Alice empfangen, die gutsituiert mit ihrem Ehemann Hamilton und den Kindern Tessie und Larry, um die sich die Haushälterin Bea kümmert, in Manhattan lebt. Schritt für Schritt lernt der junge österreichische Gast das Leben in den USA kennen: Vom Einkaufen in für damalige europäische Verhältnisse riesigen, prallgefüllten Supermärkten, die Didi anmuten „wie im Maerchen"[36], über soziale Gewohnheiten wie das Feiern von Kindergeburtstagen und das Lesen von Comics bis hin zu Alltäglichem wie dem Fahren mit der U-Bahn, dem Schlendern durch große Kaufhäuser, dem Verweilen auf Coney Island oder

---

33 Vgl. University of Albany, SUNY, German and Jewish Émigré Collections, Greta Hartwig Manschinger and Kurt Manschinger (Ashley Vernon) Papers, 1912–1995: Grete Manschinger: Didi faehrt nach Amerika, undatiertes Manuskript, 107 Seiten.
34 Vgl. Grete Hartwig-Manschinger und Kurt Manschinger: „Kinderlied/Children's Song". In: Greta Hartwig-Manschinger (Hg.): Elf Chansons von Kurt Manschinger. New York 1970, S. 34–37.
35 Manschinger: Didi faehrt nach Amerika, S. 6.
36 Manschinger: Didi faehrt nach Amerika, S. 33.

dem Besuch von Naherholungsgebieten wie Lake George. Nebenbei lernt das Kind auch Einiges über die innere Funktionsweise des Landes: die Mobilität weiter Teile der Bevölkerung, technologische Innovationen wie beispielsweise Aufzüge in Hochhäusern oder auch Rolltreppen, eine Reihe wirtschaftlicher Faktoren, allen voran die Börse, aber auch die Identifikation mit dem freien Markt und der Glaube an das Potenzial der Selbstverwirklichung, das ein Individuum an die Spitze des jeweils eingeschlagenen Karriereweges befördern soll. Nach drei Monaten verlässt Didi, die in den USA ihren zwölften Geburtstag gefeiert hat, ihre Gastfamilie wieder. Mit vielen sinnlichen Eindrücken, von denen sie nun berichten kann, und einer außergewöhnlichen Erfahrung für das ganze Leben reicher, kehrt sie zurück nach Österreich.

3 Amerika in den Augen eines europäischen Kindes

An der Konzeption des Romans fällt auf, dass Hartwig-Manschinger recht offensichtlich für ein österreichisches Publikum geschrieben hatte, dem das, was sie in den Vereinigten Staaten umgab, nicht vertraut war. Ablesen lässt sich dies bereits daran, dass die Autorin bekannte städtische Eigennamen noch eindeutschte, um beispielsweise von der „Achten Avenue" und dem „Zentral Park" zu sprechen.[37] Auffällig ist zudem der Versuch, Lokales für eine deutschsprachige Leserschaft erfahrbar zu machen: So ist vom „Uebermensch" die Rede – womit nicht auf Nietzsche angespielt wird, sondern auf den Comic-Helden *Superman*[38] –, gekaut wird ein „Blasengummi", und getrunken wird ein „Milchschüttler" oder ein „Wurzelbier".[39] All das Unbekannte, dem Didi für die Dauer ihres Aufenthalts begegnet, produziert fortwährendes Staunen. Hartwig-Manschinger lässt ihre kleine Heldin die Vereinigten Staaten durch fiktive Kinderaugen sehen, was den realen europäi-

---

37 Manschinger: Didi faehrt nach Amerika, S. 17 und S. 18.
38 Manschinger: Didi faehrt nach Amerika, S. 38. In der wegweisenden ersten englischen Übersetzung von *Also sprach Zarathustra* wurde der „Übermensch" als *Superman* wiedergegeben – weswegen Hartwig-Manschinger auf ihrer Suche nach einer Rückübersetzung für letzteren auf den Begriff „Uebermensch" setzte. Aufgrund der sinnwidrigen Deutung von Nietzsches prominentester Denkfigur und solcher populären Missverständnisse änderten spätere Übersetzungen den Terminus in *Overman*; heute wird auch das deutsche Original verwendet. Vgl. die Anmerkung von Odysseus Makridis in seiner englischen Übersetzung von Nikos Kazantzakis: Friedrich Nietzsche on the Philosophy of Right and the State. Albany 2006, S. 79, EN 91.
39 Manschinger, Didi faehrt nach Amerika, S. 52, S. 70 und S. 72.

schen Kinderaugen wiederum, die diesen Roman hätten lesen können, erklären sollte, was die USA von den europäischen Gesellschaften unterscheidet. Vermittelt wird dabei Basales über Land und Leute. „Wir sind eine Nation auf Raedern. Das Land ist von Millionen solcher Autostrassen durchzogen und alles ist auf den Autoverkehr eingestellt", wird dem jungen Gast aus Wien erklärt: „Alle Verbindungen, Unterkuenfte, Bequemlichkeiten sind nur im Zusammenhang mit Autofahren erdacht."[40] Hieran erläuterte Hartwig-Manschinger die alltäglichen Effekte einer Mittelstandsgesellschaft, in der es bisweilen billiger war, selbst mobil zu sein, als den Zug zu nehmen: „Hier ist ein Auto kein Luxus[,] sondern eine Notwendigkeit."[41] Eine der einprägsamsten Lektionen für Didi ist sicherlich, dass das Gewinnstreben als positiver Lebensentwurf gezeichnet wird, dem bereits die Kinder der Browns frönen: „Wenn ich gross bin,' sagte Larry, ,weisst du, was ich werden will?' Didi wartete gespannt. Pilot? Kapitaen? Oder Forscher? ,Millionaer', rief Larry." Und sein Vater ergänzt: „Recht so, Soehnchen! Nimm es dir nur vor!"[42] Auch Tessie hegt entsprechende Ambitionen: „Ich moechte Direktorin in einem Grosswarenhaus werden. Eine richtige leitende Stellung, das will ich. Hunderte von Angestellten unter mir. Ein hohes Gehalt und gute Remunerationen. Einblick in geschaeftliche Transaktionen, das ist ein Leben. Das will ich."[43] Unterhalb dieses Staunens sind sozialkritische Bemerkungen eingestreut, die nahelegen, dass aus besagter Notwendigkeit zur Mobilität zwar Produktivität folgen mag, aus dieser jedoch keine Reichtumsverteilung und Chancengleichheit, sondern eine Klassengesellschaft, die ihre inneren Hierarchien verschleiert: „Fuer ein zahlungskraeftiges Publikum wird in diesem Lande alles getan."[44] Die Effekte dieser Ungleichheit erfasst auch Didi – zwar noch nicht im Sinne eines politischen Bewusstseins, dafür aber mit einem subjektiven Abgleich ihrer eigenen Lebenssituation in Wien. So begreift sie am sinnlichen Eindruck der Langeweile, den sie im Gegensatz zu den wohlstandsverwöhnten New Yorker Kindern „nicht kannte", dass sie bislang gar keine Zeit dafür gehabt hat, angeödet zu sein: „Wenn sie zurue[ck]dachte an das Leben zuhause, so hatte es immer etwas zu tun gegeben. Auch waehrend der Schulferien hatte sie der Mutter geholfen, mit den Bruedern gespielt, Freundinnen besucht oder mit dem Vater einen Spaziergang gemacht."[45] Obwohl Langeweile hier als etwas gezeichnet wird, das man sich leisten können muss, verzichtet Hartwig-Manschinger darauf,

---

40 Manschinger: Didi faehrt nach Amerika, S. 69.
41 Manschinger: Didi faehrt nach Amerika, S. 73.
42 Manschinger: Didi faehrt nach Amerika, S. 86.
43 Manschinger: Didi faehrt nach Amerika, S. 86.
44 Manschinger: Didi faehrt nach Amerika, S. 46.
45 Manschinger: Didi faehrt nach Amerika, S. 74.

antiamerikanische Reflexe anzuhängen. Vielmehr hebt sie gegenläufig hervor, dass Wohltätigkeit als Prinzip einen immensen Status in den Vereinigten Staaten genießt: Auch der Nachwuchs einkommensschwacher Familien habe im Sommer die Möglichkeit einmal etwas zu erleben, denn „die Kinder der Armen wurden von kirchlichen, staedtischen oder wohltaetigen Gruppen wenigstens auf eine Woche in ein Lager geschickt, damit sie etwas Erholung hatten, Luft und Sonne."[46] Die Geschichte nimmt schließlich eine weitere, eminent politische Wendung, als sie – kindgerecht – in das Thema Rassismus einführt und diesen nicht als individuelles, sondern als gesellschaftspolitisches Problem zeichnet. Als Didi bei der Ankunft in der Wohnung von Familie Brown zum ersten Mal Bea sieht, erschrickt sie so sehr, dass „ihr Herz beinahe still" stand: „So jemanden hatte sie noch nie gesehen. Das war ja eine Wilde."[47] Hartwig-Manschinger schildert die Reaktion des Mädchens absichtlich vorurteilsbeladen: „Ihr Gesicht und die nackten Arme, die aus den kurzen Aermeln hervorsahen, waren schwarz wie die Nacht. Ihre schwarzen Augen gluehten wie Kohlen, und ihr wolliges Haar war steif in die Hoehe gekaemmt und es sah fast so aus, als habe sie Hoerner."[48] Während diese Beschreibung zunächst irritieren mag, zeigt sich, dass sich Didis Urheberin in einer realistischen Schilderung der psychologischen Effekte versuchte, die Stereotypen bei Einzelnen zu entfalten – hier eben bei einem in den 1930er Jahren in Wien geborenen weißen Kind, das bislang allenfalls mit Migration aus Tschechien und Ungarn vertraut gewesen sein dürfte und nun zum ersten Mal auf eine Schwarze trifft und lediglich so zu reagieren vermag, wie es von seiner Herkunftsgesellschaft in dieser Angelegenheit sozialisiert wurde. Didis Erschrecken bestätigt damit die These, die Julia Kristeva ihrer psychoanalytischen Inspektion des Rassismus, *Fremde sind wir uns selbst*, vorangestellt hat: dass der Anblick des vermeintlichen Fremden ein Individuum zuvörderst mit sich selbst konfrontiert, weil das Unheimliche des Anderen die eigene Fremdheit in der Welt meint.[49] Als politische Schriftstellerin zeichnete Hartwig-Manschinger in diesem Sinne nach, wie Didi, die sich rasch an ihre neue Situation gewöhnt, schon am zweiten Tag über ihre eigene Reaktion verwundert ist und sich angesichts Beas Zugewandtheit fragt, „warum sie sich gestern vor ihr gefuerchtet hatte."[50] Im Handlungsverlauf wird die Haushälterin dann zunehmend zur Vertrauten und Kindern die destruktive Logik des Rassismus vermittelt. (Abb. 2) Bea erklärt dem jungen europäischen Gast, dass ihre Großeltern noch als Sklaven im Süden geboren worden

---

46 Manschinger: Didi faehrt nach Amerika, S. 74.
47 Manschinger: Didi faehrt nach Amerika, S. 19.
48 Manschinger: Didi faehrt nach Amerika, S. 19.
49 Vgl. Julia Kristeva: Fremde sind wir uns selbst. Frankfurt am Main 1990, S. 11.
50 Manschinger: Didi faehrt nach Amerika, S. 25.

Lustig war so ein Markt. (S.33)

Abb. 2: Grete Manschinger: Mit Bea im Supermarkt, in: Didi faehrt nach Amerika, S. 33 (University of Albany, SUNY, German and Jewish Émigré Collections, Greta Hartwig Manschinger and Kurt Manschinger (Ashley Vernon) Papers).

seien und sie damals „einem Herrn" gehört hatten, „der mit ihnen machen konnte, was er wollte. Er war Herr ueber ihr Leben und ihre Freiheit. Sie mussten auf seinen Baumwollplantagen von Frueh bis Abend arbeiten. Der Herr bestimmte, wen sie heiraten sollten. Fuer das geringste Vergehen wurden sie ausgepeitscht."[51] Didis Herz klopft daraufhin „wild in Mitgefuehl und Scham", und Bea berichtet dem Kind von den Überlebensstrategien der Rechtlosen, die unter anderem als religiöses Liedgut getarnt waren: „Sie sangen ‚Heimlich fort zu Jesus' und jeder, der es hoerte, glaubte, es waere nur ein religioeses Lied. Aber sie gaben einander damit zu verstehen, dass der eine oder der andere sich auf den Weg zur Flucht machte. Das heisst, e[r] schlich sich bei Nacht und Nebel durch die Felder und er brauchte an dem oder jenem Punkt ein Versteck oder eine Hilfe …"[52] Bei dem hier gemeinten Lied handelt es sich um „Steal Away [to Jesus]", einen Gospel-Song, mit dem sich Sklaven auf die Flucht von der Plantage vorbereiteten und dabei zur Eile mahn-

---

51 Manschinger: Didi faehrt nach Amerika, S. 59.
52 Manschinger: Didi faehrt nach Amerika, S. 60.

"Da ist das gute, alte Maedchen." (S.104)

Abb. 3: Grete Manschinger: Auf dem Schiff zurück nach Europa, in: Didi faehrt nach Amerika, S. 104 (University of Albany, SUNY, German and Jewish Émigré Collections, Greta Hartwig Manschinger and Kurt Manschinger (Ashley Vernon) Papers).

ten.[53] Diese Passage ist vor allem deshalb so beachtlich, weil Hartwig-Manschinger, die selbst eine Flucht hinter sich hatte, das Phänomen historisch fasste und kindgerecht ansprach, indem sie die Angelegenheit zu einer Frage der Empathie erklärte. Bea ist es auch, zu der Didi durchgehend eine emotionale Verbindung unterhält, von der sich argumentieren ließe, dass sie dadurch bedingt ist, dass sich beide als Nicht-Angehörige der Familie Brown bei dieser aufhalten. An dieser Stelle ist allerdings anzumerken, dass die Autorin nicht weiter auf die soziale Konstellation einer bei Weißen angestellten Schwarzen eingeht, woran sich hätte zeigen lassen können, dass die Dienstleistung letzterer für erstere nun zwar in Freiheit und gegen Bezahlung erbracht wird, aber eben noch immer ein Dienstleistungsverhältnis ist, das in umgekehrter Konstellation nicht denkbar gewesen wäre. Was indes den Antisemitismus anbelangt, der die gesamte Familie Hartwig ins Exil beziehungsweise ins Versteck zwang, bleibt es im Romanmanuskript bei Andeutungen. Angesprochen

---

53 Vgl. Elizabeth A. Hairston: Apostolic Intervention. A Biblical and Contemporary Overview of the Apostolic Impact upon European, Ancient, and American Cities. Miami 2004, S. 83.

wird die Ausreise „jiddisch" sprechender Menschen aus Europa, die parallel zu Didi nach Amerika fuhren.[54] Und beim Besuch eines Konzerts von Jascha Heifetz, zu welchem Alice ihren kleinen Gast mitnimmt, wird diesem erklärt, dass der berühmte Geiger „aus einem ganz kleinen juedischen Milieu" stamme: „Es ist bewundernswert, wenn so ein armer Junge sich so emporarbeitet. Das Talent hatte er wohl vom Himmel, aber was fuer ein Fleiss da notwendig ist, um sein Ziel zu erreichen. Wieviel Selbstbeherrschung, Verzicht auf Vergnuegen, Disziplin."[55] Mit dem Näherrücken ihrer Abreise wird sich Didi trotz aller freudigen Erlebnisse nochmals ihrer Fremdheit bewusst und sorgt sich, „dass sie beim Abschied hier niemanden zuruecklassen werde, der an sie denken wuerde"[56], tröstet sich allerdings mit der Erkenntnis, dass ihre eigene Familie auf sie wartet:

> Die Zeit war einfach im Fluge vergangen. Didis Herz klopfte freudig, wenn sie daran dachte, dass sie nun bald wieder zuhause sein wuerde. Vater, Mutter und die Brueder. Und was sie alles zu erzählen hatte. Hoffentlich vergass sie auch nichts. Es war so eine Fuelle von Eindruecken gewesen, dass man schon etwas auslassen konnte. Auslassen vielleicht. Aber vergessen nie.[57]

Es ist allerdings nicht nur die Zeit des Gastaufenthalts, die rasch verstreicht, sondern auch die Sorge, nach der Rückkehr nach Wien von niemandem in New York vermisst zu werden. Denn Alice teilt Didi zum Abschied mit: „Ist das nicht schoen, wieviele Menschen du hier zuruecklaesst, die an dich denken werden?"[58] (Abb. 3)

4 Eine Geschichte für Kinder, die alleine aufbrechen müssen

Vordergründig scheint es, als habe Grete Hartwig-Manschinger mit *Didi fährt nach Amerika* eine unterhaltsame Kindergeschichte verfasst. Liest man diese im Wissen um die Fluchterfahrung der Schriftstellerin und achtet auf die sozialkritischen Bemerkungen, die sie zwischen den Zeilen platzierte, ergibt sich allerdings ein anderer Eindruck. Denn im Staunen der Hauptfigur über ihre Ankunft in den

---

54 Manschinger: Didi faehrt nach Amerika, S. 11.
55 Manschinger: Didi faehrt nach Amerika, S. 92. Zu Leben und Werk des Violinisten siehe Galina Kopytova, Albina Starkova-Heifetz und Dario Sarlo: Jascha Heifetz. Early Years in Russia. Bloomington, Indianapolis 2014; Dario Sarlo: The Performance Style of Jascha Heifetz. Farnham, Burlington 2015.
56 Manschinger: Didi faehrt nach Amerika, S. 53.
57 Manschinger: Didi faehrt nach Amerika, S. 99.
58 Manschinger: Didi faehrt nach Amerika, S. 100.

Vereinigten Staaten, die sich als Land der unbegrenzten Möglichkeiten für alle anpreisen, die dort ihr Glück suchen, zeigt sich dreierlei. Zum einen dürfte darin die Verblüffung und das zwiegespaltene Verhältnis von Didis Urheberin zum US-amerikanischen Alltag verarbeitet worden sein, die sie selbst nach ihrer Flucht aus Europa erlebt und auch in ihrem Roman *Rendezvous in Manhattan* für Erwachsene beschrieben hat. Zum anderen wirkt die Erzählung der kindlichen Angst vor einer Trennung von den Eltern und dem Verlust der bekannten Umgebung entgegen, um Heranwachsende psychologisch auf eine Reise allein vorzubereiten – mit allen angenehmen wie weniger angenehmen Begleiterscheinungen. Zudem wird hier deutlich, dass es möglich ist, eine positive Geschichte für Kinder zu erzählen, die zwar den Verlust des Vertrauten zum Thema hat, ohne dafür aber die volle Schwere dieses Sujets vor dem Hintergrund der Nachkriegsära zu entrollen. Im Kontext von Exil, Migration, Flucht und Reise, in dem Grete Hartwig-Manschingers unveröffentlichter Kinderroman steht, ist wichtig zu vermerken, dass *Didi fährt nach Amerika* von Anfang an daran erinnert, dass eine Einladung zum Gastaufenthalt nicht mit Flucht identisch ist, deren wesentlicher Aspekt darin besteht, nicht zu wissen, ob und wann eine Rückkehr möglich sein wird – und falls ja, ob alles Vertraute danach überhaupt noch existiert. Didi lernt während ihrer Reise und ihres Aufenthalts, dass andere Menschen im Gegensatz zu ihr nicht aus Besuchsgründen, sondern aus existenziellen Ursachen zu einer weiten Reise gezwungen sind. Diese können sie zudem nur in eine Richtung vornehmen – „die meisten fahren ja weg, um ein neues Heim zu finden. Die kommen nie mehr zurueck"[59], wie die Begleiterin Katy vom Roten Kreuz dem Kind erläutert. „Nie mehr zurueck?", erschrickt Didi sogleich: „Und wenn die neuen Leute nicht gut zu ihnen waren? Und wenn sie dort ungl[ü]cklich waren? Was dann?"[60]. Diese Sorgen werden derweil von der Szenerie verstärkt:

> Auf dem Bahnhof war ein grosses Gedraenge und in den Zug wurden die Reisenden foermlich hineingestopft. Didi konnte nicht zum Fenster gelangen, um den Eltern noch einmal zu winken. Gepaeck versperrte den Weg. Da gab es Buendel, auf denen Menschen sassen, da gab es heimkehrende Soldaten in zerrissenen Uniformen, da hoerte man fremde Sprachen, da war Aufregung und Hast. Die Zuege verkehrten sehr unregelmässig und hatten enorme Verspätungen. Man musste froh sein, dass man ueberhaupt mitgekommen war.[61]

Dass der Eindruck von Gewühl, Bürde und Erschöpfung der erste ist, den sich Didi vom Reisen macht, steigert sich nach der Abfahrt aus Wien nur noch:

---

59 Manschinger: Didi faehrt nach Amerika, S. 9.
60 Manschinger: Didi faehrt nach Amerika, S. 9.
61 Manschinger: Didi faehrt nach Amerika, S. 12 f.

> Sie fuhren viele, viele Stunden, ja eigentlich den ganzen Tag bis sie die Hafenstadt erreichten. Als sie dort waren, war die Anzahl der Kinder auf elf gewachsen. Sie waren alle schmutzig, muede und hungrig. Die kleinsten weinten. [...] Didi dachte, dass bis jetzt die Reise weder schoen noch interessant war. Ach, wenn sie jetzt nur zuhause sein haette können, mit den Eltern und den Bruedern! Wenn sie jetzt nur in ihrem eigenen Bett haette schlafen dürfen! Mit Muehe schluckte sie die Traenen hinunter. Sie wollte sich doch nicht so benehmen wie die Kleinen.[62]

In Manhattan angekommen, erläutert Alice Didi mit Bezug auf die englische Sprache, die ihr Gast erst noch lernen muss, dass das Ankommen in einem anderen Land – egal, wie individuell sich dies anfühlen mag – und die dazugehörige Irritation eine kollektive Erfahrung ist: „Du bist nicht die einzige. Hunderte, ja Tausende von Menschen kommen nach Amerika, nicht als Besucher, sondern um hier eine neue Heimat zu finden. Viele kommen aus Not und Elend und Unterdrueckung und die wenigsten koennen die Sprache."[63] Didis Reise – ein temporäres Ausweichen von Hunger und Not – verschwimmt in diesen Schilderungen mit den Flucht- und Exilerfahrungen jener Jahre.

Zu den unangenehmen Erlebnissen des Fremdseins gesellt sich neben den körperlichen Mühen einer transatlantischen Reise noch die Kränkung, am Zielort nicht akzeptiert zu werden, wie Didi erfahren muss, weil Vorurteile über Fremde persistent die Interaktion mit diesen beeinflussen. Dass dies selbst im bestmöglichen Kontext, dem Aufenthalt bei einer gutsituierten Familie, möglich ist, zeigt Hartwig-Manschinger empathisch auf. Als sich Tessie einmal unbeobachtet fühlt, gibt sie einer gleichaltrigen Freundin zu verstehen, ihren österreichischen Gast nicht ausstehen zu können – nicht etwa, weil sie mit Didis Verhalten nicht klarkomme, sondern weil diese schlichtweg sei, wer sie ist. So würde das Mädchen aus Übersee Tessies „Mammy Tante und [ihren] Daddy Onkel" nennen, ohne eine „richtige Verwandte" zu sein: „Sie ist ein armes Kind, so eine kleine europaeische Bettlerin, die wir aus Mitleid aufgenommen haben."[64] Der Gemeinten, die das Gespräch der beiden Mädchen belauscht, gab dies „einen Stich. Man sollte nicht horchen, gewiss nicht, aber sie konnte jetzt nicht fort, ohne durch Laerm aufzufallen. Das waere zu peinlich gewesen. Ausserdem war sie wie gelaehmt. Mitleid? Also war das Mitleid, was sie fuer Liebe und Freundschaft gehalten hatte? Und eine Bettlerin? Sie hatte do[c]h um nichts gebeten. Und ihre Mutti sicher auch nicht."[65] Doch während Didi über sich selbst nachdenkt und versucht, das Vorurteil im Selbstgespräch zu revidieren, zieht Tessie weiter über sie her: „Du haettest sie sehen sollen, wie sie

---

62 Manschinger: Didi faehrt nach Amerika, S. 9 f.
63 Manschinger: Didi faehrt nach Amerika, S. 21 f.
64 Manschinger: Didi faehrt nach Amerika, S. 78.
65 Manschinger: Didi faehrt nach Amerika, S. 78.

ankam. So etwas Armes, Mageres hatte ich ueberhaupt noch nie gesehen. Und die zerlumpten Kleider! So fadenscheinig und duenn, die Stoffe richtig fetzig."[66] Didi, der daraufhin „das Herz weh" tat, weil sie sich erinnert, „wie ihre liebe muede Mutter an den Sachen gewaschen, geflickt und gebuegelt hatte, bevor sie ihr Kind hatte reisen lassen", muss mit anhören, wie ihr Tessie gar zum Vorwurf macht, alles aufzuessen, was auf den Tisch kommt: „Laesst nie etwas auf dem Teller uebrig."[67] Dies könne nun, in Nachkriegszeiten, „nur ein Zeichen von Gier" sein: „Gefraessig ist sie, das ist alles."[68] Als Didi wiederum die amerikanischen Tischgewohnheiten beobachtet, die in Europa als unkultiviert gelten – das Ablegen des Messers aus der rechten Hand, um mit dieser dann die Gabel zu greifen und einzelne Stücke dem Mund zuzuführen –, war sie „sehr erstaunt[,] als sie diese Art des Essens zum erstenmal gesehen" hatte, hätte „aber nie gewagt, zu kritisieren."[69] An diesem Punkt bricht sich der Kummer über die Fremdheitserfahrung schließlich Bahn. „In jedem Land gab es Sitten, die fuer einen Fremden seltsam waren. Aber deshalb sollte sich kein Land besser duenken als das andere", versucht Didi sich selbst zu trösten: „Tessie sollte nur einmal versuchen, so weit von zuhause wegzufahren und von ihren Eltern und allem was ihr lieb getrennt zu sein und … hier begannen Didis Traenen zu fliessen."[70] Indes versucht Didis armutsgeplagte Mutter, die Rückkehr ihres ältesten Kindes aufzuschieben, und mahnt verklausuliert per Postweg: „Man fährt ja nicht alle Tage nach Amerika […]. Das waere gut, dann hast Du wenigstens von etwas zu zehren, wenn der magere Winter kommt. Auch wenn ein Kind krank wird, ist es besser, wenn es etwas Fett zum Zusetzen hat."[71] Aus der Perspektive der Eltern erscheint der Gastaufenthalt somit weniger als freudige Erfahrung, die dem eigenen Nachwuchs gegönnt wird, denn als materielle Entlastung für sich selbst.

5 Eine vertane Chance

Bemerkenswert ist, dass sowohl Grete Hartwig-Manschinger wie auch Mela Hartwig in der unmittelbaren Nachkriegszeit Romane verfassten, die das Grauen des Zweiten Weltkriegs aufarbeiteten. Die Aufmerksamkeit der älteren Schwester galt dem Mitläufertum und dem Aufstand gegen die politische Versuchung der

---

66 Manschinger: Didi faehrt nach Amerika, S. 79.
67 Manschinger: Didi faehrt nach Amerika, S. 79.
68 Manschinger: Didi faehrt nach Amerika, S. 79.
69 Manschinger: Didi faehrt nach Amerika, S. 80.
70 Manschinger: Didi faehrt nach Amerika, S. 80.
71 Manschinger: Didi faehrt nach Amerika, S. 82.

‚Volksgemeinschaft', die der jüngeren dem Preis der Freiheit und der Rolle der Vereinigten Staaten im Kampf gegen die Barbarei. Beide wandten sich der Zukunft zu: Am Ende von *Inferno* bannt die werdende Künstlerin Ursula den Horror des Nationalsozialismus in ein Bild, das „spukhaft verrenkte Gestalten" zeigt, „Gesichter, von denen der Pinsel die Züge weggewischt hatte, in irres Grinsen zersprengte Gesichter, in blutige Schreie verwandelte Gesichter, in Wimmern, Stöhnen und Röcheln entrückte Gesichter."[72] In *Rendezvous in Manhattan* wiederum schwört der von der Front nach New York zurückgekehrte Soldat Ray seiner Frau Edna, mit ihr und den zukünftigen Kindern „diese Welt neu aufbauen" zu wollen – seine Antwort auf die Frage, „ob sich aus zerbrochenen Stücken noch einmal etwas Ganzes machen ließe, aus zerstörten Seelen noch liebesfähige und liebenswerte Gebilde."[73] Diese politische Zuversicht teilt auch *Didi fährt nach Amerika*, denn die Geschichte endet mit der Rückkehr der jungen Heldin nach Österreich, wo sie ihrerseits auf Besseres hinwirken kann, wiewohl offen bleibt, was sie nach der Heimfahrt aus den Vereinigten Staaten aus ihrem Staunen machen wird.

Veröffentlicht wurde dieser bündige Kinderroman, über dessen etwaigen Erfolg sich nur spekulieren lässt, indes nicht.[74] Die ausgebliebene Publikation trug im deutschsprachigen Raum nicht nur zur schwindenden Erinnerung an seine Urheberin bei, sondern verhinderte auch die kulturelle Vermittlung einer Exilgeschichte der unmittelbaren Nachkriegszeit. Die Schubladenexistenz dieses Stücks Prosa blieb eine vertane Chance, darüber nachzudenken, wie die existenzielle Erfahrung von Flucht so zu verarbeiten wäre, dass deren bedrückende und verängstigende Details Kindern nicht zugemutet werden, sondern ein *happy end* an deren Stelle rückt, das zum Vorlesen taugt. Hervorzuheben ist ferner, dass *Didi fährt nach Amerika* auch eine gewichtige politische Perspektivierung vornimmt. Während „Österreich über lange Zeit als der Ort der Normalität" anmutete, welcher „der Ausnahmesituation des Exils einen sparsamen und zaghaften Empfang bot" – wie Konstantin Kaiser einmal vermerkte –, erschien erst mit der einsetzenden Exilforschung „der Blick der Exilierten auf die Vergangenheit und die österreichische Realität, ihre großen kulturellen und wissenschaftlichen Leistungen als die Normalität, an der die Österreicher einen Maßstab zur Beurteilung ihrer eigenen Verhältnisse gewinnen" konnten.[75] Grete Hartwig-

---

72 Hartwig: Inferno, S. 189.
73 Hartwig-Manschinger: Rendezvous in Manhattan, S. 250.
74 Grundsätzliches zu Kinderliteratur, die von exilierten Autorinnen und Autoren nach 1933 bzw. nach 1945 verfasst wurde, findet sich u. a. bei Astrid Fernengel: Im modernen Dschungel einer aufgelösten Welt. Kinderliteratur im Exil. Marburg 2008.
75 Konstantin Kaiser: „Phasen der Rezeption und Nicht-Rezeption des Exils in Österreich – skizziert am Skandal der Exilliteratur". In: Evelyn Adunka und Peter Roessler (Hg.), Die Rezeption des Exils. Geschichte und Perspektiven der österreichischen Exilforschung. Wien 2003, S. 33.

Manschingers Roman exemplifizierte genau dies bereits in den 1940er Jahren, indem sie das New York des Mittelstands und der Einwanderer als Normalität zeichnete und diese ins Verhältnis zum Wien der Nachkriegsjahre setzte, während derer es an Vielem fehlte. Offen bleibt, ob die kindliche Perspektive auf das „Exil ohne Rückkehr"[76] nicht auch etwas Tröstliches birgt, denn *Didi fährt nach Amerika* ist Hartwig-Manschingers Mutter gewidmet.[77] Für die Schriftstellerin, die den Rest ihres Lebens in jener Stadt verbringen würde, die ihre kleine Heldin hatte staunen lassen, gab es keine Aussicht auf eine Rückkehr, die sie mit ihrer engsten Verwandtschaft vereint hätte. Dass sie Didi genau diese Freude schenkte, ist angesichts ihrer Flucht vor den Nationalsozialisten und dem Verlust von allem, was vor ihrer Ankunft in den Vereinigten Staaten gewesen war, unbedingt in Erinnerung zu rufen.

Literaturverzeichnis

o. A.: Grete Manschinger. In: Siglinde Bolbecher und Konstantin Kaiser (Hg.): Lexikon der österreichischen Exilliteratur. Wien, München 2000, S. 467–468.

o. A.: Grete Hartwig Manschinger. In: Renate Wall (Hg.): Lexikon deutschsprachiger Schriftstellerinnen im Exil 1933–1945. Gießen 2004, S. 145–146.

o. A.: Hartwig, Mela. In: Renate Heuer (Red.): Güde-Hein (Lexikon deutsch-jüdischer Autoren 10). München 2002, S. 237–240.

o. A.: Manschinger, Grete. In: Rudolf Vierhaus (Hg.): Kraatz-Menges (Deutsche Biographische Enzyklopädie 2, 2., überarbeite und erweiterte Ausgabe). München 2006, S. 712.

o. A.: Manschinger, Kurt. In: Rudolf Vierhaus (Hg.): Kraatz-Menges (Deutsche Biographische Enzyklopädie 2, 2., überarbeite und erweiterte Ausgabe). München 2006, S. 712.

o. A.: Mela Hartwig. In: Siglinde Bolbecher und Konstantin Kaiser (Hg.): Lexikon der österreichischen Exilliteratur. Wien, München 2000, S. 285–286.

o. A.: Mela Hartwig. In: Renate Wall (Hg.): Lexikon deutschsprachiger Schriftstellerinnen im Exil 1933–1945. Gießen 2004, S. 143–144.

o. A. [Reichssicherheitshauptamt]: Sonderfahndungsliste G. B. O. O. [Berlin 1940].

Becker, Sabina und Krause, Robert (Hg.): Exil ohne Rückkehr. Literatur als Medium der Akkulturation nach 1933. München 2010.

Broms, Wilbur S.: Ashley Vernon (1902–1968) and Greta Hartwig (1899–1971). In: Ashley Vernon: The Barber of New York. Opera in One Act. Bryn Mawr 1975, S. 3.

Felder, Josef: Warum ich NEIN sagte. Erinnerungen an ein langes Leben für die Politik. Zürich, München 2000.

Fernengel, Astrid: Im modernen Dschungel einer aufgelösten Welt. Kinderliteratur im Exil. Marburg 2008.

---

76 So der Sammelband von Sabina Becker und Robert Krause (Hg.): Exil ohne Rückkehr. Literatur als Medium der Akkulturation nach 1933. München 2010.

77 Vgl. Manschinger: Didi faehrt nach Amerika, o. S. (Widmung).

Hairston, Elizabeth A.: Apostolic Intervention. A Biblical and Contemporary Overview of the Apostolic Impact upon European, Ancient, and American Cities. Miami 2004.

Hartwig, Grete: „Straßendemonstration". In: o. A. (Hg.): Arbeiter Fest-Tage. Wien 1928 (2. Aufl.), S. 10–11.

Hartwig, Mela: Ekstasen. Novellen. Berlin, Wien, Leipzig 1928.

Hartwig, Mela: Das Weib ist ein Nichts. Roman. Berlin, Wien, Leipzig 1929.

Hartwig, Mela: Ekstasen. Novellen, hg. und mit einem Nachwort versehen von Hartmut Vollmer. Frankfurt a. M., Berlin 1992.

Hartwig, Mela: Inferno. Graz, Wien 2018.

Hartwig, Theodor: „Vorbei ...". Skizzen und Reflexionen. Wien 1927.

Hartwig, Theodor: Die Tragödie des Schlafzimmers. Beiträge zur Psychologie der Ehe. Wien 1947.

Hartwig, Theodor: Der Existenzialismus. Eine politisch reaktionäre Ideologie. Wien 1948.

Hartwig-Manschinger, Grete und Manschinger, Kurt: „Kinderlied/Children's Song". In: Greta Hartwig-Manschinger (Hg.): Elf Chansons von Kurt Manschinger. New York 1970, S. 34–37.

Hartwig-Manschinger, Grete: Rendezvous in Manhattan. Amerikanischer Roman, hg. und mit einem Nachwort von Vojin Saša Vukadinović. Wien 2021.

Hippen, Reinhard: Satire gegen Hitler. Kabarett im Exil. Zürich 1986.

Jarka, Horst: Jura Soyfer. Leben, Werk, Zeit. Wien 1987.

Kaiser, Konstantin: Phasen der Rezeption und Nicht-Rezeption des Exils in Österreich – skizziert am Skandal der Exilliteratur. In: Evelyn Adunka und Peter Roessler (Hg.): Die Rezeption des Exils. Geschichte und Perspektiven der österreichischen Exilforschung. Wien 2003, S. 21–34.

Kazantzakis, Nikos: Friedrich Nietzsche on the Philosophy of Right and the State. Albany 2006.

Kopytova, Galina; Starkova-Heifetz, Albina und Sarlo, Dario: Jascha Heifetz. Early Years in Russia. Bloomington, Indianapolis 2014.

Kristeva, Julia: Fremde sind wir uns selbst. Frankfurt am Main 1990.

Manschinger, Grete: Didi faehrt nach Amerika, undatiertes Manuskript, 107 Seiten. University of Albany, SUNY, German and Jewish Émigré Collections, Greta Hartwig Manschinger and Kurt Manschinger (Ashley Vernon) Papers, 1912–1995.

Manschinger, Grete: Rendezvous in Manhattan. Amerikanischer Roman. Wien 1948.

Parker, Joshua (Hg.): Blossoms in Snow. Austrian Refugee Poets in Manhattan. New Orleans 2020.

Pfanner, Helmut F.: Deutschsprachige Exilliteratur: Grundlagen zur kontrastiven Kulturanalyse. In: Die Unterrichtspraxis/Teaching German 15 Nr. 2 (1982), S. 214–223.

Pfanner, Helmut F.: „Was There an Austrian Literature in Exile?". In: Modern Austrian Literature 17, No. 3/4 (1984), S. 81–91.

Plock, Vike Martina: The BBC German Service during the Second World War. Broadcasting to the Enemy. Cham 2021.

Popp, Valerie: „Aber hier war alles anders ..." Amerikabilder der deutschsprachigen Exilliteratur nach 1939 in den USA. Würzburg 2008.

Sarlo, Dario: The Performance Style of Jascha Heifetz, Farnham, Burlington 2015.

Schieß, Walter: Dank und Anerkennung. Zum 85. Geburtstag von Theodor Hartwig. In: Der Freidenker 1 (1958), S. 3–6.

Vollmer, Hartmut: Hartwig, Mela. In: Andreas B. Kilcher (Hg.): Metzler Lexikon der deutsch-jüdischen Literatur. Stuttgart, Weimar 2000, S. 205–206.

Vorstand der Sozialdemokratischen Partei Deutschlands (Hg.): Jahrbuch der Deutschen Sozialdemokratie für das Jahr 1931. Berlin 1931.

Wende, Petra Maria: Eine vergessene Grenzgängerin zwischen den Künsten. Mela Hartwig 1893 Wien – 1967 London. In: Ariadne. Almanach des Archivs der deutschen Frauenbewegung 31 (Mai 1997), S. 32–37.
Wilhelm, Katrin: Mimi Grossberg (1905–1997) und ihr literarisches Netzwerk im New Yorker Exil. Berlin 2017.
Winkler, Michael: „Die Großstadt New York als Thema der deutschsprachigen Exilliteratur". In: Colloquia Germanica 18, Nr. 4 (1985), S. 300–318.

Archiv

University of Albany, SUNY, German and Jewish Émigré Collections, Greta Hartwig Manschinger and Kurt Manschinger (Ashley Vernon) Papers.

III Sprechende Bilder, bildliche Texte

Burcu Dogramaci, Helene Roth
Whose Eye Am I: Yllas Tierfotobücher für Kinder und das fotografische Exil

Im Jahr 1938 wurden im Londoner *Animal & Zoo Magazine* gleich mehrere Bildstrecken der Fotografin Ylla veröffentlicht. In „Most Romantic Dog of the World"[1] porträtierte Ylla einen Saluki-Hund in drei Aufnahmen und aus verschiedenen Blickperspektiven. Der arabische Windhund wird stehend von der Seite gezeigt, sodass der charakteristische gebogene Rücken erkennbar ist. Andere Fotografien zeigen ihn aus der Nähe, betonen den Glanz der üppigen Fellhaare und der Augen, die langen Ohren und den sanften Gesichtsausdruck. In einer anderen Ausgabe des *Animal & Zoo Magazine* zeigen Yllas Aufnahmen verschiedene Hunderassen (Abb. 1): die Köpfe von Greyhound, Dobermann Pinscher und Harlequin Great Dane sind in Nahsicht aufgenommen, kleinere Hunde wie der Dandie Dinmont erscheinen in Ganzkörperaufnahme im Heft.[2] Stets ist die besondere ‚Persönlichkeit' des Tieres betont; sie alle wirken wie ein nahbares, ja menschliches Gegenüber mit vielen unterschiedlichen Facetten – sensibel, mitfühlend, traurig, schläfrig, schlau. Der Text zu „Ylla's Parisian Dog Show" weist Ylla als „the famous French animal photographer"[3] aus. Im Jahr 1938 hatte sich Ylla über ihren Wohnort Paris hinaus als Tierfotografin etabliert. Die Popularität der Fotografin zeigt sich auch an mehreren Büchern, die sie in London publizierte: 1937 veröffentlichte Ylla zwei Bände im Londoner Verlag Methuen: *Ylla's Dog Fancies* und *Ylla's Animals*. Diesen folgte 1938 der bei Country Life in London publizierte Band *Big and Little*. Im selben Jahr lieferte sie die Fotografien für das Buch *Animal Language*.[4]

Die in London bekannte „famous French animal photographer" war indes eigentlich eine Wienerin: Ylla kam 1911 unter dem Namen Camilla Henriette Koffler als Tochter einer serbischen Mutter und eines rumänischen Vaters – beide besaßen die ungarische Staatsbürgerschaft – in Wien zur Welt. Sie studierte in Belgrad und seit 1931 in Paris an der Académie Colarossi Bildhauerei, arbeitete zudem als Foto-Retuscheurin bei der ungarischen Fotografin Ergy Landau. 1932 machte sie sich im Pariser 17. Arrondissement in der 37 Rue des Renaude mit einem Studio für Tier-

---

1 Ylla: Most Romantic Dog of the World. Text von A.L. Hatton. In: Animal & Zoo Magazine (1938), Bd. 3, H. 4, S. 7–8.
2 Ylla: Ylla's Parisian Dog Show. In: Animal & Zoo Magazine (1938), Bd. 3, H. 6, S. 31–33.
3 Ylla: Ylla's Parisian Dog Show, S. 31.
4 Ylla: Big and Little. London 1938; Julian Huxley, Ylla und Ludwig Koch: Animal Language. London 1938.

https://doi.org/10.1515/9783111066677-012

Abb. 1: Ylla: Ylla's Parisian Dog Show, 1938, in: Animal & Zoo Magazine, Bd. 3, H. 6, 1938, S. 32–33 (Privatarchiv, Ylla © Pryor Dodge).

fotografie in Paris selbstständig.[5] Aufgrund ihrer familiären jüdischen Herkunft emigrierte Ylla 1941 nach New York, wo sie ihre Tätigkeit und Karriere als Tierfotografin fortsetzte und zahlreiche Tierfotobücher für Kinder publizierte. In dieser Untersuchung wird die Bezeichnung ‚Tierfotobuch für Kinder' verwendet, da Ylla auch Fotobücher veröffentlichte, die Erwachsene ansprachen. Zudem soll damit auf das Foto als zentrales Medium des Buches für Kinder verwiesen werden. Dabei schließen wir uns für das Tierfotobuch für Kinder der Definition von Gerhard Haas zum Tierbuch oder Tierbilderbuch an, der dafür voraussetzt, dass „Tiere allein oder zusammen mit Menschen den Mittelpunkt der Handlung ausmachen und (in erzählerischen Texten) zum Subjekt der Handlung werden."[6]

---

5 Vgl. Pryor Dodge: o.T. In: Ylla, Ausst.-Kat. Musée Nicéphore Nièpce, Ville de Chalon-sur-Saone 1982, o.S.; Helene Roth: Interview mit Pryor Dodge, New York 2022, unveröffentlicht.
6 Vgl. Gerhard Haas: Das Tierbuch. In: Günter Lange (Hg.): Medien, Themen, Poetik, Produktion, Rezeption, Didaktik (Taschenbuch der Kinder- und Jugendliteratur, 2). Baltmannsweiler 2002, S. 287. Siehe auch das Kapitel „Das Tierbilderbuch" in: Margarete Hopp: Sterben, Tod und Trauer im Bilderbuch seit 1945. Frankfurt a. M. 2015, S. 172–178.

Dieser Beitrag wird sich der – auch kooperativen – Arbeitsweise Yllas, der von ihr geschaffenen, international verbreiteten Kinderliteratur in ihrer New Yorker Zeit und fotografischen Erzählung widmen. Der Kontext Emigration bildet dabei den Rahmen, um über Praktiken der beruflichen (Neu-)Erfindung als Fotografin und Kinderbuchautorin auf zwei Kontinenten und Sprachräumen nachzudenken.[7]

1 Tierfotografin sein – auch im Exil

Yllas Werk und Biografie geben einen Ausgangspunkt zu einigen, über ihr Wirken hinausgehenden Überlegungen zum Konnex Migration/Exil, Fotografie und Kinderbuchliteratur. Zunächst einmal ist ihr Wohnortwechsel von Belgrad nach Paris im Jahr 1931 ihrer künstlerischen Ausbildung geschuldet; noch in den nächsten Jahren hätte die Fotografin an ihren Herkunftsort zurückkehren können. Erst seit 1938 und mit dem sogenannten Anschluss Österreichs wurde aus Yllas Aufenthalt in Paris ein Exil, mit der Emigration nach New York folgte dann die zweite Exilierung. Die Erfahrung, zu einer Exilierten wider Willen zu werden, teilte sie mit anderen Kulturschaffenden, unter ihnen der Bildhauer Otto Freundlich, der seit 1924 in Paris lebte, der Regisseur Ernst Lubitsch oder der Architekt Richard Neutra, die beide bereits seit den 1920er Jahren in Kalifornien wohnten und arbeiteten. Der Übergang von einem freiwilligen zu einem unfreiwilligen Aufenthalt hatte Auswirkungen auf das Selbstverständnis, auf Bewegungsräume, auf das Verhältnis zu Verwandten und Freund*innen, die noch im Herkunftsland lebten. Besonders wichtig für ihre berufliche Laufbahn waren die ungarischen Netzwerke für die junge Fotografin: im Atelier von Ergy Landau verdingte sie sich noch vor ihrer eigenständigen Laufbahn als Foto-Retuscheurin, Landau initiierte auch die erste Ausstellung von Yllas Tierfotografien in der Pariser Galerie de Pléiade im Jahr 1932. Der ungarische Fotograf Charles Rado wiederum nahm Ylla in seine Agentur Rapho auf.[8] Gemeinsame Sprache und Migrationserfahrung könnten – wie auch in anderen Fällen – zu beruflich wichtigen Netzwerken geführt haben.[9]

---

7 Dieser Beitrag entstand im Kontext des vom Europäischen Forschungsrates mit dem ERC Consolidator Grant ausgezeichneten Projekts „Relocating Modernism: Global Metropolises, Modern Art and Exile (METROMOD)", Horizon 2020, Grant Agreement No. 724649.
8 Vgl. Iris Meder und Andrea Winklbauer (Hg.): Vienna's Shooting Girls – Jüdische Fotografinnen aus Wien, Ausst.-Kat. Jüdisches Museum, Wien 2012, S. 208.
9 Für den Bereich Fotografie und Film sind für das Londoner Exil etwa ungarische Akteure wie der Journalist Stefan Lorant, der Verleger für Fotoratgeber Andor Kraszna-Krausz oder der Filmregisseur Alexander Korda zu nennen. Ob Ylla zu diesen in Kontakt stand, ist derzeit noch nicht zu beantworten.

Ylla war bereits in ihrer Pariser Zeit international tätig. Neben den eingangs erwähnten Artikeln und Fotografien in der Londoner Zeitschrift *Animal & Zoo Magazine* sei hier vor allem auf das Buch *Animal Language* verwiesen, das sie in Kooperation mit dem Biologen und Zoodirektor Julian Huxley und dem Bioakustiker Ludwig Koch schuf. Das Buch war der Tierkommunikation im London Zoo und Whipsnade Zoo in Bedfordshire gewidmet, es zeigte Kamele, Seehunde und Zebras. Ylla fotografierte Tiere bei der Verständigung, dem „Sprechen", während Koch die Töne der Zootiere aufnahm.[10] In individuellen Porträts und in Sequenzen folgte Ylla den Gesichtsausdrücken, der Gestik und Körperhaltung, durch welche die Tiergeräusche hergestellt und von denen sie begleitet wurden. *Animal Language*, ein Bildband mit zwei beigegebenen Langspielplatten, war ein kooperatives Projekt der (E)Migration – Ludwig Koch war erst kurz davor aus Deutschland nach London emigriert –, und es war ein transnationales Vorhaben zwischen Paris und London.

In ihrem New Yorker Exil nach 1941 arbeitete Ylla weiterhin in kooperativen Arbeitsmodellen. So schuf sie Kinder- und Bilderbücher mit Autor*innen wie Paulette Falconnet, Jacques Prévert, Margaret Wise Brown und Arthur Gregor. In New York konnte Ylla auf ihren Erfahrungen und ihrem Renommee als Tierfotografin aufbauen und seit 1944 Tierfotobücher veröffentlichen. Zwar hatte sie bereits zuvor in Pariser und Londoner Verlagen publiziert, doch handelte es sich um Fotobücher mit kurzen beschreibenden Texten, die nicht eindeutig als Kinderbuchliteratur identifiziert werden können. Das 1938 erschienene Buch *Big and Little* (Abb. 2, 3) enthält Fotografien und Texte von Ylla, die erwachsene Tiere und Jungtiere zeigen und Tierarten beschreiben. Die Bilder sind im Studio und im Zoo aufgenommen. Neben dem Foto einer Baboon-Mutter mit ihrem Jungen steht: „Baboons are monkeys which live chiefly on the ground and go about in herds. They are found in America. You can tell them from other monkeys by their noses which come out in a snout. Baboons are rather fierce and very jealous as you will see if you give something to one and not to another."[11] Die New Yorker Bücher, die in Zusammenarbeit mit anderen Textautor*innen entstanden, sind narrativ angelegt, sie erzählen Geschichten. Somit lassen sich in Yllas Oeuvre verschiedene Genres identifizieren:

---

10 Siehe dazu ausführlich Burcu Dogramaci: Animal Camera. Medien und Politiken der Tierfotografie im Londoner Exil (1933–1945). In: Ursula Seeber u. a. (Hg.): Exilforschung. Ein internationales Handbuch 39 (2021): Mensch und Tier in Reflexionen des Exils. Berlin 2021, S. 253–275; vgl. Andreas Fischer und Judith Willkomm: Der Wald erschallt nicht wie der Schrei der Steppe. Tierlaute im NS-ideologischen Kontext in Lutz Hecks tönenden Büchern. In: Marianne Sommer und Denise Reimann (Hg.): Zwitschern, Bellen, Röhren. Tierlaute in der Wissens-, Medientechnik- und Musikgeschichte. Bielefeld 2018, S. 73–111.
11 Ylla: Big and Little, o.S.

Abb. 2, 3: Ylla: Big and Little. London, 1938, o.S. (Privatarchiv, Ylla © Pryor Dodge).

Abb. 3

das an Personen jeglichen Alters adressierte Tierfotobuch und Bücher mit Tierfotografien für Kinder.

Dabei sind beide Genres keine Neuerfindung, sondern haben eine weiter zurückreichende Tradition. 1929 erschien etwa Paul Eippers und Hedda Walthers Buch *Tierkinder* bei Dietrich Reimer in Berlin. Narrativer und handlungsreicher war Karel Capeks Kinderbuch *Daschenka. Das Leben eines jungen Hundes*, das in seiner deutschsprachigen Auflage 19.000 Exemplare und damit eine weite Verbreitung erreichte.[12] Es ist wahrscheinlich, dass Yllas Talent als Tierfotografin, das heißt ihr Interesse an der Arbeit mit und ihre Empathie für Tiere, ihr fotografischer Blick für das Wesen ihres tierlichen Gegenübers, eine wichtige Voraussetzung boten, um sich in einem prosperierenden Genre zu etablieren.

Bereits seit der Einführung der Fotografie im 19. Jahrhundert wurden Tiere fotografiert – und zwar in freier Natur, in Zoos und Innenräumen. Fotografien wurden als Einzelbild und in Serie hergestellt, in Ausstellungen gezeigt und auf Postkarten, in Zeitschriften oder Zeitungen und in Büchern reproduziert.[13] Die Tierfotografie und ihre mediale Verbreitung boten auch in den folgenden Jahrzehnten ein umfassendes Betätigungsfeld, darunter das speziell an Kinder adressierte Buch. Das Kinderbuch mit Fotografie war spätestens seit den 1930er Jahren bis vor allem in die 1980er Jahre populär, ist heute aber immer noch wenig erforscht. Yllas Bücher lassen sich in Nachbarschaften von Edward Steichens *The First Picture Book* (1930, Texte von Mary Steichen Calderone und John Updike), *Michael and Anne in the Yosemite Valley* (1941, Virginia und Ansel Adams), *Bim le petit âne* (1949, Jacques Prévert, Albert Lamoisse), *Firmin* (1952) von Jean Tourane und Hans Limmers *Mein Esel Benjamin* (1968) einordnen und sind Teil einer auf (Tier-)Fotografien basierenden Kinderbuchliteratur.[14] Diese Bücher argumentieren visuell anders als zeichnerisch illustrierte Bücher; sie vermitteln den Eindruck, ein Fenster zur Welt ‚da draußen' zu sein. Jennifer Crowley formuliert es so: „Dabei können Kinderbücher mittels Fotografie interessante Dinge und Lebenswelten zeigen, die in der Ferne liegen. Sie zeigen aber auch, dass es vor der eigenen Türe, im Alltäglichen, viel zu entdecken gibt, wenn wir nur genau hinsehen."[15] Dass die Kamera etwas Bekanntes und Unbekanntes mit anderen Augen sehen kann, lässt sich auch für Yllas Kinderbücher aufzeigen, die Tiere als nahbare Wesen zeigen oder sie über eine längere Zeit bei ihrem Tun begleiten.

---

12 Vgl. Roland Jaeger: Bilder für Groß und Klein. Kinder in Fotobüchern und Fotos in Kinderbüchern. In: Manfred Heiting und Roland Jaeger (Hg.): Autopsie. Deutschsprachige Fotobücher 1918 bis 1945. Bd. 1, Göttingen 2012, S. 367 f.
13 Zur Frühzeit der Tierfotografie siehe Margaret Harker: Animal Photography in the 19th C. In: The Animal in Photography. 1843–1985, hg. von Alexandra Noble, Ausst.-Kat. The Photographers' Gallery, London 1986, S. 24–30.
14 Viele Fallbeispiele finden sich in: Laurence Le Guen: Cent cinquante ans de photolittérature pour les enfants, Paris 2022.
15 Jennifer Crowley: #28 Photobook_Kids Dominique Darbois „Les enfants du monde" „Children of the world" „Kinder der Welt", https://web.archive.org/web/20150420224808/http://thephotobookmuseum.com/de/carlswerk-edition/special-rooms/photobook-kids (Zugriff: 23.3.2023).

Yllas Werk führt zudem vor Augen, dass Tiere als Motiv länder- und sprachübergreifend beliebt waren. Ihre Tierfotobücher für Kinder, die in ihrer New Yorker Zeit entstanden, wurden in zahlreiche Sprachausgaben übersetzt. Bis in die Gegenwart sprechen fotografierte oder gefilmte Tiere, etwa auf Youtube oder Instagram, ein großes Publikum an.[16] Ylla setzte in ihrem New Yorker Exil auf das Beibehalten ihrer beruflichen Schwerpunkte. Mit der Eröffnung ihres Studios 1941 in New York schuf sie wichtige Bedingungen für ihre Tierfotografie, mit der sie auch (aber nicht nur) eine kindliche Leserschaft ansprach. In der US-amerikanischen Metropole veröffentlichte sie bei dem New Yorker Verlag Harper & Brothers Bücher wie *They All Saw It* (1944), *Dogs* (1945), *The Sleepy Little Lion* (1947), *Tico-Tico* (1950) und *Two Little Bears* (1954) neben vielen anderen.

2 Arbeit mit Tieren im Studio und im Zoo

Ab 1944 arbeitete Ylla mit der New Yorker Kinderbuchautorin Margaret Wise Brown zusammen, die für *They All Saw It* (1944), *The Sleepy Little Lion* (1947), *Tico-Tico* (1950) und *The Duck* (1953) Texte zu den Tierfotografien verfasste.[17] Brown lehrte in den 1930er Jahren an der Bank Street School, in der ein neuer Ansatz in der Kindererziehung und -literatur vertreten wurde, der die reale Welt und das „Hier und Jetzt" [„Here and Now"] betonte.[18] In der Zusammenarbeit mit Kindern und dem genauen Beobachten ihres Verhaltens sollte ein größeres Verständnis für sie entwickelt werden. Diese Philosophie übertrug Brown auf ihre Kinderbücher, die von üblichen Märchen und Fabeln abwichen. Stattdessen konzentrierte sie sich auf die Interessen der Kinder, aus deren Sichtweisen sie die Geschichten erzählte.

Browns Ansatz stimmte mit Yllas Vorstellungen überein, deren Fotografien zur Identifizierung mit (wilden) Tieren beitrugen und die dazu aufrufen, die Welt durch die Augen der Tiere zu sehen und die Gefühlswelt der Tiere nachvollziehbar zu machen. Während Ylla *They All Saw It* noch aus unterschiedlichen Tieraufnahmen konzipierte, änderte sie ab *The Sleepy Little Lion* ihr Vorgehen. Im Gegensatz zu ihren früheren Büchern, die auf isolierten Fotos verschiedener Tierarten

---

16 Vgl. u. a. Anne Richter: Wie Cat-Content das Internet eroberte (10.6.2018), https://www.stern.de/neon/feierabend/cat-content---wie-der-trend-der-tiervideos-das-internet-eroberte-8003490.html (Zugriff: 23.3.2023).
17 Vgl. Leonard S. Marcus: Margaret Wise Brown. Awakened by the moon. A biography of the author of Goodnight Moon. Boston 1992; Ylla Archive, Center for Creative Photography, Arizona, AG 138.
18 Vgl. Marcus: Margaret Wise Brown, S. 44–52.

basierten und kurze Texte beinhalteten, führte die Fotografin in *The Sleepy Little Lion* erstmals ein Tier als Protagonisten ein, um das eine bestimmte Geschichte kreiste.[19] Dieses Narrationsmuster eröffnete neue Möglichkeiten für die Tierfotografie und die Kinderbuchliteratur.

Um möglichst authentische Aufnahmen zu erstellen, lebte Ylla für *The Sleepy Little Lion* mehrere Tage mit einem Löwenbaby in ihrem Appartement in der 200 West 57th Street zusammen. Das Tier hatte sie aus dem Zoo entliehen.[20] In dieser Zeit entstanden unterschiedliche Ansichten, um das Verhalten des Löwen in alltäglichen Lebenssituationen und seine Reaktion auf andere Tierarten/Menschen festzuhalten.[21] Um den kleinen Löwen die Eingewöhnung in das fremde Umfeld zu erleichtern, war ihr Studio mit Spielzeug, Decken und Nahrung ausgestattet. Auch verfügte es über das notwendige technische Equipment wie Blitzlicht und elektrische Lichtquellen (Abb. 4).[22] Zudem unterstützten Assistent*innen sie beim Fotografieren.[23]

Neben den technischen und infrastrukturellen Voraussetzungen verfügte Ylla offensichtlich über Geduld, Empathie und Erfahrung im Umgang mit Tieren. Um diese auf Augenhöhe festzuhalten, begab sich die Fotografin oft auf den Boden oder agierte in dynamischen Bewegungen mit der Kamera. Die Entstehungsgeschichte von *The Sleepy Little Lion* und Yllas Arbeitsweise verdeutlichen jedoch auch, dass Tierschutz in den 1940er Jahren, so wie wir ihn heute kennen, noch nicht existierte. So konnte Ylla mit Genehmigung des Zoos, das Löwenjunge für mehrere Tage in ihrem Apartment getrennt von seiner Mutter halten. Im Fotobuch erfährt diese Tatsache eine andere Erzählung. Dort heißt es, dass der Löwe die Welt abseits des Zoos erkunden und andere Tiere und Kinder treffen möchte.

Ylla hatte keine vorgefertigte Handlung für das Buch. Die Fotografin schuf jedoch die Bedingungen, um besondere Motive zu fotografieren, indem sie ihren Protagonisten in Kontakt mit anderen Tieren brachte. Mit ihrer Rolleiflex-Kamera nahm sie die Begegnungen zwischen dem Löwen und einem Foxterrier, einer Siamkatze, zwei Kaninchen und einem jungen Kätzchen auf. Die serielle Anordnung dieser Bilder kreiert im Fotobuch eine visuelle Erzählung, die auch ohne Text funk-

---

19 Ylla: The Sleepy Little Lion. Text von Margaret Wise Brown. Harpers & Brothers 1947.
20 Vgl. Robert Fuhring: The Magazines. In: Popular Photography (1948), Vol. 22, No. 4, S. 16, 174–177; Arthur Goldsmith: Ylla's Camera Tells. A tale of two kittens … In: Popular Photography (1951), Vol. 29, No. 6, S. 50 (Zugriff: 23.3.2023); Ylla Archive, AG 138:13.
21 Vgl. Anonymus: Book Review. In: The New Yorker (10.6.1944), S. 71; Goldsmith: Ylla's Camera Tells, S. 51.
22 Vgl. Anonymus: Book Review, S. 62; Ralph Steiner: This Photographer's Studio Is Open to Animals Only. In: The Tennessean (14.9.1941), S. 87–89.
23 Vgl. Goldsmith: Ylla's Camera Tells, S. 51.

Abb. 4: Fotograf*in unbekannt: Ylla beim Fotografieren, 1940er Jahre (© Ylla Archive, Pryor Dodge).

tioniert. So erkundet der Löwe eine Wiese im Central Park und trifft dort auf einen Foxterrier. Im Studio wird der Fokus auf ihr aneinander interessiertes wie auch rivalisierendes Verhalten gelegt (Abb. 5). Eine ähnliche Begegnung findet zwischen dem Löwen und einer Siamkatze statt, die ihn fauchend weckt (Abb. 6). Auch fotografierte Ylla die Interaktion mit Kindern. Während ein Junge das Löwenbaby wie ein Kuscheltier auf seinem Bauch liegen hat, versucht ein Mädchen, ihm das Lesen beizubringen und kleidet ihn wie eine Puppe oder ein Kind mit einem Strickpullover an (Abb. 7).[24]

Es sind alltägliche Verhaltensweisen von Kindern, die im Buch aufgegriffen werden. Statt mit einer Puppe oder Spielkamerad*innen spielen sie jedoch mit einem Löwen. Um dennoch zu betonen, dass das Spiel mit einem Löwen etwas Ungewöhnliches ist, arbeitet die Autorin Margaret Wise Brown geschickt mit rhetorischen Fragen: „But would a little lion ever learn to read? [...] But who ever heard of a lion with a sweater on him?"[25] Mit den Worten: „Then they put the lion on a mirrored table and he looked down and there was another little lion",[26] beschreibt Brown eine weitere Szene, wie der kleine Löwe einen Spiegelpartner auf einem

---

24 Vgl. Ylla Archive, AG 138:13, AG 138:14.
25 Ylla: The Sleepy Little Lion, o.S.
26 Ylla: The Sleepy Little Lion, o.S.

Abb. 5–8: Ylla: The Sleepy Little Lion. London, 1947, o.S. (Privatarchiv, Ylla © Pryor Dodge).

Abb. 6

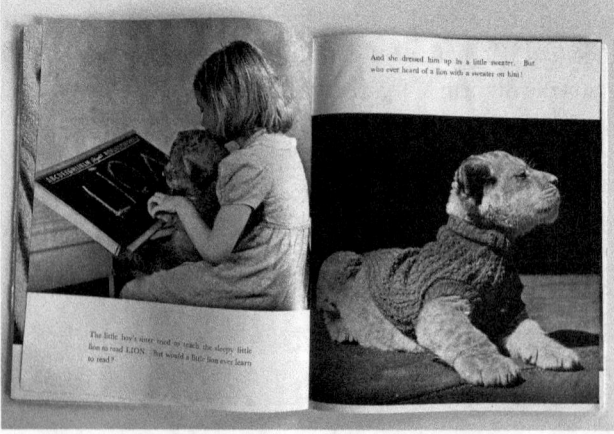

Abb. 7

Abb. 8

Abb. 9: Ylla: The Sleepy Little Lion. New York, 1947, Cover (Privatarchiv, Ylla © Pryor Dodge).

verglasten Tisch entdeckt, aber nicht versteht, dass er es selbst ist (Abb. 8). Hier verweist sie auf ähnliche Situationen mit Kindern, die erst ab dem zweiten Lebensjahr ihr eigenes Ich im Spiegel wahrnehmen können.[27]

Da der Löwe noch klein war, viel schlief und kaum die Augen offenhalten konnte, erschwerte sein Tagesrhythmus das Fotografieren. Brown nahm dies jedoch zum Anlass, aus all den Aufnahmen eine Gute-Nacht-Geschichte zu kreieren. Schon das Cover von The *Sleepy Little Lion* greift die Schläfrigkeit des Löwenbabys auf und zeigt dieses in einer illustrierten Farbaufnahme gähnend neben seinem Spielzeug liegend (Abb. 9). Brown beschreibt im Verlauf des Buchs die Begegnungen des Löwen mit den Tieren und Kindern, die ihn entweder aus dem Schlaf reißen oder er währenddessen wieder einschläft. Schließlich findet er jedoch ungestört seinen Schlaf. Der letzte Satz richtet sich direkt an die Kinder und endet mit den Worten: „And YOU go to sleep too!"[28]

Ein weiteres Tier, das Ylla über mehrere Tage in ihrem Studio hielt, war ein Eichhörnchen, das zur Hauptfigur für das 1950 publizierte Buch *Tico-Tico* wurde.[29] Vielleicht kam ihr die Buchidee bei einer ihrer Spaziergänge durch den Central Park, in dem unzählige Eichhörnchen wohnen. In der US-amerikanischen Ausgabe lebt das Eichhörnchen Tico-Tico im Central Park, während es in der englischen und

---

27 Jacques Lacan: Das Spiegelstadium als Bildner der Ichfunktion. In: ders.: Schriften I: Das Werk von Jacques Lacan, hg. von Norbert Haas. Olten 1973, S. 61–70.
28 Ylla: The Sleepy Little Lion, o.S.
29 Vgl. Ylla: Tico-Tico. Text von Niccolò Tucci. New York 1950.

französischen, aufgrund der anderen Standorte, mit einer Katze in einer Wohnung lebt. Anders als bei *The Sleppy Little Lion* verfasste den Text der schweizerisch-italienische Schriftsteller Niccolò Tucci. Für die englische Ausgabe schrieb jedoch Margaret Wise Brown den Text unter dem Titel *O Said the Squirrel*, die ebenfalls 1950 erschien, und für die französische Version konnte Georges Ribemont-Dessaignes gewonnen werden.[30]

Außer dem kleinen Löwen und Eichhörnchen fotografierte Ylla im Studio vor allem Haustiere wie Hunde, Katzen oder Vögel. Viele Hundeaufnahmen mündeten in das Fotobuch *Dogs by Ylla* (1945).[31] Die Mehrheit ihrer ‚Modelle' vermittelten ihr Privatpersonen oder Institutionen wie Tierheime, der Bronx Zoo und der Central Park Zoo. Schon in Paris hatte Ylla diese Arbeitsmethode angewandt und Tierarztpraxen kontaktiert, über die sie interessierte Tierbesitzer*innen zu Porträtsitzungen in ihr eigenes Atelier einlud.[32] In New York sammelte sie in einem nach Tiergattungen geordneten Karteisystem die Einverständniserklärungen der Tierbesitzer*innen, die in diesen „Model Releases"[33] [Modellfreigaben] auf vorgedruckten Zetteln den Namen und die Rasse ihres Tieres, den eigenen Namen mitsamt Adresse, Datum und Unterschrift eintrugen. Ihr Anfang der 1940er Jahre vor allem auf New Yorker Adressen beschränkter Radius weitete sich in den Folgejahren auch auf andere Städte und Bundesstaaten aus und bezog Tiershows, Zoohandlungen und Züchter*innen mit ein.[34]

Seit ihrer Ankunft 1941 in New York fotografierte Ylla in den New Yorker Zoos, wie dem nahegelegenen Central Park Zoo in direkter Umgebung ihres Apartments und im Bronx Zoo. Ihr Renommee verschaffte ihr Zutritt zu Gehegen, um Tiere aus nächster Nähe aufnehmen zu können. Zoofotografien integrierte sie auch in ihre Kinderbücher, wie in dem Buch *The Duck* (1953) mit einem Text von Margaret Wise Brown, in dem sie eine Ente quer durch Manhattan fotografisch begleitete. Drei Szenen spielen im Zoo vis à vis eines Nilpferds, eines geöffneten Elefantenmauls und vor einem Schimpansengehege (Abb. 10).[35] Auch hier greift Brown das Spiegel-Thema auf, indem sich die Ente als „wunderschöne[n] gefiederte[n] Schimpanse[n]"[36] wahrnimmt. Die Ente ist jedoch von den Käfigen, Gittern und Glas-

---

30 Vgl. Ylla: Tico-Tico. Text von Margaret Wise Brown. London 1950; Ylla: Tico-Tico. Text von Georges Ribemont-Dessaignes. Paris 1952.
31 Vgl. Ylla: Dogs. New York 1945.
32 Helene Roth: Interview mit Pryor Dodge.
33 Vgl. Ylla Archive, AG 138:4.
34 Vgl. Ylla Archive, AG 138:1.
35 Vgl. Ylla: The Duck. Text von Margaret Wise Brown. New York 1953. Deutsche Ausgabe im Christian Wegner Verlag: Ylla: Die Ente. Text von Margaret Wise Brown. Hamburg 1954.
36 Ylla: Die Ente, o.S.

Abb. 10: Ylla: Die Ente. Hamburg, 1954, o.S. (Privatarchiv, Ylla © Pryor Dodge).

scheiben im Zoo nicht angetan und beschließt, wieder dorthin zurückzukehren, wo sie herkommt – in die Freiheit am See. Wenn über die Fotografien nur bedingt der Kontext des Zoos und deren Tierhaltung zu erkennen ist, so greift Brown dies jedoch im Text auf und lässt im Gegensatz zum (unfreiwilligen) Leben im Zoo die Ente als freien Vogel leben.

3 Infrastrukturen der Tierfotografie

Für Yllas Erfolg waren auch ihre Netzwerke ausschlaggebend, die ihr eine gut funktionierende Infrastruktur als Tierfotografin ermöglichten. Die seit dem Pariser Exil bestehende enge Zusammenarbeit mit dem Fotografen Charles Rado und seiner Fotoagentur Rapho hielt auch in New York weiter an. Rado emigrierte 1940 in die Metropole am Hudson und eröffnete im gleichen Jahr zusammen mit dem US-amerikanischen Fotografen Paul Guillumette zunächst an der 59 East 54th Street, kurze Zeit später an der 475 5th Avenue, in direkter Nähe zur Grand Central Station, die Agentur Rapho-Guillumette Pictures.[37] Rado vertrieb nicht nur über seine Agentur

---

37 Vgl. George Gilbert: The Illustrated Worldwide Who's Who of Jews in Photography. New York 1996, S. 69; Ylla Archive, AG 138: 14 und Eintrag zu Rapho-Guillumette im METROMOD Archive, https://archive.metromod.net/viewer.p/69/2948/object/5145-10774434 (Text: Helene Roth, Zugriff: 19.2.2023).

Yllas Fotografien an Printmedien und Bücher, sondern managte ihre Karriere.[38] So stellte er Kontakt zu Verlagen, anderen Fotoagenturen, Printmedien oder potenziellen Galerien und Ausstellungsmöglichkeiten her.

Ein weiteres wichtiges Exil-Netzwerk bestand zum Fotolabor Leco, gegründet 1939/40 von dem emigrierten deutschsprachigen Fotografen Leo Cohn und vermutlich David Seymour (Chim).[39] Ab Oktober 1940 befand sich das Geschäft im Salmon Tower Building (11 West 42nd Street) gegenüber der New York Public Library. Neben Ylla diente das Labor auch für andere emigrierte Fotograf*innen wie Andreas Feininger, Herbert Gehr, Philippe Halsman, Fritz Henle, Henry Rox, Eric Schaal, Fred Stein und der Fotoagentur Black Star als wichtige Institution und Kontaktzone, wo sie Kolleg*innen und Redakteur*innen trafen.[40] Ylla ließ bei Leco ihre Abzüge entwickeln und erteilte Aufträge für Retusche. So wurden im Fotolabor Hintergründe aufgehellt oder abgedunkelt, Reflektionen in Tieraugen, die durch Blitzlicht und Schatten hervorgerufen wurden, korrigiert oder Struktur und Glanz der Tierfelle aufbereitet.[41] Die Expertise in der Retusche von Porträts, die Ylla während ihrer Lehrzeit bei Ergy Landau in Paris erworben hatte, übertrug sie nun auf ihre Tier-Protagonist*innen.[42]

Der umfangreiche Nachlass an Fotografien, Printmedien, Fotobüchern und Verträgen mit Tierbesitzer*innen verdeutlicht, dass es Ylla bereits Mitte der 1940er Jahre gelang, im Exil ein eigenes Berufsfeld, eine Art Marke, zu etablieren. Förderlich für den Verkauf der Bücher waren auch Yllas Ausstellungsbeteiligungen in New York, die den Bekanntheitsgrad der Fotografin steigerten. Bereits im Februar 1942 war sie mit 29 Fotografien an der Gruppenausstellung *Animals* und im November in der Gruppenausstellung *Cats* in der vom Emigranten Erhard Weyhe 1919 eröffneten Weyhe Gallery mit Buchhandlung beteiligt, die in unmittelbarer Nähe zu ihrem Studio in der 794 Lexington Avenue lag.[43] Während sich der Ausstellungsbereich im

---

38 Vgl. Ylla Archive, AG 138:1; AG 138:14.
39 Vgl. Gilbert: The Illustrated Worldwide, S. 7; Kelley, Etna M. „Photofinishing Plus". In: Popular Photography (1947), Vol. 20, No. 2, S. 84–85, 192–194 und Eintrag zu Leco im METROMOD Archive, https://archive.metromod.net/viewer.p/69/2948/object/5145-9613752 (Text: Helene Roth, Zugriff: 19.2.2023).
40 Vgl. Andreas Feininger Archive, Center for Creative Photography, Arizona, AG 53:9, AG 53:73; Fred Stein Archive, New York; Gilbert: The Illustrated Worldwide; Phoebe Kornfeld: Passionate Publishers. The Founders of the Black Star Photo Agency. Bloomington 2021, S. 358–359; Ylla Archive, AG 138:1.
41 Vgl. Helene Roth: Interview mit Pryor Dodge.
42 Vgl. Helene Roth: Interview mit Pryor Dodge; Ylla Archive, AG 138:1.
43 Vgl. Anonymus: Ylla. In: The New Yorker (14.2.1942), S. 11–12; Weyhe Gallery Records, Archives of American Art, Washington D.C.; Ylla Archive, AG 138:1.

ersten Stock befand, wurden in der dazugehörigen Buchhandlung im Erdgeschoss auch ihre Tierfotobücher zum Kauf angeboten.⁴⁴ Zu vermuten ist, dass Charles Rado die Gruppenbeteiligungen und den Verkauf ihrer Bücher in der Weyhe Gallery anregte, da bereits im Juni 1942 über seine Fotoagentur dort die Ausstellung *China at War. Covered by Chinese Photographers* stattfand.⁴⁵ Auch Rados Netzwerk zu zahlreichen internationalen Verlagen förderte den transatlantischen Vertrieb von Yllas Tierfotobüchern für Kinder. Besonders nach dem Zweiten Weltkrieg entwickelten sich Kinderbücher mit unterhaltsamen Tieraufnahmen als gut verkäufliche Gattung.

4 Internationalisierung von Yllas Kinderbuchliteratur: Übersetzungen und Fernreisen

Zwischen 1937 und 1954 veröffentlichte Ylla mehr als ein Dutzend Bücher und auch nach ihrem Tod wurden noch Fotobücher unter ihrem Namen publiziert – darunter Literatur, die explizit Kinder ansprach. Seit 1947, also nach Ende des Zweiten Weltkriegs, wurden ihre Bücher von europäischen Verlagen publiziert.

So erschien *The Sleepy Little Lion* (Text von Margaret Wise Brown) 1947 bei Harper & Brothers und im selben Jahr auf Französisch als *Le petit Lion* bei Arts et Métier Graphiques (Text von Jacques Prévert).⁴⁶ 1950 wurde die deutschsprachige Ausgabe bei Fretz & Wasmuth in Zürich veröffentlicht; es folgten weitere Sprachausgaben bei Irar-Lan/Eta/Irudi-Lan in Finnland, bei Harvill Press in London und bei SAIE in Torino.

Damit war Yllas Buch über den kleinen Löwen in den europäischen Sprachen Englisch, Französisch, Italienisch, Deutsch und Finnisch zu lesen. Daraus lässt sich ableiten, dass *The Sleepy Little Lion* grenzübergreifend auf Interesse stieß. Übersetzt werden musste nur der Text, Yllas Bildsprache schien universell zu funktionieren. Bücher wie *Dogs* (1945) wurden zudem in Dänemark veröffentlicht – und auch der deutsche Verlag Christian Wegner aus Hamburg nahm das Buch (*Hunde*, 1955) in sein Repertoire auf. Der Verlag publizierte Yllas Bücher *Cats* (*Katzen*, 1953), das mit Margaret Wise Brown verfasste *The Duck* (*Die Ente*, 1954) sowie das Fotobuch *Animals in Africa* (*Auf freier Wildbahn in Afrika*, 1953). Christian Wegner war in den 1930er Jahren als Gründer des literarischen Verlags Albatross erfolgreich, der englischsprachige Taschenbücher auch nach 1933 in Deutschland vertrieb; ein weiterer

---

44 Vgl. Weyhe Gallery Records, Box 1:1.33.
45 Vgl. Weyhe Gallery Records, Scrapbooks, Box 16:5.
46 Zu Prévert siehe Laurence Perrigault: Prévert. Paris 2021.

Abb. 11: Ylla: Animals in India. New York, 1958, Cover (Privatarchiv, Ylla © Pryor Dodge).

Eigner war der jüdische Verleger Kurt Enoch.⁴⁷ 1945 erwarb er eine Verlagslizenz in Hamburg. Yllas Bücher erschienen bei Christian Wegner im verlegerischen Umfeld der Tiergeschichten von Manfred Kyber und der Fotobücher von Rosemarie Clausen.⁴⁸ Durch Christian Wegner und Friedrich Oettinger, der *Two Little Bears* (*Zwei kleine Bären*, 1954) auf Deutsch verlegte, waren Yllas Tierfotobücher wieder einer Leserschaft in Deutschland und Österreich zugänglich.

Die weite Verbreitung von Yllas Fotografien über Grenzen und Sprachräume hinweg vermittelte ihre spezifische Bildsprache einem größeren Publikum: die Unmittelbarkeit ihrer Fotografien, die Tiere bildfüllend in Szene setzten, ihnen somit Präsenz gaben, sie porträtierten, Interaktionen verbildlichten, konnten sich somit

---

47 Zu Wegner und Albatross siehe Michele K. Troy: Die Albatross Connection. Drei Glücksritter und das „Dritte Reich". Hamburg 2021. Wegner überdauerte die NS-Zeit als Soldat, überstand auch ein Verfahren wegen Wehrmachtzersetzung. Zu Enoch siehe Roland Jaeger: Enoch, Kurt. In: Das Jüdische Hamburg, https://www.dasjuedischehamburg.de/inhalt/enoch-kurt (Zugriff: 23.3.2023). Siehe auch Kurt Enoch: Memoirs of Kurt Enoch. Written for His Family. Privatdruck 1984.
48 Zur Verlagsgeschichte des Christian Wegner Verlags siehe Maria Honeit und Matthias Wegner (Hg.): Gratulatio. Festschrift für Christian Wegner zum 70. Geburtstag. Hamburg 1963.

einer europäischen Leserschaft erschließen. Die Verbreitung von Yllas Werken auf dem europäischen Kontinent war Ausdruck und Folge eines Verständigungs- und Friedensprozesses. Nur wenige Jahre nach dem Zweiten Weltkrieg standen ihre Bücher für ein dies- und jenseits von Staatsgrenzen ähnliches Interesse für ihre Publikationen.

Zugleich globalisierten sich Yllas Themen spätestens mit ihren Fernreisen in den 1950er Jahren, das heißt in ihre Kinderbücher fanden vermehrt Fotografien Eingang, die nicht im Studio oder im Zoo entstanden, sondern Erträge ihrer Reisen waren. Dabei kam es mitunter zu mehrfachen Verwertungen. 1952 reiste sie nach Afrika und publizierte ein Jahr später ihr Fotobuch *Animals in Africa*.[49] 1954 folgte eine Indienreise. Die Bilder wurden nicht nur für das Fotobuch *Animals in India* (1958, Abb. 11) verwendet, sondern erschienen zuvor auch in dem Kinderbuch *The Little Elephant* (1955) – beide Bücher waren posthume Publikationen, denn Ylla starb am 30. März 1955 in der Folge eines Unfalls beim Fotografieren eines Ochsenkarrenrennens in Bharatpur/Indien.[50] Die deutschsprachige, im Eugen Diederich Verlag erschienene Ausgabe *Der kleine Elefant* zeigt auf dem schwarz-weißen Titelbild (Abb. 12) einen kleinen Elefanten, der sich an den Körper seiner Mutter schmiegt. Hinten ist unscharf eine Landschaft zu sehen. Der Text von Paulette Falconnet erzählt die Geschichte eines kleinen Elefanten, dessen Alltag geschildert wird: das Aufwachen, die Morgenroutine, Kuscheleinheiten mit der Mutter. Das Buch begleitet den Elefanten an einer Wasserstelle und bei einem Besuch in der Stadt. Mutter und Sohn werden mit Ornamenten bemalt. Die Geschichte endet vor beleuchteten Gebäuden (Abb. 13).

Yllas Kamera zeigt die Tiere oft aus nächster Nähe. Sie konzentriert sich auf das Elefantenjunge beim Spielen zu Land und im Wasser. Mal wird nur ein Foto auf einer Seite gezeigt, mal acht auf einer Doppelseite (Abb. 14), was – wie bei der Spielsequenz – eine erzählerische Wirkung hat. Falconnets Text ist offensichtlich in Auseinandersetzung mit Yllas Bildern entstanden und vermenschlicht die Tiere, indem ihnen Verfassungen wie Erstaunen und Verhalten wie Neugier zugeschrieben werden. Im Wortduktus behandelt der Text die Lesenden (oder jene, denen vorgelesen wird) als Verbündete und adressiert sie direkt und mitunter in Reimen: „Was macht er denn in dieser Stadt? Es scheint, daß er sie schon gesehen hat.

---

[49] Vgl. Ylla: Animals in Africa. Text von Ylla und L.S.B. Leaky. New York 1953. Deutsche Ausgabe bei Christian Wegner Verlag: Ylla: Auf freier Wildbahn in Afrika. Text von Ylla und L.S.B. Leaky. Hamburg 1953.
[50] Vgl. Ylla Archive, AG 138:1; „Died. Kamilla Koffler, 44, Austrian-born wildlife photographer, known professionally as 'Ylla'; of injuries received in a jeep accident while photographing a bullock-cart race; in Bharatpur, India." Anonymus: Milestones. In: Times Magazine (11.4.1955), https://content.time.com/time/subscriber/article/0,33009,891469,00.html (Zugriff: 12.2.2023).

Abb. 12–14: Ylla: Der kleine Elefant. Text von Paulette Falconnet. Düsseldorf, 1956, o.S. (Privatarchiv, Ylla © Pryor Dodge).

Abb. 13

Abb. 14

Wie kommt's, daß man ihn grüßt und ehrt, wie einen, der grade wiederkehrt?"[51] Gerade die Fotos des Elefanten in der Stadt, die Bauten und Bevölkerung zeigen, bringen Lokalkolorit in die Geschichte. Diese Fotos betonen, dass Ylla vor Ort fotografierte. Insofern arbeitet *Der kleine Elefant* mit den Sehn- und Sehsüchten einer Leserschaft, die sich über das Fotobilderbuch in ferne Regionen begeben können. Natur und Zivilisation, Freiheit und Zähmung werden dabei unkritisch behandelt. Dass die Geschichte mit dem verzierten Elefanten endet, dessen Mutter als Reittier herhalten muss, ist in Fotos und Texten nicht negativ konnotiert.

5 Das Auge der Fotografin: Ylla, Tiere und das Tierfotobuch

Ylla wurde in der Ratgeberliteratur für Fotograf*innen als Vertreterin einer erfolgreichen Tierfotografie vorgestellt. In dem 1948 beim Londoner Verlag Focal Press erschienenen Sammelband *The Twin-Lens Camera Companion*, der Gastbeiträge

---

51 Ylla: Der kleine Elefant. Text von Paulette Falconnet. Düsseldorf 1956, o.S.

emigrierter Fotograf*innen wie Andreas Feininger, Philippe Halsman Fritz Henle und Fritz Goro enthielt, schrieb Ylla über Tierfotografie.[52] Die umfangreiche Anerkennung ihres Wirkens zeigt sich auch an den vielen Geschichten von und über sie, die in den 1940er und 1950er Jahren in internationalen Zeitschriften wie *Popular Photography, Life, Parade, Coronet, Mademoiselle, Picture Post* oder *Sports Illustrated* erschienen.[53] Einige dieser Beiträge stellten ihre ungewöhnlichen Arbeitsmethoden vor. Yllas Fotografien zogen also nicht nur in ihrem Exilland, sondern international Aufmerksamkeit auf sich. Eine umfassende Erforschung ihrer Laufbahn und Publikationstätigkeit steht jedoch noch aus.[54] Dies ist insofern verwunderlich, da ihre Fotobücher stetig in internationale Neuauflagen erscheinen, wie z. B. *Deux petits ours* (MEMO, 2018), *Dos osiños* (Kalandraka, 2021), *Dos ositos* (Kalandraka, 2022), *Ils l'ont tous vu!* (MEMO, 2022), *Todos lo vieron* (Kalandraka, 2022), *Animals in Africa* (L.S. B. Leakey, 2013). Yllas Veröffentlichungen geben Anlass, das Tierfotobuch als eigenes Genre zu fassen und zukünftig auch andere (teils emigrierte) Fotograf*innen einzubeziehen, darunter Lilo Hess (*Pets*, 1951; *Christine The Baby Chimp*, 1954) und Claude Cahun (*Le Coeur de Pic*, 1937).[55] Dabei sollten auch neuere Forschungsansätze, etwa aus den Animal Studies, einbezogen werden; das Thema „Tiere und Migration"[56] könnte so vielschichtig als (erzwungene) Ortsverlagerung von Mensch oder Tier, von Tier mit Mensch oder von fotografiertem Tier aus der Perspektive exilierter Fotograf*innen weiterführend erforscht werden.

Das letzte Tierfotobuch von Ylla, das 1968 postum in New York von Harper & Row mit einem Text von Crosby N. Bonsall veröffentlicht wurde, trägt den Titel *Whose Eye Am I*. Darin sieht ein Junge durch ein Loch im Zaun ein Auge und ver-

---

52 Vgl. Henry Sainsbury Newcombe: The Twin-Lens Camera Compendium. London 1948.
53 Übersicht über Artikel von und über Ylla in: Ylla. Ausst.-Kat. Musée Nicéphore Nièpce, Ville de Chalon-sur-Saone 1982, o.S.
54 Einträge zu Ylla finden sich im METROMOD Archive: https://archive.metromod.net/viewer.p/69/2948/object/5138-10992248 (Text: Helene Roth); https://archive.metromod.net/viewer.p/69/1470/object/5140-11259860 (Text: Burcu Dogramaci). Ylla wird in der abgeschlossenen Dissertation von Helene Roth als eine von mehreren nach New York emigrierten Fotograf*innen gewürdigt. Siehe „Urban Eyes. Deutschsprachige Fotograf*innen im New Yorker Exil in den 1930er und 1940er Jahren" (2023, Druck in Vorbereitung). Eine Monografie von Burcu Dogramaci zum künstlerischen Exil in London ist ebenfalls in Vorbereitung und wird sich u. a. mit Yllas Fotografien für Julian Huxley, Direktor des Londoner Zoos, befassen.
55 Eine Zusammenstellung der Fotobücher von Lilo Hess findet sich im Eintrag im METROMOD Archive, https://archive.metromod.net/viewer.p/69/2948/object/5138-10774268 (Text: Helene Roth).
56 Ein Spezialheft der Publikationsreihe Tierstudien beschäftigte sich 2021 mit dem Thema „Tiere und Migration", bei dem es um wandernde Tiere und ihre mediale Darstellung ging. Vgl. Frederike Middelhoff und Jessica Ullrich (Hg.): Tiere und Migration (Tierstudien, 19). Berlin 2021.

sucht, das dazugehörige Tier zu identifizieren. Auch in *Whose Eye Am I* wird auf diese Weise visuell eine Erzählung entwickelt, die sich als Kinderbuch eignet.

Yllas Kameraauge suchte viele Tiere und formulierte überraschende, humorvolle, emotionale und empathische Perspektiven. Damit wurden einer kleinen und großen Leserschaft tierische Wesen nahegebracht und in Alltagsgeschichten begleitetet. Kinder konnten ihre Bücher ohne vorhandene Lesekompetenz und auch ohne Vorleser*innen auf rein visueller Ebene eigenständig erfahren. Die serielle Reihung der Bilder kreierte hierbei eine bestimmte Geschichte. Während die Bilder gleich blieben, variierte der Text je nach Erscheinungsland und Autor*in, griff unterschiedliche lokale Konventionen und Lesegewohnheiten auf. Der Text richtete sich sowohl an ein jüngeres als auch ein älteres Publikum. Neben alltäglichen und für Kinder verständlichen Themen artikulierten die Autor*innen auf einer weiteren Ebene auch Aspekte wie Tierwohl, das Miteinander zwischen Tier und Tier oder Tier und Mensch und soziales Verhalten. Obgleich Yllas Methoden und ihr unkritischer Ansatz der Tierfotografie heute aus der Zeit gefallen scheinen, so sind ihre Fotografien und die von ihr produzierten Tierfotobücher noch immer außergewöhnlich und einnehmend.

Ylla wurde bereits in Paris lebend zur Exilantin. Ihre international orientierte Tätigkeit als Fotografin konnte sie bereits vor dem ‚Anschluss' ihres Herkunftslandes Österreich entfalten, sodass ihr die bestehenden Kontakte geholfen haben könnten, ihre Karriere als Fotografin in ihrem New Yorker Exil fortzusetzen. Auch ihre Aufgeschlossenheit für Kooperationen mit Schriftsteller*innen, Verlagen und Agenturen sowie ihre Spezialisierung als Tierfotografin im Genre des Tierfotobuchs schufen wichtige Rahmenbedingungen für ihre (Exil-)Karriere als Fotografin. Im Medium der Fotografie konnte sie Sprachgrenzen überwinden und durch die Zusammenarbeit mit verschiedenen Autor*innen ein mögliches Sprachdefizit überwinden. Dass ihre Fotografien grenzübergreifend von einer großen Leserschaft verstanden und anerkannt wurden, zeigt sich an den vielen Übersetzungen ihrer Bücher bis in die Gegenwart.

Literaturverzeichnis

Andreas Feininger Archive, Center for Creative Photography, Arizona, AG 53.
Anonymus: Book Review. In: The New Yorker (10.6.1944), S. 78.
Anonymus: Ylla. In: The New Yorker (14.2.1942), S. 11–12.
Anonymus: Milestones. In: Times Magazine, (11.4.1955), https://content.time.com/time/subscriber/article/0,33009,891469,00.html (Zugriff: 12.2.2023).
Artist File „Ylla", Library Museum of Modern Art, New York.
Crowley, Jennifer: #28 Photobook_Kids Dominique Darbois "Les enfants du monde" "Children of the world" "Kinder der Welt", https://web.archive.org/web/20150420224808/http://thephotobookmuseum.com/de/carlswerk-edition/special-rooms/photobook-kids (Zugriff: 23.3.2023).

Dodge, Pryor: o.T. In: Ylla. Ausst.-Kat. Musée Nicéphore Nièpce, Ville de Chalon-sur-Saone 1982, o.S.
Dogramaci, Burcu: Animal Camera. Medien und Politiken der Tierfotografie im Londoner Exil (1933–1945). In: Ursula Seeber u. a. (Hg.): Exilforschung. Ein internationales Jahrbuch 39 (2021): Mensch und Tier in Reflexionen des Exils. Berlin 2021, S. 253–275.
Enoch, Kurt: Memoirs of Kurt Enoch. Written for His Family. Privatdruck 1984.
Fischer, Andreas und Judith Willkomm: Der Wald erschallt nicht wie der Schrei der Steppe. Tierlaute im NS-ideologischen Kontext in Lutz Hecks tönenden Büchern. In: Marianne Sommer und Denise Reimann (Hg.): Zwitschern, Bellen, Röhren. Tierlaute in der Wissens-, Medientechnik- und Musikgeschichte. Bielefeld 2018, S. 73–111.
Fuhring, Robert: The Magazines. In: Popular Photography (1948), Vol. 22, No. 4, S. 16, 174–177.
Fred Stein Archive, New York.
Gilbert, George: The Illustrated Worldwide Who's Who of Jews in Photography. New York 1996.
Goldsmith, Arthur: Ylla's Camera Tells. A tale of two kittens … In: Popular Photography (1951), Vol. 29, No. 6, S. 50–51, 144.
Haas, Gerhard: Das Tierbuch. In: Günter Lange (Hg.): Medien, Themen, Poetik, Produktion, Rezeption, Didaktik (Taschenbuch der Kinder- und Jugendliteratur, 2). Baltmannsweiler 2002, S. 287–307.
Harker, Margaret: Animal Photography in the 19th C. In: The Animal in Photography. 1843–1985, hg. von Alexandra Noble, Ausst.-Kat. The Photographers' Gallery, London 1986, S. 24–30.
Honeit, Maria und Matthias Wegner (Hg.): Gratulatio. Festschrift für Christian Wegner zum 70. Geburtstag. Hamburg 1963.
Hopp, Margarete: Sterben, Tod und Trauer im Bilderbuch seit 1945 (Kinder- und Jugendkultur, -literatur und -medien. Theorie – Geschichte – Didaktik, 100). Frankfurt a. M. 2015, S. 172–178.
Huxley, Julian, Ylla und Ludwig Koch: Animal Language. London 1938.
Jaeger, Roland: Enoch, Kurt. In: Das Jüdische Hamburg, https://www.dasjuedischehamburg.de/inhalt/enoch-kurt (Zugriff: 23.3.2023).
Jaeger, Roland: Bilder für Groß und Klein. Kinder in Fotobüchern und Fotos in Kinderbüchern. In: Manfred Heiting und Roland Jaeger: Autopsie. Deutschsprachige Fotobücher 1918 bis 1945. Bd. 1. Göttingen 2012, S. 364–381.
Kelley, Etna M.: Photofinishing Plus. In: Popular Photography (1947), Vol. 20, No. 2, S. 84–85, 192–194.
Kornfeld, Phoebe: Passionate Publishers. The Founders of the Black Star Photo Agency. Bloomington 2021.
Knight, Simon: Mostly About Dogs. In: Dayton Daily News (21.02.1943), S. 31.
Lacan, Jacques: Das Spiegelstadium als Bildner der Ichfunktion. In: ders.: Schriften I: Das Werk von Jacques Lacan, hg. von Norbert Haas. Olten 1973, S. 61–70.
Le Guen, Laurence: Cent cinquante ans de photolittérature pour les enfants, Paris 2022.
Marcus, Leonard S.: Margaret Wise Brown. Awakened by the moon. A biography of the author of Goodnight Moon. Boston 1992.
Meder, Iris und Andrea Winklbauer (Hg.): Vienna's Shooting Girls – Jüdische Fotografinnen aus Wien, Ausst.-Kat. Jüdisches Museum, Wien 2012.
Middelhoff, Frederike und Jessica Ullrich (Hg.): Tiere und Migration (Tierstudien, 19). Berlin 2021.
Morris, Ruth: First Art to Age. Miss Abbott Identifies Photography with America. In: The Brooklyn Daily Eagle (14.12.1930), S. 5.
Newcombe, Henry Sainsbury: The Twin-Lens Camera Compendium. London 1948.
Perrigault, Laurence: Prévert. Paris 2021.
Richter, Anne: Wie Cat-Content das Internet eroberte (10.6.2018), https://www.stern.de/neon/feierabend/cat-content---wie-der-trend-der-tiervideos-das-internet-eroberte-8003490.html (Zugriff: 23.3.2023).

Roth, Helene: Interview mit Pryor Dodge, New York, Juni 2022, unveröffentlicht.
Steiner, Ralph: This Photographer's Studio Is Open to Animals Only. In: The Tennessean (14.9.1941), S. 87–89.
Troy, Michele K.: Die Albatross Connection. Drei Glücksritter und das „Dritte Reich". Hamburg 2021.
Weyhe Gallery Records, Archives of American Art, Washington D.C.
Ylla Archive, Center for Creative Photography, The University of Arizona, Tucson, AG 138.
Ylla: Big and Little. London 1938.
Ylla: Most Romantic Dog of the World. Text von A.L. Hatton. In: Animal & Zoo Magazine (1938), Bd. 3, H. 4, S. 7–8.
Ylla: Ylla's Parisian Dog Show. In: Animal & Zoo Magazine (1938), Bd. 3, H. 6, S. 31–33.
Ylla: They All Saw It. Text von Margaret Wise Brown. New York 1944.
Ylla: Dogs. New York 1945.
Ylla: The Sleepy Little Lion. Text von Margaret Wise Brown. New York 1947.
Ylla: The Sleepy Little Lion. Text von Margaret Wise Brown. London 1947.
Ylla: Le petit lion. Text von Jacques Pérvert. Paris 1947.
Ylla: Tico-Tico. Text von Niccolò Tucci. New York 1950.
Ylla: O Said the Squirrel. Text von Margaret Wise Brown. London 1950.
Ylla: Tico-Tico. Paris 1952.
Ylla: The Duck. Text von Margaret Wise Brown. New York 1953.
Ylla: Animals in Africa. Text von Ylla und L.S.B. Leaky. New York 1953.
Ylla: Auf freier Wildbahn in Afrika. Text von Ylla und L.S.B. Leaky. Hamburg 1953.
Ylla: Die Ente. Text von Margaret Wise Brown. Hamburg 1954.
Ylla: Der kleine Elefant. Text von Paulette Falconnet. Düsseldorf 1956.
Ylla: Animals in India. New York 1958.
Ylla. Ausst.-Kat. Musée Nicéphore Nièpce, Ville de Chalon-sur-Saone 1982.

Jeannette van Laak, Lisa Weck
„Die Geschichte eines jungen illegalen Einwanderers". Exil und Immigration in den Zeichnungen von Lea Grundig

Auf dem Einband des 1942 beim Verlag Am Oved erschienenen Buches sehen wir einen Jungen, der scheinbar schüchtern und etwas hilflos zu Boden blickt (Abb. 1). Sein Gang ist leicht gebeugt. Auf dem Rücken trägt er einen Rucksack. In der linken Hand hält er eine Tasche und in der rechten eine zusammengerollte Decke. Unter dem Titel *Korot ma'apil tsair*[1] erzählt das Buch Geschichten junger illegaler Einwanderer, junger jüdischer Einwanderer nach Palästina. Die Autorin Bracha Habas hatte mit vielen von ihnen gesprochen und im Anschluss daran das vorliegende Buch geschrieben. Für die Illustrationen gewann sie die deutsch-jüdische Künstlerin Lea Grundig.

Auch wenn die beiden Verfasserinnen des Werkes in etwa gleich alt waren, blickten sie auf unterschiedliche Migrationserfahrungen zurück: Habas' Ankunft in Palästina 1908 wurde als *Alija*, als ‚Heimkehr ins gelobte Land' verstanden. Grundig hingegen war erst 1940 aus Deutschland ausgewiesen worden. Sie war ohne Einreisegenehmigung ins Land gekommen und verstand ihren Aufenthalt zunächst als Exil. Mit ihrer Ankunft wurde sie nach dem jüdischen Selbstverständnis der damaligen Zeit zugleich eine Immigrantin, eine Zuwanderin in die jüdische Gesellschaft Palästinas. Auch die Einreisebedingungen nach Palästina unterschieden sich grundlegend von denen um 1908. Seit 1939 begrenzte die britische Mandatsregierung die jüdische Einwanderung stark, um den sozialen Frieden mit der arabischen Bevölkerung nicht zu gefährden.[2] All jene, die nach dem Erlass des sogenannten Weißbuchs ohne gültige Einreisepapiere ins Land kamen, galten der Mandatsregierung als ‚illegale' Einwander*innen, mindestens ein Viertel von ihnen war jünger als 25 Jahre.[3] Habas verwies bereits mit dem Titel „Die Geschichte eines jungen illegalen Einwanderers" auf die aus zionistischer Sicht skandalösen Einwanderungsbestimmungen der Briten und prangerte sie an. Ihre Erzählung

---

1 Wörtlich übersetzt *Die Geschichte eines jungen illegalen Einwanderers.*
2 Vgl. Artur Patek: Jews on Route to Palestine 1934–1944. Sketches from the History of Aliyah Bet – Clandestine Jewish Immigration. Aus dem Polnischen von Guy Russel Torr und Timothy Williams. Kraków 2012, S. 37 f.
3 Vgl. Justin McCarthy: The Population of Palestine. Population History and Statistics of the Late Ottoman Period and the Mandate. New York 1990, S. 178 ff.

Abb. 1: Lea Grundig: Buchumschlag/(Cover) zu: Bracha Habas: Korot ma'apil tsair. Tel Aviv 1942 (Israelische Nationalbibliothek, Jerusalem).

unterstreicht dann einmal mehr das Moment der ‚Heimkehr' zu den eigenen Wurzeln.

Um der Frage nachzugehen, wie Exil, Emigration und Immigration in der hebräischen Kinder- und Jugendliteratur (KJL) dargestellt wird, wird zuerst deren Entwicklung skizziert. Anschließend gilt es, die Autorin und die Illustratorin vorzustellen, zumal Grundig Emigrantin und Immigrantin in einer Person war. Im Weiteren folgt eine Analyse, wie Exil, Emigration und Immigration textlich *und* bildlich in *„Korot ma'apil tsair"* beschrieben werden. Das besondere Augenmerk liegt dabei auch auf der Frage, wie Grundig diese Erfahrungen künstlerisch verarbeitet und für eine jugendliche Leserschaft aufbereitet hat und wie sie es verstand, eigene Akzente als Künstlerin zu setzen.

1 *Korot ma'apil tsair* im Kontext der hebräischen Kinder- und Jugendbuchliteratur in Palästina

Korot ma'apil tsair reiht sich in die zionistisch geprägte KJL des *Yishuvs* ein, die sich seit den frühen 1930er Jahren entwickelte. Als ihre Wegbereiterin kann die 1931 gegründete Kinderzeitung *Davar li-Yeladim* bezeichnet werden, die zunächst als monatliche Beilage erschien, bevor sie ab 1936 als eigenständige Wochenzeitung für Kinder herausgegeben wurde.[4] Bereits der Name verweist darauf, dass es sich um eine Zeitschrift speziell für Kinder und Jugendliche handelte. Sie war bei der Verlagsgruppe des *Davar*, einer der Gewerkschaft Histradut nahestehenden Tageszeitung, angesiedelt und wurde damals von Berl Katznelson geleitet. Für *Davar li-Yeladim* arbeiteten bekannte Autor*innen wie Bracha Habas, Levin Kipnis, Lea Goldberg und Anda Amir-Pinkerfeld. Der Künstler Nachum Gutman übernahm die Funktion des ‚Haus-Illustrators'. Die Wochenzeitung entwickelte sich rasch zur damals populärsten Kinderzeitschrift im *Yishuv*, nicht zuletzt, weil sich ihre Beiträge ausgewogen zwischen politischen Ideen und unpolitischer Unterhaltung bewegten. Ungeachtet dessen bestand eines ihrer Hauptziele darin, junge Leser*innen frühzeitig mit den Zielen und Interessen der Arbeiterbewegung und des Zionismus vertraut zu machen.

In den 1940er Jahren entwickelte sich die KJL im vorstaatlichen Israel dahingehend weiter, dass immer mehr Verlage Kinder und Jugendliche als Zielgruppe entdeckten. Hierzu gehörten die Verlage Am Oved, Twerski, der Massada-Verlag oder der Dvir-Verlag. Einige von ihnen, wie Dvir, hatten bereits in Europa existiert. Andere, wie Am Oved, wurden in Palästina gegründet und standen linken Tageszeitungen nahe oder wurden von großen Kibbuzim finanziert. Anknüpfend an die Ziele der Kinderzeitung des *Davar* sollten deren Publikationen die Leser*innen ebenfalls frühzeitig auf die zionistische Idee einschwören, vor allem aber dabei behilflich sein, die hebräische Sprache spielerisch und unterhaltsam zu erlernen.[5]

Die Verlagsprogramme umfassten Lieder und Gedichte, Märchen, Sagen, tradierte Erzählungen, aber auch zeitgenössische, in Palästina angesiedelte Geschichten. Bei den Liedern und Gedichten sowie bei den Märchen und Sagen handelte es sich oftmals um Übersetzungen aus dem Russischen, Polnischen, Jiddischen oder Ukrainischen. Die zeitgenössischen Publikationen thematisierten die unmittelbare Lebenswirklichkeit von Jüdinnen und Juden in Palästina; darüber hinaus wurden auch aktuelle Lizenzen internationaler Verlage ins Hebräische übersetzt.

---

[4] Hierzu und im Folgenden: Yael Darr: The Nation and the Child. Nation Building in Hebrew Children's Literature, 1930–1970. Amsterdam, Philadelphia 2018, S. 27 ff.
[5] Hierzu und im Folgenden: Zohar Shavit: Hebräische Kinderliteratur. Ein historischer Rückblick. In: Informationen des Arbeitskreises für Jugendliteratur (1980), 1, S. 65.

Diese Bandbreite verweist auf die damalige Aufgabenvielfalt der hebräischen KJL. So dienten gerade die Übersetzungen dazu, die jungen Leser*innen und ihre Familien mittels überlieferter, das heißt mittels bekannter Geschichten an die hebräische Schriftsprache heranzuführen und die Sprache selbst gleichzeitig weiterzuentwickeln und zu verfeinern.[6] Inhaltlich thematisierten die Werke meist jüdische Festtage und Feiern, womit sie in Vergessenheit geratene oder verschüttete Traditionen bei der jungen Leserschaft freilegten und gleichzeitig für den künftigen Nationalstaat warben.[7] Die zeitgenössischen Publikationen verbreiteten zionistische Ideen. Hierzu gehörten das Thema der Einwanderung und damit – eng verbunden – das der Nationalstaatsbildung. Dieses wiederum schloss Überlegungen zum Recht auf beziehungsweise über die Pflicht zur Selbstverteidigung, Wehrhaftigkeit und zu militärischen Aktionen ein.[8] Beide Schwerpunkte, die der tradierten und traditionsbewussten Erzählungen als auch die zeitgenössischen zionistischen Publikationen, verfolgten ein in der Zukunft liegendes Ziel: das der Gründung eines jüdischen Nationalstaates, in dem sich die durchaus disparate Einwanderungsgesellschaft aufgehoben sah.

Die Kinder- und Jugendbuchabteilungen der Verlage wurden von erfahrenen Pädagog*innen und Autor*innen geleitet, die nicht selten zuvor für den *Davar li-Yeladim* tätig gewesen waren, wie zum Beispiel Bracha Habas, die Verfasserin von *Korot ma'apil tsair*. Ihre Familie stammte ursprünglich aus Vilnius, war aber bereits 1908 nach Palästina immigriert. Habas erhielt eine universitäre Ausbildung, die sie 1927 für eineinhalb Jahre nach Deutschland führte, wo sie an der Universität Leipzig Pädagogik-Kurse belegte. Nach ihrer Rückkehr nach Palästina wurde sie Mitglied der Arbeiterpartei Mapai, widmete sich vor allem der Mädchen- und Frauenbildung und veröffentlichte regelmäßig im *Davar*. Zudem schrieb sie eigene Bücher, in denen meist von erfolgreichen *Alijas* erzählt wird. Der Plot dieser Geschichten beinhaltet meist „a journey, a physical transition to a more desirable place, from the Diaspora to Eretz Yisrael, from city to agricultural settlement, from the family home to a pioneering community – all symbolic versions of aliyah, of passage from a negative to a positive place."[9]

Gerade in der Kinder- und Jugendbuchbranche braucht es zusätzlich zu den Autor*innen, die adressatengerechte Texte verfassen, Illustrator*innen, die mit

---

6 Vgl. Na'ama Sheffi: Vom Deutschen ins Hebräische. Übersetzungen aus dem Deutschen im jüdischen Palästina 1882–1948. Göttingen 2011.
7 Vgl. Darr: The Nation and the Child, S. 71.
8 Siehe hierzu Yael Darr: Nation building and war narratives for children. War and militarism in Hebrews 1940s and 1950s children's literature. In: Paedagogica Historica 48 (2012), 4, S. 601–613.
9 Darr: The Nation and the Child, S. 22.

ihren Zeichnungen einen anderen, einen visuellen Zugang zum Text ermöglichen und so dessen Aussagekraft intermedial, das heißt in einem weiteren Medium unterstreichen. Damals waren es vor allem Zeichnungen, die das Sprach- und damit das Textverständnis erleichterten und den Erwerb der hebräischen Sprache zusätzlich unterstützten. Mit Hilfe von Illustrationen, die verschiedene Begriffe und Szenen abbildeten, wurde es den Leser*innen möglich, sprachliche Verständnisgrenzen zu überbrücken, da sie sich über das jeweilige Bild, die Illustration austauschen konnten. Im Idealfall fanden sie das sprachliche Äquivalent und schulten so sowohl ihre Kenntnisse der Schrift- als auch der Alltagssprache. In diesem Aufgabenfeld fanden vor allem Künstlerinnen, wie Lea Grundig, einen (ersten) Broterwerb.[10]

Grundig war am 23. März 1906 als Lina Langer in Dresden geboren worden. Ihre Eltern, der Kaufmann Moses Baer Langer und seine Frau Perl Zimmering, waren jüdisch-orthodoxe Einwander*innen aus Galizien, die sich um die Jahrhundertwende in Dresden niedergelassen hatten.[11] Das bürgerliche Elternhaus ermöglichten den drei Töchtern sowohl eine allgemeine Schulbildung als auch regelmäßigen Musikunterricht. Lea Grundig besuchte erst die Fachklasse für angewandte Grafik bei Paul Preißler an der Dresdner Kunstgewerbeschule[12] und später für drei Semester die Meisterklasse von Otto Gussmann an der Kunstakademie. 1926 wurde sie Mitglied der KPD und heiratete zwei Jahre später den nicht-jüdischen Maler Hans Grundig, den sie an der Kunstakademie kennengelernt hatte.[13] Beide gehörten zu den Gründungsmitgliedern des Dresdner Ablegers der ASSO, der Assoziation revolutionärer bildender Künstler.[14] Nach dem nationalsozialistischen Machtantritt wurden die Grundigs aus der Reichskulturkammer ausgeschlossen,[15] setzten ihre künstlerische Arbeit jedoch fort, in der sie oftmals die Politik der Nationalsozialisten anprangerten. Dies und die Unterstützung der illegalen Par-

---

10 Zu nennen sind hier unter anderen Binna Gvirtz, Iza Hershkovitz, Tirza Tanai und Elsa Kantor.
11 Hierzu und im Folgenden: Beate Schreiber: „Mein Vater war Kaufmann". Zur Herkunfts- und Einwanderungsgeschichte der Familie von Lea Grundig. In: Kathleen Krenzlin (Hg.): „Schreibe mir nur immer viel". Der Briefwechsel zwischen Hans und Lea Grundig. Ein Werkstattbericht. Berlin, München 2022, S. 121–153.
12 Vgl. Petra Klara Gambke: Karl Groß. Tradition als Innovation? Dresdner Reformkunst am Beginn der Moderne. München u. a. 2005.
13 Vgl. Maria Heiner: Lea Grundig. Kunst für den Menschen. Berlin, Leipzig 2019, S. 15 ff.
14 Siehe hierzu Mathias Wagner: Kunst als Waffe. Die „Asso" in Dresden, 1930 bis 1933. In: Neue Sachlichkeit in Dresden. Malerei der Zwanziger Jahre von Dix bis Querner, hg. von Birgit Dalbajewa, Ausst.-Kat. Kunsthalle im Lipsiusbau, Dresden 2011, S. 130–135.
15 Vgl. Liste der aus der Reichskammer für bildende Kunst ausgeschlossenen Juden vom 11. Mai 1936. In: Bundesarchiv, Bestand Reichsministerium für Volksaufklärung und Propaganda, R55/21305. Hans Grundigs Eintrag ist auf Seite 45, Lea Langer-Grundigs auf Seite 69 zu finden.

teiarbeit führten zu Pfingsten des Jahres 1938 dazu, dass das Paar zusammen mit anderen Personen von der Gestapo festgenommen wurde. Während ein Großteil der Inhaftierten alsbald freigelassen wurde, verblieb Lea Grundig als Jüdin und Kommunistin knapp 20 Monate im Gefängnis.[16] Erst in dieser Zeit begann das Paar tatsächlich eine Emigration zu erwägen – zu einer Zeit also, zu der immer mehr Länder ihre Grenzen für jüdische Flüchtlinge schlossen. Im Januar 1940 wurde die Künstlerin schließlich aus Deutschland ausgewiesen. Über Wien gelangte sie in ein Flüchtlingslager nahe Bratislava, die ‚Patronka'. Im September 1940 erreichten die jüdischen Flüchtlinge über die Donau Tulcea, das am Schwarzen Meer gelegen ist, wo sie eigentlich schon ausgemusterte Schiffe bestiegen, mit denen sie auf abenteuerlichen Wegen im November an der Küste von Haifa ankamen.[17]

Da die britischen Behörden die jüdische Zuwanderung zu jener Zeit stark beschränkten, wollten sie die mehr als 3.000 Flüchtlinge auf ihre Inselkolonie Mauritius bringen. Hierfür wurden die Menschen auf den Flüchtlingsschiffen auf die Patria, einen früheren Luxusliner, umgeschifft.[18] Die jüdische Gesellschaft in Palästina wiederum wollte das Auslaufen der Patria verhindern und den Menschen die Ankunft im „gelobten Land" ermöglichen. Deshalb platzierte die zionistische Untergrundorganisation Haganah einen Sprengsatz an Bord des Schiffes, der am Morgen des 25. Novembers 1940 detonierte. Da die Sprengladung falsch berechnet worden war, sank die Patria innerhalb weniger Minuten. Es starben über 270 Personen. Die Überlebenden kamen ins britische Flüchtlingslager Atlit und erhielten nach zehn Monaten ein Bleiberecht.

Auch Lea Grundig befand sich unter den Überlebenden dieser für den Yishuv schockierenden Katastrophe und arbeitete in Atlit in der Krankenbaracke. Bald gab sie mit der Freundin Magdalena Pfefferkorn eine Lagerzeitung heraus, die sie illustrierte.[19] In ihrer 1958 herausgegebenen Autobiografie beschreibt sie, wie sie ihre Lagerinsassinnen regelmäßig und in verschiedenen Situationen zeichnete und so die Lagerleitung überzeugen konnte, ihre Bilder in der Waschküche des Lagers

---

[16] Vgl. Gerd Brüne: Von Dresden nach Tel Aviv. Zu Themen und Motiven in den Werken der 1930er und 1940er Jahre. In: Lea Grundig. Jüdin, Kommunistin, Graphikerin, Ausst.-Kat. Ladengalerie Berlin, Berlin 1996, S. 38; Heiner: Lea Grundig, S. 36.

[17] Siehe hierzu ausführlich Wolfgang Benz: Illegale Einwanderung nach Palästina. In: Claus-Dieter Krohn u.a (Hg.): Exilforschung. Ein internationales Jahrbuch 19 (2001): Jüdische Emigration. Zwischen Assimilation und Verfolgung, Akkulturation und Jüdischer Identität. München 2001, S. 128–144.

[18] Hierzu und im Folgenden: Heiner: Lea Grundig, S. 51 ff.

[19] Magdalena Pfefferkorn und Lea Grundig: Der Scheinwerfer von Atlit. In: Bintivey Haapala Illegal Immigration Information Center Atlit, 47330, http://maapilim.org.il/notebook_ext.asp?item=47330&site=maapilim&lang=ENG&menu=1 (Zugriff: 14.10.2022).

auszustellen.[20] Als Überlebende der Patria wurde Grundigs Ausstellung über die Lagergrenze hinaus wahrgenommen. Zudem machte sie sich Gedanken darüber, womit sie nach ihrer Entlassung aus Atlit ihren Lebensunterhalt verdienen konnte. Im Zuge dessen teilte sie dem Schweizer Freund und Malerkollegen Albert Merckling im September 1941 mit, dass sie nun bald „in ein buntes, ganz fremdes Leben, fremde Sprache, Orient, fremde Landschaft"[21] entlassen werde, und dass sie vorhabe, etwas Neues auszuprobieren. „Ich möchte sehr gerne Kinderbücher machen, eventuell sogar den Text dazu." Sie hoffte, dass sie in diesem ihr fremden Land „eine Existenz finden werde mit Arbeiten für Zeitungen, Verlage, u.s.w." Diese wenigen Zeilen verweisen darauf, wie die Emigrantin Grundig die ‚Fremde' wahrnahm und wie sie die Herausforderungen der Immigration annahm.

Sie befand sich also mitten im Prozess des Ankommens, in einer Phase des Dazwischen, in einem Schwellenzustand zwischen Herkunftsland einerseits und Aufnahmeland andererseits, als Bracha Habas sie bat, die Geschichte des jungen illegalen Einwanderers zu illustrieren. Damit erhielt sie in der Phase der eigenen Ankunft die Möglichkeit, sich dem neuen Land, der neuen Gesellschaft mit ihren Bildern vorzustellen und darüber hinaus, ihre eigenen Erfahrungen in Bilder, in Szenen zu übersetzen, zu übertragen. Mit diesem Auftrag begründete sie zugleich eine Karriere als Illustratorin für Kinder- und Jugendbücher, mit der sie bis zu ihrer Rückkehr nach Deutschland 1948/49 ihren Lebensunterhalt bestreiten sollte. Diese Anfrage bedeutete noch eine weitere neue Erfahrung: Während sie in Dresden zwar als Künstlerin tätig und als Parteimitglied der KPD aktiv gewesen war, war der öffentliche Raum doch weitgehend den männlichen Kollegen vorbehalten. In Palästina angekommen machte sie die Erfahrung, dass neben Männern auch Frauen den öffentlichen Raum prägten und dass die Erziehung der Jugend ein wichtiges Betätigungsfeld für Zionistinnen darstellte.[22] Da sie seit ihrem Engagement für die ASSO von der aufklärenden und erzieherischen Funktion von Kunstwerken überzeugt war, wirkte die Tätigkeit als Buchillustratorin besonders reizvoll auf sie.

---

20 Jeannette van Laak: Lea Grundig – Eine Migrantin im 20. Jahrhundert. In: Claudia Böttcher und Francesca Weil (Hg.): Frauen – Forschung – Feminismus. Dresden 2022, S. 914, https://doi.org/10.25366/2022.19 (Zugriff 14.10.2022).
21 Hierzu und im Folgenden: Lea Grundig an Albert Merckling, Atlit 5. September 1941. In: Stadtarchiv Schaffhausen, StadtASH D IV.80 Merckling, Albert.
22 Vgl. Julie Grimmeisen: Pionierinnen und Schönheitsköniginnen. Frauenvorbilder in Israel 1948–1967. Göttingen 2017, S. 15 ff.

2 Die Geschichte eines jungen illegalen Einwanderers

Die Geschichte eines jungen illegalen Einwanderers[23] handelt von drei jugendlichen Einwanderern im jüdischen Palästina, die sowohl ein breites Altersspektrum als auch verschiedene Phasen des migrantischen Ankunftsprozesses abbilden. Aus jeder Geschichte entwickelt sich eine weitere, indem der jeweilige Protagonist jemanden sucht, findet oder kennenlernt, dem er von seinen Erfahrungen oder von den Erfahrungen anderer Migrant*innen erzählt. Diese Erfahrungen berichten – rückblickend – von Flucht und Vertreibung aus Europa, vom Recht auf Selbstverteidigung in der Gegenwart und – vorausschauend – von der Idee und vom Aufbau eines künftigen jüdischen Staates. Auf diese Weise gehen die einzelnen Geschichten ineinander über und bilden eine zusammenhängende Erzählung.

Zu den Hauptfiguren gehören Elijahu Aloni, der bereits vor einiger Zeit mit einer Jugendalija ins Land gekommen war, und Mordechai Lev, der zu Beginn der Erzählung, im Jahr 1936, mit einem ‚illegalen' Flüchtlingsschiff im Norden Palästinas anlandet.[24] Nach einem kurzen Aufenthalt der Einwanderer*innen im Flüchtlingslager entwickelt sich zwischen beiden eine Freundschaft, nicht zuletzt, weil beide aus Deutschland stammen und auf ähnliche Erfahrungen unter den Nationalsozialsten zurückblicken. Sie wurden verfolgt, mussten ihre Heimat verlassen und warten nun auf die Ankunft ihrer Familien. Die Freundschaft basiert neben dem gemeinsamen Erfahrungshintergrund auch auf der sich ähnelnden Gefühlslage der beiden Protagonisten. So sind Mordechais Hilflosigkeit, die daraus resultierende Wut und der Wunsch nach Rache Elijahu nur allzu vertraut. Deshalb begleitet er Mordechai auf seiner Reise in einen Kibbuz, wobei er die Rolle eines Einheimischen, eines Patens übernimmt, der den Zuwanderer mit dem Land und den Gepflogenheiten bekannt macht. In der Siedlung findet Mordachai Halt in der Gemeinschaft gleichgesinnter Schicksalsgefährten und lernt, seine Rache- und Wutgefühle umzuwandeln und für den Aufbau des neuen Landes einzusetzen.[25] Der Alltag in der Siedlung stabilisiert die emotionale Verfasstheit der jungen Männer jedoch nur vorübergehend. Als eines Tages ein nur etwas älterer Bewohner bei einer Patrouillenfahrt ums Leben kommt, brechen alte Emotionen wie Wut und Rachefantasien wieder auf. Im Andenken an den Toten lesen die Bewohner*innen im Tagebuch des Verstorbenen und erfahren, dass er ebenfalls aus Deutschland kam und dort

---

23 Die Wiedergabe im Folgenden beruht auf der Übersetzung von Margarita Lermann, bei der wir uns herzlich für ihre Unterstützung für diesen Beitrag bedanken.
24 Vgl. Bracha Habas: Korot ma'apil tsair. Illustrationen von Lea Grundig. Tel Aviv 1942, S. 6.
25 Vgl. Habas: Korot ma'apil tsair, S. 39.

sogar zeitweise im Konzentrationslager Dachau gewesen war. Zudem hatte er sich wiederholt dafür eingesetzt, dass sich die Bewohner*innen nicht nur selbst verteidigen, sondern potenzielle Feinde militärisch stellen, also aktiv angreifen sollen.[26] Die Siedler*innen verständigen sich darauf, dass sowohl Männer als auch Frauen den Umgang mit Schusswaffen erlernen. Mordechai, von Rachegefühlen getrieben, entscheidet sich zudem, als aktiver Kämpfer den „mobile guards" beizutreten.

Als Mordechai erfährt, dass seine Mutter in Palästina angekommen ist, besucht er sie im Flüchtlingslager Atlit. Anschließend geht er nach Tel Aviv, wo er den 13-jährigen Micha und dessen Familie kennenlernt.[27] Da mittlerweile das nationalsozialistische Deutschland den Zweiten Weltkrieg begonnen hat, schließen sich immer mehr jüdische Männer den Alliierten an, um sich gegen die Übermacht Hitlers zu wehren. Unter ihnen sind auch Mordechai und Elijahu. Micha hingegen ist noch zu jung, um Soldat zu werden.[28] Als die jungen Soldaten Fronturlaub erhalten, erzählen sie dem jungen Freund von ihren Kriegserlebnissen und besuchen Elijahus früheren Kibbuz, ehe sie wieder zurück in den Krieg gehen.[29]

Wut und Rache als Emotionen der Hilflosigkeit treiben die Erzählung voran. Sie resultieren einerseits aus der nationalsozialistischen Verfolgungspolitik, die die jüdischen Flüchtlinge nach Palästina führt, andererseits daraus, dass Friedfertigkeit und Verhandlungswillen bisher nicht ausreichen, um ein Überleben in Palästina zu sichern beziehungsweise dieses überhaupt zu gewährleisten. Vor diesem Hintergrund diskutieren die Mitglieder des *Yishuvs* die Fähigkeit und Bereitschaft zur Wehrbereitschaft und zur Wehrhaftigkeit, das heißt das Recht auf Selbstverteidigung mit militärischen Mitteln.[30] Gerade in zionistischen Kreisen bestand kaum mehr ein Zweifel daran, dass die jüdische Existenz in Palästina nur mit diesen Mitteln gesichert werden könne. Deshalb entwickeln sich die jugendlichen Helden in der Geschichte von Flüchtlingen, von Vertriebenen, also von Emigranten, zu erfolgreichen Zionisten und engagierten Verteidigern ihrer neuen Heimat, zu Immigranten. Da diese Position innerhalb des Landes nicht unumstritten war, setzten gerade die zionistischen Vereinigungen alles daran, die Idee der Selbstverteidigung in verschiedenen Medien und unter verschiedenen Bevölkerungsgruppen zu verbreiten, auch unter Kindern und Jugendlichen, wie die Geschichte von *Korot ma'apil tsair* anschaulich zeigt, die dann sogar in so etwas wie einen Appell zur Wehrbereitschaft und zur gewaltsamen Selbstverteidigung mündet.

---

26 Vgl. Habas: Korot ma'apil tsair, S. 59.
27 Vgl. Habas: Korot ma'apil tsair, S. 121.
28 Vgl. Habas: Korot ma'apil tsair, S. 156.
29 Vgl. Habas: Korot ma'apil tsair, S. 180.
30 Vgl. Darr: Nation building and war narratives, S. 603.

Die erzählte Zeit umfasst die Jahre zwischen 1936 und 1940/41. Habas hat das Buch also in einer Zeit recherchiert, als immer mehr europäische Jüdinnen und Juden nach Palästina flüchteten, was nicht zuletzt den Arabischen Aufstand ausgelöst hatte. Dieser wiederum bestätigte den Anspruch auf die Verteidigung jüdischer Siedlungen. Außerdem befand sich das jüdische Palästina Anfang der 1940er Jahre in einem Zustand höchster Anspannung.[31] Aus dem Südwesten drohte mit dem Afrikafeldzug der Achsenmächte der Zweite Weltkrieg und mit ihm die vernichtende Judenpolitik der Nationalsozialisten über Ägypten nun auch das Territorium Palästinas zu erreichen. Viele bezweifelten, dass die britischen Soldaten die jüdische Bevölkerung vor den Deutschen beschützen würden. Erst mit der entscheidenden Schlacht von El-Alamein im November 1942 wurde diese Gefahr gebannt, in der die Alliierten siegten und den Rückzug der deutsch-italienischen Truppen aus Nordafrika einleiteten. Aus dieser Gemengelage entwickelte sich in der öffentlichen Debatte ein grundlegendes Widerstandsnarrativ gegen jegliche Feinde, das insbesondere die Jugend als ‚Generation der Zukunft' adressierte.[32] Deshalb endet die Geschichte nicht mit der Heimkehr von Mordechai und Elijahu nach Eretz Yisrael, sondern mit dem Ausblick, dass beide weiter kämpfen und erneut in den Krieg ziehen werden.

Da die drei Hauptfiguren aus den deutschsprachigen Gebieten Europas stammen, stellt sich die Frage, ob diese Einwanderungsgruppe in besonderer Weise für den Kampf gewonnen werden sollte beziehungsweise musste, da sie im Kriegsfall gegen ihre ehemaligen Mitbürger*innen kämpfen würden, die sie ihrerseits kurz zuvor aus ihrer Gemeinschaft ausgeschlossen und verfolgt hatten.[33] Unabhängig davon legt Habas mit der Geschichte eines jungen illegalen Einwanderers eine Erzählung vor, die die Jugendlichen von der Notwendigkeit des persönlichen Einsatzes in kämpferischen Auseinandersetzungen und damit im Krieg überzeugen will. Sie insinuiert, dass aus Hilflosigkeit, Wut und Rachegefühlen der Wille zur Selbstverteidigung und die Bereitschaft zum aktiven Kampf erwachsen würde. Sie plädiert für eine Transformation der genannten Gefühle in eine kampfbereite Aufopferung für die künftige Nation. Damit wird aus einer Einwanderungserzählung eine über die Notwendigkeit des Krieges und die Kampfbereitschaft des Einzelnen.

Interessant wird es nun, wenn wir Grundigs Illustrationen betrachten. Wie wird sie das Motiv der Wut und Rache umsetzen? Wie die Ausführungen über gewalt-

---

31 Hierzu und im Folgenden: Dan Diner: Ein anderer Krieg. Das jüdische Palästina und der Zweite Weltkrieg 1935–1942. München 2021, S. 221 ff.
32 Vgl. Darr: Nation building and war narratives, S. 603.
33 Vgl. Michael Dak: Israelis aus Not: Über die unsanfte Landung im Lande der Verheißung. In: Moshe Zimmermann und Yotam Hotam (Hg.): Zweimal Heimat. Die Jeckes zwischen Mitteleuropa und Nahost. Frankfurt a. M. 2005, S. 125–131.

same Auseinandersetzungen? Wird sie den Appell zur Wehrhaftigkeit künstlerisch umsetzen? Oder vermag sie es, eigene Akzente zu setzen und wenn ja, welche sind das?

3 Lea Grundigs Illustrationen

Grundig hat 25 Federzeichnungen für *Korot ma'apil tsair* angefertigt. Hierbei handelt hierbei handelt es sich um zahlreiche kleinformatige und um sechs ganzseitige Illustrationen. Diese Technik erprobte sie in den 1940er Jahren, nachdem sie in den Jahren zuvor vordergründig druckgrafisch gearbeitet hatte. Damit war es ihr möglich, ihre Mitmenschen schnell und unkompliziert einzufangen, brauchte sie hierfür weder Druckplatten noch eine Presse.

Buch-Illustrationen ermöglichen der Leserschaft ein kurzes Innehalten von der Lektüre des Textes und regen im Idealfall zu einer tieferen Reflexion des Geschriebenen an. Dabei können sie das Erzählte auf unterschiedliche Art und Weise verstärken oder gar eine Art Gegenerzählung entfalten.[34] Die kleinformatigen Bilder erfüllen in *Korot ma'apil tsair* meist eine symmetrische Funktion, das heißt, sie wiederholen das Geschriebene ästhetisch-visuell und festigen so die Aussage. Hierzu gehören zum Beispiel die Abbildung des Rucksacks[35] oder die der Explosion[36], die keine eigene Erzählung entwickeln.

Ganz anders bei den ganzseitigen Bildern: Hier gelingt es der Künstlerin, eigene Geschichten von den dargestellten Menschen, ihren Emotionen und Handlungen zu erzählen. Auffällig ist, dass vier von ihnen Erfahrungen der Migration thematisieren. Bei der ersten Illustration handelt es sich um die Figur des jungen illegalen Einwanderers, die auf dem Cover abgebildet ist. Die ganzseitige Zeichnung ist der Haupterzählung noch einmal vorangestellt. Die Emotionen des jungen Mannes wechseln augenscheinlich zwischen Angst und Anspannung und der Frage, was ihn in der neuen Umgebung erwarten wird. Noch wagt er kaum aufzublicken und seiner neuen Umwelt ins Angesicht zu blicken. Er scheint allein, vereinzelt, wenngleich erzählt wird, dass Mordechai zusammen mit vielen anderen Menschen an Land gekommen ist. Die wenigen Habseligkeiten, die er bei sich trägt, verstärken

---

34 Vgl. Theresia Dingelmaier: Erläuternde ‚Erhellungen' und komplexe Wechselverhältnisse von Bild und Text. Bilderbuch und illustriertes Buch. In: Bettina Bannasch und Eva Matthes (Hg.): Kinder- und Jugendliteratur. Historische, erzähl- und medientheoretische, pädagogische und therapeutische Perspektiven. Münster, New York 2018 (1. Auflage.), S. 92 f.
35 Habas: Korot ma'apil tsair, S. 50.
36 Habas: Korot ma'apil tsair, S. 138.

Abb. 2: Lea Grundig: Flüchtlingsschiff, Illustration, in: Habas: Korot ma'apil tsair, S. 25 (Israelische Nationalbibliothek, Jerusalem).

den Eindruck der Vereinzelung zusätzlich und lassen erahnen, was der junge Mann zurücklassen musste. Die Zeichnung leitet die Leser*innen in die Geschichte, denn der junge illegale Einwanderer läuft, der Leserichtung des Hebräischen entsprechend, von rechts nach links in sie hinein, man könnte sagen, hinein in die Geschichte, in die Gesellschaft, ins Aufnahmeland. In diesem Moment wirkt er vor allem hilflos, orientierungslos, unsicher.

Das zweite ganzseitige Bild zeigt eine Schiffspassage, es gewährt uns einen Einblick ins Innere eines Schiffes (Abb. 2). Nur der Text selbst ermöglicht eine lokale Verortung, denn die Szenerie ist so ausschnitthaft dargestellt, dass man diese erst bei genauerer Betrachtung erfasst. Wie aus der Froschperspektive öffnet sich das Schiffsinnere, das zu einem Schlafsaal umfunktioniert ist. Durch die seitlichen Begrenzungen wird die räumliche Enge betont, die sich zu einem Durchbruch zum Deck am oberen Bildrand hin öffnet. Wir sehen Menschen, die in spartanischen, übereinander aufgereihten Kojen liegen, am Rand ihrer Betten sitzen oder lehnen. Die Mehrheit der Dargestellten scheint untätig zu sein. Ein Mann sitzt in der unteren Etage und starrt vor sich hin. Ein anderer Mann im Anzug lehnt an einem Pfosten. Auf der linken Seite trocknet jemand Wäsche auf einer Leine. In der rechten Ecke strickt eine Frau. Eine einfache Holzleiter verbindet die untere Etage mit der nächsten Ebene. Hier sehen wir im Bildzentrum über den Schlafkojen zwei Frauen und einen Mann, die sich angeregt über etwas unterhalten, was unter ihnen zu passieren scheint. Das Schiffsinnere ist zugleich Schlaf- und Aufenthaltsraum. Für die Dauer der Überfahrt bildet es den Lebensmittelpunkt der ‚Passagier*innen'.

Schiffspassagen zeichnen sich durch die paradoxe Situation von Stillstand und Bewegung zur gleichen Zeit aus. Während sich das Schiff bewegt, bleibt seinen ‚Passagier*innen' meist nur Warten und Nichtstun. In diesem Falle befinden sich die Menschen aber nicht auf einer Reise, sondern mitten in einem erzwungenen Migrationsprozess. Sie haben sich physisch aus der Welt gelöst, aus der sie aufbrechen mussten, aus der sie vertrieben wurden, sind während der Passage aber noch nicht dort, wo sie künftig leben werden. Sie befinden sich wortwörtlich in einem Dazwischen, in einem Übergang zwischen Vergangenheit und Zukunft, zwischen altem und neuem Leben, zwischen Vertrautem und Fremdem.[37] Auf dem Schiff haben sie Zeit, innezuhalten, zu reflektieren, was geschehen ist und den Blick auf das zu richten, was vor ihnen liegt. Dies kann ganz unterschiedliche Emotionen, Reaktionen und Gemütszustände bei den Betreffenden hervorrufen. Während sich Einige an das erinnern, was sie zurücklassen mussten, trauern Andere bereits darüber. Wieder Andere überlegen, was ihnen zukünftig widerfahren wird. Einigen mag es vielleicht gelingen, sich pragmatisch auf ihre gegenwärtige Situation einzustellen. Sie knüpfen neue Kontakte oder begegnen dem verordneten Stillstand durch alltägliche Tätigkeiten wie Wäschewaschen und Stricken. Grundig gelingt es, diese Facetten der Passage in der Zeichnung abzubilden, nicht zuletzt, weil sie die Situation aus eigener Erfahrung kennt. Vor nicht allzu langer Zeit war sie selbst noch eine Emigrantin auf einem Flüchtlingsschiff. Ihre Überfahrt nach Palästina im Herbst 1940 hatte statt der üblichen fünf Tage mehr als fünf Wochen gedauert. Das gab ihr Zeit, ihre Mitmenschen und deren ‚Übergangserfahrungen' während der Passage zu beobachten und zu skizzieren. Ein Ergebnis dieses Prozesses ist die vorliegende Zeichnung, die ihre Wirkung mit und über den Text hinaus entfaltet.

---

37 Vgl. David Jünger: An Bord des Lebens. Die Schiffspassage deutscher Juden nach Palästina 1933 bis 1938 als Übergangserfahrung zwischen Raum und Zeit. In: Mobile Culture Studies. The Journal 1 (2015), S. 149.

Abb. 3: Lea Grundig: Folterung, Illustration in: Habas: Korot ma'apil tsair, S. 79 (Israelische Nationalbibliothek, Jerusalem).

Grundig verdichtet hier den konkreten Moment der Überfahrt. Der geografische Ort ist dabei sekundär, weil sie die kollektiven Erfahrungen der Flüchtlinge und Emigrant*innen darstellt.

Auf zwei weiteren ganzseitigen Zeichnungen vertieft sie einen weiteren Aspekt des unfreiwilligen Exils, indem sie einen Blick zurückwirft. Hierbei handelt es sich um die Gewalterfahrungen unter den Nationalsozialisten in Form von Gefängnis und Folter. Inhaltlich entsprechen beide Zeichnungen den Tagebucheintragungen des gefallenen Bewachers des Kibbuz', aus dem die Bewohner*innen nach seinem Tod vorlesen. Als er seine kranke Mutter in Deutschland besucht, wird er festgenommen und ins Konzentrationslager Dachau deportiert. Damit folgen die Zeichnungen sowohl der Erzählung in *Korot ma'apil tsair* als auch den Verfolgungs- und Foltererfahrungen, die in den NS-Lagern gemacht wurden. Grundig visualisiert in dieser Zeichnung Erfahrungen in einer Weise, der durchaus dokumentarischer Charakter zugesprochen werden kann.

Obwohl die Gefangenen der Situation weitgehend ausgeliefert sind, zeichnet Grundig sie nicht etwa schmal und schwächlich, sondern muskulös, fast wehrhaft (Abb. 3). Es scheint, als wolle sie den hier unsichtbaren Peinigern keine weitere Macht über ihre Opfer zugestehen. Wie wichtig es ihr ist, über den Nationalsozialismus aufzuklären, kann man auch daran ablesen, dass sie dem Tagebuchexkurs im Text nicht nur ein, sondern zwei Bilder widmet. Damit erfüllt sie einerseits die Vorgaben des zionistischen Textes, denn der Gefangene entspricht dem neuen Ideal des jüdischen Kämpfers,[38] andererseits macht sie auf die vielfältigen Gewalterfahrungen in den ersten Jahren unter dem NS-Regime aufmerksam. Der Hängende selbst ist der Übermacht der Nationalsozialisten zwar ausgeliefert, wirkt aber weniger hilflos, als vielmehr stolz. Vielleicht sollte die Darstellung des Ausgeliefertseins bei den Rezipient*innen Wut- und Rachegefühle erzeugen, ganz sicher bewirkte sie so etwas wie Selbstvergewisserung, den richtigen Weg zu beschreiten, nicht zuletzt für Grundig selbst.

Mit dem Wandel der Geschichte von einer Einwanderungs- zu einer Kriegsgeschichte verändert sich auch der Sprachstil. Für die militärischen Auseinandersetzungen, für das Kämpfen und den Krieg werden starke sprachliche Bilder gewählt. Anzunehmen ist, dass es zu den Aufgaben der Illustratorin gehört hätte, entsprechende Bilder hierfür zu finden. Vielleicht sprechen diese Sprachbilder aber auch für sich, weshalb Grundig keine Kampfszenen illustriert, keine Illustrationen anbietet, die das Kämpfen und Sterben verherrlichen. Der aktive Kampf der zionistischen Jugendlichen wird nur andeutungsweise skizziert, wie im Bild vom Rucksack, das auf das wenige Hab und Gut des gefallenen Bewachers verweist, oder im Bild von der Explosion[39], die überall stattgefunden haben könnte. Dem Bild lässt sich nicht entnehmen, gegen wen sich diese Kampfmaßnahme richtete oder welche Opfer sie forderte. Damit bildet sie zwar die damit verbundene Erschütterung als solche ab, vermeidet es aber zugleich, derartige Handlungen zu idealisieren oder für den Kampf aufzurufen.

Dennoch war Grundig daran gelegen, ihren Auftraggeber*innen und deren zionistischen Idealen gerecht zu werden, wollte sie doch weitere Aufträge erhalten. Dies gelang ihr, indem sie Szenen aus dem Kibbuz zeichnet, etwa das gemein-

---

38 Siehe hierzu Rina Peled: Der „Neue Mensch" der zionistischen Jugendbewegung und seine deutschen Wurzeln. In: Die neuen Hebräer. 100 Jahre Kunst in Israel, hg. von Doreet LeVitte Harten und Yigal Zalmona, Ausst.-Kat. Martin-Gropius-Bau, Berlin 2005, S. 219–224; Oz Almog: Der Sabre als kultureller Archetyp. In: Die neuen Hebräer, S. 225–229.
39 Habas: Korot ma'apil tsair, S. 138.

Abb. 4: Lea Grundig: Abschied der Helfer, Illustration in: Habas: Korot ma'apil tsair, S. 180 (Israelische Nationalbibliothek, Jerusalem).

same Bewirtschaften der Felder[40] oder wie im letzten großformatigen Bild im Buch (Abb. 4). Diese Illustration gehört zu einer Episode im Text, in der die auf Fronturlaub befindlichen Soldaten Mordechai und Elijahu zusammen mit dem 13-jährigen Micha ihren früheren Kibbuz im Norden des Landes besuchen. Die Bildkomposition zeigt eine Uferlandschaft. Entsprechend der hebräischen Leserichtung sehen wir im rechten Hintergrund eine Plantage, die auf die Urbarmachung des Gebietes hindeutet. Dahinter erstreckt sich am Horizont ein Gebirgszug, möglicherweise ein Bezug auf die Golan-Höhen. Im Vordergrund der rechten Bildhälfte befindet sich ein Landungssteg, auf dem zahlreiche Personen abgebildet sind, einige mit Hacken und Spaten. Alle Personen sind auf das Boot hin ausgerichtet, die Kibbuzniks winken den Soldaten auf dem Boot zu, diese erwidern den Gruß.

Während das erste Bild des Buches (Abb. 1) einen einsamen, traurigen und orientierungslosen Einwanderer zeigt, so scheint es nun, am Ende der Erzählung so, als ginge dessen Geschichte erfolgreich in der der Gruppe auf, als unterbreite das jüdische Palästina jedem Einzelnen ein Integrationsangebot, hier eine neue Familie, eine neue Gemeinschaft, eine neue Heimat zu finden. Es ist eine friedliche, fast

---

40 Habas: Korot ma'apil tsair, S. 45.

paradiesische Szene, in gewisser Weise auch eine Landschaftszeichnung, in welcher der tobende Krieg lediglich in den Uniformen von Mordechai und Elijahu aufscheint. Hier klaffen Text und Illustrationen am deutlichsten auseinander. Während der Text wiederholt und nachdrücklich aktive Kampfhandlungen schildert, spart Grundig dies in ihren Zeichnungen aus. Je expliziter die Kampfschilderungen werden, umso kleiner werden die Illustrationen. Einzig das Recht auf Selbstverteidigung findet Eingang in die Illustrationen, was sich in der Darstellung von Uniformen oder einer ‚ruhenden' Waffe auf dem Rücken eines Bewachers der Siedlung ausdrückt.[41] Dies ist deshalb so bemerkenswert, weil die Folterszene im Gegensatz dazu in aller Expressivität dargestellt ist.

Fast scheint es, als würde Grundig der fortschreitenden Kriegserzählung, die in *Korot ma'apil tsair* enthalten ist, eine pazifistische, eine friedfertige Erzählung entgegensetzen. Eine eindeutige Antwort geben ihre Bilder hierauf jedoch nicht. Ihre politische Arbeit als Kommunistin im Deutschland der 1920er und 1930er Jahre hatte sich auf propagandistische Aktionen und auf die Organisation von Quartieren konzentriert, vielleicht auch beschränkt. Die zum *Yishuv* gehörenden Jüdinnen und Juden verstanden sich als aktive Siedler*innen, als aktive Zionist*innen, die für ihre Idee tatsächlich auch militärisch kämpfen würden, wie die Erzählung von Habas verdeutlicht. Grundig selbst stand um 1942 den Forderungen nach militärischen Maßnahmen möglicherweise noch distanziert gegenüber und wollte in einem Buch für Jugendliche nicht dafür plädieren. Von der zionistischen Idee der Gemeinschaft hingegen war sie angetan, hierfür warb sie gern, wie nicht nur die letzte Abbildung belegt, sondern auch ihre eigenen wiederholten Aufenthalte in verschiedenen Kibbuzim in den kommenden Jahren.

4 Schlussbemerkungen

Das Jugendbuch *Korot ma'apil tsair* gewährt einen Einblick in die hebräische KJL zu Beginn der 1940er Jahre in Palästina und in die Debatten, die zu dieser Zeit im *Yishuv* geführt wurden. Es handelt sich um eine Mustererzählung der zionistischen Idee vom Recht, der Pflicht und der Notwendigkeit der jüdischen Selbstverteidigung und Wehrhaftigkeit. Sie verdeutlicht, dass dieses Narrativ von jüdischen Autorinnen wie Autoren nachdrücklich unterstützt wurde.

Ferner zeigt sich, dass sich die jüdische Gesellschaft Palästinas als Einwanderungsgesellschaft verstand. Sie beließ die Immigrant*innen nicht in der Selbst-

---

41 Habas: Korot ma'apil tsair, S. 53.

begrenzung der Emigration, sondern forderte sie zu einer aktiven Integration auf, bisweilen geradezu heraus. Statt Aspekte der Emigration und damit verbundene Fragen wieder und wieder zu erörtern, konzentrierte sich die Autorin auf die mit und während der Emigration aufbrechenden Emotionen, die in der Folge die Erzählung vorantreiben. Grundig hingegen blickte in den Illustrationen sowohl zurück als auch nach vorn. Ihre Bilder belegen, dass sie sich den Herausforderungen der Immigration stellte, ohne die Erfahrung der Emigration, der Flucht und Vertreibung aufzugeben. Sie zeichnen sich gerade dadurch aus, dass das zurückgelassene Herkunftsland in Europa beständiger Fluchtpunkt bleibt. Diese in sich komplexen Migrationserfahrungen setzte sie für ein junges Publikum künstlerisch um. Mittels Auslassung und Verdichtung gelang es ihr, dem Text der Autorin eine eigene Sicht, einen eigenen Schwerpunkt hinzuzufügen. Ihrer bestand darin, dass sie sich dem aus Rachegefühlen speisenden Kriegsnarrativ verweigerte. Stattdessen zeigte sie auf, dass auch andere Emotionen und Einstellungen handlungsweisend sein können, wie etwa Neugier, Aufgeschlossenheit, die Freude am Miteinander und Zukunftsgewissheit. Besonders dann, wenn Illustrationen nicht nur den Text veranschaulichen, ihn nicht nur wiederholen, gelten sie heute als gelungen.[42] Grundigs Zeichnungen verweisen auf ihre Sympathie für die zionistische Siedlungsgemeinschaft und offenbaren ihre Zurückhaltung gegenüber der darin enthaltenen kämpferischen Selbstaufopferung. Es ist eine Haltung, der sie in den nächsten Jahren treu bleiben wird. Auch die anderen von ihr illustrierten Kinder- und Jugendbücher geben hiervon ein beredtes Zeugnis ab.[43]

---

[42] Vgl. Dietrich Grünewald: Denk-Provokationen. Zu Funktion und Wirkung von Illustrationen im Kinder- und Jugendbuch. In: Alfred Baumgärtner und Max Schmidt (Hg.): Text und Illustration im Kinder- und Jugendbuch. Würzburg 1991, S. 57 f.
[43] Vgl. Heiner: Lea Grundig, S. 61–80; Jeannette van Laak: Zwischen Tradition und Moderne – Die Kinderbuchillustrationen Lea Grundigs in den 1940er und 1950er Jahren. In: Carsten Gansel u. a. (Hg.): Kinder- und Jugendliteratur heute. Theoretische Überlegungen und stofflich-thematische Zugänge zu aktuellen kinder- und jugendliterarischen Texten. Göttingen 2022, S. 157–172; Jeannette van Laak: Liebeserklärung und Volkserziehung. Lea Grundigs Kinderbücher. In: Exlibris. Jüdische Geschichte und Kultur. Magazin des Dubnow-Instituts, hg. von Yfaat Weiss, 5 (2021), S. 26–29.

Literatur- und Quellenverzeichnis

Almog, Oz: Der Sabre als kultureller Archetyp. In: Die neuen Hebräer. 100 Jahre Kunst in Israel, hg. von Doreet LeVitte Harten und Yigal Zalmona, Ausst.-Kat. Martin-Gropius-Bau, Berlin 2005, S. 225–229.

Benz, Wolfgang: Illegale Einwanderung nach Palästina. In: Claus-Dieter Krohn u. a. (Hg.): Exilforschung. Ein internationales Jahrbuch 19 (2001): Jüdische Emigration zwischen Assimilation und Verfolgung, Akkulturation und Jüdischer Identität. München 2001, S. 128–144.

Brüne, Gerd: Von Dresden nach Tel Aviv. Zu Themen und Motiven in den Werken der 1930er und 1940er Jahre. In: Lea Grundig. Jüdin, Kommunistin, Graphikerin, Ausst.-Kat. Ladengalerie Berlin, Berlin 1996, S. 16–55.

Dak, Michael: Israelis aus Not: Über die unsanfte Landung im Lande der Verheißung. In: Moshe Zimmermann und Yotam Hotam (Hg.): Zweimal Heimat. Die Jeckes zwischen Mitteleuropa und Nahost. Frankfurt a. M. 2005, S. 125–131.

Darr, Yael: Nation building and war narratives for children. War and militarism in Hebrew 1940s and 1950s children's literature. In: Paedagogica Historica 48 (2012), 4, S. 601–613.

Darr, Yael: The Nation and the Child. Nation Building in Hebrew Children's Literature, 1930–1970. Amsterdam, Philadelphia 2018.

Diner, Dan: Ein anderer Krieg. Das jüdische Palästina und der Zweite Weltkrieg 1935–1942. München 2021.

Dingelmaier, Theresia: Erläuternde ‚Erhellungen' und komplexe Wechselverhältnisse von Bild und Text. Bilderbuch und illustriertes Buch. In: Bettina Bannasch und Eva Matthes (Hg.): Kinder- und Jugendliteratur. Historische, erzähl- und medientheoretische, pädagogische und therapeutische Perspektiven. Münster, New York 2018 S. 87–105.

Gambke, Petra Klara: Karl Groß. Tradition als Innovation? Dresdner Reformkunst am Beginn der Moderne (Illuminationen – Heidelberger Schriften zur Kunst, 1). München u. a. 2005.

Grimmeisen, Julie: Pionierinnen und Schönheitsköniginnen. Frauenvorbilder in Israel 1948–1967 (Israel-Studien, 1). Göttingen 2017.

Grünewald, Dietrich: Denk-Provokationen. Zu Funktion und Wirkung von Illustrationen im Kinder- und Jugendbuch. In: Alfred Baumgärtner und Max Schmidt (Hg.): Text und Illustration im Kinder- und Jugendbuch (Schriftenreihe der Deutschen Akademie für Kinder- und Jugendliteratur Volkach e.V., 11). Würzburg 1991, S. 47–59.

Grundig, Lea an Albert Merckling, Atlit 5. September 1941. In: Stadtarchiv Schaffhausen, StadtASH D IV.80 Merckling, Albert.

Grundig, Lea: Gesichte und Geschichte. Berlin 1958.

Habas, Bracha: Korot ma'apil tsair. Illustrationen von Lea Grundig. Tel Aviv 1942.

Heiner, Maria: Lea Grundig. Kunst für die Menschen (Jüdische Miniaturen, 184). Berlin, Leipzig 2019.

Jünger, David: An Bord des Lebens. Die Schiffspassage deutscher Juden nach Palästina 1933 bis 1938 als Übergangserfahrung zwischen Raum und Zeit. In: Mobile Culture Studies. The Journal 1 (2015), S. 147–163.

van Laak, Jeannette: In the Valley of Slaughter. Der Bildzyklus Lea Grundigs als Zeitdokument. In: Rüdiger Hachtmann, Franka Maubach, Markus Roth (Hg.): Zeitdiagnose im Exil. Zur Deutung des Nationalsozialismus nach 1933 (Beiträge zur Geschichte des Nationalsozialismus, 36). Göttingen 2020, S. 181–211.

van Laak, Jeannette: Liebeserklärung und Volkserziehung. Lea Grundigs Kinderbücher. In: Exlibris. Jüdische Geschichte und Kultur. Magazin des Dubnow-Institutes, hg. von Yfaat Weiss, 5 (2021), S. 26–29.

van Laak, Jeannette: Lea Grundig – Eine Migrantin im 20. Jahrhundert. In: Claudia Böttcher und Francesca Weil (Hg.): Frauen – Forschung – Feminismus. Dresden 2022, S. 9–14, https://doi.org/10.25366/2022.19 (Zugriff: 15.2.2023).

van Laak, Jeannette: Zwischen Tradition und Moderne – Die Kinderbuchillustrationen Lea Grundigs in den 1940er und 1950er Jahren. In: Carsten Gansel u. a. (Hg.): Kinder- und Jugendliteratur heute. Theoretische Überlegungen und stofflich-thematische Zugänge zu aktuellen kinder- und jugendliterarischen Texten (Deutschsprachige Gegenwartsliteratur und Medien, 31). Göttingen 2022, S. 157–172.

Liste der aus der Reichskammer für bildende Kunst ausgeschlossenen Juden vom 11. Mai 1936. In: Bundesarchiv Berlin, Bestand Reichsministerium für Volksaufklärung und Propaganda, R55/21305.

McCarthy, Justin: The Population of Palestine. Population History and Statistics of the Late Ottoman Period and the Mandate (Institute for Palestine Studies Series). New York 1990.

Patek, Artur: Jews on Route to Palestine 1934–1944. Sketches from the History of Aliyah Bet – Clandestine Jewish Immigration. Aus dem Polnischen von Guy Russel Torr und Timothy Williams (Jagiellonian Studies in History, 1). Kraków 2012.

Peled, Rina: Der „Neue Mensch" der zionistischen Jugendbewegung und seine deutschen Wurzeln. In: Die neuen Hebräer. 100 Jahre Kunst in Israel, hg. von Doreet LeVitte Harten und Yigal Zalmona, Ausst.-Kat. Martin-Gropius-Bau, Berlin 2005, S. 219–224.

Pfefferkorn, Magdalena und Lea Grundig: Der Scheinwerfer von Atlit. In: Bintivey Haapala Illegal Immigration Information Center Atlit, 47330, http://maapilim.org.il/notebook_ext.asp?item=47330&site=maapilim&lang=ENG&menu=1 (Zugriff: 14.10.2022).

Schreiber, Beate: „Mein Vater war Kaufmann". Zur Herkunfts- und Einwanderungsgeschichte der Familie von Lea Grundig. In: Kathleen Krenzlin (Hg.): „Schreibe mir nur immer viel". Der Briefwechsel zwischen Hans und Lea Grundig. Ein Werkstattbericht. Berlin, München 2022, S. 121–153.

Shavit, Zohar: Hebräische Kinderliteratur. Ein historischer Rückblick. In: Informationen des Arbeitskreises für Jugendliteratur (1980), 1, S. 64–70.

Sheffi, Na'ama: Vom Deutschen ins Hebräische. Übersetzungen aus dem Deutschen im jüdischen Palästina 1882–1948 (Jüdische Religion, Geschichte und Kultur, 14). Göttingen 2011.

Wagner, Mathias: Kunst als Waffe. Die „Asso" in Dresden, 1930 bis 1933. In: Neue Sachlichkeit in Dresden. Malerei der Zwanziger Jahre von Dix bis Querner, hg. von Birgit Dalbajewa, Ausst.-Kat. Kunsthalle im Lipsiusbau, Dresden 2011, S. 130–135.

Theresia Dingelmaier
Eine gemeinsame Sprache mit Kindern – Illustrationen und Geschichten Dodos aus der Zeit des Nationalsozialismus und des Exils

1 Kinderkunst aus dem Exil

Schmale Striche umreißen dynamische Figuren in bewegter Kleidung; filigran gezeichnete Bögen und Wellen vereinen sich mit Möwen und Fischen; Tiere, Formen und Figuren als Vignetten an den Rändern von Buchseiten wechseln sich mit bunten ganzseitigen Bildern und schwarz-weißen Tintenzeichnungen ab – die hier beschriebenen Illustrationen der 1943 erstmals erschienenen *Fairy Tales from the Balkans* erweitern die verbale Ebene der Märchentexte um – in dieser Vielfalt – moderne, magisch-realistische, dekorative und zugleich visuell-erzählende Bilder (Abb. 1). Geschaffen wurden diese Illustrationen im Londoner Exil von der 1936 aus Deutschland geflohenen deutsch-jüdischen Künstlerin Dodo. Erst 2012 wurden sie wiederentdeckt, zunächst in einer Ausstellung in den Staatlichen Museen Berlin, kurz darauf in der Londoner Ben Ury Gallery. 2017 wird Dodos Bild *Logenlogik* zum zentralen Motiv der Ausstellung *Glanz und Elend der Weimarer Republik* in der Frankfurter Kunsthalle Schirn.

Bis heute ist Dodo vor allem für ihre zwischen 1927 und 1929 entstandenen Gouachen für die Zeitschrift *ULK* bekannt. In ihren Gesellschaftsstudien zeigt sie die ‚goldenen Zwanziger Jahre' in ihren Brüchen und Widersprüchen. Selbstbewusste und doch von den Umbrüchen der Zeit geprägte Frauenfiguren werden vor dem Hintergrund einer mondänen Gesellschaft gezeigt; Dodos Kunst liegt, so die Kuratorin Adelheid Rasche, darin, „die Schwierigkeiten im zwischenmenschlichen Umgang, das fragile Gleichgewicht zwischen Fremd- und Selbstbestimmung" aufzuzeigen.[1] Die Gesellschaftsstudien Dodos für *ULK*, beziehungsweise ihre Schaffensphase in Berlin in den 1920er Jahren, stellen laut Dodos ‚Wiederentdeckerinnen' Renate Krümmer und Adelheid Rasche „den wichtigsten Teil ihrer künstlerischen Laufbahn", den Höhepunkt ihres künstlerischen Schaffens dar.[2]

---

[1] Adelheid Rasche: Dodo – ein Leben in Bildern. In: Renate Krümmer (Hg.): Dodo. Leben und Werk. Life and Work. 1907–1998. Ostfildern 2012, S. 13.
[2] Renate Krümmer: Ein Bild beginnt zu Leben. In: dies. (Hg.): Dodo. Leben und Werk. Life and Work. 1907–1998. Ostfildern 2012, S. 7; Rasche: Dodo, S. 15.

Dodos Bilder und Illustrationen für Kinder, die sie ab 1933 in Deutschland und dann im Exil in London schuf, sind hingegen bisher kaum in den Blick der Öffentlichkeit und der Forschung geraten – und wenn doch, so kaum als ernst zu nehmende künstlerische Produktionen.[3] Wie Wiebke von Bernstorff feststellt, werden Bilder-, Kinder- und Jugendbücher aus dem Exil im Allgemeinen oftmals als Konstrukte rezipiert, deren „explizite Wirkungsabsicht" vermeintlich „einen ästhetischen Konservatismus" bedinge, „der Innovation und ‚wirkliche Kunst' (=autonome Kunst) verhinder[e]".[4] Exilliteratur und Exilkunst für Kinder kann jedoch, ebenso wie das erwachsenenkünstlerische oder -literarische Pendant, „ästhetische Antworten auf die Herausforderung und Bedrohung des Faschismus"[5] bieten. Und dies ganz unabhängig davon, ob der oder die Autor*in bereits zuvor für Kinder geschrieben hat oder erst im Exil damit beginnt – Irmgard Keun, Mascha Kaléko und Anna Seghers sind nur einige der prominentesten Namen, die in diesem Zusammenhang zu nennen wären. Fern davon, bloße ‚Ausweichkunst' und schierer Broterwerb in Zeiten zu sein, in denen Kunst für Erwachsene aufgrund der veränderten politischen, sprachlichen und kulturellen Umstände nicht mehr verkäuflich oder publizierbar war, erscheint Literatur und Kunst für Kinder dagegen internationaler, Generationen übergreifend in ihrer ‚Einfachheit' und meist weniger betroffen von die Adressierung einschränkenden, komplexen zeitgenössischen politischen und kulturellen Verwicklungen. Vor allen Dingen schwingt in Kinderliteratur und -kunst des Exils

---

3 So wurden Dodos in den 1930er Jahren entstandene Arbeiten für Kinder sowie ihre Werke aus der Londoner Exilzeit überwiegend rezipiert, auch u. a. in der Wahrnehmung von Dodos Tochter Anja Amsel. Sie reflektiert, dass Dodo im Londoner Exil „alles annehmen [musste], was zum Familienunterhalt beitrug, und so trat die Kunst in den Hintergrund." Anja Amsel: Reflexionen über Dodo. In: Renate Krümmer (Hg.): Dodo. Leben und Werk. Life and Work. 1907–1998. Ostfildern 2012, S. 54. Adelheid Rasche argumentiert zu den Kinderillustrationen: „Erst nach 1938 [...] fand Dodo teilweise wieder zu ihrer Bildsprache zurück, die sie in Berlin in der zweiten Hälfte der 1920er-Jahren entwickelt hatte. Zwar blieb ihr beruflicher Erfolg im Londoner Exil zeitlebens weit hinter der erfolgreichen Berliner Zeit zurück – Illustrationen für Kinderbücher, Glückwunschkarten und Werbegrafiken entstanden –, doch der Grundton ihrer Arbeiten ist harmonisch, humorvoll und geprägt von einer intensiven Auseinandersetzung mit dem Sujet." Adelheid Rasche: Dodo – ein Leben in Bildern. In: Renate Krümmer (Hg.): Dodo – Leben und Werk. Life and Work. 1907–1998. Ostfildern 2012, S. 14 f. Auch im englischsprachigen Raum folgt die Rezeption dieser Sichtweise: Vgl. Rachel Dickson: Dodo Bürgner. In: Jewish Renaissance (2012), Heft Nr. 3, 11, S. 20. Siehe auch Miriam-Esther Owesle: Dodo. Von kunstseidenen Mädchen und verführerischen Vamps. In: Die neue Frau? Malerinnen und Grafikerinnen der Neuen Sachlichkeit. Bietigheim-Bissingen 2015, S. 47.
4 Wiebke von Bernstorff: Neue Perspektiven für die Exilforschung: die Kinder- und Jugendliteratur des Exils. In: Marta Fernández Bueno, Miriam Llamas Ubieto und Paloma Sánchez Hernández (Hg.): Rückblicke und neue Perspektiven – Miradas retrospectivas y nuevas orientaciones. Bern u. a. 2013, S. 280.
5 Wiebke von Bernstorff: Neue Perspektiven, S. 282.

Abb. 1: Dodo: Illustration zu „The grateful Eagle", in: Joan Haslip: Fairy Tales from the Balkans. London, Glasgow ³1945, S. 49 (Courtesy of the Dodo Estate).

durch die Adressierung an die nächste, zukünftige Generation oftmals (wieder) eine Art von Optimismus und Hoffnung mit. Verfolgte, verfemte und im Heimatland verbotene (Exil-)Autor*innen und Künstler*innen entschieden sich zum Teil gezielt für das Schreiben und Zeichnen für Kinder: In den Worten der Schriftstellerin Adrienne Thomas: „Vielleicht konnte man zu Kindern noch reden. Mit den Erwachsenen hatte ich keine gemeinsame Sprache mehr."[6] Nur mit den ‚unschuldigen' Kindern schien eine Kommunikation und eine Sprache auf Augenhöhe noch möglich.

---

6 Adrienne Thomas: Reisen Sie ab, Mademoiselle! Amsterdam 1947, S. 8. Adrienne Thomas war eine in der NS-Zeit verfolgte Autorin von u. a. *Die Katrin wird Soldat* (1930) und dem Exiljugendroman *Von Johanna zu Jane* (1939).

Dodos kinderkünstlerisches Schaffen unterstreicht in seiner ästhetischen und bildnarrativen Beschaffenheit diese These und ist viel mehr als ‚lediglich' Auftragsarbeit oder Broterwerbskunst.⁷ Ihre Illustrationen, Zeichnungen und Texte für Kinder bilden in Dodos künstlerischer Entwicklung einen neuen, in sich durchaus heterogenen Abschnitt, in dem sich Referenzen auf die Strömungen Art Déco, Art Nouveau, Neue Sachlichkeit und Magischer Realismus mit einem reduzierten Zeichenstil für Kinder verbinden. Zum Teil war sie selbst für die Texte oder Textentwürfe zu ihren Illustrationen verantwortlich.

Dieser Beitrag wird das kinderkünstlerische Schaffen Dodos – zum einen ihre Illustrationen und Geschichten in Berlin ab 1933, zum anderen ihre Illustrationen, Zeichnungen und Bilder im Londoner Exil ab 1936 – als wichtige Schaffensperioden Dodos vorstellen. Interessant ist hierbei die Frage, wie ubiquitär und transponierbar Kinderkunst einerseits sein konnte; andererseits aber genauso, welche Schwierigkeiten auch Autor*innen und Künstler*innen im Exil hatten, die Werke für Kinder schufen. Beide Aspekte werden anhand von Dodos Bildern für Kinder – beispielsweise an dem im Nachlass befindlichen⁸, zunächst in Berlin, dann nochmal verändert im Exil gezeichneten Tier-ABC, auf das dieser Beitrag näher eingeht – diskutiert und ausgewertet.

---

7 Die (Weiter-)Sicherung der eigenen Existenz prägte natürlich den Alltag der allermeisten Ausgewanderten und Vertriebenen. Wie Guy Stern in seiner einschlägigen Studie zur Exilliteratur schreibt, war „der oft aufreibende Kampf um die tägliche Existenz, besonders die Suche nach Arbeit jeglicher Art [...] allen Exilanten gemeinsam". Guy Stern: Literarische Kultur im Exil. Gesammelte Beiträge zur Exilforschung. 1989–1997. Dresden 1998, S. 53. Dodos Tochter Anja Amsel erzählt im Rückblick über Dodos Kunst bzw. den Einschnitt, den das Exil bedeutete: „Natürlich fragt man sich, weshalb Dodo diese künstlerischen Arbeiten in England nicht fortführte. Ein Grund war, dass sie nicht zur Stimmung der Zeit passten und es keinen Markt dafür gab. Es herrschte Krieg und das war nicht der Moment für unbeschwertes Kabarett, Glamour oder ausgelassene Bade- und Wintersportvergnügen. Und es war auch nicht der Augenblick für tiefschürfende emotionale Themen. Es ging in erster Linie ums Überleben und in unserem Fall vor allem darum, ein bisschen Geld für den Lebensunterhalt der Familie zu verdienen." Anja Amsel: Reflexionen über Dodo, S. 53 f.

8 Mein Dank gilt an dieser Stelle Dodos Enkelin und Nachlassverwalterin Clare Amsel, die diesen Beitrag durch ihre Unterstützung erst möglich gemacht hat. Genauso auch Renate Krümmer für ihre Vermittlung.

2 Eine neue Linie – Dodos Bilder und Illustrationen vor ihrem Exil in Berlin

Dodo wurde als Dörte Clara Wolf 1907 als Tochter einer jüdisch-assimilierten Familie des gehobenen Bürgertums in Berlin geboren[9]. Aus dem ihr selbst unpassend scheinenden Namen Dörte wurde alsbald der Künstlerinnenname „Dodo". In den frühen 1920er Jahren schrieb sie sich an der renommierten privaten Kunst- und Kunstgewerbeschule Reimann ein. Diese verließ sie nach ihrem Abschluss 1926 als freie Grafikerin und Modeillustratorin. Im Anschluss verdiente sie ihren Lebensunterhalt unter anderem mit Vogue-Schnittmustern für unterschiedliche Modejournale und Modehäuser der pulsierenden Hauptstadt[10]. Kurz darauf begann ihr Engagement für die Satirezeitschrift *ULK* des *Berliner Tagblattes* im Mosse Verlag, das sie über Nacht bekannt machte. Zwischen 1927 und 1929 erschienen rund 60 großformatige Illustrationen Dodos in der auflagenstarken Zeitschrift. Mit der Wirtschaftskrise 1929 endete Dodos Engagement für *ULK*. Im selben Jahr heiratete sie den wesentlich älteren Anwalt Hans Bürgner, 1930 und 1932 wurden ihre Kinder Anja und Thomas geboren. Die wirtschaftlichen und politischen Veränderungen der 1930er Jahre beeinträchtigten Dodos Arbeit, brachten sie jedoch nicht zum Erliegen. Das Leben mit ihren Kindern, die Liaisons mit Gerhard Adler, einem Psychiater und Schüler Carl Gustav Jungs, und der Reformpädagogin Tami Oelfken, die zeitweise Trennung von Hans Bürgner und ihr Leben mit Gerhard Adler in Zürich, wo sie sich einer Psychoanalyse unterzog, fanden künstlerische Reflektion: Dodo setzte sich mit psychischen Vorgängen auseinander, zugleich begann sie, für Kinder zu malen und zu zeichnen.

„Wiedererkennbar ist ihr Stil: erzählerisch, scharf konturiert, sowohl heiter als auch bitter und mit einer gehörigen Portion humorvollem Biss [...]"[11] – so lautet Renate Krümmers Beschreibung von Dodos Kunst in den Weimarer Jahren. Vieles davon lässt sich auch in ihren ab 1934 entstandenen Illustrationen für Kinder-Beilagen, -Zeitschriften und -Bücher wiederfinden, wenn auch unter neuem

---

[9] Eine erste und ausführliche biografische Dokumentation Dodos liefern Adelheid Rasche und Renate Krümmer im Ausstellungskatalog *Dodo – Leben und Werk:* Rasche: Dodo; Renate Krümmer: „Die ganze Zeit war ich gut im Zeichnen. Zu Hause zeichnete ich jede freie Minute". In: dies. (Hg.): Dodo. Leben und Werk. Life and Work. 1907–1998. Ostfildern 2012, S. 17–32. Beide können sich auf eine unveröffentlichte Biografie Dodos beziehen und zeichnen Dodos modernes und wechselvolles (Frauen)Leben ausführlich nach. Der vorliegende Beitrag rekapituliert die darin genannten wichtigsten und für die Exilthematik relevanten Stationen in Dodos Biografie.
[10] Rasche: Dodo, S. 12.
[11] Krümmer: Ein Bild beginnt zu leben, S. 7.

Vorzeichen. Dodo sah sich und ihre Publikationsmöglichkeiten – wie viele ihrer jüdischen Zeitgenoss*innen des assimilierten bzw. akkulturierten jüdischen Bürgertums – im Zuge des anschwellenden Antisemitismus durch den Blick von außen, bald auch durch die sich zunehmend verschärfende nationalsozialistische Rassegesetzgebung auf ihre jüdische Herkunft beschränkt und reduziert. Ab 1934 zeichnete sie fast ausschließlich für jüdische Zeitschriften und deren Familien- und Kinder-Beilagen. Parallel dazu gab sie privat auch Zeichenkurse für Kinder.[12]

Dodos kinderkünstlerisches Schaffen vor ihrer Flucht aus Deutschland bereicherte die Zeitschriften um moderne, lustige und verspielte Elemente. Dodos Kunst ist darin, aber auch in den später im Londoner Exil entstandenen Bildern und Texten, als eine Antwort auf die veränderten politischen, kulturellen und gesellschaftlichen Umbrüche in Deutschland und Europa ab 1933 interpretierbar.

Ab Beginn des Jahres 1934 zeichnete Dodo in unregelmäßigen Abständen für die *Jüdische Rundschau*, das *Israelitische Familienblatt*, das *Gemeindeblatt der Jüdischen Gemeinde* sowie das *Kinderblatt* der C.-V.-Zeitung. In der Beilage der Zeitung des Central-Vereins des Mosse Verlags, in dem auch *ULK* bis 1933 erschien, waren Dodos Illustrationen in Tinte auf Papier zwischen Beginn des Jahres 1934 und November 1935 wiederholt enthalten. Sie verzierten die Überschriften und fassten zentrale Handlungselemente pointiert zusammen. Ihre Illustrationen erscheinen unbeschwert, einfach in ihrer Konzentration auf die formgebende Linie, modern in ihrer Reduziertheit und auch dekorativen Ästhetik und sind darin als Gegenentwurf zur oftmals monumental-pathetischen nationalsozialistischen Kunst lesbar. Dodo verfasste in dieser Zeit auch eigene Texte, ein Beispiel ist die Neuinterpretation der Genesis-Geschichte um „Joseph und seine Brüder".[13] Diese erschien zunächst im August 1934 im *Kinderblatt*, zwei Jahre später erfolgte dann, zusammen mit ihren Illustrationen für die Geschichten von Setta Cohn-Richter, Carl David und Alice Stein-Landesmann, eine Neuauflage des Philo-Verlags unter dem Titel *Die Wunschkiste. Die schönsten Geschichten, Spiele und Rätsel aus dem Kinderblatt der C.-V.-Zeitung* (Abb. 2–4). Dodos Erzählung handelt primär nicht von Joseph und seinen Brüdern,

---

12 Dies legen mehrere Inserate Dodo Bürgners in der *Jüdischen Rundschau* ab Januar 1934 nahe, in denen sie ihre „Kinderkurse. Kneten – Zeichnen – Kleben. 1–2 Mal wöchentlich im Sommer im eigenen Garten" bewirbt.

13 Dodo: Josef und seine Brüder. In: Kinderblatt. Beilage der C.-V.-Zeitung (1934), Heft Nr. 7. In Parallele zu Thomas Manns zeitgleich entstandener namensgleicher Tetralogie ist Dodos Geschichte als eine sehr freie kinderliterarische und -künstlerische Neuinterpretation der Bibelgeschichte um den von Geburt her benachteiligten Josef, dessen Schicksal sich durch das Eingreifen Gottes – märchenhaft – zum Guten wendet, lesbar.

Abb. 2–4: Dodo: Illustrationen aus: Die Wunschkiste. Die schönsten Geschichten, Spiele und Rätsel aus dem Kinderblatt der C.-V.-Zeitung, Berlin 1936, S. 6, S. 18 und S. 35 (Courtesy of the Dodo Estate, Digitalisate freundlicherweise bereit gestellt durch das Jüdische Museum Berlin).

Abb. 3

sondern von Ruth und ihren vier Freunden. Sie beschließen, zum Zeitvertreib in einem Garten die Josephs-Geschichte nachzuspielen. Allerdings gehen sie alle so in ihren Rollen auf, dass Ruths Kleid zwar nicht wie beim biblischen Vorbild mit Blut, aber doch mit Himbeersaft getränkt wird. Alles Staatstragende oder auch Religionshistorische fehlt in Dodos Neuerzählung. Ruth ist weder Heils- noch Erlöserfigur,

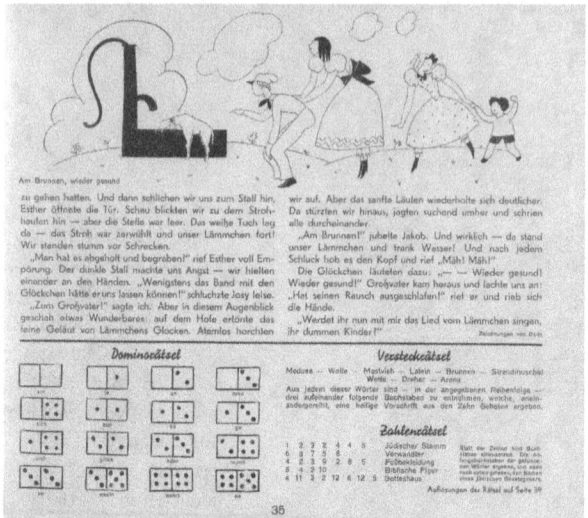

Abb. 4

sondern ‚nur' ein Mädchen mit Freunden, die zu ihr halten – und darin eigentlich eine zu Joseph antithetisch entworfene Figur. Es geht um Kinder und deren Angst, ihr Spiel zu weit getrieben zu haben. Am Ende findet keine Einsicht, Erhöhung, Rettung oder Läuterung statt. Mutter und Onkel laden die Kinder stattdessen zum Eisessen ein. Dodos Erzählung ist also kaum eine Nacherzählung zu nennen, auch wenn der Titel vorgibt, dass es sich hier um eine – in der deutsch-jüdischen Kinder- und Jugendliteratur seit dem 19. Jahrhundert äußerst beliebte – Bibelgeschichte für Kinder handelt. Stattdessen wird mit dem Genre gespielt: Im Mittelpunkt steht nicht die Geschichte des jüdischen Volkes, sondern das kindliche Spiel, die kindliche Phantasie und der Zusammenhalt unter Freund*innen. Passend dazu sind Dodos Illustrationen gestaltet. Zwar ist Ruth in ihrem hier noch gespielten, später dann echten Kummer abgebildet. Doch tritt dieser durch lächelnde Gesichter, gereichte Hände und überhaupt die große Anzahl zugewandter Kinderfiguren in den Hintergrund. Bild- wie Textebene richten sich verspielt und tröstlich an die jungen Leserinnen und Leser.

Dodos erste kinderkünstlerische Werke stehen in Kontrast zu den bunten Gouachen für Erwachsene aus den 1920er Jahren. Hier adressiert sie die Kinder in reduzierten, schwarzweißen Zeichnungen; Dodos klare, gerundete Zeichenlinie lässt dynamische Körperformen entstehen, die mit ihren langen Gliedmaßen teils an den Jugendstil, mit ihren abstrakten Formen teils jedoch auch an dekorative oder neusachliche Darstellungen erinnern. Meist nur schemenhaft angedeutet sind die Hintergründe, Natur- oder Tierwelten. Oftmals geraten diese zu rein dekorativen, sich in ihrer Musterung erschöpfenden Hintergründen. Neu erscheint in den

Abb. 5: Dodo: Illustration zu „Die Mosespuppe", in: Frieda Mehler: Feiertags-Märchen. Zeichnungen von Dodo Bürgner. Berlin 1935, S. 8 (Courtesy of the Dodo Estate).

Abb. 6: Dodo: Illustration zum Chanukahmärchen, in: Frieda Mehler: Feiertags-Märchen. Zeichnungen von Dodo Bürgner. Berlin 1935, S. 33 (Courtesy of the Dodo Estate).

Zeichnungen für Kinder aus den 1930er Jahren – insbesondere bei Dodos Illustrationen für die Märchen Frieda Mehlers (1871–1943)[14] – die Gestaltung des Spiels mit Licht und Schatten (Abb. 5). Deutlich heben sich schwarze Schatten hinter den hellen Figuren ab oder aber sie fehlen und richten gezielt das Augenmerk auf die verzerrte Perspektive. Werden jüdisch-rituelle Gegenstände oder Symbole gezeigt, so sind diese oftmals plastisch und markant hervorgehoben[15] (Abb. 6). Dodos Märchenillustrationen zeichnet mehr noch als die Illustrationen für das *Kinderblatt* aus, dass sie als visuelle Pendants zu den Alltags-Märchen Frieda Mehlers in einem magischen Realismus gezeichnet sind.[16] Das Wunderbare, das sich auch auf Textebene hinter dem Alltäglichem für Kinder an jüdischen Feiertagen zeigt und jüdisches Leben dadurch sprichwörtlich ‚zauberhaft' macht, wird auf diese Weise auch

---

[14] Vgl. Frieda Mehler: Feiertags-Märchen. Zeichnungen von Dodo Bürgner. Levy, Berlin 1935.
[15] Rachel Dickson, die Kuratorin der 2012 in London gezeigten Ausstellung *The Inspiration of Decadence: Dodo Rediscovered – Berlin to London 1907–1998*, würdigt in ihrer Untersuchung *Dodo rediscovered* Dodos Stil in den Zeichnungen für jüdische Kinder: Nachdem sie ihr Können in Modeskizzen und der gemalten Gesellschaftsstudie gezeigt habe, seien die Illustrationen in jüdischen Zeitschriften Ausweis von „Dodo's skill as a draughtsman. She also illustrated bible stories, using an elegant, curving art nouveau line". Dickson, Rachel: Dodo Rediscovered. (Dodo Bürgner–1907–1998). Berlin to london. London 2013, S. 4.
[16] Vgl.: Theresia Dingelmaier: Magisch-realistisch und Märchen? Deutsch-jüdische Alltagsmärchen als Genresymbiose. In: Bettina Bannasch und Petro Rychlo (Hg.): Formen des Magischen Realismus und die Literatur der Jüdischen Renaissance. Göttingen 2021, S. 221–236.

illustrativ übersetzt. Mal fehlt die perspektivische Tiefe, mal ist der Fluchtpunkt der Zeichnung verschoben – jüdisches Leben wird so auf einer Metaebene zu einem Gegenpol der tristen Realität. Dodos in weicher Linie gezeichnete Illustrationen laden die jungen Leser*innen ein, sich in eine bessere Welt zu träumen, und bieten damit jüdischen Kindern die Möglichkeit zu einer eskapistischen Lektüre in Zeiten der Hoffnungslosigkeit.[17]

3 Zurück zu den Farben – Dodos Bilder und Illustrationen aus der Zeit im Exil

Nachdem die Ausgrenzung und Entrechtung von Jüdinnen und Juden in Deutschland immer massiver geworden war, verließ Dodo im April 1936 Berlin und ging zu ihrer Schwägerin nach London. Die Kinder wurden von Tami Oelfken nach London gebracht, die die beiden auch dort noch eine Weile betreute, bis sie wieder zurück nach Berlin ging. Auch Gerhard Adler, Dodos damaliger Partner, emigrierte nach London; die anschließende Eheschließung (die Künstlerin war bei ihrer Emigration von ihrem ersten Mann geschieden) war jedoch nur von kurzer Dauer und wurde 1938 bereits wieder aufgelöst. Die Kriegsjahre in London und die Luftangriffe auf die Stadt brachten Dodo und ihren ersten Ehemann Hans wieder enger mit ihren Familien zusammen. Hans war mittlerweile in London und zog wie Dodos Eltern und ihre Schwester in das gleiche Haus. 1944 heirateten Dodo und Hans ein zweites Mal, dieses Mal nahm Dodo den an das Englische angepassten Nachnamen Burgner an. Während des Krieges und noch dazu ohne Netzwerk in einer neuen Stadt und einem neuen Land kam Dodo kaum zu neuen Aufträgen und Zeichenarbeiten. Sie erhielt wechselnde, kleinere Aufträge für Raphael Tuck & Sons, Grußkarten[18], Geschenkpapier und Werbeartikel, und auch für die Gestaltung der Schokoladen und Baumkuchen der ebenfalls emigrierten Berliner Firma Ackermann. Kartenmotive, Geschenkpapier und das Figürchen des „Treecakes"[19] erinnern in ihrer Gestaltung mehr an Dodos Illustrationen für Kinder als an ihre neusachlichen Gesellschaftsstudien.

Dodos während des Zweiten Weltkriegs in London entstandenes bildkünstlerisches und literarisches Schaffen für Kinder stellt eine weitere Phase in ihrem

---

17 Vgl. Theresia Dingelmaier: Das Märchen vom Märchen. Eine kultur- und literaturwissenschaftliche Untersuchung des deutschsprachig jüdischen Volks- und Kindermärchens. Göttingen 2019, S. 377 f.
18 Vgl. Krümmer: Dodo, S. 164.
19 Vgl. Krümmer: Die ganze Zeit, S. 29.

Abb. 7: Dodo: Illustration zu: Gladys Malvern: Dancing Star. The Story of Anna Pavlova. Illustrated by Dodo Adler. London and Glasgow [1942], S. 55 (Courtesy of the Dodo Estate).

Gesamtwerk dar. Diese wurde von der Forschung bisher noch nicht berücksichtigt und soll hier erstmals behandelt werden.[20]

Unter dem Namen Dodo Adler, also vermutlich vor ihrer zweiten Heirat mit Hans Bürgner 1944, zeichnete sie Illustrationen zu Gladys Malverns *The Dancing Star. The Story of Anna Pavlova*, vermutlich 1942 publiziert, Gertrude M. Salingers Bewegungs- und Liederbücher *Keept Fit Singing Games* und *Good Fun Singing Games* sowie den eingangs erwähnten *Fairy Tales from the Balkans* von Joan Haslip, erstmals veröffentlicht 1943. Dodos Illustrationen für den biografischen Jugendroman über die Lebensgeschichte der Primaballerina Anna Pavlova sind filigrane Schwarzweiß-Drucke, die an ihre Gesellschaftsstudien für *ULK* anschließen (Abb. 7). Die gezeigten Gesell-

---

20 Dieser Beitrag stützt sich auf die von Clare Amsel aus Dodos Nachlass freundlicherweise zur Verfügung gestellten Zeichnungen für Kinder, die in der Vergangenheit kuratierten Ausstellungen und bibliothekarische und archivarische Buchrecherchen.

Abb. 8: Dodo: Umschlagzeichnung zu: Gertrude Salinger: Good Fun Singing Games. Book 1. Illustrated by Dodo Adler, London o. J. (Courtesy of the Dodo Estate).

schaften sind mondän, die dargestellte Mode erinnert an die der 1920er Jahre und die Frauenfiguren und Ballerinas wirken wie abwesend. Die turnenden, singenden und springenden Kinder in Dodos Illustrationen zu den *Good Fun Singing Games* dagegen reihen sich in ihrer Gestaltung ein in ihre ab 1934 entstandenen Zeichnungen für jüdische Kinder-Zeitschriften. Anja Amsel, Dodos Tochter, erzählt rückblickend:

> Dodo war darauf angewiesen, Geld zu verdienen, und ich erinnere mich noch, wie sie – meist vergeblich – mit ihrer Mappe Agenturen und potenzielle Auftraggeber aufsuchte. Sie bekam den Auftrag, Bücher mit Gymnastikübungen für Kinder zu illustrieren, wobei ich ihr Modell stand (wenn auch nur widerwillig, denn es war extrem kalt und zum Posieren musste ich mich fast vollständig entkleiden).[21]

Dodo fiel es sichtlich schwer, im Exil an ihre künstlerische Karriere vor dem Krieg anzuknüpfen. Deutlich wird aber auch, wie ernst Dodo ihre Arbeit für die englischsprachigen Publikationen für Kinder und Jugendliche nahm. Ihre Illustrationen sind fröhlich und verspielt, zum Teil auch abstrakt und stehen – für ein Liederbuch durchaus ungewöhnlich – in ihrer Größe, Position und Häufigkeit im Vergleich mit dem (Noten)Text im Vordergrund (Abb. 8). Dodos Kunst im Exil konnte nicht so

---

21 Anja Amsel: Reflexionen, S. 54.

Abb. 9: Dodo: Jelly Fish, in: Dodo: Alphabet o. J. [unveröffentlicht] (Courtesy of the Dodo Estate).

Abb. 10, 11: Dodo: Illustrationen zu Red Riding Hood, o. J. [unveröffentlicht] (Courtesy of the Dodo Estate).

frei und unabhängig sein, wie noch zur Zeit der Weimarer Republik in Berlin. Ihre Illustrationen transportieren aber dennoch die Absicht, Kindern – auch in Zeiten des Krieges und der unmittelbaren Nachkriegszeit – eine eigene, ihnen spezifische Welt zu vermitteln, in der gespielt, geturnt, geträumt wurde.

„Meine erste Erinnerung sind Farben"[22] schreibt Dodo in ihren biografischen Aufzeichnungen. Ihre im Londoner Exil in der Folgezeit entstandenen Arbeiten zeigen, dass sie zu diesen Ursprüngen und der in den *ULK*-Studien gefundenen Farbenpracht ab den 1940er Jahren wieder zurückfand. Die ganzseitigen Illustrationen in *Fairy Tales from the Balkans* (Abb. 1), aber auch ihr Tier-ABC, im Nachlass befindliche Illustrationen zu *Red Riding Hood* und die Titelseite zu *Dog and Timothy* sind in kräftigen, bunten Farben gehalten, darunter dominierend Rot- und Grüntöne.

Die Buchstaben für das Tier-ABC hatte Dodo zunächst für die 1934 in Berlin gezeigte Ausstellung *Die kunstschaffende Frau* im Kulturbund deutscher Juden entworfen. Dieses erste *Tieralphabet* wurde in Besprechungen jüdischer Publikationen äußerst positiv aufgenommen.[23] Ein zweites Alphabet malte Dodo im Exil in London, aufgrund des anderssprachigen Publikums mussten in diesem Fall die Bilder allerdings zunächst ‚übersetzt' werden, für die einzelnen Buchstaben waren neue Tiere

---

22 Dodo: unveröffentlichte Autobiografie; zit. nach: Krümmer: Ein Bild beginnt zu leben, S. 7.
23 Dodos „Tieralphabet" sei „glänzend gezeichnet" gewesen, so eine Rezension zur Berliner Ausstellung in der *Jüdischen Rundschau*: T. Simon: Die kunstschaffende Frau. In: Jüdische Rundschau (1934), Heft 43, 39, S. 13.

Abb. 11

Abb 12: Dodo: Umschlagentwurf zu: Dog and Timothy. Written and illustrated by Dodo Burgner, o. J. [vermutlich unveröffentlicht] (Courtesy of the Dodo Estate).

zu zeichnen. Originalität kann hier zwar nicht das Verfahren des angeleiteten Buchstaben- bzw. Lesen- und Anlaute-Lernens mit Tierzeichnungen zum Alphabet beanspruchen, doch die Realisierung, die Dodo vornimmt (Abb. 9). Leider kann nicht mit Sicherheit nachgewiesen werden, ob die farbenfrohen Zeichnungen des englischen Tier-Alphabets jemals publiziert wurden; es steht zu vermuten, dass es bei den Entwürfen blieb. Ebenfalls vermutlich unveröffentlicht lagern in den Mappen im Nachlass mehrere farbenfrohe Entwürfe für Kinderbücher und Karten,[24] Illustrationen zum Märchen *Rotkäppchen* (Abb. 10, 11) wie auch eine Umschlagszeichnung zu der von Dodo verfassten, jedoch nicht auffindbaren Geschichte *Dog and Timothy. Written and illustrated by Dodo Adler* (Abb. 12). Beide Projekte legen nahe, dass sich Dodos Zeichnen und ihre Malerei für Kinder im Exil weiterentwickelte. Die konturierende Linie und auch die verzerrte Perspektive – wie in den *Rotkäppchen*-Illustrationen zu sehen – ist weiterhin ein Merkmal ihrer Arbeit. Die Bilder für Kinder sind nun aber farbiger und in der Farbgebung weniger flächig, mehr akzentuiert.

---

[24] Vgl. Krümmer: Dodo, S. 164.

4 Resümee

Dodos kinderkünstlerisches Werk aus der Zeit des Nationalsozialismus in Deutschland und im Exil in London zeigt, wie Ausgrenzung, Verfolgung und erzwungene Ortswechsel ein künstlerisches Schaffen verändern konnten. Dodo konzentrierte sich ab 1934 auf das Zeichnen für Kinder, zunächst innerhalb der begrenzten Publikationsmöglichkeiten für jüdische Künstler*innen ab 1933, später im Exil. Ihre Arbeiten vermitteln, dass es gerade Geschichten und Bilder für Kinder waren, die während der NS-Zeit und im Exil Sinnangebote machten. Kunst konnte in einer krisenhaften Zeit einen in die Zukunft gerichteten Blick vermitteln. Dodo fand in ihren Bildern, Geschichten und Illustrationen eine ‚einfache' Sprache, die künstlerisch anspruchsvoll und sowohl für Kinder wie für Erwachsene zugänglich war. Ihre Bilder und Zeichnungen verbinden literarische und bildkünstlerische Stilrichtungen ihrer Zeit und schaffen eine Kunst, in welcher in der Art und Weise der Darstellung Zeitgeschichte abgebildet wird. Während Dodos Ehepartner Hans Bürgner 1950 einem Berufsangebot des United Restitution Office in Deutschland folgte und dorthin zurückkehrte, blieb Dodo für den Rest ihres Lebens – abgesehen von einigen Reisen nach Deutschland, Israel und Italien – in London.

Literatur

Amsel, Anja: Reflexionen über Dodo. In: Renate Krümmer (Hg.): Dodo. Leben und Werk. Life and Work. 1907–1998. Ostfildern 2012, S. 53–54.
Bernstorff, Wiebke von: Neue Perspektiven für die Exilforschung: die Kinder- und Jugendliteratur des Exils. In: Marta Fernández Bueno, Miriam Llamas Ubieto und Paloma Sánchez Hernández (Hg.): Rückblicke und neue Perspektiven – Miradas retrospectivas y nuevas orientaciones. Bern u. a. 2013, S. 279–288.
Dickson, Rachel: Dodo Rediscovered. Dodo Bürgner 1907–1998. Berlin to London. London 2013.
Dickson, Rachel: Dodo Bürgner. In: Jewish Renaissance (2012), Heft Nr. 3, 11, S. 20–21.
Dingelmaier, Theresia: Das Märchen vom Märchen. Eine kultur- und literaturwissenschaftliche Untersuchung des deutschsprachig jüdischen Volks- und Kindermärchens. Göttingen 2019.
Dingelmaier, Theresia: Magisch-realistisch und Märchen? Deutsch-jüdische Alltagsmärchen als Genresymbiose. In: Bettina Bannasch und Petro Rychlo (Hg.): Formen des Magischen Realismus und die Literatur der Jüdischen Renaissance. Göttingen 2021, S. 221–236.
Dodo: Josef und seine Brüder. In: Kinderblatt. Beilage der C.-V.-Zeitung (1934), Heft Nr. 7, o. S.
Krümmer, Renate (Hg.): Dodo. Leben und Werk. Life and Work. 1907–1998. Ostfildern 2012.
Krümmer, Renate: Ein Bild beginnt zu Leben. In: dies. (Hg.): Dodo. Leben und Werk. Life and Work. 1907–1998. Ostfildern 2012, S. 7–9.
Krümmer, Renate: „Die ganze Zeit war ich gut im Zeichnen. Zuhause zeichnete ich jede Minute". In: dies. (Hg.): Dodo. Leben und Werk. Life and Work. 1907–1998. Ostfildern 2012, S. 17–32.
Mehler, Frieda: Feiertags-Märchen. Zeichnungen von Dodo Bürgner. Berlin 1935.

Owesle, Miriam-Esther: Dodo. Von kunstseidenen Mädchen und verführerischen Vamps. In: Die neue Frau? Malerinnen und Grafikerinnen der Neuen Sachlichkeit. Bietigheim-Bissingen 2015, S. 46–59.
Rasche, Adelheid: Dodo – ein Leben in Bildern. In: Renate Krümmer (Hg.): Dodo. Leben und Werk. Life and Work. 1907–1998. Ostfildern 2012, S. 9–16.
Simon, T.: Die kunstschaffende Frau. In: Jüdische Rundschau (1934), Heft Nr. 43, 39, S. 13.
Stern, Guy: Literarische Kultur im Exil. Gesammelte Beiträge zur Exilforschung. 1989–1997. Dresden 1998.
Thomas, Adrienne: Reisen Sie ab, Mademoiselle! Amsterdam 1947.

IV Re-Lektüren und neue Rahmungen von Exil- und Migrationserzählungen in der Kinder- und Jugendliteratur

Susanne Blumesberger
Auguste Lazars früher Blick auf das Exil.
Sally Bleistift in Amerika heute gelesen

Auguste Lazars *Sally Bleistift in Amerika* ist zunächst 1935 unter dem Pseudonym Mary MacMillan in Moskau in der Verlagsgenossenschaft ausländischer Arbeiter mit dem Untertitel „Eine Geschichte aus dem Jahre 1934" erschienen. Als Manuskript wurde es über die Grenze nach Russland geschmuggelt und dort in deutscher Sprache publiziert. Auf den österreichischen beziehungsweise deutschen Buchmarkt kam es erst 1947, nach Ende des Zweiten Weltkriegs, im kommunistisch ausgerichteten Wiener Globus-Verlag. Zahlreiche weitere Auflagen und Übersetzungen, u. a. ins Tschechische und Spanische, folgten.[1] In der DDR wurde dieses Buch zum Besteller und 18-mal neu aufgelegt. Lazar thematisiert darin unter anderem den Kampf gegen die Unterdrückung und Ausbeutung von Arbeiter*innen, aber auch – im Sinne des Antifaschismus – die Geschichte von Sklaverei und Kolonialismus in Amerika, Antisemitismus und die Verfolgung von Jüd*innen. Im Aufzeigen der alten jüdischen Kleiderhändlerin Sally Bleistift, die vor einem Pogrom nach Amerika geflohen ist und sich dort nicht nur um ihre Enkelin, sondern auch um einen schwarzen Jungen und einen „Indianerjungen" kümmert, ruft Auguste Lazar nicht nur zur Überwindung von Rassenvorurteilen auf, sondern zeigt auch deutlich die Diversität der Menschen, die allesamt nicht als perfekt, doch im Sinne des Sozialismus als gleich dargestellt werden.

1 Die politische Kämpferin Auguste Lazar

Die Autorin Auguste Lazar, 1887 in Wien geboren, wuchs mit sieben Geschwistern in einer wohlhabenden jüdischen Familie auf. Eine Schwester, Marie Lazar[2], wurde ebenfalls Schriftstellerin. Nach ihrem Studium der Literaturwissenschaft, das sie mit dem Doktorat über E.T.A. Hoffmann abschloss, war sie als Lehrerin an

---

[1] Vgl. Susanne Blumesberger: Handbuch der österreichischen Kinder- und Jugendbuchautorinnen, Bd. 2. Wien 2014, S. 651.
[2] Marie Lazar (1895–1948), die unter dem Pseudonym Esther Grenen schrieb und unter anderem Werke von Karin Michaëlis übersetzte, ging nach Dänemark ins Exil. In ihrem 1937 erschienenen Werk *Die Eingeborenen von Maria Blut* schildert sie das Heranreifen des Nationalsozialismus. Das Buch konnte erst 1958 erscheinen.

der Reformschule von Eugenie Schwarzwald tätig und folgte 1920 ihrem Mann, dem Mathematikprofessor Karl Wieghardt, nach Dresden, wo sie den Kommunismus unterstützte. Nach dem Tod ihres Mannes besuchte sie die Marxistische Arbeiterschule in Dresden und schloss sich nach der Machtübernahme der Nationalsozialisten dem antifaschistischen Widerstand an. Später wollte sie sich in die Sowjetunion retten, wo ihr 1935 auf Deutsch erschienenes Werk *Sally Bleistift in Amerika* bekannt und sehr beliebt war. Die geplante Emigration in die Sowjetunion gelang ihr jedoch nicht. 1939 floh sie über Wien nach England, wo sie zunächst als Köchin und Kindermädchen arbeitete und nebenbei für ihre Bücher recherchierte. Auguste Lazar überlebte im Exil, zwei ihrer Schwestern wurden in Konzentrationslagern ermordet. 1949 kehrte sie nach Dresden zurück, arbeitete dort für das Radio und als freie Schriftstellerin. Mit *Sally Bleistift in Amerika*, ihrem bekanntesten Werk, und ihren später erschienenen Werken, wie etwa *Jan auf der Zille. Eine Jugenderzählung aus dem Jahr 1934* (1950) oder *Jura in der Leninhütte. Der Jugend erzählt*, zählt Auguste Lazar neben Alex Wedding zu den Wegbereiter*innen der sozialistischen Kinder- und Jugendliteratur. Ihr Leben lang schrieb sie Literatur gegen den Faschismus und für den Aufbau eines sozialistischen Staates. 1951 wurde sie Mitglied der SED und erhielt zahlreiche Auszeichnungen, unter anderem 1965 den Nationalpreis der DDR. Sie starb 1970 in Dresden. Befreundet war sie unter anderem mit Victor Klemperer, der später auch bezeugen konnte, dass Auguste Lazar und Mary MacMillan identisch waren.[3]

Sally Bleistift in Amerika, ein Werk, das stark von ihrer eigenen Biografie beeinflusst ist, gehörte in der DDR zum festen literarischen Kanon, es ist ein Klassiker der DDR-Literatur. In ihren Erinnerungen schrieb Auguste Lazar: „,Sally Bleistift' war ein Protest gegen meine ganze Vergangenheit, gegen die geistige und politische Haltung der Kreise, aus der ich kam."[4]

2 Ethnische Vielfalt statt Familienidyll

Dass das Werk vor allem für die Jugend wichtig war, die kurz zuvor vom Rassenwahn infiziert worden war,[5] steht außer Frage. Es handelt sich zugleich aber auch um ein sehr unmittelbares Buch, das ohne zeitlichen Abstand, zu Beginn der natio-

---

3 Vgl. Barbara Asper: Auguste Lazar. In: Kurt Franz, Günter Lange und Franz-Josef-Payrhuber (Hg.): Kinder- und Jugendliteratur. Ein Lexikon. Meitingen 2003, S. 4.
4 Auguste Lazar: Arabesken. Aufzeichnungen aus bewegter Zeit. Berlin 1957, S. 84.
5 Vgl. Anonym: Sally Bleistift in Amerika von Mary MacMillan [Rezension]. In: Salzburger Tagblatt, 17.7.1947, S. 7.

nalsozialistischen Herrschaft, verfasst wurde. Auguste Lazar gelingt es in ihren kinder- und jugendliterarischen Werken, realitätsnahe und heterogene Figuren zu schildern, die noch lange im Gedächtnis der adressierten Leser*innen bleiben. Im Aufzeigen der „bunten"[6], ethnisch wie alters- und genderspezifisch diversen Familie rund um Sally Bleistift werden, für damalige Verhältnisse auf durchaus fortschrittliche Art und Weise, gleich mehrere Existenzentwürfe im Exilland und *melting pot* Amerika aufgezeigt. Heute gelesen, erscheint das Werk uns allerdings nicht nur im Sprachgebrauch und dessen diskriminierenden Bezeichnungen, sondern auch in dem in Teilen des Werks transportierten antisemitischen, rassistischen und Indigenen-feindlichen Klischees oftmals fremd. Im Zuge der Untersuchung deutschsprachiger Kinder- und Jugendliteratur des Exils lohnt es sich aber dennoch, einen genaueren Blick auf Auguste Lazars *Sally Bleistift in Amerika* zu werfen und dessen Botschaft des Einstehens der ‚Schwachen', der Geflüchteten, Ausgewanderten, der Außenseiter*innen und Arbeiter*innen, untereinander im Exilland Amerika zu analysieren.

Die 1947 im Wiener Globus-Verlag unter dem Pseudonym Mary MacMillan erschienene Ausgabe enthält Illustrationen des ungarischen Grafikers Alex Keil (Sándor Ék). Das Umschlagbild von Leopold Pospischek, der unter anderem auch Werke von Hermynia Zur Mühlen illustrierte, stellt eine ältere, – später erfährt man, dass sie 65 Jahre alt ist – mitten im Leben stehende Frau dar, die einen kleinen schwarzen Jungen auf dem Arm trägt. Auf dem Vorsatzpapier steht die programmatische Absichtserklärung: „Damit ihr's wisst", die in ihrer Umgangssprachlichkeit zugleich die eindeutige Adressierung an Kinder unterstreicht. Auf den folgenden Seiten werden die im Buch auftretenden Figuren mittels Zeichnung und einem kurzen Text vorgestellt. Bei Sally Bleistift heißt es beispielsweise: „Sally Bleistift ist eine alte Tante aus Rußland, die alte Kleider in einer amerikanischen Kleinstadt verkauft. Sie verträgt sich schlecht mit der Polizei und gut mit den Arbeitern."[7] Damit wird ihre Herkunft, ihre Tätigkeit und ihre gesellschaftspolitische Einstellung knapp aber deutlich umrissen. Ihr folgt John Brown. Er „ist ein Negerfindelkind, das Sally bei sich aufgenommen hat. Er ahnt nicht, was für eine wichtige Rolle er in der Geschichte von Sally Bleistift spielt."[8] Damit, mit dem Spiel der allwissenden Erzählinstanz mit ihren Figuren und intendierten Leser*innen, macht die Autorin neugierig und zeigt außerdem eine weitere Seite der Protagonistin, nämlich die

---

6 Auguste Lazar [Pseudonym Mary MacMillan]: Sally Bleistift in Amerika. Illustrationen von Alex Keil. Moskau, Leningrad 1935, S. 119.
7 Auguste Lazar [Pseudonym Mary MacMillan]: Sally Bleistift in Amerika [1935]. Illustrationen von Alex Keil. Wien 1947, S. 7.
8 Lazar: Sally Bleistift 1947, S. 9.

einer Beschützerin der Schwächeren. Betti, die Enkelin Sallys, deren Eltern gestorben sind, wird als „hübsch und sanft"[9] beschrieben. Es folgt ein Porträt von Redjacket, einem 15-jährigen „Indianerjunge[n]"[10] dessen Mutter verstorben ist und der von Sally Bleistift mitaufgezogen wurde. Während er in der Ausgabe von 1947 „in den Reihen der Arbeiterjugend kämpft"[11], ist er im Original von 1935 ein „nützliches Mitglied der Kommunistischen Partei"[12]. Sein bester, „semmelblonder"[13] Freund Billy unterstützt ihn bei seinen Unternehmungen. Auch Billys Eltern werden porträtiert, sie werden als überängstlich geschildert. Aufträge erhalten Billy und Redjacket von „Niggerjim", der in einem Speisewagen arbeitet. Und dann ist da noch Wenzel Swoboda, ein „böhmischer" Arbeiter, der nicht nur Klarinette, sondern eine große Rolle im Kampf für die Arbeiter*innen spielt.[14]

Etwas rätselhaft ist zunächst die Erklärung zu Samuel F. Gold, der mit folgenden Worten charakterisiert wird: „[...] ein Landsmann von Sally Bleistift, der aber keinerlei Ähnlichkeit mit ihr hat. Glücklicherweise tritt er persönlich in der Geschichte überhaupt nicht auf. Er wird in Amerika der Eisenkönig genannt."[15] Verstörend ist die beigefügte Zeichnung, die antisemitischen Darstellungen aus dieser Zeit gleicht. Gold wird mit einer großen Nase, verschwollenen Augen und dicken Lippen gezeichnet. Auch die Illustrationen zu John Brown und „Niggerjim" erscheinen aus heutiger Perspektive diskriminierend und stereotyp. Die Frage, warum in diesem Werk rassistische physische Zuschreibungen verwendet wurden, kann nicht wirklich geklärt werden. Denkbar ist, dass die Leser*innen Figuren, die sie sonst nur negativ konnotiert abgebildet sahen, in diesem Werk in einem positiven Zusammenhang kennenlernen sollten. Oder, im Falle von Samuel F. Gold, sich im Lauf der Geschichte manifestierte rassistische Stereotypisierungen – in diesem Falle auf Text- wie auf Bildebene – übernommen wurden.[16] Abgeschlossen wird die Porträtserie mit einem großen Fragezeichen, das einen „Mann im weiten Mantel, der nur bei Nacht und Nebel durch die Straßen geht"[17], präsentiert. Hier wird bereits der krimihafte Charakter, den Auguste Lazars Erzählung in Teilen einzuschlagen vermag, vorausgedeutet und der erste Cliffhanger gesetzt.

---

9 Lazar: Sally Bleistift 1947, S. 11.
10 Lazar: Sally Bleistift 1947, S. 13.
11 Lazar: Sally Bleistift 1947, S. 13.
12 Auguste Lazar: Sally Bleistift 1935, o.S.
13 Lazar: Sally Bleistift 1947, S. 17.
14 Lazar: Sally Bleistift 1947, S. 21.
15 Lazar: Sally Bleistift 1947, S. 23.
16 Vgl. dazu Monika Kucharz: Das antisemitische Stereotyp der „jüdischen Physiognomie": seine Entwicklung in Kunst und Karikatur. Wien 2017.
17 Lazar: Sally Bleistift 1947, S. 27.

Alle Kapitel sind mit kurzen aussagekräftigen Überschriften versehen, die den Inhalt vorwegnehmen und damit das Spannungsmoment zugunsten der Reflexionsebene zurücknehmen. Im ersten Kapitel werden die Protagonist*innen, allen voran Sally Bleistift, auf der Textebene vorgestellt. Eröffnet wird die Erzählung damit, wie sich Sally Bleistift eines schwarzen Jungen annimmt, der während eines Unwetters vor ihrer Tür abgelegt wurde. Immer wieder wird ihre Fürsorglichkeit als wesentlicher Charakterzug Sally Bleistifts hervorgehoben. Auch kümmert sich Sally sehr um die Arbeiter*innen, denen sie bezahlbare Kleidung verkauft, und deren Sorgen sie teilt. Und sie betreut eine Reihe von Kindern: ihre eigene Enkelin, Redjacket, Billy und nun auch noch das kleine schwarze Kind, das noch nicht einmal sprechen kann. Als Billys Mutter Zweifel hat, ob Sally wirklich noch ein weiteres Kind mitaufziehen möchte – denn es gäbe ja Institutionen für Findelkinder – reagiert Sally Bleistift erbost:

> „Missis Smith", sagt Sally Bleistift, „wenn Ihr Billy als kleines Kind verloren gegangen wär, wär's Ihnen recht, wenn sich niemand angenommen hätt um ihn als die Behörde oder die Missionen? Wo die Kinder werden verdummt und lauter Blödsinn lernen, lauter Demut und solche Sachen, damit sie kuschen ihr ganzes Leben vor die reichen Leut? Wär Ihnen das recht?"[18]

Lazar verdeutlicht damit auch Sally Bleistifts politische Einstellung, die noch deutlicher wird, als der Vater von Billy ihr vorschlägt, sich doch an Samuel F. Gold, den Eisenkönig, zu wenden, der ganz in der Nähe von Sally Bleistift wohnt und der angeblich den Jüd*innen hilft, wo er nur kann. Sally antwortet darauf sehr ärgerlich:

> „Was Sie reden ist der reinste Unsinn" [...] „Jud oder Nichtjud, das ist doch ganz egal. Wem der hilft, dem hilft er genauso, wie die Missionen und wie alle Wohltätigkeitsleute helfen. Mit Waisenhäusern und dergleichen, wo man hübsch aufpaßt, daß die Kinder nie erfahren, wie's wirklich zugeht auf der Welt, daß die Armen ausgepreßt werden für die Reichen und arbeiten müssen für die. Samuel Gold – ein Geldmacher ist er immer gewesen. Der und mir helfen! Wo er weiß, daß ich zu den Arbeitern halte. Verrückt sind Sie, Mister Smith, einfach verrückt!"[19]

Damit bricht Lazar gewissermaßen ein Tabu. Einerseits lässt sie die Figur Sally Bleistift mit jiddischem Einschlag sprechen und verstärkt zudem das Vorurteil des reichen habgierigen Juden, der nur andere Jüd*innen unterstützt. Gleichzeitig zeigt sie auf, wie mit Waisenkindern, vor allem mit jenen dunkler Hautfarbe, sonst umgegangen wird. Sally behält das Baby und ist froh, wieder etwas „Kleines"[20] bei sich zu

---

18 Lazar: Sally Bleistift 1947, S. 36.
19 Lazar: Sally Bleistift 1947, S. 36 f.
20 Lazar: Sally Bleistift 1935, S. 37.

haben, da ihr anderes Ziehkind, Redjacket, immer mehr seine eigenen Wege geht und am liebsten in der Hängematte schläft. Auch dieser Hinweis erscheint heute als weitergetragenes Vorurteil, denn Redjacket, als Angehöriger eines indigenen Volkes, bevorzugt statt eines Bettes einen ‚ursprünglicheren' Schlafplatz.

Auf den Einwand von Frau Smith, die befürchtet, dass die Arbeiter*innen nicht mehr zu ihr zum Einkaufen kommen könnten, weil sie ein schwarzes Kind aufgenommen hat, entgegnet sie, dass bei Demonstrationen bereits schwarze und weiße Arbeiter*innen brüderlich gemeinsam marschierten und auch „Niggerjim" unter ihnen anerkannt sei. Nebenbei erfahren so die Leser*innen von der Rassentrennung in Amerika und den damit für die schwarze Bevölkerung einhergehenden Schwierig- und Ungerechtigkeiten. „Niggerjim" habe beispielsweise, so erzählt Sally, ein Auge verloren, weil er aufgrund der Diskriminierung der schwarzen Menschen nicht rechtzeitig im Krankenhaus aufgenommen wurde, nachdem er sich mit einem Eisensplitter verletzt hat.

3 Der gemeinsame Kampf

Schritt für Schritt wird im Handlungsverlauf über die einzelnen Kapitel hinweg – wieder im Stil einer Kriminalgeschichte – ein Geheimnis gelüftet, das zunächst auch Sally Bleistift nicht kennt; Redjacket bleibt in den Nächten nicht in seiner Hängematte, sondern begibt sich in den Keller und geht einer Arbeit nach, die vorerst nicht verraten wird. Eine ebenfalls geheimnisvolle Rolle spielt dabei der ursprünglich aus Böhmen stammende Wenzel Swoboda, der trotz der großen Entlassungswelle immer noch als Eisendreher arbeitet und leidenschaftlich gerne auf seiner Klarinette spielt. Vorerst erfahren die lesenden Kinder nur, dass auch „Niggerjim" bei diesem geheimnisvollen Treiben mitwirkt, denn Redjacket tippt eine Nachricht von ihm ab. Nach vielen Andeutungen wird das Geheimnis gelüftet: bei der geheimen Aktion von Redjacket, Billy und den beiden erwachsenen Männern handelt es sich um die Herstellung von Flugblättern, mit denen die Arbeiter*innen aufgerüttelt werden sollen. Swoboda spielt auf der Klarinette, um die Schreibmaschine zu übertönen, die Redjacket bedient. „Niggerjim" warnt Redjacket und Billy vor der Polizei und die beiden müssen rasch die Schreibmaschine und die Flugblätter verschwinden lassen. Bei der anschließenden Durchsuchung der Wohnung von Wenzel Swoboda wird Sally, als sie sich für ihn einsetzt, als „alte Judenhexe"[21] beschimpft. Dafür rächt sie sich, indem sie den Polizisten John Browns nackte Kehrseite ent-

---

21 Lazar: Sally Bleistift 1935, S. 74.

gegenhält, was im Buch – zu der Zeit durchaus unüblich – auch auf der Bildebene illustriert ist. Es stellt sich heraus, dass Swoboda von einem Restaurantbesitzer betrunken gemacht wurde und dabei anscheinend einiges ausgeplaudert hat. Dafür rächen sich Billy und Redjacket, indem sie dem Denunzianten, der Wenzel mit Alkohol überlistet hat, die Fenster einschlagen.

Sally ist vorerst ahnungslos, ärgert sich jedoch darüber, dass die Kinder so gerne bei Wenzel Swoboda sind. Gleichzeitig macht sie sich auch Sorgen um die Zukunft von Betti, die nur mehr ein Jahr Schule vor sich hat. Bei der Schilderung Bettis werden weiblich konnotierte Klischees verwendet; sie wird als sehr sanft und kinderfreundlich geschildert, außerdem näht sie sehr gerne.

Sallys Geschäft geht sehr schlecht, vor allem aus dem Grund, weil Sally kaum Geld von den armen Arbeiter*innen annimmt. Die Erzählungen Sallys sind, wie die Handlung der Geschichte, (auch) geprägt vom Kampf zwischen Armen und Reichen, den Benachteiligten und jenen, die vermeintlich auf der Sonnenseite des Lebens stehen. Sally Bleistift erinnert sich zum Beispiel, wie ihr Mann in ihrer Heimat von den Russen erschlagen wurde. Dagegen hätten sich wohlhabende Jüd*innen, wie Samuel F. Gold, retten können. Und auch Billys Vater wird im Laufe der Handlung die Mitgliedschaft zur Gewerkschaft gekündigt. Er konnte die Beiträge nicht mehr zahlen und damit nun keinerlei Hilfe erwarten, falls er arbeitslos werden sollte. Redjacket meint dazu: „Aber von den Kommunisten will er auch nichts wissen. Er ärgert sich doch jedesmal, wenn ein Flugblatt herauskommt"[22].

In diesen (gemeinsamen) Klassenkampf wird die Geschichte der Sklaverei in Amerika eingebettet: Das Findelkind erhält von Sally den Namen John Brown, einem Freiheitskämpfer, der gehängt wurde. Indem Sally Billy, Redjacket und Betti die Geschichte dieses Mannes erzählt, erhalten auch die Leser*innen Informationen und Wissen über den Sklavenhandel.

4 Das Thema Rassenideologie im Jugendbuch

Die Geschichte John Browns und die Geschichte der Sklaverei wird in Auguste Lazars *Sally Bleistift in Amerika* mit derjenigen von Antisemitismus, den Pogromen im Zarenreich, und auch derjenigen der indigenen Bevölkerung Nordamerikas – zum Teil aus heutiger Sicht in dieser Parallelisierung überaus problematisch – verflochten. Als der kleine John unabsichtlich den Koffer umwirft, mit dem Sally Bleistift mit ihrer Tochter Ruth aus New York gekommen ist und der ihre Erinnerungen

---

22 Lazar: Sally Bleistift 1947, S. 68.

enthält, wird damit plötzlich der Blick auf ihre Vergangenheit freigelegt: Sallys Tochter, Bettis Mutter, ist gestorben, nachdem ihr Mann in einer Fabrik tödlich verunglückt ist. Sally hatte in Kischinew, Russland, in einem schönen Haus gewohnt. In ihrer Straße lebten damals ausschließlich Jüd*innen, die von ihrer nichtjüdischen Umgebung sehr angefeindet wurden. Sie und ihr Mann hatten ein Eisenwarengeschäft. An dieser Stelle flicht Sally auch in die Geschichte ein, warum die Jüd*innen so gute Händler waren, weil sie nämlich aus antisemitischen Gründen für viele andere Berufe nicht zugelassen worden waren. Auch dieses Klischee über kaufmännisch überaus begabte Jüd*innen übernimmt Lazar. Sally erzählt auch, dass der Vater von Samuel F. Gold als gewöhnlicher jüdischer Handelsmann in Kischinew gelebt hat, sein Sohn jedoch plötzlich in St. Petersburg zu großem Reichtum gekommen sei; auch hier bedient sich die Autorin wieder eines Vorurteils.

> Einer von den ganz großen Geldleuten in Rußland ist er geworden, wie es ja viele gegeben hat, russische und jüdische und ausländische. Na, die haben gewirtschaftet, wie sie überall in der Welt wirtschaften. Nur noch ärger. In ihre Taschen ist immer mehr geflossen, aber die kleinen Leute und die Bauern, die sind immer ärmer und ärmer geworden. Und weil sie nicht verstanden haben, wie das kommt, hat man ihnen leicht einreden können, daß die Juden an allem schuld sind. In Kischinew waren die Hetzereien besonders arg. Davon kann ich ein Lied singen.[23]

In detaillierten Beschreibungen der Verfolgung von Jüd*innen werden die vermeintlichen Gründe der antisemitischen und antijüdischen Ausschreitungen in Sallys Herkunftsland aufgeführt; vor allem der Geldverleih sei schuld am grassierenden Judenhass. Sally berichtet schließlich von den Pogromen und der Nacht, als ihr Mann und ihr Sohn angegriffen wurden und ihr Mann dabei starb. Das freie Land jedoch, in das sie geflohen ist, zeigt sich anhand der erzählten Handlung als nicht für jedermann und -frau gleichermaßen frei. Und „ausgerechnet jetzt, wo ich in Amerika bin, da ist Rußland das einzige Land auf der Welt geworden, wo nicht mehr auf den Menschen herumgetrampelt werden kann von den Reichen und Mächtigen"[24]. Im Bemühen, den nun in der Sowjetunion herrschenden Kommunismus zu propagieren, werden in Auguste Lazars Buch jedoch Antisemit*innen gewissermaßen in Schutz genommen. Als Billy ihr sagt, dass sie doch froh sein soll, weit weg von diesem Land zu sein, wo es zu solchen schrecklichen Taten gekommen ist, entgegnet Sally: „Diese Judenschlächter waren besoffene dumme Menschen. Sie wären nie so gemein geworden, wenn sie was gelernt hätten und nicht so verhetzt worden wären."[25] Lazar versucht in Episoden wie diesen, der intendierten Leser-

---

23 Lazar: Sally Bleistift 1947, S. 90.
24 Lazar: Sally Bleistift 1947, S. 95.
25 Lazar: Sally Bleistift 1947, S. 96.

schaft die Hintergründe des Hasses gegen Jüd*innen zu erklären und betont dabei, wie wichtig Bildung ist, damit Menschen nicht verhetzt werden können. Als Billy diese Nachsicht mit den Mördern nicht versteht und ausruft: „Missis Bleistift, Sie sind reif für die Heilsarmee!"[26] wird Sally so wütend, dass sie ihm zu ihrem eigenen Entsetzen ins Gesicht schlägt.

Immer wieder gelingt es Lazar, die Leser*innen in Farb- oder Dingsymbolik auf den Kommunismus aufmerksam zu machen. Etwa wenn Sally mit dem kleinen John den alten Globus betrachtet, auf dem Billy mit großen Buchstaben die UdSSR, beziehungsweise in der Ausgabe von 1935 USSR eingetragen hat. „Sally muß es sich immer wieder von neuem überlegen, daß das ‚Union der Sozialistischen Sowjetrepubliken' heißt. Für sie ist dieser rot eingefaßte Fleck Rußland und nichts weiter als Rußland."[27] Aus unterschiedlichen Gründen hat das Rot auf dem Globus eine besondere Anziehungskraft auf den kleinen Buben und auf Sally. „Hast es ganz richtig heraus, wo wir eigentlich alle hingehören, du und ich und eigentlich wir alle. [...] ein großes Stück Welt gehört schon den Arbeitern – den Arbeitern und den Bauern und den armen Leuten"[28] erklärt Sally dem Kleinen. Damit erklärt Lazar den lesenden Kindern auch die Idee des Kommunismus:

> [...] da gibt's keine Milliardäre, denen gehört die Eisenbahn und die Kohle in der Erde und das Öl und das Gold und das Eisen und alles, was wächst auf der Erde, und alles, was man kann machen daraus in den Fabriken [...] da gehört alles allen. Und wenn's ihnen schlecht geht, dann geht's ihnen nicht schlecht, damit ein paar wenige Leute steinreich werden können, dann geht's ihnen nur schlecht, damit es später einmal allen gut gehen kann. Da, Johnnie, da gibt's keine Arbeitslosen, weil jeder kann arbeiten, wenn er will [...].[29]

5 Der gemeinsame Kampf geht weiter

In ihren Erzählungen kommt Sally auch auf ihren Sohn zu sprechen. Dieser ist, nachdem sie schon in New York waren, wieder zurück nach Russland gegangen, um bei der Revolution mitzumachen. Seitdem gab es kein Lebenszeichen mehr von ihm und Sally ist nun der Meinung, dass er umgebracht worden sei. Dieser lose Faden in Sallys Biografie wird im Handlungsverlauf wieder aufgenommen: Als ein Russe vor den Arbeiter*innen sprechen will, erhält Billy von „Niggerjim" die

---

26 Lazar: Sally Bleistift 1947, S. 96.
27 Lazar: Sally Bleistift 1947, S. 110.
28 Lazar: Sally Bleistift 1947, S. 113.
29 Lazar: Sally Bleistift 1947, S. 113.

Warnung, dass die Polizei die Versammlung sprengen möchte. Die Jugendlichen haben die Aufgabe, die Polizisten abzulenken. Sie bilden, unter dem Vorwand, der Gesangsschule von Wenzel Swoboda anzugehören, einen langen Zug aus Kindern von Arbeiter*innen, die wie gewünscht die Aufmerksamkeit der Polizei auf sich ziehen und von der Versammlung ablenken. So agieren die Kinder in vollster Übereinstimmung mit den Kommunist*innen und tricksen gemeinsam die Polizei aus. Als Sally gleich darauf einen Kunden bedient, wird John ungeduldig und läuft auf die Straße, wo ihn Wenzel Swoboda gerade noch am roten Höschen packend vor einem Lastwagen retten kann. Um keine Zeit zu verlieren, nimmt er das Kind mit zu einem Treffen mit „Niggerjim". Der entdeckungsfreudige Bub entwischt allerdings und klettert unter all den fremden Menschen auf einen Berg aus Koffern, wo er sein Lied über Sally Bleistift singt, das ihm eingelernt wurde. Ein Mann, der sich als der bereits erwähnte Redner entpuppt, erkennt den Namen „Bleistift" und bietet sich an, das Kind zu Sally zurückzubringen. Er ist nämlich Sallys verschollener Sohn, der nicht tot ist, sondern in Sibirien lebt und davor bei der Revolution erfolgreich mitgewirkt hat. Die Suche nach seiner Mutter hat er nie aufgegeben, aber erst durch John Browns Lied hat er zu ihr zurückgefunden. Sally Bleistift will danach natürlich so rasch wie möglich nach Moskau, mit Betti, John und Redjacket. Letzterer weigert sich jedoch, da er weiterhin ‚für die Sache' arbeiten möchte. Das will Sally auch, „wir gehen nicht nur deshalb nach Rußland, um es uns dort gutgehen zu lassen. [...] Wir wollen vor allem auch helfen, daß weiter gut geht alles in der Sowjetrepublik."[30] Auch Sibirien, das für die zeitgenössischen Leser*innen meist negativ konnotiert war, als Ort, wo alle hingebracht wurden, die dem Zaren nicht gepasst haben, wird von Sally glorifiziert:

> Es ist ein herrliches Land. So herrlich wie Amerika einmal war, bevor die Weißen sind gekommen. Es gibt dort warme Gegenden, wo das Getreide wunderbar wächst und in den Bergen gibt's Eisen und Gold und Kohlen und Platin, und in den Urwäldern wächst so viel Holz, daß die ganze Welt daran genug haben kann, und dann gibt's eine Unzahl von Fischen und von Wild und von Pelztieren, und Nomadenvölker ziehen mit ihren Herden herum und haben Milch und Käse und Butter und Fleisch und Leder von den Tierhäuten, kurz und gut, die ganze Welt könnt man versorgen, wenn man erst einmal ausnützen kann alles, was es dort gibt.[31]

Eindringlich erklärt Sally – aus heutiger Sicht überaus problematisch – dass Redjacket wegen der „eingeborenen Völker" dorthin soll, denn „sie sind so ähnlich, wie die Indianer waren, bevor sie die Weißen zugrunde gerichtet haben."[32] Dagegen

---

30 Lazar: Sally Bleistift 1947, S. 126.
31 Lazar: Sally Bleistift 1947, S. 128.
32 Lazar: Sally Bleistift 1947, S. 128.

sträubt sich jedoch Wenzel Swoboda, der in den Russen nicht die Ausbeuter sieht. Daraufhin präzisiert Sally ihre Erzählung und erklärt, dass die „Indianer" mit Schnaps und billigen Waren ausgetrickst worden seien. Grundsätzlich sollte man, so Sally, die Völker so leben lassen, wie sie möchten und es gewohnt sind. Im Duktus der damaligen Sprache begrüßt Sally aber auch, dass man sie dabei unterstützt, um sie ein „bißl zivilisiert"[33] zu machen. Redjacket könnte lernen mit ihnen umzugehen, haben doch auch seine Vorfahren ähnliche Erfahrungen gemacht.

Schließlich fordert Redjacket die Geschichte des „Indianerhäuptlings" Redjacket ein, nach dem er von Sally seinen Namen erhalten hat. Redjacket, der eigentlich Sa-go-yet-wat-ha hieß („der sie wach hält"), sei ein kluger Mann gewesen, der das Spiel der Weißen rasch durchschaute und sein Volk davon zu überzeugen versuchte, kein Land mehr zu verkaufen, denn dann würden sie immer mehr verdrängt werden. Solange er lebte, hatte er auch Erfolg, aber danach hätten, nach Sallys Rede, die protestantischen Geistlichen den armen Menschen ein wunderbares Leben im Jenseits versprochen und sie damit gefügig gemacht. Die Weißen hätten auch absichtlich Krankheiten eingeschleust, um sie zu töten. Nach diesen Berichten sind die Kinder natürlich verstört, Sally fasst zusammen: „[…] alles Schreckliche in der Welt kommt von der Gier nach Reichwerden und Mächtigsein und über die anderen herrschen wollen und andere für sich arbeiten lassen"[34]. Schließlich hat Sally erreicht, was sie wollte. Redjacket verkündet im Sinne der kommunistischen transnationalen Utopie:

> „Ich werde mit dir gehen, Sally. […] Aber nicht für immer. Ich werde nach Sibirien gehen. Ich werde den Tusiemzi erzählen, wie es den Indianern ergangen ist. Ich werde ihnen helfen, so gut ich kann. Dabei werde ich selbst viel lernen. Dann will ich nach Amerika zurückkehren. Dann werde ich vielleicht auch den Indianern, die noch übrig geblieben sind, helfen."[35]

Im letzten Kapitel nehmen die Kinder am Bahnhof Abschied von Billy und seinen Eltern. Billy sagt eindrücklich: „Redjacket vergiß nicht, was du versprochen hast. Wenn es so weit ist, kommst du zurück aus Rußland und hilfst uns bei der großen Revolution."[36] Das Lied von John Brown, gespielt von Wenzel Swoboda auf der Klarinette und gesungen von zahlreichen Arbeiterkindern, begleitet den Zug aus dem Bahnhof.

---

33 Lazar: Sally Bleistift 1947, S. 130.
34 Lazar: Sally Bleistift 1947, S. 133.
35 Lazar: Sally Bleistift 1947, S. 134.
36 Lazar: Sally Bleistift 1947, S. 138.

6 Fazit

Sally Bleistift in Amerika ist ein vielschichtiges Buch. Es verbindet eine spannende Handlung mit lebendig und sympathisch gestalteten Figuren, gibt einen Einblick in Judenverfolgung, Sklaverei, Kolonialismus, Rassenhass und Ausbeutung der Arbeiter*innen und verfolgt zugleich das Ziel, die Leser*innen zum eigenen Handeln zu bewegen. Stärker noch als in den Werken Alex Weddings werden hier Jugendliche angesprochen, aktiv zu werden und sich politisch zu engagieren. Das Buch ist geprägt von einem festen, fast naiv wirkenden Glauben an eine bessere Welt durch den Sozialismus[37]. Es ist auf den ersten Blick ein sehr politisches Buch, im Sinne des sozialistischen Realismus abgefasst, das jedoch auch vor klischeehaften Darstellungen des kapitalistischen und reichen Juden nicht haltmacht. Insgesamt scheint es eher die weibliche als die männliche Jugend angesprochen zu haben. Während Auguste Lazar später, beispielsweise in *Bootsmann Sibylle* (1953) oder *Kampf um Kathi* (1967) die Gleichberechtigung propagierte, bleibt die Figur Betti sehr in ihrer traditionellen weiblichen Rolle gefangen. Betti wird nicht zu den geheimen Aktionen mitgenommen, sie bleibt im Hintergrund, versorgt den kleinen John Brown, achtet aber zugleich auf ihr eigenes Aussehen, beispielsweise wird mehrmals im Buch betont, dass sie ihr Haar bürstet, bis es glänzt.

Ursula Seeber-Weyrer zählt Auguste Lazar zur „Gruppe sozialdemokratischer und kommunistischer Autoren, die ausdrücklich gegen den Nationalsozialismus schrieben".[38] Lazar, die in weiteren Büchern das Thema Antifaschismus aufgreift, unter anderem in *Jan auf der Zille* (1950) oder *Die Brücke von Weißensand* (1965), setze das Jugendbuch dezidiert als Mittel der politischen Aufklärung im proletarisch-revolutionären Sinn ein. Auch Barbara Asper schreibt:

> Auguste Lazar war zutiefst davon überzeugt, dass nur der Sozialismus eine bessere Welt bringen könne. Mit missionarischem Eifer hat sie diese Erkenntnis weiterzugeben versucht, nicht nur in ihren Büchern, wobei sie mit Pathos und viel Belehrung ihre etwas einseitige Sichtweise vertrat. Immer wieder suchte sie das persönliche Gespräch mit Kindern und Jugendlichen.[39]

In *Sally Bleistift in Amerika* greift Lazar mehrere Ideologeme der Nationalsozialisten auf und verkehrt sie in das Gegenteil. Der ‚Rassenreinheit' wird Multikul-

---

37 Asper: Auguste Lazar, S. 2.
38 Ursula Seeber-Weyrer: Zweifaches Exil? Österreichische Kinder- und Jugendliteratur im Exil. In: Hans-Heino Ewers und Ernst Seibert (Hg.): Geschichte der österreichischen Kinder- und Jugendliteratur von 1800 bis zur Gegenwart. Wien 1997, S. 117.
39 Asper: Auguste Lazar, S. 8.

turalität entgegengesetzt, dem Heldentum das Kinderkollektiv, dem absolutem Gehorsam das eigene Denken, dem weiblichen Idealbild der eher passiven blonden schlanken, sportlichen Frau die mehrmals im Buch als „dick und alt" bezeichnete Jüdin Sally, die sich als positive Identifikationsfigur anbietet. Ihr Bild des jüdischen Großkapitalisten, der sehr negativ textlich und bildlich dargestellt wird, war nicht unumstritten.[40] Lazar ging sehr unbekümmert mit heute nicht mehr dem allgemeinen Sprachgebrauch entsprechenden Begriffen um und ist in ihren Erzählungen über Menschen, die erst „zivilisiert" werden müssen, ebenfalls nicht frei von Vorurteilen. Dennoch zeigt das Werk einen unmittelbaren Einblick in die damalige Zeitgeschichte, sie klärt über den Hass auf Jüd*innen, auf Menschen mit nichtweißer Hautfarbe, auf politisch Andersdenkende auf. Lazars Botschaft, dass allein der Kommunismus all die Missstände auslöschen könnte, wird in diesem Kinder- beziehungsweise Jugendbuch klar kommuniziert.

Über die Rezeption des Werkes lässt sich, wie so oft, wenig sagen. Es dürfte jedoch recht bekannt gewesen sein. Das zeigt sich auch daran, dass es am 13. Dezember 1947, auf Seite 8, im *Salzburger Tagblatt* als dritter Preis in einem Preisausschreiben für Kinder und Jugendliche angekündigt wurde. Die *Österreichische Zeitung* vom 13. Juni 1947 druckte eine relativ ausführliche Rezension des Werkes ab, die mit den Worten endet:

> Der unerbittliche Klassen- und Rassenkampf im „reichsten Land der Welt" wird hier klar und mit seltenem, trockenem Humor gezeigt. Das Buch fesselt von der ersten bis zur letzten Zeile, wir freuen uns und leiden mit seinen Helden, als wären es unsere Freuden und unsere Leiden. Den Jungen und das Mädel möchte ich sehen, die dieses prachtvolle Buch weglegen, bevor sie es ausgelesen haben.[41]

Im *Salzburger Tagblatt*, dem Organ der Kommunistischen Partei Österreichs Land Salzburg, wurden am 17. Juni 1947 auf Seite 7 neue Jugendbücher des Globus-Verlag vorgestellt. Dabei wird zunächst einmal recht unkritisch auf die Illustrationen in *Sally Bleistift in Amerika* Bezug genommen: „Diese Erzählung fällt zunächst durch ihre originelle Einführung, die Originalzeichnungen von Alex Keil auf. Der Leser wird dadurch mit den Personen der Handlung von vornherein befreundet und findet sie im Laufe der Geschichte als seine persönlichen Freunde wieder."[42] Im Fokus der Buchbesprechung steht dann der Kampf gegen den Kapitalismus und gegen Rassenideologien:

---

40 Vgl. Wiebke von Bernstorff und Susanne Blumesberger: Kinder- und Jugendliteratur des Exils unter Gendergesichtspunkten. Ein Überblick über Deutschland und Österreich. In: Weertje Willms (Hg.): Gender in der deutschsprachigen Kinder- und Jugendliteratur. Vom Mittelalter bis zur Gegenwart. Berlin, Boston 2022, S. 264.
41 Anonym: Mary MacMillan: „,Sally Bleistift in Amerika'. Buchreihe ,Jugend voran', Globus Verlag" [Rezension]. In: Österreichische Zeitung, 13.6.1947, S. 5.
42 Anonym: Sally Bleistift, S. 7.

> Das Buch ist gerade für unsere vom Rassenwahn infizierte Jugend von größtem Wert. Hier wird der über alle Rassenideologien hinweggehende gemeinsame Kampf gegen die Unterdrücker aller gezeigt. [...] Außerdem erfahren wir die Geschichte der Unterdrückung und Ausrottung der Ureinwohner Amerikas und lassen den jungen Menschen, im Gegensatz zu der in der Jugendliteratur verherrlichten Indianerromantik mit der wahren geschichtlichen Entwicklung bekannt werden.[43]

Dass es sich bei *Sally Bleistift in Amerika* trotz des auf den ersten Blick erheiternden Titels und Coverbildes um kein Buch handelt, das nur der Unterhaltung dient – was auch auf andere Werke Auguste Lazars zutrifft – wird spätestens bei der Beschreibung der einzelnen Figuren deutlich. Auch die Rezension im *Salzburger Tagblatt* zielt auf den eigentlichen Zweck des Werkes ab: „Die Handlung ist spannend und trotz ihrer großen Realität von starker Anziehungskraft für jeden jungen Menschen. Sie ist lebensnah und zeigt den Weg, den der sich seiner Kraft bewußte Jugendliche zu gehen hat."[44]

An Kinder und Jugendliche gerichtete Exilliteratur darf nicht ausschließlich als antifaschistische Literatur gesehen werden. *Sally Bleistift in Amerika* fokussiert den Kommunismus und propagiert eine freie und gerechte Welt. Gleichzeitig ist es ein Werk, das selbst Vorurteile und Klischees transportiert und nicht davor zurückschreckt, unterschiedliche Völker gegeneinander auszuspielen.

Literaturverzeichnis

Altner, Manfred: Auguste Lazar. In: Simone Barck u. a. (Hg.): Lexikon sozialistischer Literatur. Ihre Geschichte in Deutschland bis 1945. Stuttgart u. a. 1994, S. 288–289.
Anonym: MacMillan, Mary: „,Sally Bleistift in Amerika'. Buchreihe ‚Jugend voran', Globus Verlag" [Rezension]. In: Österreichische Zeitung, 13.6.1947, S. 5.
Anonym: Sally Bleistift in Amerika von Mary MacMillan [Rezension]. In: Salzburger Tagblatt, 17.7.1947, S. 7.
Asper, Barbara: Auguste Lazar. In: Kurt Franz, Günter Lange und Franz-Josef Payrhuber (Hg.): Kinder- und Jugendliteratur. Ein Lexikon (17. Ergänzungslieferung, Februar 2003). Meitingen 2003, S. 1–11.
Bernstorff, Wiebke von und Susanne Blumesberger: Kinder- und Jugendliteratur des Exils unter Gendergesichtspunkten. Ein Überblick über Deutschland und Österreich. In: Weertje Willms (Hg.): Gender in der deutschsprachigen Kinder- und Jugendliteratur. Vom Mittelalter bis zur Gegenwart. Berlin, Boston 2022, S. 235–275, https://doi.org/10.1515/9783110726404 (Zugriff: 10.2.2023).

---

[43] Anonym: Sally Bleistift, S. 7.
[44] Anonym: Sally Bleistift, S. 7.

Blumesberger, Susanne: Handbuch der österreichischen Kinder- und Jugendbuchautorinnen, Bd. 2. Wien 2014, https://doi.org/10.7767/boehlau.9783205793007 (Zugriff: 10.2.2023).

Ebert, Günter: Ansichten zur Entwicklung der epischen Kinder- und Jugendliteratur in der DDR von 1945 bis 1975 (Studien zur Geschichte der epischen Kinder- und Jugendliteratur, 8). Berlin 1976.

Kucharz, Monika: Das antisemitische Stereotyp der „jüdischen Physiognomie": seine Entwicklung in Kunst und Karikatur (Grazer Edition, 16). Wien 2017.

Lazar, Auguste [Pseudonym Mary MacMillan]: Sally Bleistift in Amerika. Illustrationen von Alex Keil. Moskau, Leningrad 1935.

Lazar, Auguste [Pseudonym Mary MacMillan]: Sally Bleistift in Amerika [1935] (Jugend voran). Illustrationen von Alex Keil. Wien 1947.

Lazar, Auguste: Arabesken. Aufzeichnungen aus bewegter Zeit. Berlin 1957.

Seeber-Weyrer, Ursula: Zweifaches Exil? Österreichische Kinder- und Jugendliteratur im Exil. In: Hans-Heino Ewers und Ernst Seibert (Hg.): Geschichte der österreichischen Kinder- und Jugendliteratur von 1800 bis zur Gegenwart. Wien 1997, S. 114–124.

Julia von Dall'Armi
Mehrdeutigkeit und -deutbarkeit.
Die Darstellung von Flucht und Exil in Pei-Yu Changs Bilderbuch *Der geheimnisvolle Koffer von Herrn Benjamin* (2017)

1 Einleitung

Mit dem 2017 erschienenen Bilderbuch *Der geheimnisvolle Koffer von Herrn Benjamin*[1] reinterpretiert die taiwanesische Germanistin und Illustratorin Pei-Yu Chang den vielfach medial verhandelten, 1940 infolge der nationalsozialistischen Besetzung Frankreichs vollzogenen, letztlich jedoch gescheiterten Fluchtversuch des jüdischen Philosophen Walter Benjamin über die französisch-spanische Pyrenäengrenze. Eine auktoriale Erzählinstanz gibt die historisch verbürgte dramatische Begebenheit kindgerecht-vereinfachend wieder, zudem wird die textuelle Narration mit einem Amalgam aus Bildern in „Frottage- und Wischtechnik"[2] sowie Collagenmonturen illustrativ angereichert.

Der Grund für die vielfach positive mediale Resonanz auf das Bilderbuch[3] dürfte im titelgebenden Koffermotiv zu sehen sein, dessen unbekannter Inhalt nicht nur die junge, sondern auch eine erwachsene Leserschaft zu umfangreichen Spekulationen innerhalb und außerhalb der literarischen Handlung einlädt. Auf der literaturwissenschaftlichen und damit über die kindliche Rezeption hinausgehenden Ebene eröffnen sich mehrere Deutungsmöglichkeiten des Koffers; so ist das die Flucht begleitende, titelgebende Gepäckstück weitergehend als Symbol für

---

[1] Pei-Yu Chang: Der geheimnisvolle Koffer von Herrn Benjamin. Nach einer wahren Geschichte über Walter Benjamin. Zürich 2017. Da die Seiten des Bilderbuchs unpaginiert sind, wurden diese von mir im Nachhinein zur besseren Zitierfähigkeit mit Seitenzahlen versehen.
[2] Katrin Gruß: Der Mann mit dem Koffer. In: Süddeutsche Zeitung (22.6.2017), https://www.sueddeutsche.de/kultur/zeitgeschichte-als-abenteuer-der-mann-mit-dem-koffer-1.3555679 (Zugriff: 4.12.22).
[3] Vgl. hierzu auch die positiven Rezensionen der SZ und der FAZ: Gruß: Der Mann mit dem Koffer; Steffen Gnam: Von Traumpassagen und Einbahnstraßen. In: Frankfurter Allgemeine Zeitung (22.9.2017), https://www.faz.net/aktuell/feuilleton/buecher/rezensionen/kinderbuch/pei-yu-changs-bilderbuch-folgt-walter-benjamin-auf-der-flucht-15076896/pei-yu-chang-der-15211458.html (Zugriff: 4.12.22); Tobias Sedlmaier: Der Kopfkoffer. In: Neue Zürcher Zeitung (3.5.2017), https://www.nzz.ch/feuilleton/kinderbuch-der-kopfkoffer-ld.1289881 (Zugriff: 4.12.22).

https://doi.org/10.1515/9783111066677-016

Flucht und Vertreibung zu lesen, womit der Koffer auch als Gattungshinweis auf die Exilliteratur interpretiert werden kann. Folgt man dieser Lesart, so kann *Der geheimnisvolle Koffer des Herrn Benjamin* als metareflexiver Beitrag zum historischen Genre der Exilliteratur verstanden werden. Aus dieser Perspektive könnte der Koffer in der Text-Bild-Erzählung metonymisch zudem für das Gesamtwerk Benjamins stehen. Er ist damit als Fluchtursache und Erinnerungsstück für den Protagonisten zugleich zu lesen.

Die mit dem Koffer assoziierten, vielfach integrierten Intermedialitätsrekurse weisen das Buch schließlich auch als postmoderne Erzählung über das Werk Walter Benjamins aus, was durch die „intermodale Dimension"[4] des Bilderbuchs gestützt wird. Letztere unterbreitet jedoch noch weitere Lesarten des Koffers beziehungsweise des Bilderbuchs: Neben der Biographie einer historisch verbürgten Person, von der die Fluchterzählung ein ganz wesentlicher Bestandteil ist, ist das Werk angesichts der dramatisch einsträngigen, auf einen erzählerischen Höhepunkt zulaufenden Handlung um das Dingsymbol ‚Koffer' zugleich auch eine Novelle. Deren auktoriale Erzählsituation wird durch die bildliche Komplementärperspektivik gebrochen, die beispielsweise über die Abbildung zentraler Elemente von Benjamins Werk die Gedankenwelt des Protagonisten Walter Benjamin widerspiegelt und so ebenfalls implizit Bezug auf das mögliche Kofferinnere nimmt.[5]

Und schließlich wird mit dem Koffer auch die Autorschaft Pei-Yu Changs paratextuell inszeniert, indem seine Existenz als poetologischer Trigger für die Entstehung des Bilderbuchs ausgegeben wird.[6]

Die skizzierten Lesarten – das Kofferinnere als literarische Nullposition, als Fluchtsymbol, als in mehrfacher Hinsicht deutbarer Gattungshinweis (Exilliteratur, Bilderbuch, Novelle, Biographie) und schließlich als paratextueller, poetologischer Impulsgeber – möchte dieser Beitrag näher untersuchen und miteinander vergleichen. Ein inhaltlicher wie struktureller Abgleich mit Tendenzen und Strukturen aktueller Bilderbücher zum Thema Flucht und Exil sowie zur All-Age-Literatur beschließt die Analyse.

---

4 Vgl. zu den Begrifflichkeiten Michael Staiger: Erzählen mit Schrift-Bildtext-Kombinationen. Ein fünfdimensionales Modell der Bilderbuchanalyse. In: Julia Knopf und Ulf Abraham (Hg.): BilderBücher. Bd. 1. Theorie. Baltmannsweiler 2014, S. 12–31.
5 Vgl. z. B. Chang: Koffer, S. 12.
6 Vgl. Chang: Koffer, S. 44.

2 Die Fluchtdarstellung im Spannungsfeld von prätextueller Historizität und (intermodaler) Fiktionalität

Liest man die Geschichte, die hier von Exil, Flucht und Tod erzählt wird, als dokumentarisch-biographischen Sachtext mit dem Ziel, Erkenntnisse über die Flucht der historischen Person Walter Benjamin zu gewinnen, kann auf den autobiographischen Prätext seiner Fluchthelferin zurückgegriffen werden, Lisa Fittkos im Jahr 1989 erschienene Memoiren *Mein Weg über die Pyrenäen*.[7] Dies wird zunächst an der Parallelität der Handlungsabläufe in der Biographie und im Bilderbuch offenkundig. Lisa Fittko widmet den Erinnerungen an Walter Benjamin ein eigenes Kapitel in ihrer Autobiografie, „Der alte Benjamin". Darin beschreibt sie Benjamins Kontaktaufnahme zu ihr als Fluchthelferin, den gemeinsamen Weg der Exilant*innengruppe über die Pyrenäen und Walter Benjamins Scheitern an der Bürokratie an der französisch-spanischen Grenze.[8] Alle Handlungselemente lassen sich in chronologischer Reihenfolge so auch bei Pei-Yu Chang (2017) wiederfinden.

Eine nahezu wörtliche Übernahme einzelner Passagen aus Fittkos Memoiren macht diese Orientierung am Prätext besonders deutlich. Lisa Fittko thematisiert Benjamins Gepäck wie folgt:

> Mir fiel auf, daß Benjamin eine Aktentasche trug [...] Sie schien schwer zu sein, und ich fragte, ob ich ihm helfen könne. „Darin ist mein neues Manuskript", erklärte er mir. „Aber warum haben Sie es denn auf diesen Kundschaftsgang mitgenommen?" „Wissen Sie, diese Aktentasche ist mir das Allerwichtigste", sagte er. „Ich darf sie nicht verlieren. Das Manuskript *muß* gerettet werden. Es ist wichtiger als meine eigene Person."[9]

Die Erzählinstanz in Changs Bilderbuch greift diese Episode mit ähnlichen Worten auf:

> Einmal fragte Frau Fittko Herrn Benjamin, ob er seine schwere Last nicht doch zurücklassen wolle. Ich kann nicht, antwortete er. Was in diesem Koffer ist, kann alles verändern. Er ist mir das Allerwichtigste, wichtiger als mein Leben.[10]

Während der historische Prätext den Inhalt des Koffers benennt („mein neues Manuskript"), gibt die mediale Reinterpretation keine Auskunft darüber, was sich

---

7 Lisa Fittko: Mein Weg über die Pyrenäen. Erinnerungen 1940/41. München 1989.
8 Fittko: Pyrenäen, S. 112–123.
9 Fittko: Pyrenäen, S. 115.
10 Chang: Koffer, S. 23.

in dem Koffer befindet, und schafft über diese Nullstelle überhaupt erst den eingangs thematisierten Erzählanlass, indem sie sich nicht in erster Linie auf Benjamins Werk konzentriert, sondern auch allgemeinere, kindgerechtere und für diese Gruppe verständlichere Alternativen ermöglicht. Der historische Prätext wird in seiner fiktionalen Reinterpretation zudem bewusst über die hieraus resultierende Ungewissheit über seinen Inhalt erweitert. So gibt den Figuren nämlich der rätselhafte Inhalt des Walter Benjamin auf der Flucht begleitenden, jedoch verschollenen Gepäckstücks Anlass zu vielerlei Überlegungen, die von neuen philosophischen Beiträgen des Gelehrten über Waffenpläne bis hin zu Reiseproviant reichen und als Ausgangsbasis für weiterreichende lektüreergänzende Vermutungen dienen können. Gestärkt wird dieser mutmaßende Zugang noch durch eine weitere gezielte Abänderung der historischen Vorlage:

Findet sich in Fittkos Aufzeichnungen ein Hinweis auf den Verbleib des schwarzen Koffers inklusive seines Inhalts nach dem Ableben Benjamins[11], so legt das Bilderbuch dessen Verschwinden am Ende pauschal fest[12] und macht der Logik der Handlung zufolge eine Klärung des Inhalts unmöglich.

Das Bilderbuch modifiziert, verknappt und selektiert überdies weitere Handlungs- wie Ereignissequenzen der Vorlage: So bleibt der bei Fittko noch konstatierte Selbstmord Benjamins in der an kindliche Adressat*innen gerichteten Reinterpretation im Bilderbuch ebenso nicht erzählt („Das letzte Mal wurde Herr Benjamin in einem kleinen Hotel in den Bergen gesehen. Dann war er verschwunden"[13]) wie der im Prätext genannte Grund für das Scheitern des Fluchtversuchs, das fehlende Ausreisevisum nach Spanien: „Doch als er an der Reihe war, wies man ihn zurück. ‚Sie dürfen nicht durch. Sie müssen umkehren.'"[14] Auch wenn Benjamins Selbstmord bewusst für die anvisierte Adressat*innenschaft ausgeblendet wird, so liegt doch auch hier die Vermutung nahe, dass im Bilderbuch Benjamins plötzliches Verschwinden und die unklaren Ursachen für die gescheiterte Grenzüberschreitung als weitere Neugier schürende Verrätselungsstrategie genutzt werden.

Dabei verzichtet das Bilderbuch keineswegs ganz auf die Vermittlung historischer Fluchtbedingungen. Text und Bildanteile vermitteln dieses Wissen systematisch, dabei werden die Geschichten von Walter Benjamin und Lisa Fittko komplementär gestaltet und miteinander verschränkt. Der märchenhaften, durch fehlende Zeit- und Ortsangaben eine Übertragbarkeit der Handlung gewährleistenden Einleitungssequenz („Es ist noch gar nicht so lange her, da lebte in einer großen Stadt

---

11 Fittko: Pyrenäen, S. 125.
12 Chang: Koffer, S. 28.
13 Chang: Koffer, S. 28.
14 Chang: Koffer, S. 26.

ein außergewöhnlicher Mann namens Herr Benjamin"[15]), stellt das Bildmaterial den konkreten Aufenthaltsort seiner Fluchthelferin Lisa Fittko, die „Avenue Puig des Mas, Nr. 16, Banyuls sur-Mer"[16] gegenüber. Deutlich symbolhafter erfolgt die Informationsvergabe am Ende der Haupthandlung, wenn Benjamin auf Nimmerwiedersehen in Zimmer 48 des in Portbou gelegenen Hotels La Masia verschwindet.[17] Für diejenigen, die mit der Biografie Walter Benjamins vertraut sind, steckt darin ein Hinweis auf sein erreichtes Lebensalter und seinen Tod[18], ein weiterer Hinweis auf die Mehrfachadressierung des Bilderbuchs, dessen Bedeutungsebenen je nach Alter und Vorbildung des/der Rezipient*in unterschiedlich weit wie tief erschlossen werden können.

Doch auch eine reine Bildrezeption gibt Aufschluss über das Verhältnis von Faktualität und Fiktionalität der erzählten Flucht. Die Bilder bedienen sich hier einer ausgefeilten Farbsymbolik. Dunkel gehaltene Farben lassen sich als Hinweis auf die historische Nachweisbarkeit von Figuren, Handlungen und Gegenständen lesen, bunte Farben weisen auf die Erdachtheit der diese Fiktionalität anreichernden Aspekte hin. Während die Vermutungen über den Gepäckinhalt als historisch verbürgt gekennzeichnet werden, lassen bunte Elemente einen Rückschluss auf ihren fiktiven Status zu. Die bildliche Ebene beruht auf einer Collage (non-)fiktiver Teilelemente und das dem Medium inhärente kompositionalistische Prinzip[19] eines von außen kommenden Wissensflusses in einer erdachten Weltordnung wird auch graphisch konkret deutlich. So entsteht ein Mosaik aus faktualen wie fiktionalen Wissenselementen. Bunte Farben sind zusätzlich zu ihrer Funktion als Fiktionsindikator doppelt konnotiert. So werden Benjamins Hut und Stock symbolhaft für seine historische Existenz ebenso schwarz gehalten wie die die politischen Grenzen markierenden Schlagbäume, Soldaten und Grenzbeamten als Zeichen für die Bedrohung der Freiheit des Individuums. Rottöne (Frau Fittkos Hut, Herrn Benjamins Koffer und Schal) indizieren fiktive Ausschmückungen, pastellfarben hinterlegte Ausführungen der Erzählinstanz (Sprechblasen mit Verhaftungsbefehlen der Gestapo und Benjamins Besuch bei Frau Fittko[20]) weisen auf fluchtvorbereitende Handlungen hin. Der den Weg der Exilant*innengruppe kennzeichnende gelbe Pfeil und die die Gedankengänge Benjamins visualisierenden Gelbtöne signalisieren Erkenntnisprozesse[21]. Die sich einer finalen Deutung verweigernde Rätselhaftigkeit

---

15 Chang: Koffer, S. 5.
16 Chang: Koffer, S. 11.
17 Chang: Koffer, S. 28.
18 Vgl. hierzu Gnam: Von Traumpassagen.
19 Vgl. zum Begriff des „Kompositionalismus": Peter Blume: Fiktion und Weltwissen. Der Beitrag nichtfiktionaler Konzepte zur Sinnkonstitution fiktionaler Erzählliteratur. Berlin 2004, S. 23–34.
20 Chang: Koffer, S. 8 u. S. 11–12.
21 Chang: Koffer, S. 17–19.

von Benjamins Werk wird mit der Farbe Hellblau angedeutet und die Farbe Grau zeigt die Unkenntnis über den Inhalt von Benjamins Koffer an.[22] Auf der Ebene der figürlichen Gestaltung und der Typographie wird die Historizität ebenfalls über eine militärisch einheitliche Ausrichtung der Soldaten und der Gestapo sowie über die Nachahmung der Schreibmaschinentypographie in den „Verhaften!"-Sprechblasen umgesetzt[23], die sich auch bei den Spekulationen der Generäle über den Inhalt des Koffers, die in ihm „einen fliegenden Kampfroboter"[24] vermuten, wiederfindet. Während die Erzählung zu Beginn auf der Textebene bewusst im Vagen verharrt und die Bilder konkrete historische Bezüge aufweisen, so verkehrt sich diese asymmetrische Wissensrelation von verallgemeinerbarem Textinhalt und genau zuzuordnenden Bildinformationen am Ende. Ergänzend zu den optischen Signalen, die über die Bilder gegeben werden, macht der nachgeschobene Erzählerkommentar jetzt noch einmal explizit deutlich, dass es sich bei Benjamin und Fittko um konkrete historische Figuren handelt. Neben Lebensdaten werden die Handlungsweisen der Protagonist*innen kontextualisiert und plausibilisiert:

> Walter Benjamin (1892–1940) war einer der wichtigsten deutschen Philosophen und Schriftsteller mit einem besonderen Charme. [...] Er schrieb Theorien über Ästhetik und Literatur, Fotografie, Politik, Medien, Übersetzung und vieles mehr.[25]

> Im Jahr 1940 wurde die österreichische Lisa Fittko (1909–2005) in ein Frauenlager gesperrt, weil sie im Widerstand gegen Hitler kämpfte. [...] Unter Einsatz ihres Lebens führte Lisa Fittko die Fluchtsuchenden auf schmalen Pfaden über die Pyrenäen zur spanischen Grenze. Man sprach von der ‚F-Route'.[26]

Das beigeordnete Bildmaterial (zum Beispiel ein hellblauer Sessel mit fragmentarischen Aufzeichnungen)[27], auf dem sich Walter Benjamins schwarzer Hut und Stock befinden, im Hintergrund eine stilisierte Pyrenäenlandschaft im Morgenrot) betont in seiner Abstraktheit die Überzeitlichkeit der Geschichte, die ausgehend von an Benjamin erinnernde persönlichen Gegenständen und dem Fluchtraum immer wieder neu erzählt werden kann.

Das die Ausführungen über Lisa Fittko begleitende Bildmaterial setzt die Fluchterzählung chronologisch fort. So kehrt Benjamins Hut in verkleinerter Form

---

22 Chang: Koffer, S. 5, S. 28. Der hellblaue Schriftzug „Der geheimnisvolle Koffer" findet sich auch auf dem Titel.
23 Chang: Koffer, S. 7–10.
24 Chang: Koffer, S. 34.
25 Chang: Koffer, S. 40.
26 Chang: Koffer, S. 42.
27 Chang: Koffer, S. 39.

auf den Köpfen anderer Exilanten wieder und ist als Index für deren politische Verfolgung zu werten. Das Hellblau des Sessels greift die Farbgebung der Schiffsbrücke wieder auf und das Morgenrot geht über in pastellfarben gehaltene Wolken. Kontinuität und Übertragbarkeit des Erlebten wird so bildlich umgesetzt.

Aber auch wenn man Benjamins Flucht und Verschwinden rein als fiktionale Begebenheit lesen würde, nutzt das Bilderbuch seine typographische Dimension zur Vermittlung figurenbezogener Perspektiven, die die Bewertung der Fluchtbegleitumstände komplementär zur Hauptnarration ergänzen. Dies zeigt sich beispielsweise in der Nutzung einer „inszenierenden Typographie"[28], die den Fließtext als Hinweis auf die im Text erwähnte Außergewöhnlichkeit der Persönlichkeit Walter Benjamins eingangs nicht auf den an ein Blockblatt erinnernden hinterlegten Linien anordnet. Der Text wird vielmehr in mehreren Zeilen zwischen den gezogenen Linien eingefügt, ein Hinweis darauf, dass sich die Erzählung in ihrer Besonderheit buchstäblich nicht in ein festes Raster pressen lässt.

Dieser im Schriftsatz sichtbare Nonkonformismus setzt sich graphisch insofern fort, als die Folgeseiten auf die Linienführung verzichten, um die Einzigartigkeit der Erzählinhalte zu dokumentieren, die sich einer vorgegebenen Richtung, ja Linie, regelrecht widersetzen. Die im Erzähltext sichtbaren minimalen Abweichungen der Schriftelemente von der geraden Zeilenführung sowie der Flattersatz erzeugen ein dezent unruhiges Schriftbild und lassen sich einerseits als Störfall der auktorial geprägten Weltordnung interpretieren, andererseits auch als Hinweis auf die heimliche Flucht, das ‚Ausbrechen', einzelner Figuren. Schließlich lässt die Typographie auch auf die Besonderheit von Benjamins Biographie und Werk schließen, die sich einer Systematisierung und Kategorisierung widersetzt. Intensiviert wird diese Abweichung durch die Positionierung, Größe und Gerichtetheit der Schriftelemente. Deutlich machen lässt sich das etwa an dem bereits zitierten, zentralen Dialog zwischen Lisa Fittko und Walter Benjamin, in dem sie ihn fragt, ob er seine schwere Last nicht doch zurücklassen wolle, und er antwortet: „Ich kann nicht. Was in diesem Koffer ist, kann alles verändern. Er ist mir das Allerwichtigste, wichtiger als mein Leben."[29] Dass hier die Buchstabentypen der Ellipse „Ich kann nicht", der Satzteil „kann alles verändern" und „das Allerwichtigste" wesentlich größer und fett gedruckt werden, ist unschwer als Hinweis auf die Relevanz dieser Satzteile zu verstehen. Der kleiner gehaltene Nachschub „wichtiger als mein Leben" wird sogar auf vier Zeilen verteilt, eine lineare Zeilenführung wird durch Wortschrägstellungen aufgehoben und dadurch die Bedeutung der Aussage noch einmal ganz besonders gekennzeichnet, ein Phänomen, das Kurwinkel für

---

28 Tobias Kurwinkel: Bilderbuchanalyse. Narrativik – Ästhetik – Didaktik. Tübingen 2020, S. 155.
29 Chang: Koffer, S. 23.

andere Bilderbücher feststellt: „Schriftbildlich wird der Inhalt mimetisch durch die inszenierende Typographie gespiegelt [...]."[30] Klar abgesetzt von dieser Bildsprache wird die Darstellung einiger Grundzüge der Philosophie Walter Benjamins, die in handschriftlich anmutenden Faksimiles in Currentschrift in die Abbildungen integriert werden, letztlich aber nicht Benjamins Handschrift abbilden. Lisa Fittkos Mahnung an Walter Benjamin, er dürfe auf der Flucht nur leichtes Gepäck mitnehmen, wird in seiner Wahrnehmung zu einer „bla bla bla"-Äußerung[31]. Damit wird gezeigt, dass die Aussage von Benjamin nicht ernst genommen wird, zugleich wird dadurch plausibilisiert, warum Benjamin einen dermaßen schweren, für seine Flucht so hinderlichen Koffer mitnimmt. Das individuelle Unverständnis der Flüchtenden gegenüber Benjamins Entscheidung für ein sperriges Gepäckstück wird in der wortbezogen jeweils unterschiedlich ausgeführten und damit einzelpersonenbezogenen graphischen Umsetzung deutlich, die einen Bruch mit der übrigen Times-New-Roman-Typographie der Haupterzählung markiert. Die Vielzahl der für Einzelfiguren stehenden typographischen Konzepte inszeniert die Fluchtursachen und ihre Begleitumstände als individuell motiviert und weist sie als biographisch aus; Flucht wird so auf der typographischen Ebene als Teil der Figurenbiographie inszeniert.

3 Die Fluchtnarration als intermedial-postmoderne Auseinandersetzung mit Benjamins Werk

Die Doppelperspektive aus Sach- und fiktionalem Text und die durch die intermodale Perspektivenbrechung der Figuren erreichte innerliterarische Vielstimmigkeit setzt sich auf der Ebene der intermedialen Auseinandersetzung mit Benjamins Gesamtwerk im Bilderbuch fort. Das in diesem Sinne über ein *Kinder*buch hinausreichende Medium versteht sich somit zugleich als kultureller Speicher, der eine Vielzahl an Werkhinweisen enthält und mit seiner Intermedialität ein typisches Merkmal postmoderner Literatur aufweist. Auffällig ist hierbei, dass die Werkreferenzen in die der Buchgattung Bilderbuch eigenen Intermodalität eingepasst werden, wobei erst bei sorgfältiger und von kulturellem Hintergrundwissen angeleiteter Lektüre diese Mehrdeutigkeit offenbar wird. Ein Beispiel soll dies verdeutlichen: Walter

---

30 Tobias Kurwinkel: Bilderbuchanalyse, S. 171.
31 Chang: Koffer, S. 11.

Benjamin hält sich vor seiner Flucht über die Pyrenäen im Pariser Exil auf, von wo aus er Lisa Fittko in Südfrankreich aufsucht. Bildlich umgesetzt wird das kosmopolitische Ambiente der Großstadt Paris über Ladenpassagen,[32] auf die Benjamin explizit in seinem letzten Werk, dem unvollendeten Passagenwerk, Bezug nimmt.[33] Die Passage steht im übertragenen Sinne im Bilderbuch etymologisch für ein Durchqueren eines Raums und damit für die Flucht selbst. Die Geschäfte in der Ladenpassage weisen nur vordergründig auf die großstädtische Warenvielfalt hin; sie sind letztlich als intermediale Hinweise auf Walter Benjamins vielfältiges Gesamtwerk zu lesen. So lässt sich das Puppengeschäft als Anspielung auf das *Berliner Puppentheater* (1929), die agfa-Reklame auf Benjamins *Kleine Geschichte der Fotografie* (1931), die an Magrittes Kunstwerk *Ceci n'est pas une pipe* erinnernde Pfeifen- und Regenschirmsymbole als Rekurs auf Benjamins Surrealismus-Aufsatz interpretieren.[34] Die Spekulationen über den Inhalt von Benjamins Koffer führen im Bilderbuch diese Doppeldeutigkeiten fort. Wenn also Benjamin eine Posaune haltend abgebildet wird, so spielt dies auf sein 1921 verfasstes Gedicht *Die Posaune* an; die Spekulation, es befänden sich diverse Marmeladengläser im abhanden gekommenen Koffer[35], ist als Hinweis auf seinen Essay zum Thema ‚Essen' zu sehen.[36] Die für die Kommunikationswege genutzten Telefone der Nachwelt beziehen sich auf seinen „Telephon"-Aufsatz, der der Essaysammlung *Berliner Kindheit um neunzehnhundert* entstammt.[37]

Da die vielfältigen Referenzsysteme in Form einzelner, für die Schriften metonymisch stehenden Elemente in das Bilderbuch integriert werden, liegt eine Anpassung

---

32 Chang: Koffer, S. 12.
33 Vgl. Walter Benjamin: Das Passagen-Werk. Gesammelte Schriften. Band V in zwei Teilbänden, hg. von Rolf Tiedemann und Hermann Schweppenhäuser, unter Mitwirkung von Theodor W. Adorno und Gershom Scholem. Frankfurt a. M. 1982, S. 994.
34 Vgl. Walter Benjamin: Der Sürrealismus. Die letzte Momentaufnahme der europäischen Intelligenz. In: ders.: Gesammelte Schriften. Band II,1, S. 295–310; Walter Benjamin: Das Passagen-Werk; Walter Benjamin: Kleine Geschichte der Photographie. In: ders.: Aura und Reflexion. Schriften zur Kunsttheorie und Ästhetik. Ausgewählt und mit einem Nachwort von Hartmut Böhme. Berlin 2007, S. 353–377.
35 Chang: Koffer, S. 35.
36 Vgl. Walter Benjamin: Essen. In: ders.: Gesammelte Schriften. Bd. IV/1: Kleine Prosa, Baudelaire-Übertragungen, hg. von Tillman Rexroth. Frankfurt a. M. 1991, S. 374–381; Walter Benjamin: Über den Begriff der Geschichte. Werke und Nachlass – Kritische Gesamtausgabe, Bd. 19, hg. von Gérard Raulet. Berlin 2010; Vgl. hierzu auch den globalen Hinweis auf im Bilderbuch versteckte Hinweise auf Benjamins Werk bei Gnam: Von Traumpassagen.
37 Vgl. Walter Benjamin: Rundfunkgeschichten für Kinder. Benjamins Kasperle tobt durch die Welt des Radios. Berlin 2015; Walter Benjamin: Das Telefon. In: ders.: Berliner Kindheit um neunzehnhundert. Frankfurt a. M. 1987, S. 18–19.

des „kontaktgebenden Mediums" an das „kontaktnehmende Medium"[38] vor. Diese besondere Form der Intermedialität, eine simulierende „Systemerwähnung qua Transposition"[39], lässt sich als Teil einer Mehrsinnigkeit begreifen, die weniger die Werkinhalte fokussiert, als vielmehr als Synekdoché für das Gesamtwerk Benjamins zu lesen ist. Auf der *discours*-Ebene findet sich die Vielgestaltigkeit seines Werks in der Collagentechnik wieder, die in Form ausgeschnittener Papierobjekte und Randnotizen nochmals konkreter fassbar gemacht wird. Die Bilderbuchhandlung spiegelt, so könnte man aus der Art der medialen Umsetzung folgern, auch auf der Ebene der Illustration das synkretistisch anmutende, Stückwerk bleibende Gesamtwerk Benjamins wider: „Lassen sich all diese Theorie-Bruchstücke zusammenfügen, so bleiben sie dennoch *als* Sprünge, Brüche und Würfe wie in einem unvollständigen ‚Mosaik', einem gebrochenen ‚Gefäß', einem ‚Torso' oder ‚Entwurf' bestehen."[40]

Auch wenn diese Art der medialen Umsetzung stark vereinfachend wirkt und der Komplexität von Benjamins Gesamtwerk sicher keineswegs gerecht wird, so finden sich dennoch weitere Hinweise für die Relevanz dieser These.

Schlägt man das Bilderbuch auf, so registriert der/die Leser*in das karierte Innenfutter von Benjamins Koffer, das die ersten beiden Seiten bedeckt. Die erzählte Geschichte wird damit zum Inhalt von Benjamins Koffer und seine Flucht mit seinem Werk, dem Kofferinhalt, gleichgesetzt:

„So wird das Buch fast zu einem von Benjamins Werk inspirierten Weltbild – der Koffer als Raum, in dem, wie in der Collage, Dinge nebeneinander Platz finden, die eigentlich nichts miteinander zu tun haben. Nur über die Figur von Walter Benjamin sind sie verbunden."[41]

Diese Äquivalenzrelation zwischen Werk und Bilderbuchinhalt lässt sich weiter fortführen, denn „[i]n der Spiegelung von Mensch und Ding vertauschen sich [...] auf vielfältige Weise die Positionen von Subjekt und Objekt: die sich belebenden und personifizierenden Dinge nähern sich den Menschen an und umgekehrt."[42] Der Koffer Benjamins, sein Werk, ja letztlich das Bilderbuch selbst, lassen sich so als Metapher für Walter Benjamins Persönlichkeit lesen. Gestützt wird diese Auffassung durch den auktorialen Erzählerkommentar, der die geheimnisvollen Magierqualitäten Benjamins mit seinem plötzlichen Verschwinden sowie dem des Koffers in Ver-

---

38 Irina O. Rajewski: Intermedialität. Tübingen 2002, S. 200.
39 Rajewski: Intermedialität, S. 83.
40 Irving Wohlfahrt: Die Passagen-Arbeit. In: Burkhardt Lindner (Hg.): Benjamin-Handbuch. Leben – Werk – Wirkung. Stuttgart 2011, S. 254.
41 Christine Lötscher: Rezension zu „Der geheimnisvolle Koffer des Herrn Benjamin". In: Buch und Maus 2 (2017), S. 27.
42 Doerte Bischoff und Joachim Schlör: Dinge des Exils. Zur Einleitung. In: Doerte Bischoff u. a. (Hg.): Exilforschung. Ein internationales Jahrbuch 31 (2013): Dinge des Exils. München 2013, S. 15.

bindung bringt: „Ein sehr guter Freund von ihm [...] schrieb, dass er wie ein Zauberer aussah [...]"⁴³. Buchstäblich sitzt eine Miniaturausgabe Walter Benjamins im Koffer mit einem aufgeschlagenen Buch, dessen Cover den Titel „Geschichte" benennt und zudem schnipselartig Verweise auf Benjamins Herkunftsraum Berlin und eine Fluchtstation (Paris) enthält.⁴⁴ Doppelsinnig ist damit zum einen ein Hinweis auf Walter Benjamins letztes Werk, das im Winter 1939/40 entstandene *Über den Begriff der Geschichte*, gegeben, das explizit auf die Bedrohung des Nationalsozialismus Bezug nimmt, zum anderen aber auch auf einer paratextuellen Ebene die (Flucht-)Geschichte gemeint, die der/die Leser*in in Händen hält.

Die im Bilderbuch dargestellte, multimodale Geschichte lässt sich somit als Metapher für Benjamins Gesamtwerk und seine Persönlichkeit gleichermaßen lesen.

4 Paratextuell-performative Inszenierung der Autorschaft Pei-Yu Changs als Teil der Exilgeschichte

Dass die Äquivalenzrelationen mit der Gleichsetzung des Bilderbuchs mit Walter Benjamins Werk und seiner Person nicht beendet sind, zeigt der paratextuelle Hinweis auf die Verfasserin und Illustratorin des Bilderbuchs, der ans Ende gestellt ist. Er rückt die Autorin des Bilderbuchs selbst graphisch wie inhaltlich in die Nähe ihrer im Bilderbuch verhandelten Figuren:

> Pei-Yu Chang (1979) studierte deutsche Literatur und Sprache sowie Deutsche Literaturwissenschaft in Taipeh (Taiwan) und Illustration in Münster. Sie liest und reist gerne. Auf einer Reise nach Süddeutschland im Jahr 2015 hörte sie von dem verschwundenen Koffer. Dies faszinierte sie so sehr, dass sie eine Geschichte darüber schreiben musste.⁴⁵

Vergleicht man diese Ausführungen mit den vorangestellten, formal wie inhaltlich ähnlich strukturierten Ausführungen zu Walter Benjamin und Lisa Fittko, so werden einige Parallelen offenbar. Bei allen drei Figuren werden ausgehend von einer ähnlich distanzschaffenden Personenbenennung mit Geschlechtsbezeichnung („Frau Fittko", „Herr Benjamin", „Frau Chang") Lebensdaten und Tätigkeiten

---

43 Chang: Koffer, S. 40.
44 Chang: Koffer, S. 32.
45 Chang: Koffer, S. 44.

in Analogie zueinander aufgeführt. Changs Biographie fokussiert ebenso wie Fittkos und Benjamins Lebenslauf insbesondere Reisen und intellektuelle Beschäftigungen. Auch formal ist ein ähnlicher Aufbau zu erkennen; das Verhältnis von Überschriften und Satzspiegel ist gleich gestaltet: der Titel ist jeweils rot eingerahmt, die Schriftart und Seitenaufteilung wird hier nahezu identisch übernommen. Den rechts stehenden Text ergänzt auf der linken Seite ein symmetrisch-gestaltetes Bild, das die textuell thematisierte Figur bildlich in Szene setzt. Diese gleichbleibende Darstellungsart zeitigt einen performativen Effekt: Die Autorin und Illustratorin wird so Teil der soeben erzählten Geschichte, sie wird durch die Nacherzählung der Fluchthandlung ebenfalls zu einem Flüchtling. Bildlich wird dieser Einbindungsprozess umgesetzt, indem das fiktive Alter Ego der Autorin wie Benjamin und eine Reihe anderer Exilant*innen einen schwarzen Hut trägt. Es steht auf den collageartig aufgeführten Ideen Benjamins (Spielzeug, Blumen, kariertes Papier) und trägt eine karierte Jacke, die das Muster des Kofferinnenfutters aufgreift[46]. Die metamediale Reflexion über ihren künstlerischen Schaffensprozess lässt Changs graphisches Werk als Interpretation und Paratext zu Benjamins Werk sichtbar werden. Der Entstehungsvorgang wird auf der bildnerischen Ebene zusätzlich durch die einen Authentizitätseffekt erzeugende Fotografie der Collagen wiedergegeben; die Papierschnipsel wirken wie dreidimensional aufgeklebt, wodurch der künstlerische Gestaltungsakt nochmal regelrecht plastisch vor Augen geführt wird. Die Fluchthandlung ist damit zugleich als Ausgangspunkt eines schöpferischen Interpretationsprozesses zu deuten, der von einer wechselseitigen Beeinflussung der realen Autorin und der Fluchthandlung ausgeht.

5 Kontextualisierung des analysierten Werks im Bilderbuchkorpus zum Thema ‚Flucht und Exil'

Dem Bilderbuch ist die Widmung „Für alle Menschen, die aus ihrem Land flüchten müssen"[47] beigegeben. Auf den ersten Blick reiht sich *Der geheimnisvolle Koffer des Herrn Benjamin* damit in ein umfassenderes Bilderbuchkorpus zum allgemeinen Thema ‚Flucht und Exil' ein. Das Bilderbuch möchte nicht nur als ein reflektierender Beitrag zum Exil zwischen 1933 und 1945 verstanden werden, sondern auch als ein Beitrag zur literarisch-medialen Aufarbeitung aktueller Fluchtbewegungen

---

46 Chang: Koffer, S. 43.
47 Chang: Koffer, S. 3.

(Syrien, Ukraine), hier mit dem Ziel einer Übertragbarkeit von Benjamins Fluchtschicksal auf allgegenwärtige Migrationsperspektiven.

Vergleicht man die Handlung in *Der geheimnisvolle Koffer von Herrn Benjamin* mit der Vielzahl jüngst erschienener Bilderbücher zu Flucht und Vertreibung, so treten jedoch deutliche Unterschiede in Anlage und Konzeption hervor. Neuere, vor allem nach den Fluchtbewegungen ab 2015 entstandene Bilderbücher zum Thema Flucht, Exil und Migration nehmen häufig eine kindliche Identifikationsfigur in den Mittelpunkt ihrer Handlung und zeigen ausgehend von einem in der Regel topographisch nicht näher bestimmbaren Herkunftsraum die gelungene Sozialisierung in einem westlich orientierten, kulturell verschiedenen Zielraum an.[48] Struktur und Figurenkonzeption des soeben interpretierten Bilderbuchs weisen deutlich andere Schwerpunkte auf. In *Der geheimnisvolle Koffer von Herrn Benjamin* wird nicht nur die Flucht eines exzeptionellen und konkret benannten historischen Gelehrten gezeigt, der für kindliche Rezipierende wohl kaum als Identifikationsfigur dienen kann. Eine Übertragbarkeit der Fluchthandlung ist auch angesichts der Vielzahl einschlägiger räumlicher wie zeitlicher Kontextinformationen des Buches kaum gegeben, da diese die Fluchtumstände genau historisch bestimmen und somit eine Übertragbarkeit auf gegenwärtige Exilphänomene unmöglich machen.

Der geheimnisvolle Koffer von Herrn Benjamin unterscheidet sich daneben auch im Hinblick auf die ausführliche Darstellung des Exilraums und das Scheitern der Flucht, wohingegen die meisten anderen Bilderbücher zum Thema gerade eine erfolgreiche Fluchterfahrung darstellen. Nicht mehr die in anderen einschlägigen Bilderbüchern aufgegriffenen kulturellen Differenzen machen dem Geflüchteten einen Neuanfang schwer, sondern die historischen Begleitumstände, die eine Grenzüberschreitung Walter Benjamins vereiteln. Die dargestellten semantischen Räume in *Der geheimnisvolle Koffer von Herrn Benjamin* thematisieren diese möglichen kulturellen Alteritätserfahrungen nicht, sondern lassen ein Scheitern der Flucht aufgrund zeitgenössischer politischer Bestimmungen deutlich werden.

Dies schafft eine zusätzliche Distanz von Pei-Yu Changs Bilderbuch zum aktuellen Flucht-Bilderbuchkorpus, das sich primär an ein kindliches Lesepublikum richtet und Flucht als aktuelle räumliche Grenzüberschreitung zwischen zwei Kulturräumen deutet.

Die Vielzahl an voraussetzungsreicher historischer wie intermedialer Zusatzinformation ist im diskutierten Text zudem als repräsentativ für die der All-Age-

---

48 Julia von Dall'Armi: Sich ein Bild von der Flucht machen (können)? Das Eigene und das Fremde in aktuellen Bilderbüchern. In: Jahrbuch der Gesellschaft für Kinder- und Jugendliteraturforschung (2017), S. 100–113; Heidi Rösch: Alles wird gut?! – Flucht als Thema in aktuellen Bilderbüchern für den elementar- und Primarbereich. In: leseforum 2 (2018), S. 1–18.

Literatur eigenen Mehrfachadressierung einzustufen, die jüngst in vergleichbaren Bilderbüchern einen erfolgreichen Nachhall gefunden hat. Dabei handelt es sich um „eine Einsinnigkeit mit graduellen Abstufungen"[49], die sich zwar „erwachsenen Mitleser[n]"[50], nicht aber einer kindlichen Adressat*innenklientel erschließen.[51] Das mehrfach adressierte Bilderbuch kontextualisiert Flucht und Vertreibung in einem Gewebe aus vertieftem postmodernem Literaturverständnis sowie kulturellem und historischem Wissen und stellt die Bedeutung exzeptioneller historischer Gestalten und ihrer individuellen Schicksale heraus. Sánchez Vegaras' *Hannah Arendt. Little People – Big Dreams* ist ein anderes, besonders prototypisches Beispiel für dieses Vorgehen: Das in großflächigen Abbildungen dargestellte Leben der berühmten jüdischen Philosophin bietet wenig Identifikationspotenzial für den/die kindlichen Leser*in und der bildungssprachliche Text dürfte eher eine gebildete jugendliche und erwachsene Leserschaft ansprechen.[52] Im Lichte der All-Age Literatur besehen erschließen sich auch die eben skizzierten vielfältigen und intermodalen Interpretationsmöglichkeiten von Pei-Yu Changs *Der geheimnisvolle Koffer des Herrn Benjamin* und dessen auf intertextueller, typographischer, bildsprachlicher und metareflexiver Ebene anspruchsvollen Fluchtdarstellung.

Literaturverzeichnis

Beckett, Sandra L.: Transcending Boundaries. Writing for a Dual Audience of Children and Adults. New York 2012.
Benjamin, Walter: Rundfunkgeschichten für Kinder. Benjamins Kasperle tobt durch die Welt des Radios. Berlin 2015.
Benjamin, Walter: Das Telephon. In: ders.: Berliner Kindheit um neunzehnhundert. Frankfurt a. M. 1987, S. 18–19.
Benjamin, Walter: Kleine Geschichte der Photographie. In: ders.: Aura und Reflexion. Schriften zur Kunsttheorie und Ästhetik. Ausgewählt und mit einem Nachwort von Hartmut Böhme. Berlin 2007, S. 353–377.
Benjamin, Walter: Essen. In: ders.: Gesammelte Schriften. Bd. IV/1: Kleine Prosa, Baudelaire-Übertragungen, hg. von Tillman Rexroth. Frankfurt a. M. 1991, S. 374–381.

---

49 Maria Bertling: All-Age Literatur. Die Entdeckung einer neuen Zielgruppe und ihrer Rezeptionsmodalitäten. Wiesbaden 2016, S. 169.
50 Bertling: All-Age Literatur, S. 11; vgl. dazu auch Kurwinkel: Bilderbuchanalyse, S. 19.
51 Vgl. hierzu auch: Sandra L. Beckett: Transcending Boundaries. Writing for a Dual Audience of Children and Adults. New York 2012.
52 Julia von Dall'Armi: „Denken ohne Geländer"? Ken Krimsteins Graphic Novel „Die drei Leben der Hannah Arendt" aus literaturdidaktischer Perspektive. In: Thomas Boyken und Jörg Brüggemann (Hg.).: Philosophische Fragen im Spiegel der Kinder- und Jugendliteratur, S. 81.

Benjamin, Walter: Das Passagen-Werk. Gesammelte Schriften. Band V in zwei Teilbänden, hg. von Rolf Tiedemann und Hermann Schweppenhäuser, unter Mitwirkung von Theodor W. Adorno und Gershom Scholem. Frankfurt a. M. 1982.

Benjamin, Walter: Der Sürrealismus. Die letzte Momentaufnahme der europäischen Intelligenz. In: ders.: Gesammelte Schriften. Bd. II,1, hg. von Rolf Tiedemann und Hermann Schweppenhäuser, unter Mitwirkung von Theodor W. Adorno und Gershom Scholem. Frankfurt a. M. 1977, S. 295–310.

Benjamin, Walter: Über den Begriff der Geschichte. Werke und Nachlass – Kritische Gesamtausgabe, Bd. 19, hg. von Gérard Raulet. Berlin 2010.

Bertling, Maria: All-Age Literatur. Die Entdeckung einer neuen Zielgruppe und ihrer Rezeptionsmodalitäten. Wiesbaden 2016.

Bischoff, Doerte und Joachim Schlör: Dinge des Exils. Zur Einleitung. In: Doerte Bischoff u. a. (Hg.): Exilforschung. Ein internationales Jahrbuch 31 (2013): Dinge des Exils. München 2013, S. 9–20.

Blume, Peter: Fiktion und Weltwissen. Der Beitrag nichtfiktionaler Konzepte zur Sinnkonstitution fiktionaler Erzählliteratur. Berlin 2004.

Chang, Pei-Yu: Der geheimnisvolle Koffer von Herrn Benjamin. Nach einer wahren Geschichte über Walter Benjamin. Zürich 2017.

Dall'Armi, Julia von: Sich ein Bild von der Flucht machen (können)? Das Eigene und das Fremde in aktuellen Bilderbüchern. In: Jahrbuch der Gesellschaft für Kinder- und Jugendliteraturforschung (2017), S. 100–113.

Dall'Armi, Julia von: „Denken ohne Geländer"? Ken Krimsteins Graphic Novel „Die drei Leben der Hannah Arendt" aus literaturdidaktischer Perspektive. In: Thomas Boyken u. a. (Hg.): Philosophische Fragen im Spiegel der Kinder- und Jugendliteratur. Dresden, voraussichtlich 2023, S. 69–84.

Fittko, Lisa: Mein Weg über die Pyrenäen. Erinnerungen 1940/41. München 1989.

Gnam, Steffen: Von Traumpassagen und Einbahnstraßen. In: Frankfurter Allgemeine Zeitung (22.9.2017), https://www.faz.net/aktuell/feuilleton/buecher/rezensionen/kinderbuch/pei-yu-changs-bilderbuch-folgt-walter-benjamin-auf-der-flucht-15076896/pei-yu-chang-der-15211458.html (Zugriff: 4.12.22).

Groschek, Iris: Der Koffer als Symbol der Erinnerungskultur. In: Rainer Hering (Hg.): Die „Reichskristallnacht" in Schleswig-Holstein. Der Novemberpogrom im historischen Kontext. Hamburg 2016, S. 317–342.

Gruß, Katrin: Der Mann mit dem Koffer. In: Süddeutsche Zeitung (22.6.2017), https://www.sueddeutsche.de/kultur/zeitgeschichte-als-abenteuer-der-mann-mit-dem-koffer-1.3555679 (Zugriff: 4.12.22).

Kurwinkel, Tobias: Bilderbuchanalyse. Narrativik – Ästhetik – Didaktik. Tübingen 2020.

Lötscher, Christine: Rezension zu „Der geheimnisvolle Koffer von Herrn Benjamin". In: Buch und Maus 2 (2017), S. 27.

Rajewsky, Irina O.: Intermedialität. Tübingen 2002.

Rösch, Heidi: Alles wird gut?! – Flucht als Thema in aktuellen Bilderbüchern für den Elementar- und Primarbereich. In: leseforum 2 (2018), S. 1–18.

Sedlmaier, Tobias: Der Kopfkoffer. In: Neue Zürcher Zeitung (3.5.2017), https://www.nzz.ch/feuilleton/kinderbuch-der-kopfkoffer-ld.1289881 (Zugriff: 4.12.22).

Staiger, Michael: Erzählen mit Schrift-Bildtext-Kombinationen. Ein fünfdimensionales Modell der Bilderbuchanalyse. In: Julia Knopf und Ulf Abraham (Hg.): BilderBücher. Bd. 1. Theorie. (Deutschdidaktik für die Primarstufe). Baltmannsweiler 2014, S. 12–31.

Wohlfahrt, Irving: Die Passagen-Arbeit. In: Burkhardt Lindner (Hg.): Benjamin-Handbuch. Leben – Werk – Wirkung. Stuttgart 2011, S. 251–274.

Etti Gordon Ginzburg, Anita Konrad
Pest in Tel Aviv: Re-reading Mira Lobe in the Framework of Exile Literature[1]

1 Introduction

The present essay recovers an unpublished short story by the acclaimed Austrian children's author Mira Lobe (1913–1995). The story, *Pest*, reveals an episode from Lobe's little-known history as a German-Jewish immigrant-refugee in Mandatory Palestine (MP), later Israel, between 1936 and 1950. Born Hilde Mirjam Rosenthal to a Jewish family in Görlitz, Germany, Lobe immigrated to MP in 1936. During this period she began her literary career, illustrating and later writing children's books that were published in Hebrew, some to great acclaim. In 1950, Lobe and her family re-emigrated to Europe and settled with her family in Vienna, where she began her ascent towards the Austrian pantheon of children's literature. It seems that at this point, the fourteen years Lobe had spent in MP/Israel faded from public memory, perhaps because they are barely recorded in Lobe's own writing and consequently in ensuing scholarly research.

Mira Lobe has been perceived as an exile children's author in research in Germany since the 1990s[2], and in Austria since the early 2000s[3], mainly due to her first children's novel *Insu-Pu. Die Insel der verlorenen Kinder* (1951) that was published in Hebrew as *I Ha'yeladim* as early as 1947. However, Lobe wrote three other short texts that reference the 14 years she had spent in MP/Israel. So far only two – „Die Lüge" (1972), and „Der Duft von Orangen" (1992) – were published. *Pest*, whose German typescript is discussed here in depth for the first time, is the third text and the first to describe a specific episode from Lobe's life in Tel Aviv in relative detail, a curious incident at the outset of a plague in Tel Aviv in 1943.

---

[1] Etti Gordon Ginzburg would like to thank the International Youth Library (IJB) in Munich and the research authority at Oranim College for their support in this research.
[2] Cf. Kinder- und Jugendliteratur im Exil 1933–1950. Mit einem Anhang Jüdische Kinder- und Jugendliteratur in Deutschland 1933–1938, ed. by Andrea Thomalla and Jörg Räuber, exh.-cat. Die Deutsche Bibliothek, Leipzig 1995; Reiner Wild (ed.): Geschichte der deutschen Kinder- und Jugendliteratur. Stuttgart, Weimar 2008 (3rd amended edition); Annegret Völpel, Zohar Shavit and Ran HaCohen: Deutsch-jüdische Kinder- und Jugendliteratur. Ein literaturgeschichtlicher Grundriß. Stuttgart 2002.
[3] Cf. Siglinde Bolbecher and Konstantin Kaiser: Lexikon der Österreichischen Exilliteratur. Wien, München 2000.

Interestingly, the story was never published in German; it was, however, translated into Hebrew from the German typescript and published in Israel in as early as 2005 under the title „Ha'dever Be'Tel Aviv" (*Haaretz Literary Supplement* 2005), thus joining the list of Lobe's early literary works that exist in Hebrew but not, as yet, in German.

In this article, we will review the German manuscript of *Pest* and provide a historical and biographical reading, followed by a close examination of its literary qualities while considering contextual elements. We will conclude with a discussion of the classification of *Pest* as *children's* exile literature building on its language and content, and in light of prevalent definitions of exile literature in the field as well as in light of the author's chosen professional identity – Lobe declared herself to be exclusively a children's author.

Being aware of the role national inclinations can play in exile literature research,[4] it is important to point out the bi- and transnational approach of the current project. In the present collaboration (between a Jewish Israeli and an Austrian researcher), it is a core concern not only to avoid, as much as possible, any national, cultural and personal biases, but also to ensure a nuanced understanding of sources in both Hebrew and German.

Lobe's years in MP/Israel play a formative role in her life, if only because it was there and then that she started her writing career. However, this part of her personal history and its expression in her writing have seldom been given attention. Hence the importance of *Pest*, the third extant story, in addition to „Die Lüge" and „Der Duft von Orangen", about Lobe's experience in MP/Israel. *Pest* reclaims its author's exile and migration experience and provides a little-known perspective on the life and work of one of Austria's most successful children's authors, who was for a short time as successful in Israel.

2 The Recovery of *Pest*

In 2005, readers of the literary supplement of *Haaretz*, a highbrow Israeli daily newspaper, were the first to read *Pest* which appeared in Hebrew and under its Hebrew title „Hd'dever Be'Tel Aviv". The story was translated by Tommy Sadeh, a close, life-long friend of Mira Lobe. Sadeh, fluent in both German and Hebrew,

---

[4] Kristina Schulz: Wiedergutmachung als raison d'être. Exilforschung im Kontext der deutschen Vergangenheitsbewältigung und die Herausforderung der Migrationsgeschichte. In: Kristina Schulz, Wiebke von Bernstorff and Heike Klapdor (eds.): Grenzüberschreitungen. Migrantinnen und Migranten als Akteure im 20. Jahrhundert. München 2019, pp. 30–31.

had decided to translate the story following claims by Israeli scholar Zohar Shavit that Lobe severed all ties with Israel, the country that had saved her from Nazi Germany, and tried to erase the Israeli chapter from her personal history.[5] Shavit further criticized Lobe for revising the original version of *I Ha'yeladim*, which in its Hebrew edition was explicitly anti-German, to suit its post-war German-language readership. Sadeh, who had been in constant touch with Lobe until her death in 1995 and had hosted her and her children in Israel more than once, felt that Lobe was wronged and set to the task of translating and publishing the story, whose typescript he owned.[6]

The original typescript was found in Lobe's apartment in Vienna after her death. However, several copies appear to have been made and distributed; indeed, quite a few people seem to have been aware of the story's existence and content even before Lobe's death. In addition to the copies owned by Sadeh and Lobe's family, the Görlitz academic and dramaturge Wolfgang Wessig, who corresponded with Lobe over several years, mentions a copy he owned;[7] journalist Daniela Segenreich-Horsky refers to the story as an unpublished text and quotes a few lines from it in a magazine article.[8]

The typescript doesn't bear a date, but according to Claudia Lobe, her mother wrote the story several years after the family relocated to Vienna in 1950.[9] Several additions were made to the typescript in Lobe's handwriting, including the title, *Pest*, at the top, as well as various corrections to the text.[10] Lobe's handwritten revisions, additions and corrections to the original typescript were incorporated into the quotes cited in this essay; typos were corrected to allow for a smoother reading.

---

5 Zohar Shavit: Lo Ota Geveret Lo Ota Aderet. In: Haaretz, 1.10.2003, https://www.haaretz.co.il/misc/2003-10-01/ty-article/0000017f-f2df-d487-abff-f3ff9cd40000 (Retrieved: 12.7.2021).
6 Sadeh, now in his 80s, became a close acquaintance of Lobe and her family during the 1960s. When he arrived in Vienna in 1959 to study veterinary medicine, a field of study that did not yet exist in the young state of Israel, he immediately went looking for the author of his beloved book, *I Ha'yeladim* [*The Children's Island*, or *Insu Pu* in German]. He received a warm welcome; Sadeh recalls Lobe's joy at meeting the young Israeli and her fluent Hebrew (Tommy Sadeh: Interview with Etti Gordon Ginzburg, 3.8.2021).
7 Wolfgang Wessig: Mira Lobes „Insu-Pu" (1948) – ein Klassiker der israelischen Kinderliteratur. In: Beiträge Jugendliteratur und Medien 51 (1999), 2, p. 69.
8 Daniela Segenreich-Horsky: Die andere Mira Lobe. In: Wina. Das jüdische Stadtmagazin (2013), https://www.wina-magazin.at/die-andere-mira-lobe/ (Retrieved: 30.9.2022).
9 Claudia Lobe: Interview with Anita Konrad, 9.8.2021.
10 We received the typescript of *Pest* from Tommy Sadeh, after acquiring Claudia Lobe's permission to use it for our research. We are grateful to both for their generosity and help.

3 Mira Lobe – A Biographical Sketch

Mira Lobe was born into an assimilated upper-middle-class Jewish family of merchants. As a schoolgirl, she was already involved in the socialist youth movement, which almost got her expelled from school (Lobe later became a member of the communist party for many years and remained on the left-wing, socialist-communist spectrum throughout her life). Following an encounter with her German teacher over an essay she wrote on Heinrich Heine, she recalls „von da an war mir klar, dass ich nicht in Deutschland bleiben würde"[11]. Shortly afterwards, when on March 29th, 1933 she witnessed SA men chasing and humiliating Jewish judges and lawyers of Görlitz in the streets of the city, she resolved to leave for MP: „Der 20jährigen Abiturientin, der die Universität bereits verschlossen war, blieb nur die Auswanderung nach Palästina"[12]. In 1933, she moved to Berlin and applied for a certificate that would enable her and her family to immigrate.[13] During her three-year wait for the certificate, she attended a fashion school in Berlin, where she trained as a machine knitter, learning also bookbinding and Hebrew: „[m]it einer Gruppe junger Zionisten lernte sie Hebräisch und traf Martin Buber"[14].

In 1936, Lobe finally received the longed-for certificate and immigrated to MP; her family joined her in 1937. There, to make ends meet, she worked numerous jobs, from house cleaning to book binding „und noch zehn andere Berufe"[15], as she recalls. It was during this period that Lobe began her literary career, illustrating and later writing children's books that were published in Hebrew, some to great acclaim. Lobe's novel *I Ha'yeladim* [The Children's Island] was first published in Israel in 1947. Originally written in German and translated into Hebrew in collaboration with Yemima Avidar-Tchernovitz, the book became an immediate success and has been released in numerous editions since its debut, most recently in 2006.

---

11 Wolf Harranth: Mira Lobe. „Das könnt' ich können". Ansätze zu einer Biographie, Nachsätze zu einigen Büchern. In: Freiheit ist besser als Speck. Texte für Mira Lobe, zusammengestellt zu ihrem 80. Geburtstag. Wien, München 1993, p. 10.
12 Wessig: Mira Lobes „Insu Pu", p. 68
13 Lobe's father, Martin Paul Rosenthal, had died already in 1927. Her mother and only sister, as well as her grandmother, followed her to MP.
14 Wessig: Mira Lobes „Insu Pu", p. 68. Tommy Sadeh recalls that Lobe conversed fluently in Hebrew when he met her in Vienna in 1959 (Sadeh: Interview, 3.8.2021). Her collaboration with Yemima Avidar-Tchernovitz on the translation of *I Ha'yeladim* (1947) from German to Hebrew, as well as their jointly-written Hebrew book *Shnei Reim Yatzu Laderech* (1950), are also indicative of her Hebrew language skills.
15 Mira Lobe: Autobiographie. In: Richard Bamberger (ed.): Der Österreichische Jugendschriftsteller und sein Werk. Sonderdruck aus „Die Barke 1965". Wien 1965, p. 57.

A second bestseller, *Shnei Reim Yatzu Laderech* [Two Friends on the Road] (1950), which Lobe co-authored in Hebrew also with Avidar-Tschernovitz, has never been translated.

In 1940, she married Jewish-German actor and director Friedrich Lobe (1889– 1958), 24 years her senior, who had arrived in MP already in 1933. In 1943, a daughter, Claudia, was born, and in 1947, a son, Reinhart. In 1950, the family re-emigrated to Europe and settled in Vienna, where Friedrich Lobe was able to obtain a more secure engagement at the Scala theatre than the one he had in MP/Israel;[16] Mira Lobe had to start anew.

4 *Pest* in Tel Aviv: (Auto)biographical Background

Pest depicts a domestic episode in the city of Tel Aviv in 1943/44. Two parents with a baby, living in a tiny, one-room apartment, fight a rat that invades their home, fearing that it will bring upon them the plague raging in the city. The story is humorously told from the woman's perspective.[17]

The episode is based on an actual incident that took place in the Lobes' home in Tel Aviv around the summer of 1943 or 1944, and has become part of the Lobe family

---

[16] A celebrated actor before his arrival in MP/Israel, Friedrich Lobe was employed as a stage director for the 17 years he lived there. Between 1933 and 1950, Lobe staged a third of all performances at the Ohel theatre, some of them very successfully. However, he was never permanently employed, and receiving commissions only for individual productions made his working situation precarious (Cf. Sebastian Schirrmeister: Das Gastspiel. Friedrich Lobe und das hebräische Theater 1933–1950. Berlin 2012).

[17] Despite the impression of a large-scale epidemic that is rendered in *Pest*, the story is historically based on what was in fact a limited outbreak of the bubonic pest in 1943/44. An article from 2015 describes „an outbreak [...] in the Suez Canal Zone [in 1941]" (Wael M. Lofty: Plague in Egypt: Disease biology, history and contemporary analysis: A minireview. In: Journal of Advanced Research 6 (2015), 4, pp. 549–554) that probably led to the eruption of the disease in Haifa; according to a report by the World Health Organization (WHO), the disease was „presumably carried on ships from Suez" to Haifa, a port city, in 1941, then „[i]n 1942–43 the city of Jaffa was affected, with 15 human cases including 9 deaths. The plague persisted in Jaffa and Haifa and later broke out in nearby Tel Aviv. There were 93 cases and 30 deaths in the country in 1944, 38 cases in 1945, and 13 cases in 1946" (Norman G. Gratz: Urban Rodent-Borne Disease And Rodent Distribution In Israel And Neighboring Countries. In: Israel J. Med. Vol 9. Nr. 8, August 1973, pp. 969–979). A newspaper article from 1947 mentions another outbreak of the plague in Haifa in 1944, with 20 cases and 2 deaths (Haaretz, 8.7.1947. Reprinted in Haaretz, 8.7.2012).

narrative.[18] The apartment the couple inhabited the year their first child was born was located at Hayarkon street, next to the Ritz Hotel, whose kitchen waste probably attracted the rats that would later on cause the plague. The flat, as described in *Pest*, had a terrace leading directly to the beach, where the hotel guests, mostly British soldiers, would party until late at night.[19]

According to Lobe's own testimony, all the events recounted in *Pest* are faithful renderings of real events: „[...] die Pestgeschichte in Tel Aviv stimmt von vorn bis hinten"[20], she wrote in a letter from 1992. Perhaps this is the reason that the recipient of the letter, Lobe scholar Wolfgang Wessig – who also owned a copy of the typescript – refers to the story as mere „Erinnerungsgeschichte"[21]? rather than as a literary work of artistic value. The strong autobiographical streak might also explain why it has never been published. Lobe was not too keen about sharing her private life with her readers: „Nicht etwa, dass ich's gern täte: über mich selbst schreiben!"[22] However, as the next chapter aims to show, alongside the story's autobiographical claim, it is a highly sophisticated literary piece, the work of a skillful author.

5 Notions of Home, Gender, and a Critique of War: A Literary Analysis of *Pest*

Pest begins with a description of the setting, a hot summer day in Tel Aviv: „Der Sommer war nicht heißer als jeder Sommer in Tel Aviv."[23] The comparison to previous summers suggests that the narrator is long acquainted with the local weather. Indeed, the story takes place a good 7–8 years after Lobe's immigration to MP/Israel and although it was most probably composed in Vienna, it vividly and authentically conjures up the atmosphere of a Middle Eastern summer day.

A detailed description of a *Chamsin*, a hot desert wind, follows:

> Ich glaube, es war Chamsin an jenem Tag [...] ‚Chamsin' bedeutet fünfzig und ist ein Wüstenwind, der einen Tag dauert oder drei oder fünf. Insgesamt weht er im Laufe des Jahres

---

[18] Since the baby in the story is described as a mere few months old, and since Lobe's daughter was born in August 1943, we believe that the story must have taken place around that time.
[19] Lobe: Interview, 9.8.2021.
[20] Wessig: Mira Lobes „Insu Pu", p. 68.
[21] Wessig: Mira Lobes „Insu Pu", p. 68.
[22] Lobe: Autobiographie, p. 56.
[23] Mira Lobe: Pest. Unpublished typescript. n.d., p. 1.

fünfzig Tage, heißt es. Er ist nicht immer gleich. Manchmal stülpt er einem nur eine Glutglocke über, wenn man aus dem Haus tritt in die schneidende Helle der weißen Stadt. Schließt man die Augen, kreisen Feuerräder unter den Lidern. Manchmal spielt er Hölle mit anschwellendem und abschwellendem Heißhauch. Manchmal, wenn er am ärgsten ist, fegt er als Sandsturm mit wirbelnden Schleiern daher, nimmt Sicht und Atem. Sand in Augen und Ohren. Sand in Mund und Nase. Sand unter den Nägeln. Sand zwischen den Zähnen. Die Straßen liegen leer. Alle Fenster sind geschlossen[,] die Jalousien heruntergelassen. Trotzdem dringt der Sand durch die Ritzen.
Es war also Chamsin.[24]

The description bears witness to the narrator's intimate familiarity with the local weather conditions, thus adding to her credibility as a witness to the events about to unfold.

5.1 The Notion of Home in *Pest*

Though it revolves around a domestic setting at risk, *Pest* nevertheless conveys a strong sense of home. The story is set in a home of a young family, and the plotline consists of protecting this home and family from an invading rat that might be carrying a plague that is raging in the city. Despite this threat, the text conveys a sense of stability, which is further enhanced once one learns about the circumstances that made the family move to this private apartment only recently: „Bis das Baby kam hatten wir in einem Boarding-House gewohnt, in einem großen, kühlen Zimmer. Ehepaare mit Kind waren dort nicht erlaubt. Also suchten wir eine Wohnung"[25]. Despite its rundown state, the new apartment is less temporary than a „Boarding-House"; thus, it seems that with the coming of the baby, the family has settled down.

The story takes place in an urban setting, the city of Tel Aviv, which, while less developed than a European city, is nevertheless described as a modern metropolitan. Notwithstanding the hazy, desert-like feeling established at the outset of the story, references to various municipal establishments enhance the impression of „einer zivilisierten Großstadt"[26]: There is a theatre and health authorities, and doctors are called in for consultation from other big cities, Haifa and Jerusalem. The downsides of life in the big city are not excluded from this description:

---

24 Lobe: Pest, p. 1.
25 Lobe: Pest, p. 1.
26 Lobe: Pest, p. 2.

> Unsere Waschküchen-Wohnung grenzte an einen schmalen Bauplatz, dieser wiederum an die Hinterfront des Hotel Ritz. Dort standen neben den Küchentüren Reihen von Abfallkübeln, Magnete für streunende Hunde, Katzen – und Ratten. Früher, vor dem Krieg, war das Ritz ein vornehmes Hotel gewesen. Jetzt logierten dort englische Soldaten, tranken reichlich, lärmten reichlich, aßen reichlich. Fleisch vor allem.[27]

In this description of the city's less attractive aspects, as in *Pest* in general, no nostalgic comparison is made between the narrator's current reality and her European homeland. Nor is there any sense of the alienation that, according to Bouckaert-Ghesquiere, accompanies immigrants' adjustment to a new locale when the differences between the home country and the new destination are too great.[28] Despite all challenges, the narrator of *Pest* seems to be settled and well integrated in the new country.

5.2 *Pest* as a Feminist Critique of War

Pest is a first-person narrative from the perspective of a young wife and mother under financial constraints. Using elliptical sentences and alliteration, the narrator succeeds in evoking the exhaustion and monotony that can arise from everyday domestic and maternal activities:

> Weil unsere Wohnung so winzig und luftlos war, weil ich Windeln waschen musste und in Geschäften anstehen nach Trockenfisch, Trockenkartoffeln und gelegentlich – wenn wir Glück hatten – nach Trockenfleisch.[29]

As she takes care of the baby, the narrator engages in repetitive activities in an attempt to make the weather more bearable: She mops the floor and washes it with water every hour, and hangs up a wet cloth. However, once a rat invades the small apartment, we witness a reversal of gender roles as the mortified husband cannot bring himself to get out of bed to chase the rodent out. The narrator comments on this with sarcastic humour:

---

27 Lobe: Pest, p. 3.
28 Rita Bouckaert-Ghesquiere: Listen to my story: the multiple voices of autobiographical juvenile literature in Europe. In: Heidy Margit Müller and Alistair Kennedy (ed.): Migration, Minderheiten und kulturelle Vielfalt in der europäischen Jugendliteratur / Migration, Minorities and Multiculturalism in European Youth Literature. Bern 2001, p. 28.
29 Lobe: Pest, p. 1.

> Mir wurde klar, daß mütterlicher Heroismus sich in Windelwaschen nicht erschöpft. Unfreundliche Gedanken über Männer im Kopf, schaudernde Angst im Gebein – so stieg ich aus dem Bett und machte Licht. Die Ratte sprang aus einem Regalfach, rannte an mir vorbei, kletterte den Paravant hinauf, fiel – zu schwer für den Stoff – wieder herunter, rannte zurück und verschwand im Duschraum.
> Ich schlug die Tür zu.
> Gefangen! sagte ich. Was jetzt?[30]

The enemy-rat's invasion of the couple's apartment is described in warlike terms that are incongruous with the story's domestic setting. The contrast between the husband's bravery at the sound of nightly military bombardments – Tel Aviv was bombarded from the air by the Italian air force in September 1940, by the German army in June 1941, and again by the Egyptian army in May and June 1948 – and his fear of a single rat seems markedly humorous:

> Aber er; der sonst mutiger war als die meisten Männer, die ich kannte, der vor meinen Augen auf einen tollwütigen Schakal ohne Zaudern losgegangen war, der später, in Bombennächten, ungeachtet der Gefahr hinauslief, um zu helfen – er fürchtete sich vor der Ratte, genau wie ich. [...]
> Er war unfähig, sich zu rühren.
> Stell mich einem Löwen gegenüber! verlangte er allen Ernstes.
> Wo sollte ich einen Löwen hernehmen?
> Es raschelte wieder[31]

Similarly, the ironic description of Mr Weißmann's conduct and appearance serves to undermine his experience as a rat hunter during World War I:

> Ich ließ das Licht an und ging ins Bett zurück. Morgen früh sollte ich Herrn Weißmann aus dem zweiten Stock holen. Er hatte uns stolz erzählt, wie er sich in den Schützengräben des ersten Weltkrieges im Rattenerschlagen ausgezeichnet habe. [...] Um fünf war es hell. Um halb sieben holten wir Herrn Weißmann herunter. Er war ein Frühaufsteher. Malerisch vermummt zog er in die Schlacht. In hohen Gummistiefeln, die man sonst nur in der Regenzeit trägt. In einer dicken Jacke und Handschuhen. Sogar einen Hut setzte er auf und zog ihn sich über die Ohren.
> Die Luder beißen! Erklärte er. Die stellen sich und kämpfen![32]

The lively description of the mother-narrator's successfull anti-rat campaign is juxtaposed with the ‚real' wars fought by men, mocking their pathos and questioning their skills in everyday life. The discrepancy between the two men's heroic conduct

---

30 Lobe: Pest, p. 4.
31 Lobe: Pest, p. 4.
32 Lobe: Pest, p. 5.

during war and their meek and reluctant response in the face of a mundane event such as a rat invasion creates an irony that not only mocks the two men's cowardice but also criticizes masculine notions of bravery.

The difference between the female narrator's conduct and that of the two men begs a comparison with Lobe's depiction of masculinity and femininity in „Hochwasser" (1968), another pseudo-autobiographical account where a mother emerges as capable and hands-on during a flood when the men have given up.

In this respect *Pest* fits in with the emancipatory-feminist stance that characterizes many of Lobe's children's books, whose characters do not conform to gender conventions, be it the dreamy (and hence somewhat feminine) boy hero of *Hannes und sein Bumpam* (1961); the independent, magical grandmother of *Die Omama im Apfelbaum* (1965); or the energetic, exuberant Valerie and Lolo from *Valerie und die Gute-Nacht-Schaukel* (1981) and *Lollo* (1987). Similarly, gender roles imposed by parents in *Das kleine Hokuspokus* (1988) are humorously but distinctly rejected.

5.3 The Rat in the Room

Pest begins with news about the sudden death of a young man, „Der Sohn des Theatermeisters", from a mysterious disease which doctors later identify as „La peste bubonique. Beulenpest. Die Pest!"[33] The narrator, recalling that hundreds of dead rats, the carriers of the disease, have been found in a warehouse in the port of Jaffa[34] not far from the couple's flat, describes them as „groß und widerwärtig, sie hatten lange Schwänze und schienen sich vor nich[ts] zu fürchten"[35]. Disgust turns to fear as the narrator realizes that they are actually much closer: rats feed on the rubbish bins of the neighbouring Hotel Ritz. Indeed, one night the family is awakened by the rustling sound of a rat, whose mock-heroic hunt and eventual killing form the heart of the narrative of *Pest*. Neither neighbour nor husband volunteer to remove the dead rat from the flat, and so the narrator takes on the task, realizing that it is not disgusting at all. She buries the rat at the nearby building site, and erects a small monument on its grave:

> Aus der Nähe besehen war sie gar nicht so häßlich. Sie hatte ein langhaariges, graubraunes Fell und rosa Pfoten. Ich stieg über die Terrassenmauer, und begrub sie auf dem Bauplatz und türmte Sand und Steine auf sie. Ein kleines Grabmonument.[36]

---

33 Lobe: Pest, p. 2.
34 Today's Tel Aviv-Jaffa
35 Lobe: Pest, p. 3.
36 Lobe: Pest, p. 5.

Since animal stories are an integral part of the repertoire in children's literature, it is worth taking a brief look at the human-animal relationship in this story. Rats – unlike mice – are rarely the protagonists or even positive minor characters in children's animal stories.[37] *Pest* is no exception in this regard; the rat is not anthropomorphized and the human-animal opposition is maintained almost until the very end. It is only when the rat is dead that there is a change of perspective as the narrator's engagement with an animal leads to the realization that they at least possess a certain kind of subjectivity.

This humane view is connected to the metaphorical load rats carry: the antisemitic analogy between Jews and rats, one of the most notorious, anti-Semitic tropes of Nazi propaganda[38], goes as far back as the fourteenth century when Jews were accused of causing the bubonic plague, and were persecuted and massacred all over Europe as a result.[39] The lack of an article in the very title of the story, *Pest*, likewise renders it suggestive of this broad, general history. The narrator further invokes this association through a specific reference to the German children's song „Oh du lieber Augustin":

> Das Lied vom lieben Augustin. Die Strophe, die wir als Kinder nicht gesungen hatten, weil sie zu gruselig war, die aber im Liederbuch stand: O, du lieber Augustin, alles ist hin. Jeder Tag war ein Fest, jetzt haben wir die Pest! Nur ein großes Leichennest, das ist der Rest ...[40]

Thus, by extension, the plague can be read also as a reference to a more recent catastrophe – the Holocaust: „Es verschlug uns die Sprache. Mitten im zwanzigsten Jahrhundert – [mitten in] einer zivilisierten Großstadt: Die Pest!"[41] Accordingly, this expression of astonishment at the outbreak of a plague, which is associated with darker times and less advanced societies, can be read metaphorically as conveying the narrator's bewilderment and shock that a barbaric event such as the Holocaust could take place in modern times.

---

37 Catherine Elick: Talking Animals in Children's fiction. A Critical Study. Jefferson 2015.
38 Régin Mihal Friedman and Getrud Koch: Juden-Ratten – Von der rassistischen Metonymie zur tierischen Metapher in Fritz Hipplers Film „Der ewige Jude". In: *Frauen und Film* (1989), 47, pp. 24–35, http://www.jstor.org/stable/24058259 (Retrieved: 12.10.2022).
39 Cf. Alfred Haverkamp: Die Judenverfolgungen zur Zeit des Schwarzen Todes im Gesellschaftsgefüge deutscher Städte. In: indem (ed.): Zur Geschichte der Juden im Deutschland des späten Mittelalters und der frühen Neuzeit. Stuttgart 1981, pp. 27–93
40 Lobe: Pest, p. 3.
41 Lobe: Pest, p. 2.

5.4 Writing about Exile Experiences – But to Whom?

The fact that the reference to „O du lieber Augustin" remains unexplained, in contrast to the narrative decision to include such a lengthy explanation of *Chamsin* is telling, suggesting that Lobe's target readership is European. Such an audience, whether young or adult, would largely not be acquainted with the phenomenon of *Chamsin* but would be likely to pick up on the reference to the Augustine song. The use of the plural „wir" (we) in „Die Strophe, die wir als Kinder nicht gesungen hatten"[42] also indicates that her implied readers share her cultural background and upbringing. The story's description of everyday objects such as the „Stubenwagen", a kind of bassinet that is still in use today, is yet another reference that is more likely to be picked up by a reader with a German or Austrian upbringing: „der Teewagen mit dem aufmontierten Waschkorb stand. Im Korb lag das Baby"[43]. While the overall description of the improvised bassinet stresses the family's dire financial situation in the new land, the allusion to „Stubenwagen" also underlines the author's cultural associations and her ties to the former homeland.

By comparison, when referring to the quickly built neighbourhoods in and around Tel Aviv for newly arrived immigrants after World War II, Lobe uses the word „Barackensiedlung":

> Die Stadt geriet in Aufruhr. Eine Epidemie! Das Gesundheitsamt riegelte das Wohnviertel ab, in dem die Krankheit am heftigsten um sich griff: eine Barackensiedlung, in der Flüchtlinge dicht gedrängt hausten.[44]

The choice to use the word „Barackensiedlung" rather than the Hebrew *Ma'abara*, results in the exchange of specific local associations for European ones.[45] This implies once again that the target readership is German-speaking and European that may not be able to grasp the meaning of a such foreign word, if used, without a detailed explanation as indeed is done with the Arab word *Chamsin*.

---

42 Lobe: Pest, p. 3.
43 Lobe: Pest, p. 1.
44 Lobe: Pest, p. 2.
45 In Europe, "Barackensiedlungen" were settlements comprised of quickly constructed, temporary accommodations, very common already from World War I, throughout World War II and, due to lack of housing, also in the first post-war years. „Barackensiedlungen" served people from all societal strata, as well as military men and their families. Social housing and public facilities such as kindergartens were still housed in such settlements in Austria until the 1970s (Arnold Suppan: Erinnerung und Historisierung. In: idem: Hitler – Beneš – Tito. Konflikt, Krieg und Völkermord in Ostmittel- und Südeuropa. Vol. 1. Wien 2014, p. 1545 ff).

The description of the outbreak of the plague in Tel Aviv's refugee quarter also reveals how the narrator positions herself in the local Israeli hierarchy vis-à-vis the ‚Other', mostly non-European Jewish refugees who usually inhabited the *Ma'abarot* [pl. for *Ma'abara*] in Israel, although the narrator's living conditions are apparently not very different from those of the poorest inhabitants of the Tel Aviv's „Barackensiedlung":

> Und da wir kein Geld hatten, nahmen wir die billigste: eine ehemalige Waschküche zu ebener Erde, keine zwanzig Quadratmeter groß, ohne Fenster, nur mit einer Tür auf die sogenannte „Terrasse" hinaus – ein Beton-Viereck [...].[46]

The description conveys a division between the ‚them' of the poor, non-European immigrants of the *Ma'abarot* and the narrator and her family, thus reflecting the social distinction between the Tel Aviv bourgeois and the poorer *Ma'abara* populace. The fact that the narrator seems to consider herself as separate from the crowds of refugees inhabiting the „Barackensiedlung" although she too is a refugee/immigrant and both groups share the same poor living conditions and the same legal status as citizens, implies a certain degree of belonging to the place described (Tel Aviv). The distinction is further enhanced by the word „Flüchtlinge", rather than immigrants, or even the Hebrew word *Olim*, to refer to the residents of the *Ma'abara*. This is one nuance that the term „Barackensiedlung" fails to convey.

6 *Pest* as Exile Literature

German research of exile children's literature, and of exile-literature by and large, initially aimed to record German-speaking exile spanning 1933–1945, to use the broadest possible definition. The word „German" is used here to broadly denote „German language and culture rather than German nationality", thereby including „both German and Austrian emigrés and their books [...] written and illustrated after 1933 and published by 1950"[47]. Following guidelines that were laid in the 1980s, Phillips and others focus on „authors and illustrators born before 1918 in Germany, or in the territories of the former Austro-Hungarian Monarchy (AHM) until its breakup in 1918, who wrote, illustrated, and published books for children and youth in exile from 1933 to 1950"[48].

---

46 Lobe: Pest, p. 1.
47 Zlata Fuss Phillips: German Children's and Youth Literature in Exile 1933–1950. Biographies and Bibliographies. München 2001, p. 7.
48 Phillips: German Children's and Youth Literature in Exile, p. 9.

Since then however, the research has expanded from focusing on individual biographies and specific contexts to considering broader cultural-historical and migration-related sociological questions, such as the conditions of departure, passage, arrival and onward journeys.[49] Bannasch and Sarkowsky in particular argue for an extension of the research period of exile literature beyond the initial temporal frame of reference (1933–1945) to allow a space-time continuum of home, exile and post-exile experiences such as exclusion and discrimination after 1945. Further arguing for what has now become known as „Nachexil" (post-exile) they explain:

> Der Begriff des Nachexils impliziert vielmehr – und das teilt er mit der Postmigration – den Umstand, dass die Erfahrung des Exils prägend bleibt, sich gar fortsetzt, sei es an dem Niederlassungsort des Exils oder aber nach der Rückkehr in das Herkunftsland. Mit Braese zu sprechen: dass er sich abbildet im „Existenzmodus". ‚Nach', so ließe sich in Analogie zum Präfix ‚Post' des Postkolonialen, Postmodernen oder Posthumanen sagen, ist nicht (nur) eine Markierung der temporalen Sequenz, sondern impliziert immer auch die andauernde Auseinandersetzung mit dem durch die Nachgängigkeit modifizierten Begriff. Mit dem Nachexil kann daher, wie bereits deutlich wurde, nicht von einem Ende des Exils gesprochen werden [...].[50]

Research in the field has been strongly driven by Germany's willingness to deal with its Nazi past, and in the spirit of remembrance work, focusing on those who were expelled from Germany around and during the NS regime.[51] This approach generated many scholarly and ethical achievements, from collecting, recovering, and sometimes rescuing literary works by both major and minor exile authors, to drawing attention to otherwise lost literary talents and authors' tragic fates.

However, these favourable aspects simultaneously raise important theoretical and ethical questions that are frequently overlooked. For one, in his critique of what he describes as „the myths of exile research", Winckler points out the national-historical orientation of exile research and its tendency to overlook exile experiences that had not been lived and written „mit dem Blick nach Deutschland [...], sondern sich dem jeweiligen Asylland: Frankreich, Palästina, den USA zugewandt und so eine interkulturelle Identität erworben hat"[52].

---

49 Cf. Schulz: Wiedergutmachung, p. 28 f.
50 Bettina Bannasch and Katja Sarkowsky: Nachexil und Post-Exile: Eine Einleitung. In: idem (eds.): Exilforschung. Ein internationales Jahrbuch 38 (2020): Nachexil / Post-Exile. Berlin 2020, p. 4.
51 Cf. Schulz: Wiedergutmachung, pp. 23–25.
52 Lutz Winckler: Mythen der Exilforschung?. In: Claus-Dieter Krohn et al. (eds.): Exilforschung. Ein internationales Jahrbuch 13 (1995): Kulturtransfer im Exil. München 1995, p. 79.

This *assumed* connection, while often taken for granted, may become ethically problematic in some instances, as for example in cases of authors who, like Lobe, severed all ties with their homeland. Defining such cases as examples of exile writing not only runs counter to these writers' choice and agency but also classifies them as contributors to the nation's literature, thereby appropriating their work. The competing conceptions of sovereignty and membership revealed in this act become even more complicated in the case of Jewish exiles like Lobe: „When a Jewish writer fled to Palestine, did he go into exile or did he accomplish an alijah? I would not presume to answer that question"[53] writes Jewish-German-American scholar Guy Stern.

Lobe's case demonstrates how complex and fluid such definitions are. In light of this, and while it is tempting to read *Pest* in the framework of exile literature, this classification becomes challenging. On the one hand, the setting, style and themes of *Pest* as well as the circumstances of its composition and publication history, all suggest considering it in the context of exile literature. Moreover, the fact that *Pest* was written in German, outside of Germany, by a native German who was forced to flee in 1936, about an experience that took place during the war years – significantly in MP – makes the story eligible for inclusion in this framework. On the other hand, Lobe never wrote as an exile, „mit dem Blick nach Deutschland". In *Pest* as well as in „Der Duft von Orangen" and „Die Lüge", but also in her short 1965 „Autobiographie" in which Lobe wrote about her exile experiences, there are no expressions of longing to Germany. Instead her writing conveys a sense of practical anticipation („Autobiographie"), or adjustment and coming to terms with the living conditions of the new state (*Pest*). In another biographical account from 1985 her start in MP/Israel is described as smooth and effortless: „[D]er ‚Einstieg' in eine neue Welt erfolgte mühelos"[54]. The closing paragraph of „Der Duft von Orangen" conveys a similar sense of freedom and relief rather than a painful experience of exile:

> Einen ganz wunderbaren Geruch habe ich viel später erlebt, da war meine Kindheit schon vorbei, aber es war auch so etwas wie ein Neuanfang.
> Ich bin Jüdin, und 1936 bin ich nach Palästina ausgewandert. Ich ging in Haifa an Land, es war im März, es war schon Frühling. Alles hat schon geblüht. Ich fuhr nach Tel Aviv, und ich kam mir wie verzaubert vor, wie verwunschen. Da war dieser betäubende, berauschende Orangen-Duft. Ich fühlte mich plötzlich so frei, es war tatsächlich ein Gefühl von Freiheit, von Glück, von Noch-einmal-da-vongekommen-Sein.
> Dieser Duft von Orangen, der löst bis heute ein Glücksgefühl in mir aus.[55]

---

53 Guy Stern: From Exile Experience to Exile Studies. In: Bernhard Greiner (ed.): Placeless Topographies. Jewish Perspectives on the Literature of Exile. Berlin, Boston 2015, p. 28.
54 Harranth: „Das könnt' ich können", p. 11.
55 Mira Lobe: „Der Duft von Orangen". In: Heinz Janisch (ed.): Salbei & Brot. Gerüche der Kindheit. Wien 1992, p. 31.

Such descriptions are not unique to Lobe[56] and, as Stern and Winckler suggest, they further problematize exile terminology, and expose its Germanocentric perspective.

In fact, all references to MP/Israel in the texts discussed here express a sense of ‚at-home-ness'. Eventually, however, after spending the first 20 years of her life in pre-war Germany, and the next 14 years in MP/Israel, Lobe chose, in a deliberate act of volition and agency, to immigrate to Vienna, where she eventually built her most enduring identity as an Austrian children's author. Still, research on Lobe seems to ignore both this strong identification and the fact the Lobe made her career in Austria as an Austrian, as well as Lobe's original German identity, and although definitions of Austrian exile literature encompass German literature by former Austrians writing outside Austria after 1938, Lobe is found in Austrian exile research since the early 2000.

The manner in which Lobe herself depicts her journey reflects various tensions that we believe are at odds with a nationalistic bias implicit in exile research terminology. For example, though she had never been there before, Lobe describes her immigration to Austria as a miraculous return and rebirth: „Bei der Rückkehr – ein sehr freundlicher Stern brachte uns nach Wien ..."[57]. This language may be explained as relating to her return to Europe in general rather than to Germany.[58] Still, it conveys a strong sense of home-coming and may reflect Lobe's strong German cultural and linguistic identity and emotional affiliation, which she shared with some other Jewish Austrian and German writers, actors and artists in Tel Aviv during and after the war years:[59] „Nie vergesse ich, wie das war: in meiner Sprache

---

56 Children's author Lisa Tetzner expresses a similar feeling of freedom upon her arrival in Switzerland in 1933:
„Niemals werde ich den ersten Tag in der Schweiz vergessen. Mit einem Gefühl dankbarer Befreiung und großer Erleichterung stand ich im Züricher Hauptbahnhof. Nun lag die gefährliche letzte Zeit, die ständige Angst in der permanenten Bürgerkriegsatmosphäre hinter uns." (Lisa Tetzner: Das Märchen und Lisa Tetzner. Ein Lebensbild, ed. by Hanns Leo Tetzner. Frankfurt a. M. 1966, p. 56; also quoted in Dirk Krüger: Die deutsch-jüdische Kinder- und Jugendbuchautorin Ruth Rewald und die Kinder- und Jugendliteratur im Exil. Frankfurt a. M. 1990, p. 138).
57 Lobe: Autobiographie, p. 57.
58 Phillips also uses the verb „return" to describe the „one-fifth [of the emigrés who] returned to East Germany, West Germany, or Austria after WWII" (Phillips: German Children's and Youth Literature in Exile, p. 10). However, can Lobe's move to Austria in 1950 be described as a return in the way Phillips uses it? As we show above, Lobe's relationship with both Germany and Austria contains multiple tensions and does not reflect a simple ‚homecoming'.
59 Cf. Willy Verkauf-Verlon: Heimkehrprobleme in Palästina und Israel. Stationen der Emigration, Immigration und Rückkehr. In: Johann Holzner et al. (eds.): Eine schwierige Heimkehr. Österreichische Literatur im Exil 1938–1945. Innsbruck 1991, p. 104.

mich gedruckt zu sehen, meinen Kindern dieses Buch [the German edition of *Insu Pu*] mit nach Hause zu bringen"[60]. This kind of emotional bond was possible mainly due to the German language which Austria shared with Germany, and which Lobe doubtless perceived as a kind of linguistic homeland. The fact that Austria adopted a victim narrative after the war and until as late as the 1990s and the outbreak of the Waldheim-Affaire (1986–1992), probably also helped resolve tensions that a different narrative might have provoked especially among Jewish immigrants to Austria.

At the same time, it must be noted that the statement on „returning" was composed in 1965, when Lobe was already an established, award-winning author in Austria. Speaking in hindsight, with the benefit of already knowing that her career would flourish, Lobe's move to Vienna may have appeared fortunate indeed. Her enthusiasm should thus not necessarily be interpreted as the relief of an exile brought to an end. Furthermore, it is significant that Lobe refers to the city of Vienna rather than to the state of Austria. The emphasis on Vienna suggests an attempt to shape a new-old cultural space for herself amid various contradictions. Recent studies about migration and trans-locality have recorded a tendency among migrants, especially in Germany, to identify locally rather than nationally (to Germany).[61] It is possible that this local rather than national sense of belonging helped Lobe cope with the tension embedded in her decision to „return" to Austria, considering the actions of the nation during the war.

In a letter to Wessig, again in hindsight, Lobe succinctly hints at her awareness of possible reservations to her choice of destination: „[...] 1950 kamen wir nach Europa zurück, hier nach Wien, an dem es allerlei einzuwenden gäbe, wo man sich aber doch, alles in allem wohl fühlen kann"[62]. Eventually, Lobe was able to launch a successful career as a children's writer in Austria at a time when public discourse was dominated by „kulturpolitisch lange nachwirkenden exilfeindlichen Ressentiments" as well as „einem, so Thomas Bernhard, nationalsozialistisch-katholisch-provinziellen Bodensatz"[63].

---

60 Lobe: Autobiographie, p. 57.
61 Cf. Erol Yildiz: Stadt ist Migration. In: Bergmann, Malte/Lange, Bastian (eds.): Eigensinnige Geographien. Städtische Raumaneignungen als Ausdruck gesellschaftlicher Teilhabe. Wiesbaden 2011, pp. 71–80; Maria Alexopoulou: Translokale Identität. Die Vereinnahmung der Stadt im „Nicht-Einwanderungsland" 2019. In: Kristina Schulz, Wiebke von Bernstorff and Heike Klapdor (eds.): Grenzüberschreitungen. Migrantinnen und Migranten als Akteure im 20. Jahrhundert (Frauen und Exil, 11). München 2019, pp. 180–190.
62 Wessig: Mira Lobes „Insu Pu", p. 76.
63 Primus-Heinz Kucher: Exilforschung in Österreich. Rückblick, Zwischenbilanz und Versuch eines Ausblicks. In: Claus-Dieter Krohn and Lutz Winckler (eds.): Exilforschung. Ein internationales Jahrbuch 30 (2012): Exilforschungen im historischen Prozess. München 2012, p. 146. This is not a

7 Coda: *Pest* as Exile Children's Literature?

Pest stands out, along with „Die Lüge" and „Der Duft von Orangen" among Lobe's vast amount of publications also due to the fact that classifications as either children's or adult literature turn out to become problematic and lopsided. All three texts depict Lobe's experiences in MP/Israel, are told from an adult perspective, and have no child protagonists. Moreover, their themes are grave, their allusions intricate, and their tone is sometimes ironic, which might lead to questioning the classification of these texts as children's literature. However, while only „Der Duft von Orangen" could perhaps pass as children's literature on account of its light tone and subject matter, childhood memories, it is paradoxically the only text by Lobe to be ever included in a book aiming at adult readers. In sharp constrast, „Die Lüge", published in 1972 in *Der Eisstoß. Erzählungen aus den sieben verlorenen Jahren Österreichs* (edited by Oskar Jan Tauschinski), a collection of war stories for young adults, has been classified as children's literature despite its disturbing theme – forced prostitution during the Holocaust and its aftermath.[64]

Still, both these texts offer the best conceivable context for a discussion of *Pest* as crossover literature not only due to their shared autobiographical streak, but also, perhaps mainly, because of their resistance to classification exclusively as children's (or adult) literature. Moreover, considering Lobe's exclusive identification as a children's author whose works have never been discussed outside the context of children's literature, it is only within the framework of children's exile literature that questions such as we raise in this article – about the alterity of *Pest* and Lobe's generic classification – become comprehensible. Thus considered, *Pest* may bear witness to Lobe's exceptionally broad understanding of children's literature as a genre as well as raise intriguing questions about the genre of children's literature by and large.

---

specifically Austrian phenomenon, as Sven Papcke (1991) or Jan Foitzik (1991) show for the Federal Republic of Germany.

64 „Die Lüge" was first published in 1972 in the collection *Der Eisstoß. Erzählungen aus den sieben verlorenen Jahren Österreichs* [The Ice dam. Stories from the seven lost years of Austria], ed. by Oskar Jan Tauschinski (1914–1993). The book is divided into seven chapters, Lobe's „Die Lüge" is part of the chapter „Die Verbannten" [The exiled]. The story was later published again in 2004 resp. 2007 in Luitgard Distel (ed.): ... und dann war alles anders: Geschichten von Krieg und Frieden. Wien 2004 (1st edition). The 2007-edition by Arena is a paperback reprint explicitly aiming at readers aged 12+, according to the imprint a lesson plan for teachers was also available.

References

Lobe, Mira: Pest. Unpublished typescript. n.d.
Lobe, Mira: Autobiographie. In: Richard Bamberger (ed.): Der Österreichische Jugendschriftsteller und sein Werk. Sonderdruck aus „Die Barke 1965" (Österreichischer Buchklub der Jugend). Wien 1965, pp. 56–58.
Lobe, Mira: Die Lüge. In: Oscar Jan Tauschinski (ed.): Der Eisstoß: Erzählungen aus den sieben verlorenen Jahren Österreichs [1938–1945]. Wien, München 1983 (2nd amended edition), pp. 98–102.
Lobe, Mira: „Der Duft von Orangen". In: Heinz Janisch (ed.): Salbei & Brot. Gerüche der Kindheit. Wien 1992, pp. 28–31.
Lobe, Mira: Ha'dever Be'Tel Aviv. Translated from German by Tommy Sadeh. In: Haaretz Literary Supplement, 20.12.2005, https://www.haaretz.co.il/literature/1.1068786 (Retrieved: 10.7.2021).
Alexopoulou, Maria: Translokale Identität. Die Vereinnahmung der Stadt im "Nicht-Einwanderungsland" 2019. In: Kristina Schulz, Wiebke von Bernstorff and Heike Klapdor (eds.): Grenzüberschreitungen. Mirgantinnen und Migranten als Akteure im 20. Jahrhundert (Frauen und Exil, 11). München 2019, pp. 180–190.
Bannasch, Bettina and Katja Sarkowsky: Nachexil und Post-Exile: Eine Einleitung. In: idem (eds.): Exilforschung. Ein internationales Jahrbuch 38 (2020): Nachexil/Post-Exile. Berlin 2020, pp. 1–12.
Bolbecher, Siglinde and Konstantin Kaiser: Lexikon der Österreichischen Exilliteratur. Wien, München 2000.
Bouckaert-Ghesquiere, Rita: Listen to my story: the multiple voices of autobiographical juvenile literature in Europe. In: Heidy Margit Müller and Alistair Kennedy (eds.): Migration, Minderheiten und kulturelle Vielfalt in der europäischen Jugendliteratur/Migration, Minorities and Multiculturalism in European Youth Literature. Bern 2001, pp. 13–38.
Elick, Catherine: Talking Animals in Children's Fiction. A Critical Study. Jefferson 2015.
Foitzik, Jan: Politische Probleme der Remigration. In: Claus-Dieter Krohn et al. (eds.): Exilforschung. Ein internationales Jahrbuch 9 (1991): Exil und Remigration. München 1991, pp. 104–114.
Flotzinger, Rudolf: Augustin, Lieber. In: Österreichisches Musiklexikon online (2022), https://dx.doi.org/10.1553/0x0001f77c (Retrieved: 12.10.2022).
Friedman, Régin Mihal and Gertrud Koch: Juden-Ratten – Von der rassistischen Metonymie zur tierischen Metapher in Fritz Hipplers Film Der ewige Jude. In: *Frauen und Film* (1989), 47: Mann + Frau + Animal, pp. 24–35, http://www.jstor.org/stable/24058259 (Retrieved: 12.10.2022).
Gratz, Norman G.: Urban Rodent-Borne Disease And Rodent Distribution In Israel And Neighboring Countries. In: Israel J. Med. Vol 9. Nr. 8, August 1973, pp. 969–979.
Harranth, Wolf: Mira Lobe. „Das könnt' ich können". Ansätze zu einer Biographie, Nachsätze zu einigen Büchern. In: Freiheit ist besser als Speck. Texte für Mira Lobe, zusammengestellt zu ihrem 80. Geburtstag. Wien, München 1993, pp. 7–19.
Haverkamp, Alfred: Die Judenverfolgungen zur Zeit des Schwarzen Todes im Gesellschaftsgefüge deutscher Städte. In: idem (ed.): Zur Geschichte der Juden im Deutschland des späten Mittelalters und der frühen Neuzeit (Monographien zur Geschichte des Mittelalters, 24). Stuttgart 1981, pp. 27–93.
Holzner, Johann et al. (eds.): Eine schwierige Heimkehr. Österreichische Literatur im Exil 1938–1945 (Innsbrucker Beiträge zur Kulturwissenschaft, 40). Innsbruck 1991.
Kinder- und Jugendliteratur im Exil 1933–1950. Mit einem Anhang. Jüdische Kinder- und Jugendliteratur in Deutschland 1933–1938, ed. by Andrea Thomalla and Jörg Räuber, exh.-cat. Die Deutsche Bibliothek, Leipzig 1995.

Krüger, Dirk: Die deutsch-jüdische Kinder- und Jugendbuchautorin Ruth Rewald und die Kinder- und Jugendliteratur im Exil (Jugend und Medien, 21). Frankfurt a. M. 1990.

Kucher, Priums-Heinz: Exilforschung in Österreich. Rückblick, Zwischenbilanz und Versuch eines Ausblicks. In: Claus-Dieter Krohn and Lutz Winckler (eds.): Exilforschung. Ein internationales Jahrbuch 30 (2012): Exilforschungen im historischen Prozess. München 2012, pp. 146–165.

Lobe, Claudia: Interview with Anita Konrad 9.8.2021.

Lofty, Wael M.: Plague in Egypt: Disease biology, history and contemporary analysis: A minireview. In: Journal of Advanced Research 6 (2015), 4, pp. 549–554, https://doi.org/10.1016/j.jare.2013.11.002 (Retrieved: 20.2.2023).

Mugrauer, Manfred: „Noch nie hat sich mein Papierkorb derart rasch gefüllt ...". Mira Lobes Kinderbücher in den kommunistischen Verlagen „Globus" und „Schönbrunn". In: Mitteilungen der Alfred Klar Gesellschaft (2013), 3, pp. 17–22, https://www.klahrgesellschaft.at/Mitteilungen/Mugrauer_3_13.pdf (Retrieved: 20.2.2023).

Naficy, Hamid (ed.): Home, Exile, Homeland. Film, Media, and the Politics of Place (AFI Film readers). New York 1999.

Papcke, Sven: Exil und Remigration als öffentliches Ärgernis. Zur Soziologie eines Tabus. In: Claus-Dieter Krohn et al. (eds.): Exilforschung. Ein internationales Jahrbuch 9 (1991): Exil und Remigration. München 1991, pp. 9–24.

Phillips, Zlata Fuss: German Children's and Youth Literature in Exile 1933–1950. Biographies and Bibliographies. München 2001.

Sadeh, Tommy: Interview with Etti Gordon Ginzburg, 3.8.2021.

Schulz, Kristina: Wiedergutmachung als raison d'être. Exilforschung im Kontext der deutschen Vergangenheitsbewältigung und die Herausforderung der Migrationsgeschichte. In: Kristina Schulz, Wiebke von Bernstorff and Heike Klapdor (eds.): Grenzüberschreitungen. Mirgantinnen und Migranten als Akteure im 20. Jahrhundert (Frauen und Exil, 11). München 2019, pp. 23–33.

Schirrmeister, Sebastian: Das Gastspiel. Friedrich Lobe und das hebräische Theater 1933–1950 (Jüdische Kulturgeschichte in der Moderne, 1). Berlin 2012.

Segenreich-Horsky, Daniela: Die andere Mira Lobe. In: Wina. Das jüdische Stadtmagazin (2013), https://www.wina-magazin.at/die-andere-mira-lobe/ (Retrieved: 30.9.2022).

Shavit, Zohar: Lo Ota Geveret Lo Ota Aderet. In: Haaretz, 1.10.2003, https://www.haaretz.co.il/misc/2003-10-01/ty-article/0000017f-f2df-d487-abff-f3ff9cd40000 (Retrieved: 12.7.2021).

Stern, Guy: From Exile Experience to Exile Studies. In: Bernhard Greiner (ed.): Placeless Topographies. Jewish Perspectives on the Literature of Exile (Conditio Judaica, 43). Berlin, Boston 2015, pp. 21–38.

Suppan, Arnold: Erinnerung und Historisierung. In: idem: Hitler – Beneš – Tito. Konflikt, Krieg und Völkermord in Ostmittel- und Südosteuropa. Vol. 1 (Internationale Geschichte, 1,1). Wien 2014, pp. 1535–1620.

Tetzner, Lisa: Das Märchen und Lisa Tetzner. Ein Lebensbild, ed. by Hanns Leo Tetzner. Frankfurt a. M. 1966.

Völpel, Annegret, Zohar Shavit and Ran HaCohen: Deutsch-jüdische Kinder- und Jugendliteratur. Ein literaturgeschichtlicher Grundriß. Stuttgart 2002.

Wessig, Wolfgang: Mira Lobes „Insu-Pu" (1948) – ein Klassiker der israelischen Kinderliteratur. In: Beiträge Jugendliteratur und Medien 51 (1999), 2, pp. 66–74.

Wild, Reiner (ed.): Geschichte der deutschen Kinder- und Jugendliteratur. Stuttgart, Weimar 2008 (3rd amended edition).

Winckler, Lutz: Mythen der Exilforschung?. In: Claus-Dieter Krohn et al. (eds.): Exilforschung. Ein internationales Jahrbuch 13 (1995): Kulturtransfer im Exil. München 1995, pp. 68–81.

Yildiz, Erol: Stadt ist Migration. In: Bergmann, Malte/Lange, Bastian (eds.): Eigensinnige Geographien. Städtische Raumaneignungen als Ausdruck gesellschaftlicher Teilhabe. Wiesbaden 2011, pp. 71–80.

V Hommage an Judith Kerr

Deborah Vietor-Engländer
Persönliche Erinnerungen an Judith Kerr.
Eine kleine Hommage zum 100. Geburtstag

Meine erste Begegnung mit Judith war 1971. Meine Schwester Shulamit drückte mir ein Buch in die Hand mit den Worten „So war das, mit zwölf Jahren plötzlich in einem fremden Land zu sein und kein Wort der Sprache zu können. Und vieles erinnert mich an unseren Vater." Es war *Als Hitler das rosa Kaninchen stahl* im englischen Original, wie es zuerst erschien. Wie recht meine Schwester hatte! Sie war ein Kindertransportkind, das von Sir Nicholas Winton sel. Ang. zwölfjährig aus Prag gerettet wurde. (Unser Vater, der nicht berühmt war, war wie durch ein Wunder zu diesem Zeitpunkt 1939 nicht in Prag gewesen, sondern auf Geschäftsreise und die Figur von Papa in Judiths Buch erinnerte uns beide an ihn.)

Judith erzählte in *Rosa Kaninchen* von ihrem Vater, dem berühmten Kritiker Alfred Kerr. Ich war davon so gefangen, dass ich bald begann, über ihn zu arbeiten. Ich hatte das Gefühl, dass die Familie direkt mit uns zu tun hatte und kam so einige Jahre später mit Judith ins Gespräch. Es brach bis zu ihrem Tod nicht ab. Sie wohnte in dem Londoner Stadtteil Barnes und ich fühlte mich bei ihr besonders wohl. Ich erlebte mit, wie sie in England allmählich, mit jedem ihrer Bücher mehr, zum *National Treasure* avancierte und zu einer der erfolgreichsten Kinderbuchautorinnen des gesamten englischen Sprachraums wurde.

Wie fing alles an? Judith kam mitten in der Inflation von 1923 am 14. Juni auf die Welt. (Am 13. Juni kostete ein Dollar 100.000 Reichsmark und 130 Druckereien waren mit dem Drucken der Geldscheine beschäftigt. Die Hebammenrechnung für ihre Geburt betrug über vierhunderttausend Reichsmark.) Die Familie Kerr wohnte immer zur Miete, ein Haus wäre in der Inflation vorteilhafter gewesen. Der nicht sehr praktisch veranlagte Vater kam gar nicht auf die Idee, ein Haus zu kaufen, obwohl er sehr wertvolle Möbel und Bilder und sonstige Raritäten hatte. Seine Frau Julia hatte auch eine sehr wertvolle Aussteuer bekommen. Die Rentenmark wurde am 15. November 1923 eingeführt, aber bis sich die Währung normalisierte, war es sehr schwierig, einen Haushalt zu führen. (Die Reichsmark gab es ab 30. August 1924.) Als die Mark stabil wurde, gab es Haushaltshilfen und Sommerreisen für die Familie, da der Vater wieder genug verdiente. 1928 zogen die Kerrs aus ihrer Berliner Mietwohnung in der Höhmannstraße in ein gemietetes Haus mit einem großen Garten in der Douglasstraße. Fräulein Heimpel; Heimpi, spielte eine große Rolle im Leben der Kinder, sie kam zu ihnen, als Judith zwei Jahre alt war. Der Haushalt war bei ihr in guten Händen. Sie hatten außerdem ein Stubenmädchen, Martha, und für

https://doi.org/10.1515/9783111066677-018

die Heizung und den Garten eine Hilfe, Herrn Freiberg, wie Judith sich erinnerte. Einmal in der Woche kam eine Waschfrau und ein paar Tage später eine Frau zum Bügeln. Judith vergaß Heimpi nicht und schickte ihr auch nach dem Krieg Pakete.

Die Mutter Julia Kerr musste im Haushalt wenig tun. Sie komponierte, während die Kinder in der Schule waren. Judith soll gesagt haben „Eine Mami will ich nie werden, da muss man immer Noten schreiben."[1] Julia hatte die Oper *Die schöne Lau* geschrieben, die 1929 in Schwerin aufgeführt worden war. Sie arbeitete mit ihrem Mann an einer zweiten Oper, *Der Chronoplan*, er schrieb das Libretto, sie die Musik. (Bisher ist der *Chronoplan* nicht aufgeführt worden, es bestehen aber Pläne für die Zukunft.)

Julia war im Wesentlichen für den Alltag zuständig, aber manchmal wurde der Vater auch gefragt.[2] Der Vater arbeitete, und auch wenn die Kinder nicht genau verstanden, was er machte, verstanden sie doch so viel, dass er außer seiner Tätigkeit als Theater-Kritiker im Rundfunk sprach und gegen Hitler schrieb. Er brauchte ab Herbst 1931 Polizeibegleitung ins Funkhaus und ab Mitte August 1932 durfte er keine Sendungen mehr machen.

Judith zeichnete und malte schon in Berlin gern; ihre Mutter packte einige ihrer Zeichnungen zu den wenigen Dingen, die sie ins Exil mitnehmen durften.

Sie verstand sich sehr gut mit ihrem Bruder, schon in Berlin haben sie viel zusammen unternommen. Ihm war die Schule in Berlin nicht besonders wichtig, dies änderte sich im Exil. Aber in Berlin hatten sie eine „normale glückliche Kindheit," Judith fand sie nachträglich sehr behütet.[3] Sie feierten wie andere Berliner Familien Weihnachten und wussten so gut wie nichts von ihrer jüdischen Herkunft. Kerrs Schwester, Tante Annchen, kam immer und brachte ihrem Bruder einen Mohnstrudel mit. Sie hatten einen riesigen Weihnachtsbaum und schöne Geschenke.

Dies alles hörte 1933 schlagartig auf. Hitler wurde am 30. Januar 1933 Reichskanzler und am 1. Februar wurde der Reichstag aufgelöst. Am 14. Februar bekam der schwer grippekranke und fiebernde Vater einen Anruf von einem Polizeibeamten, der seine Werke schätzte: sein Pass würde am nächsten Tag eingezogen. Er warf ein paar Sachen in einen Rucksack und nahm den nächsten Zug nach Prag. Julia hatte ein paar Tage, um einiges einzupacken und die Familie traf den Vater wieder in der Schweiz. Judith hat oft gesagt, wie sehr sie es bedauerten, dass sie sich bei diesem Polizisten nicht bedanken konnten, aber sie erfuhren nie, wer es war.

---

1 Judith Kerr: Eine eingeweckte Kindheit. Berlin 1990, S. 13.
2 Kerr: Eine eingeweckte Kindheit, S. 10–13.
3 Kerr: Eine eingeweckte Kindheit, S. 13.

Von da an war das Leben ganz anders. Sie waren zuerst in der Schweiz. Die ohne religiöse Bindung erzogenen Kinder erfuhren, dass sie Juden seien und dass dies etwas Wunderbares sei, dass aber die Nazis Juden verfolgten und schlecht machten. Judith wurde in Lugano schwer krank, sie schwebte in Lebensgefahr. Hohe Arzt- und Hotelkosten kamen auf die Familie zu.

Alfred Kerr war 65 Jahre alt. Bis 1933 hatte er ein Jahreseinkommen zwischen 30- und 40tausend Mark gehabt.[4] Er hatte aber nie daran gedacht, ein Bankkonto im Ausland zu haben und Geld dort zu deponieren, sie hatten also plötzlich gar nichts. Er erhielt eine Kündigung vom Mosse-Verlag, der alle Zahlungen an ihn einstellte. Nach Judiths Genesung fand die Familie zunächst eine Bleibe in Küsnacht bei Zürich im Seegasthof der Familie Guggenbühl. Bis Ende 1933 ging Michael in Zürich in die Schule, Judith in Küsnacht. Zwei ‚Ehrungen' kamen auf den Vater zu: Er war stolz darauf, dass seine Bücher am 10. Mai in Berlin öffentlich verbrannt wurden und dass er im August 1933 auf der ersten Ausbürgerungsliste stand. Aber die Schweiz verbot den Flüchtlingen, zu arbeiten, und die Familie musste von irgendetwas leben. Weil er perfekt Französisch konnte, erhoffte sich Alfred Kerr Arbeit in Frankreich. Deshalb wurde in Paris eine recht kleine Wohnung gemietet und Ende 1933 fuhren die Kinder dorthin zu den Eltern. Sie taten sich schwer mit der neuen Sprache. Kerr konnte dort außer an das deutschsprachige *Pariser Tageblatt* (1933–1936) und die *Pariser Tageszeitung* (1936–1940) manchmal auch etwas an französische Zeitungen verkaufen. Aber Julia musste, völlig ungewohnt, einen Vierpersonenhaushalt führen und vor allem war die Miete schwer aufzubringen. Die Kinder gingen in die öffentlichen Schulen, die nichts kosteten, das hat Judith sehr anschaulich im *Rosa Kaninchen* geschildert. Michaels Einstellung zur Schule änderte sich völlig; er bekam 1935 den *Prix d'excellence* im Lycée trotz der kurzen Zeit in Frankreich. Fast zur gleichen Zeit bekam Judith eine Auszeichnung für einen französischen Aufsatz beim *Certificat d'Etudes*. Aber sie mussten den ganzen Sommer 1935 in Coxyde/Belgien verbringen, weil die Miete in Paris nicht mehr aufzubringen war.

Finanziell war die Situation unerträglich. Judith litt mit ihren Eltern. Aber sie litt auch sehr darunter, dass sie nach dem Sommer in Coxyde im Herbst bei den Großeltern in Nizza bleiben mussten. Julias Eltern Robert und Gertrud Weismann waren ebenfalls geflohen und ausgebürgert worden. Ihr Vater Robert Weismann war Staatssekretär gewesen. Er konnte seinen Schwiegersohn Kerr nicht ausstehen und dies spielte eine Rolle für die Kinder. Judith war unglücklich darüber, während Michael seinen Großvater liebte. Es hatte in Berlin zwischen Schwiegervater und Schwiegersohn schwerste Auseinandersetzungen gegeben, die dank Karl Kraus auch in der Presse erwähnt wurden. Kerr hatte eine Freundin des Schwieger-

---

4 Deborah Vietor-Engländer: Alfred Kerr. Die Biographie. Hamburg 2016.

vaters, die Schauspielerin war, schlecht besprochen, woraufhin Weismann zwei Leute gedungen hatte, um im Grunewald den Schwiegersohn zu verprügeln. Stattdessen erzählten sie es ihm und gingen mit ihm ein Bier trinken.[5] Jetzt musste Kerr dankbar sein, dass die Kinder aufgenommen wurden und Judith war sehr, sehr unglücklich in Nizza. Michael schrieb in seiner Autobiographie „I did not realize how miserable she was."[6] Er meint, da hätten ihre unglücklichen Jahre begonnen, womit er sicherlich recht hatte. Während die Kinder bei den Großeltern in Nizza blieben, reisten die Eltern nach London, wo sie versuchten, Kerrs Filmskript *Letizia* mit einer Geschichte über die Mutter Napoleons zu verkaufen. Sie hatten Glück. Alexander Korda kaufte das Manuskript für eintausend Pfund und nach erfolgter Zahlung wurden die Kinder im Frühjahr 1936 in Nizza abgeholt und nach England gebracht. Der Film wurde nie gedreht. (r)

Michael wurde 15-jährig sofort in England auf eine gute Privatschule geschickt. Schon im September 1936 bekam er ein Stipendium, was die Lage sehr erleichterte. Michael erinnerte sich: „I was happily at school". Und: „My life at school was idyllic."[7] Später bekam er ein Open Scholarship für Cambridge. Judith, 13-jährig, litt hingegen sehr unter der Situation. Nie wieder eine eigene Wohnung. Sie wohnten in dem schäbigen Hotel *Foyer Suisse*, das fast nur von Exilanten bewohnt war, und selbst dafür war es sehr schwierig, das Geld aufzutreiben. Mutter und Tochter mussten sich ein Zimmer teilen, der Vater hatte ein winziges Zimmer für sich. Kerr versuchte verzweifelt, weitere Filmskripte unterzubringen, hatte aber kein Glück damit. Die Familie hatte für Judith ehrgeizige schauspielerische Pläne. Sie sprach erfolgreich bei Elisabeth Bergner vor, war aber zu jung für die Schauspielschule. (Der Einzige, der Kerr immer wieder finanziell half, war Rudolf Kommer, eine lange Geschichte, aber die will ich hier nicht erzählen.) 1937 war es besonders schwer. Nur für das Hotelzimmer für Kerr reichte es. Julia und Judith mussten erst bei Julias Bruder im Gästezimmer wohnen und dann bei den Großeltern in Nizza. Im Dezember 1937 wurde Kerr 70, der Tag war traurig. Julia fand im Januar 1938 eine sehr kümmerliche Sekretariatsstelle. Nie wieder ein Klavier, nie wieder komponieren. Judith wurde in das Internat *Hayes Court* geschickt. Sie mochte es nicht, aber zwei Damen bezahlten für sie dort das ermäßigte Schulgeld. Nach dem Schulabschluss war kein Geld da, um für sie das Hotel zu bezahlen. Sie wohnte bei den Familien Plesch und Gardner.[8] Julia wollte sich in England mit aller Gewalt assimilieren, was ihr nicht so gut gelang, obwohl sie die Sprache gut beherrschte. Michael und Judith taten sich weniger schwer. Dem Vater gelang es nie.

---

5 Vietor-Engländer: Kerr, S. 335–336.
6 Michael Kerr: As Far as I Remember. Oxford 2002, S. 90.
7 Kerr: Remember, S. 107, 113.
8 Kerr: Remember, S. 121.

Am 3. September 1939 erklärte England Deutschland den Krieg

Obwohl alle vier Kerrs aus Deutschland ausgebürgert worden waren, wurde Michael plötzlich auf dem Campus der Universität Cambridge in Tenniskleidung verhaftet und als *enemy alien* interniert, weil Cambridge nicht weit von der Küste entfernt weg war. Er kam auf die Insel Man und sein gutes Englisch rettete ihn vor den infamen Abtransporten nach Kanada und Australien. Er wurde durch ein sehr englisches Wunder gerettet: Julia sah den Film *The Mortal Storm* über die Rettung einer Familie nach England. Noch unter dem Eindruck dieses Films schrieb sie an Michael Foots, den späteren Labour-Führer, eine Rezension des Films in der entsprechenden Zeitung. Darin hieß es, man interniere die von Hitler Ausgebürgerten und von England Geretteten. Der Herausgeber der Zeitung gab den Brief dem Innenminister und eine Woche später war Michael frei, um als Lehrer in seiner alten Schule zu arbeiten. Etwa im Juli 1941 konnte er endlich zur Royal Air Force.

Judith hatte eine Art Sekretariatsausbildung gemacht und musste eine Stelle finden, weil sie sonst das Hotelzimmer nicht hätten bezahlen können. Die meisten Stellen, die für sie geeignet gewesen wären, waren ihr als *enemy alien* verschlossen. Eine Mrs. Gamage – sie war sehr wohlhabend, ihrem Mann gehörte ein großes, bekanntes Kaufhaus in London – stellte sie ein und bemühte sich um sie. Sie gab ihr die Aufgabe, Wolle und Kleidung zu verschicken. Das war zwar unbefriedigend, aber Judith verdiente genug, um ihre Hotelrechnung zu bezahlen. Mrs. Gamage half auch Michael, der Einsätze fliegen wollte, weil sie einen *Air Marshall* kannte.

Judith schildert all diese Ereignisse in ihrer Trilogie.

Alfred Kerr bemühte sich überall vergeblich, seine Texte zu verkaufen. Für Eltern und Tochter war es viel schwerer als für Michael. Ab 1941 konnte Judith abends Kunstkurse besuchen und nach Kriegsende 1945 konnte sie endlich auf eine Kunstschule. Aber Julia bekam die kümmerlichen Stellen, die sie bisher gehabt hatte, nicht mehr und war glücklich, als sie ab 1947 in Nürnberg als Dolmetscherin bei den Nürnberger Prozessen arbeiten und gut verdienen konnte. Für den Vater war plötzlich mehr als genug Geld da, aber er war tagsüber allein. Judith ging jeden Abend zu ihm. 1947 wurden sie britische Staatsbürger. Kerr bekam Aufträge, vor allem durch die Vermittlung von Erich Kästner, für die *Neue Zeitung* in München.

Am 15. September 1948 flog Alfred Kerr zu einer Vortragstour nach Hamburg; es war sein erster Flug. In der ersten Nacht hatte er nach einer Hafenrundfahrt und einem Theaterbesuch einen schweren Schlaganfall. „Es war nicht das Stück. Es war schlecht, aber so schlecht war es doch nicht, sagte er, als man ihn fand." Mit Hilfe seiner Frau, die ihm die nötigen Mittel brachte, gelang es ihm, in der Nacht vom 11. auf den 12. Oktober seinem Leben ein Ende zu setzen. So hatten sie es ausgemacht, falls er erfahren würde, dass er nie wieder würde arbeiten können. Die Trauerfeier fand am 16. Oktober 1948 in Hamburg statt. Judith schrieb 2013 in *Judith Kerr's Creatures*, sie könne auch 65 Jahre nach seinem Tod immer noch im Kopf ein Gespräch mit ihm führen.[9]

Sie arbeitete und malte weiter. 1952 wurde sie zufällig zum Essen in die Kantine der BBC eingeladen und lernte dort Nigel (genannt Tom) Kneale kennen und lieben. Sie bekam eine Stelle bei der BBC. Sie war 31 Jahre alt, als die beiden 1954 heirateten und bis Tom Kneales Tod 2006 hatten sie 52 glückliche Ehejahre. Ihr erstes Kind, Tacy, wurde 1957 geboren, ihr zweites, Matthew, 1960. (Fünf Jahre später, im Oktober 1965, starb Julia Kerr im Alter von 67 Jahren in Berlin.) Judith fand, dass es zu wenig gute Bücher mit schönen Geschichten für kleine Kinder gäbe. Tacy verlangte jeden Abend Judiths Tigerschichte, sodass ihre Mutter beschloss, sie aufzuschreiben und selbst mit Bildern zu versehen. Collins nahm dieses erste Buch *The Tiger who came to tea* an, es erschien 1968. Viele Kinder in der ganzen Welt lieben den Tiger immer noch, auch in meiner Familie schleppt einer der Kleinen ständig die hebräische Übersetzung an und will sie vorgelesen haben. (Nach Judiths Tod 2019 hat die britische Regierung übrigens beschlossen, ihre Küche, in der das Tigerbuch spielt, in ein Museum umzuwandeln, nämlich in das *Seven Stories Museum* in Newcastle.) Als ihre Kinder in die Schule kamen, hat Judith sich sehr darüber geärgert, dass sie mit den englischen Lesebüchern von Janet and John lesen lernen sollten. Die Kinder fanden sie schrecklich – und das sind sie auch, ich hatte sie selbst. Deswegen erfand sie 1970 den Kater Mog. Er ist der Hauptcharakter einer Bilderbuchserie, die den *Dr. Seuss-Büchern* aus den USA ähnlich ist. Judith schrieb über ein Dutzend Mog-Bücher und als sie 2002 den Kater in *Goodbye Mog* sterben ließ, bekam sie viel empörte Leserpost.

Judith ging mit ihren Kindern in den Film *The Sound of Music*. Es war nach Angaben ihrer Tochter der eigentliche Auslöser für das *Rosa Kaninchen*, dass die Kinder dachten, der Film beschreibe die Geschichte so, wie sie auch bei ihrer Mutter gewesen sei. Da hat sie beschlossen, das Buch zu schreiben, damit ihre Kinder wussten, wie es ihnen wirklich ergangen war; es erschien 1971 auf Englisch.[10]

---

9 Judith Kerr: Judith Kerr's Creatures: A celebration of her life and work. London 2013, S. 157. Eine Neuausgabe des Buches wird 2023 erscheinen.

10 Manches wurde dazu gedichtet, so z. B. die Figur des Onkel Julius, der in Kerrs Roman in Deutschland zurückbleibt und sich umbringt. Vorbild für diese Figur war Max Meyerfeld, ein Journalist und enger Freund Alfred Kerrs, die Familien standen in Berlin in einem regelmäßigen freundschaftlichen Austausch. Astrid van Nahls Biographie (Astrid van Nahl: Judith Kerr. Die Frau, der Hitler das rosa Kaninchen stahl. Darmstadt 2019, S. 42) entgeht die Differenz, die zwischen literarischem Vorbild und der Figur im Roman besteht. Max Meyerfeld starb erst 1940 und man

Nach dem *Rosa Kaninchen* 1971 gab es zwei Fortsetzungsbände, *The other way round* (später in *Bombs on Aunt Dainty* umbenannt, in der deutschen Übersetzung *Warten bis der Frieden kommt*) und *A Small Person Far Away* (*Eine Art Familientreffen*) und es folgten noch viele weitere Bücher für kleinere Kinder. 1974 bekam Judith den Deutschen Jugendbuchpreis und damit begann ihr Ruhm in Deutschland. 2019 kam die Verfilmung des *Rosa Kaninchens* von Caroline Link. 1993 wurde in Berlin eine Schule nach ihr benannt – nachdem man ihr erklärt hatte, dass eigentlich nur bereits verstorbene Persönlichkeiten in dieser Weise geehrt werden würden.

Am 11. Dezember 1997 wurden die Berliner Briefe, die ihr Vater für die *Breslauer Zeitung* geschrieben hatte, unter dem Titel *Wo liegt Berlin* ein Bestseller. Günther Rühle hatte sie wieder entdeckt und herausgegeben, durch Marcel Reich-Ranickis Einschätzung im *Literarischen Quartett* – „Die Geschichte des deutschen Feuilletons muss nach diesem Buch neu geschrieben werden"[11] – war der überwältigend große Erfolg dieses Buchs so etwas wie die „Wiederauferstehung" ihres Vaters. Judith und Michael beschlossen, aus den Tantiemen eine Alfred Kerr-Stiftung und einen Preis für junge Schauspieler ins Leben zu rufen. 2021 erschienen weitere vier Bände mit Texten, die Kerr für eine andere Zeitung geschrieben hatte und auf die ich gestoßen war. Judith wusste seit langem von diesem Fund. Dem Erscheinen der vier Bände ging eine jahrelange Arbeit voraus, aber Judith konnte das Erscheinen der Bände noch erleben und sie hat sich vor ihrem Tod riesig darüber gefreut. Im April 2002 starb Judiths Bruder Michael an Krebs; ein schwerer Schlag für sie. Ihr Sohn Matthew bekam zwei Kinder, worüber sie sehr glücklich war. Aber der Tod ihres Mannes Nigel Kneales im Jahr 2006 nach 52 Ehejahren war entsetzlich für sie. Sie hat ihre Trauer in einem Kinderbuch verarbeitet. In ihrem Bilderbuch *My Henry* (2011) stellt sie sich vor, dass ihr Mann im Himmel nachmittags von vier bis sieben frei hätte, und sie allerhand unternehmen könnten.

> My Henry died and went to heaven
> But now he's got his wings
> They let him out from four to seven
> And we do all sorts of things.[12]

---

weiß gar nicht, ob es überhaupt Selbstmord war. Im Buch verläuft seine Geschichte wesentlich dramatischer, sein Tod wird viel tragischer dargestellt, es scheint sich um eine andere Person zu handeln. Von der Anlage der Handlung und der Figur her ist diese Umdichtung jedoch aus poetischer Sicht völlig gerechtfertigt.
11 In der Sendung am 11. Dezember 1997.
12 Kerr: My Henry. New York 2011, S. 3.

Löwen jagen, auf einem Dinosaurier reiten, auf einem Einhorn reiten, Mount Everest besteigen, Wasserski laufen und vielleicht auf dem Mond picknicken. So ging sie mit dem Tod um, bis sie ihrem Mann folgte. Es gab immer noch Dinge, die sie besonders gern machte, wie etwa in London U-Bahn zu fahren – mit über achtzig! – oder im Brown's Hotel den Tee zu sich zu nehmen; eine ausführliche und sehr vergnügliche Angelegenheit, die ich gern gemeinsam mit ihr genossen habe. Zwei Jahre nach *My Henry* erschien zu ihrem 90. Geburtstag Judiths Autobiographie, *Judith Kerrs Creatures.* Sie ist den eineinhalb Millionen jüdischen Kindern gewidmet, die nicht entkamen und nicht so viel Glück hatten wie sie – und sie ist den Bildern gewidmet, die diese Kinder hätten malen können. Dieses Jahr wird es in England eine neue erweiterte Ausgabe zu ihrem hundertsten Geburtstag geben. Sie ist nicht mehr unter uns, aber in England wird immer noch ihrer gedacht. 2015 wurde Kater Mog auf eine etwas ungewöhnliche Weise wiederbelebt. *Mog's Christmas Calamity* ereignete sich Weihnachten 2015. In England machen immer einige der großen Supermarktketten Werbung im Fernsehen vor Weihnachten, in diesem Fall Sainsburys. In Kerrs Roman steckt Mog aus Versehen das Haus in Brand und die Familie muss von der Feuerwehr gerettet werden, die den Brand löscht. Das Weihnachtsessen ist unterdessen verbrannt. Da aber kommen alle Nachbarn, bringen Essen und Geschenke mit, und alle feiern zusammen. Das Geld vom Verkauf der Sendung und des Buches ging an die Organisation *Save the Children*; es waren Millionen.

Eines ihrer letzten Bücher (2015) *Mister Cleghorn's Seal* war eine Hommage an ihren Vater, der einmal an der Nordsee Urlaub gemacht hatte. Dort hatte er auf einer Hallig einen jungen Seehund kennengelernt. Er benannte ihn nach der der blonden Tochter des Wirts, bei dem er untergebracht war, und taufte ihn auf den Namen Naemi. Als der Urlaub zu Ende war, nahm er ihn im Zug mit nach Berlin, an jedem Haltebahnhof begoss er ihn mit Wasser. Zu Hause hielt er ihn auf seinem Balkon und wenn er nicht da war, weinte der Seehund nach ihm. Aber es war unmöglich, ihn zu ernähren und er musste eingeschläfert werden. Kerr ließ ihn ausstopfen und seine Kinder wuchsen mit diesem ausgestopften Seehund auf. Judith widmete das Buch ihrem Vater. (Sie wusste nicht, dass sich die Geschichte an der Nordsee abgespielt hatte und nicht in der Normandie. Und in ihrer Geschichte gab es ein Happy End, der Seehund kam in einen Zoo.)

Judiths Kinderbücher wurden über zehn Millionen Mal verkauft. Sie starb am 22. Mai 2019 in London, am 14. Juni wäre sie 96 geworden. Sie wollte so gern das Erscheinen ihres letzten Buches *The Curse of the School Rabbit*, das sie ihren beiden Enkelkindern gewidmet hat, noch erleben. Dies war ihr nicht vergönnt, es erschien kurz nach ihrem Tod.

Das Ende

Kurz vor ihrem Tod, als es ihr schon sehr schlecht ging, ging sie mit ihrer Tochter Tacy ein paar Schritte spazieren und versuchte, etwas aus einem Gedicht ihres Vaters aufzusagen. Tacy wusste nicht, was es war, beide Kinder sprachen kein Deutsch und haben mich gefragt, ich konnte es ihnen sagen. Es ist ein Gedicht, das Judiths Vater für sie im Exil zu einem Geburtstag geschrieben hatte, als ihre Mutter in Nürnberg arbeitete und sie jeden Abend nach der Kunstschule zu ihm kam. An ihn hat sie in ihren letzten Lebenstagen ständig gedacht, als hätte sie gewusst, dass sie bald bei ihm sein würde.

> Für Puppi
> 14. Juni 1946
>
> „Bonsoir, papa". Das Glück tritt in mein Zimmer,
> Ein liebes Leuchten hat mein Herz erhellt;
> Dein Auge lacht; ein lustig-leichter Schimmer
> Liegt auf der Welt.
>
> Im Wirrsal dieses irren Erdenballes
> Ging doch das eine Labsal nicht zugrund:
> „Bonsoir, papa" – das liebt' ich über alles
> In Deinem Mund.
>
> Und, süße Puppi, dieses ist mein Wille:
> Bald bin ich fern, den ewigen Schatten nah,
> Ruf es noch einmal in die große Stille:
> „Bonsoir, papa ..."[13]

Literaturverzeichnis

Kerr, Alfred: Werke Band II: Liebes Deutschland. Gedichte, hg. von Thomas Koebner. Frankfurt a. M. 1991.
Kerr, Judith: Judith Kerr's Creatures: A Celebration of her Life and Work. London 2013.
Kerr, Judith: My Henry. New York 2011.
Kerr, Judith: Eine eingeweckte Kindheit. Berlin 1990.
Kerr, Michael: As Far as I Remember. Oxford 2002.
Nahl, Astrid van: Judith Kerr. Die Frau, der Hitler das rosa Kaninchen stahl. Darmstadt 2019.
Vietor-Engländer, Deborah: Alfred Kerr. Die Biographie. Hamburg 2016.

---

[13] Alfred Kerr: Werke Band II: Liebes Deutschland. Gedichte, hg. von Thomas Koebner. Frankfurt a. M. 1991, S. 364.

VI Rezensionen

Unda Hörner: 1939, Exil der Frauen. Berlin: ebersbach & simon 2022. 251 S.

Mit diesem Buch legt Unda Hörner den Teil einer Trilogie vor, die 1919 und 1929 begann. Der erneute Schnitt durch ein Jahr verbunden mit der Kombination von politischem Hintergrund und der Nahsicht auf die Haltung und Probleme einzelner Persönlichkeiten ergibt eine kontrastreiche Spannung zwischen Weltgeschehen und individuellem Erleben. Erzählt wird von Monat zu Monat.

Mit dem Aufkommen des Nationalsozialismus und Faschismus verblasste die in den 1920er Jahren entstandene kulturelle Blüte in Europa und wich einer toxischen Männlichkeit und deren Komplizinnen, die schon vor Kriegsbeginn sämtliche Lebensbereiche durchdrang und eine Fluchtwelle von Kulturschaffenden auslöste.

Die Frage nach weiblicher Teilhabe in diesem Kontext löst einen Wirbel bekannter Namen aus: Schriftstellerinnen, Künstlerinnen, Fotografinnen, Galeristinnen, Philosophinnen, Schauspielerinnen, Journalistinnen und Politikerinnen; sie alle nahmen Einfluss auf das kulturelle Leben in Europa und den USA.

Die vorgestellten Persönlichkeiten halten sich in etwa die Waage zwischen jüdischer und andersgläubiger Herkunft. 1939 sind sie mit Ausnahme von Else Lasker-Schüler, Virginia Woolf sowie Eugenie Schwarzwald in ihren Dreißiger und Vierziger Jahren und haben den Ersten Weltkrieg miterlebt: Hannah Arendt, Simone de Beauvoir, Anna Freud, Gisèle Freund, Peggy Guggenheim, Lotte Jacobi, Milena Jesenskà, Erika Mann, Annemarie Schwarzenbach, Ingrid Warburg, Helene Weigel, Margarete Steffin und Luise Mendelsohn, wobei die Begleiter der letzten drei besondere Berücksichtigung finden. Auf Einladung von André Breton reist Frida Kahlo für ihre erste Ausstellung in Paris aus Mexiko an, fühlt sich missverstanden und zeigt sich überhaupt wenig beeindruckt von den Pariser Surrealisten.

Fast alle der Genannten profitierten nicht nur von Zirkeln, in denen sie eine Rolle spielten. Schon in den 1920er Jahren hatten sie sich wechselseitig im Auge und einen mehr oder weniger engen Austausch gepflegt. Die daraus über nationale Grenzen hinweg entstandenen Netzwerke gewinnen spätestens jetzt an existentieller Brisanz.

Selbst bei denen, die sich in andere Länder retten konnten, wird eine tiefe Verstörung deutlich. Aus ihrer vertrauten Umgebung gerissen, scheinbar in Sicherheit, empfindet Else Lasker-Schüler in Palästina eine kaum aufzulösende Fremdheit, als sich ihr Traum von einem neuen Jerusalem nicht erfüllt: „Ich sterbe am Leben und atme im Bilde." Als die renommierte Reformpädagogin Eugenie Schwarzwald nach dem „Anschluss" in Österreich nicht nur um ihren Besitz, sondern auch um ihr Lebenswerk gebracht wird, flieht sie in die Schweiz. Dort stirbt ihr Mann, mehrere Zöglinge und Lehrkräfte ihrer Schule werden verfolgt und Opfer des Holocaust.

https://doi.org/10.1515/9783111066677-019

Zu den relativ Verschonten gehört Annemarie Schwarzenbach. Nach gründlicher Vorbereitung bricht sie mit Ella Maillart zu einer Orientexpedition auf – in ihrem Fall eine Flucht vor sich selbst, die sie mit Drogen zu beschleunigen sucht. Dagegen wird Erika Mann politisch aktiv. Angesichts der Zustände in Deutschland will sie den Amerikaner*innen „The Other Germany", das *andere*, ebenso existierende Deutschland nahe bringen. Sie tut es im Bewusstsein ihrer privilegierten Situation – wie im Gedicht

„Paris, – Juni 1939 …

Freiwillig alles, – Kampf, Gefahr, Entfernung, –

Denn immer wartet' schützend das Zuhause."

Bei der Lektüre hat man mit es einem Puzzle zu tun, was für jeden Einzelfall anders zusammen gesetzt werden kann. Die nicht nachgewiesenen Zitate und das fehlende Register legen die Vermutung nahe, dass die Autorin ein breiteres Publikum im Blick hat. Die Autorin verzichtet darauf, die Herausforderungen des Exils in einem Vorwort auf einen weiblichen (?) Nenner zu bringen. Stattdessen fällt ihre Wahl auf eine Fülle von Impressionen, die die Alltagsnöte, Prinzipien und Hoffnungen der Betroffenen über Grenzen hinweg lebendig werden lassen – in einem Jahr, das niemand vergessen würde.

Renate Berger

Renate Berger: Die Schauspielerin Elisabeth Bergner. Ein Leben zwischen Selbstbehauptung und MeToo. Marburg: Schüren Verlag 2022. 232 S.

Auch Bücher zu historischen Themen sind eng mit der Gegenwart ihrer Autor*innen verbunden, wie sich an der neuesten Publikation von Renate Berger zeigt. Die Kunsthistorikerin blickt auf die Biografie der Film- und Theaterschauspielerin Elisabeth Bergner mit dem Wissen um zahlreiche Fälle von Machtmissbrauch in der Branche. Spätestens seitdem die sexuellen Übergriffe des Hollywood-Produzenten Harvey Weinstein bekannt wurden – Berger nimmt in ihrem Buch explizit Bezug darauf –, sind die Arbeitsbedingungen junger Schauspieler*innen beim Film immer wieder Thema: psychische und physische Gewalterfahrung prägen die Karrieren vieler aufstrebender Filmschaffender.

Renate Berger historisiert diese systemisch bedingten Verhältnisse, indem sie sich dem Karriereweg von Elisabeth Bergner widmet, die einer der großen Stars der Zwischenkriegszeit war. Die Autorin fragt, wie sich eine junge Schauspielerin vor 100 Jahren ihren Weg durch eine von männlichen Entscheidungsträgern geprägte

https://doi.org/10.1515/9783111066677-020

Theaterwelt und Filmindustrie bahnen konnte. Sie verfolgt eine Karriere, die geografisch fortwährend in Bewegung war:

Elisabeth Bergner wurde im galizischen Drohobycz geboren, ihr Talent früh entdeckt. Sie war in den 1910er und 1920er Jahren eine von der Kritik hochgelobte und vom Publikum verehrte, populäre Theater- und Filmschauspielerin, die auf den Bühnen in Zürich, Wien, Berlin erfolgreich war, der aber auch der Sprung vom Stumm- zum Tonfilm gelang. Sie arbeitete mit Regisseuren wie Max Reinhardt am Deutschen Theater – etwa in *Die Heilige Johanna* (1924) – und spielte an der Seite von prominenten Schauspielern wie Conrad Veidt, Alexander Granach und Emil Jannings. Ihre schmale, androgyne Gestalt wurde in Kritiken wortreich beschrieben. Immer wieder spielte Bergner Hosenrollen und/oder war die Frau, die sich als Mann ausgab, etwa im Stummfilm *Der Geiger von Florenz* (1926) oder in der Verwechslungs- und Liebeskomödie *Doña Juana* (1927). Bereits 1933 entschlossen sich Elisabeth Berger und ihr Partner, der Regisseur Paul Czinner, Deutschland zu verlassen und emigrierten nach London.

Renate Berger schreibt über freundschaftliche, berufliche, sexuelle Beziehungen, vermittelt der Leserschaft den Eindruck, ganz nah an Begegnungen und Erfahrungen zu sein. Denn häufig werden zwischenmenschliche Situationen wiedergegeben, die auf der intensiven Lektüre von Selbstzeugnissen – Briefe, Autobiografien usw. – beruhen. Diese mitunter emotionalen und intimen Einblicke, etwa in Bergers Begegnungen mit dem Bildhauer Wilhelm Lehmbruck, ihre Lebenspartnerschaften mit Viola Bosshardt und Paul Czinner, werden jedoch stets von einer übergeordneten reflexiven Ebene begleitet. Es geht um strukturelle Fragen, um Interaktionen zwischen Intendanten, Regisseuren, Kritikern (ausschließlich Männer), aber auch um Verehrer und Verehrerinnen beiderlei Geschlechts, die Bergner hofierten und Avancen machten, teils mit Erfolg. Das Buch thematisiert Handlungsoptionen, Self-Empowerment, Kompromisse und Entscheidungen, die Auswirkungen auf Bergners Karriere hatten. Zugleich werden die Zeitläufte einbezogen, die biografische Erzählung wird so eingebettet in die ‚große Geschichte'. Ganz nebenbei geht Renate Berger auch einer dezidiert weiblichen Exilerfahrung nach, verklammert die Bedingungen der Arbeit beim Film und beim Theater mit den historischen Zäsuren. Entscheidend für die Fortsetzung der Karriere, auch im Verbund mit anderen Filmemigrant*innen wie Paul Czinner oder dem Produzenten Alexander Korda, war Bergners Bereitschaft und Fähigkeit zum Erlernen der englischen Sprache; ein existentiell notwendiger Akt für eine Schauspielerin. Der Ausbruch des Zweiten Weltkrieges und die Sorge, dass auch England von deutschen Truppen besetzt werden könnte, führte 1940 zur zweiten Emigration in die USA (Los Angeles und New York), wo Bergner erneut in Emigrant*innen-Netzwerken tätig war. 1950 kehrte die Schauspielerin nach London zurück. Sie spielte weiterhin Theater und trat seit 1954 regelmäßig in Deutschland auf.

Renate Berger thematisiert schließlich auch den Wunsch der Film-Diva, ihre eigene Geschichte zu erzählen. So widmen sich die letzten Kapitel den Bedingungen, die Elisabeth Bergner als bereits betagte Grand Dame ihre Autobiografie schreiben ließen. In ihren 1978 erschienenen Memoiren *Bewundert viel und viel gescholten. Elisabeth Bergners unordentliche Erinnerungen* konnte sie ein eigenes Resümee ihres von Erfolgen im Theater und Kino geprägten Lebens, aber auch von den Zäsuren und Sprachwechseln ziehen.

Auch wenn das Exil durchaus im Buch behandelt wird, liegt der Schwerpunkt der Biografie auf der frühen Phase von Bergners Schaffen, in der sie zu einer Berühmtheit wurde, also auf den Jahren in Österreich, der Schweiz und Deutschland. Bergners Lebensabschnitt in Großbritannien und den USA ist derweil für die Exilforschung äußerst interessant, gibt er doch Aufschluss über die erschwerten Lebens- und Arbeitsbedingungen im Exil, selbst bei einer bekannten und dadurch wohl privilegierten Schauspielerin wie Elisabeth Bergner. Mit ihrem Buch kann die Autorin einen eigenen Zugriff auf die Lebensgeschichte dieser wichtigen deutschsprachigen Bühnen- und Filmkünstlerin liefern. Sie zeigt auch deutlich, dass die im Kino und Theater heute sichtbaren Machtstrukturen eine Geschichte haben und für die Akteurinnen schon vor einem Jahrhundert große Herausforderungen stellten. Ein Register am Ende der Publikation lässt gezielt nach einzelnen Personen suchen, um sich mit deren Verhältnis zu „der" Bergner zu beschäftigen.

Burcu Dogramaci

Sabina Becker und Fabian Bauer (Hg.): Weimar im Exil: Die Kultur der Republik am Pazifik. München: edition text + kritik 2021. 302 S.

Der von Sabina Becker und Fabian Bauer herausgegebene Sammelband *Weimar im Exil: Die Kultur der Republik am Pazifik* (2021) vereint in zwölf ausgewählten Beiträgen Expertise aus Literatur- und Filmwissenschaft sowie kulturwissenschaftlicher Philosophie. Gearbeitet wird zu deutschen Kulturschaffenden im US-amerikanischen Exil unter besonderer Berücksichtigung des Nachwirkens von Kultur und Ästhetik der Weimarer Republik. Damit verhandelt der in drei Teile gegliederte Band die künstlerische Praxis im US-amerikanischen Exil zwischen Akkulturation und Bekenntnis zu Vergangenem. Ausgehend von der These, dass die „Idee von Weimar mit der Emigration aus Deutschland" (S. 9) intellektuelle Rettung erfuhr und damit von emigrierten Schriftsteller*innen und Künstler*innen zur „Grundlage einer künstlerischen Praxis im Exil" (S. 9) gemacht wurde, zeigt der Band verschiedene Facetten einer nachhaltigen Kontinuität Weimars auf. Hierbei werden die Entstehungsbedingungen und Leitprinzipien der modernen Medienrepublik als auch deren Nachwirkungen im amerikanischen Exil einbezogen. Auf innovative Weise fragt der Sammelband, wie Weimarer Intellektuelle – nach dem Zivilisationsbruch von 1933 – mit dem kritisch-modernen Potenzial des Weimarer Geistes im Exil und in Konfrontation mit fremden kulturellen Konventionen verfahren sind.

Die Situation der Weimarer Kulturschaffenden im amerikanischen Exil wird resümierend als Spannungsfeld zwischen Akkulturation und Verbundenheit zu Weimar ausgewiesen. Anhand von Beispielen aus Literatur, Theater, Film und Philosophie verhandelt der Sammelband unter verschiedenen Gesichtspunkten die Frage, ob das künstlerische „Scheitern" beziehungsweise der ausbleibende Erfolg von Vertreter*innen Weimars im „Kultursystem Amerikas" (S. 23) als Bestätigung eines Festhaltens an ästhetischen Kulturtraditionen und kulturellen Leistungen der Weimarer Republik zu begreifen ist. Der Band verbindet also eine fehlende kulturelle Assimilation exilierter Künstler*innen aus Deutschland im kalifornischen Exil mit der fortwährenden Verbundenheit zur Weimarer Kultur. Dies ermöglicht eine breite Perspektive auf das Kulturschaffen im Exil als Aushandlungsrelation zwischen Assimilation an den amerikanischen Markt und (gleichzeitiger) Aufrechterhaltung der auf die Weimarer Republik zurückgehenden kulturellen Leitgedanken und ästhetischen Prinzipien. Besonders in Bezug auf die Film- und Theaterindustrie (mit Beiträgen zu Ernst Lubitsch, Bertolt Brecht, Fritz Lang und anderen) attestieren die Herausgebenden ein ambivalentes Verhältnis zweier weitgehend dichotomer Kulturtraditionen: den im US-Exil vorgefundenen Arbeitsstrukturen Hollywoods einerseits und den ästhetischen Konventionen Weimars andererseits. Ausgehend von der Betrachtung bestehender Differenzen verweist der vorliegende Band auch auf das innovative ästhetische Potenzial, welches auf künstlerische Kooperationen ebenso zurückgeht wie auf die Etablierung eines Mikrokosmos der deutschen Exilgemeinde, so etwa die Salonkultur von Salka Viertel in Los Angeles. Anhand von Auseinandersetzungen mit den Exilwerken von Thomas Mann, Lion Feuchtwanger, Alfred Döblin und Bruno Frank kann anschaulich belegt werden, dass Ideen, Kunstvorstellungen und Traditionen aus der Weimarer Republik ins amerikanische Exil überführt wurden und (teilweise) in Konflikt mit dort bestehendem Kulturverständnis als Teil einer Unterhaltungsindustrie geraten sind.

Auch bezüglich der Weimarer Exilierten sind Idealisierungen des deutschen Herkunftslandes vor 1933 zu beobachten. Im Sinne einer ganzheitlichen Betrachtung sollte berücksichtigt werden, dass die Ausrufung eines „Weimars am Pazifik" oder die Auszeichnung von Thomas Mann als „Goethe in Hollywood" (S. 10) im Kontext von Erinnerungsmechanismen vollzogen werden, welche zu Überformung und Idealisierung führen. Abgesehen von kleineren – dem Enthusiasmus für die durchaus attraktive These eines „Weimars am Pazifik" geschuldet – argumentativen Überspitzungen, bietet der vorliegende Band einen umfassenden Einblick in die Zusammenhänge von Kultur und Kunst der Weimarer Republik mit deren Nachwirken im US-amerikanischen Exil.

Anna-Lena Eick

Raphael Gross und Daniel Wildmann (Hg.): Weltbühne Zürich: Kurt Hirschfeld und das deutschsprachige Theater im Schweizer Exil. Tübingen: Mohr Siebeck 2022. 208 S.

Der vorliegende Band beruht im Wesentlichen auf einer Tagung, die 2015 von den Leo-Baeck-Instituten in London und New York am Schauspielhaus Zürich veranstaltet wurde. Die Beiträge eröffnen einen perspektivenreichen Zugang zur Lebens- und Arbeitsweise des Dramaturgen, Regisseurs und Theaterintendanten Kurt Hirschfeld (1902–1964) dessen Einfluss auf den transnationalen Theater- und Literaturbetrieb vor und nach 1945 von der Forschung außerhalb der Schweiz bislang marginalisiert wurde. Dabei handelt es sich bei Hirschfeld um einen zentralen Akteur der deutschsprachigen und internationalen Theater- und Literaturgeschichte vor und nach dem Zweiten Weltkrieg und dem Holocaust. Die Beiträge zeigen, welche Rolle Hirschfeld für die Exilliteratur und das Berufstheater in der Schweiz spielte. Sie vermitteln zudem ein Verständnis für die Bedeutung des deutsch-jüdischen Exilanten für den „Wiederaufbau" des transnational vernetzten Theater- und Literaturbetriebs in der Bundesrepublik der Nachkriegszeit, die noch weiter erforscht werden müsste. Im Anhang finden sich zwei Erstveröffentlichungen aus dem Nachlass Hirschfelds, die neue Einblicke in dessen Sicht auf *Anspruch und Funktion des zeitgenössischen Theaters* (undatiert, vermutlich 1953/1958) und *Probleme der modernen Dramaturgie* (undatiert) geben.

Die Beiträge präsentieren biografische, literaturtheoretische sowie theater- und literaturhistorische Analysen exemplarischer Lebensstationen und Arbeitsbeziehungen zwischen 1930 und 1965 sowie Hirschfelds dramaturgisches Konzept über die Bedeutung des „zeitgenössischen Theaters" für die Gesellschaft. Andreas Kilcher analysiert Hirschfelds Biografie und deutet Theater als „transitorischen Ort" (S. 7) und Zürich als Transit-Raum. Ursula Amrein untersucht das „,andere' Deutschland" im Exil und Hirschfelds Konzept des „Humanistische[n] Realismus" (S. 21) vor dem Hintergrund der restriktiven Einwanderungspolitik gegenüber geflüchteter Intellektueller. Elisa Frank und Jacques Picard legen dar, welche „Heimaten" für Hirschfeld existierten und welche prozesshaften „Formen von Be- und

Entheimatung" (S. 38) aufgezeigt werden können. Werner Wüthrich widmet sich der Zusammenarbeit mit Bertolt Brecht, während Julian Schütt die Freundschaft zu Max Frisch reflektiert. Wendy Arons legt anhand Hirschfelds Spielplangestaltung dar, wie sich bereits im Krieg eine Öffnung insbesondere hin zur angloamerikanischen Dramatik abzeichnete, die richtungsweisend für das deutschsprachige Nachkriegstheater war. Weibliche Dramatikerinnen* blieben unterrepräsentiert, womit Hirschfeld zur „männlich" dominierten Kanonbildung der Nachkriegszeit beitrug. Hirschfelds Kontakte zu Gustav Gründgens und die Mitinitiative des als restaurativ gedeuteten Düsseldorfer Manifests (1952) sowie seine Ablehnung gegenüber Rolf Hochhuths Dokumentartheater *Der Stellvertreter* stießen in Theaterkreisen und in der Presse auf Kritik. Diese Beispiele zeigen Hirschfelds ambivalente Haltung „einer von Zäsur und Kontinuität geprägten Biografie", wie Caroline Jessen analysiert, aus einem Umfeld, in dem „[…] die Präsenz der Vergangenheit als Zumutung empfunden wurde, die Gegenwart aber auch auf dem Boden der Kontinuität fußen musste – mit dem Vergessen oder der Verdrängung des Holocaust als ständiger Bedrohung." (S. 162).

Der Titel des Bandes *Weltbühne Zürich* ist aus heutiger postkolonialer Perspektive irreführend, da sich Hirschfelds Spielplangestaltung vornehmlich auf westliche „weiße" „männliche" Dramatiker und Autoren konzentrierte und den „Globalen Süden" ausblendete. Der Band ist dennoch eine kritische Würdigung Hirschfelds als Intendant und deutsch-jüdischer Intellektueller der Kriegs- und Nachkriegszeit. Die Studie leistet einen wichtigen Beitrag zur transnationalen Exil- und Migrationsgeschichte, Theater- und Literaturgeschichte im 20. Jahrhundert, die zu weiterführenden Forschungen aus postkolonialer, geschlechterspezifischer und queertheoretischer Perspektive anregt.

Isabelle Haffter

Anne Hartmann und Reinhard Müller (Hg.): Tribunale als Trauma. Die Deutsche Sektion des Sowjetischen Schriftstellerverbands (Schriftenreihe „akte exil. neue folge", Bd. 3). Göttingen: Wallstein 2022. 469 S.

„Die Leserschaft, welche die Bücher der in deutscher Sprache publizierenden Verlage der UdSSR liest, ist davon überzeugt, daß diese Verlage nur das Beste, Ausgewählteste der antifaschistischen, deutschen Literatur veröffentlichen." Mit diesen mahnenden Worten schloss Erich Weinert eine in der Konsequenz buchstäblich vernichtende Kritik des Schriftstellers Sally Gles (d. i. Samuel Glesel) in der Moskauer *Deutschen Zentral-Zeitung* vom 24. Mai 1936. An den Namen dürften sich heute nur noch wenige erinnern; der vormals hochgelobte junge Autor wurde 1937 verhaftet und erschossen. Das Beste der antifaschistischen deutschen Literatur entstand allerdings nicht im sowjetischen Exil, was nicht nur daran lag, dass selbst kommunistische Autoren wie Bertolt Brecht und Anna Seghers anderswo Unterschlupf suchten, sondern auch an den besonderen Bedingungen, die exilierte Schriftsteller in der Sowjetunion vorfanden. Eine Empfehlung der Partei vorausgesetzt, genossen sie dort hohes Ansehen, zugleich aber lastete auf ihnen eine schwere politische Verantwortung. Zunächst wie Staatsgäste förmlich auf Händen getragen, ließ man sie bald als „Verräter" und „Spione" fallen. Die zum Verfolgungswahn gesteigerte „Wachsamkeit" lähmte auch die literarische Arbeit. Schriftsteller, deren Werke sich ohnehin weniger durch Gestaltung als Gesinnung auszeichnen sollten, wurden somit noch um das Talent gebracht, das sie immerhin besaßen. Schließlich konnte niemand voraussehen, wie die Linie, von der man nicht abweichen durfte, anderntags verlaufen würde. Den vielleicht zuverlässigsten Eindruck von der beklemmenden Atmosphäre, die in der deutschen Sektion des sowjetischen Schriftstellerverbands herrschte, vermitteln die überlieferten Protokolle ihrer regelmäßigen Versammlungen.

Die ersten Dokumente dieser Art gab der Historiker Reinhard Müller 1991 unter dem Titel *Die Säuberung* heraus: vier Sitzungsprotokolle vom September 1936. Mit einem Mal sprang gleichsam eine Tür aus den Angeln, die über Jahrzehnte zuvor kaum zu öffnen gewesen war. Und was es noch zu entdecken gab, war da erst zu erahnen. Gemeinsam mit Reinhard Müller hat die Slawistin und Germanistin Anne Hartmann nun weitere Protokolle, ergänzt um Briefe, Stellungnahmen sowie ausgewählte Buchrezensionen aus der *DZZ*, in einer vorzüglich kommentierten Edition herausgegeben: Rohmaterial zu einer Geschichte, die auf dieser Grundlage erst zu schreiben wäre. So beeindruckend die Dokumentation, so bedrückend allerdings die Lektüre der hier erstmals veröffentlichten Dokumente.

Der Band besteht aus drei mit jeweils einer ausführlichen Einleitung versehenen Teilen. Der erste enthält weitere Zeugnisse aus dem Jahr 1936, die die 1991 bereits edierten unmittelbar ergänzen. Von größerem Interesse dürften die Dokumente des zweiten und dritten Teils sein, die sich über die Jahre des Großen Terrors (1937/38) und die Zeit nach dem deutsch-sowjetischen Pakt vom August 1939 erstrecken. Nachdem etliche Exilanten bereits verhaftet oder hingerichtet worden waren, versetzte das unerwartete Bündnis mit Nazideutschland den Antifaschisten den vorerst letzten Schlag. Was man all die Jahre geschrieben hatte, war nun Anathema. So erging man sich in zusehends pedantischen Auseinandersetzungen, die vor allem von Angst und Ratlosigkeit zeugen. Vielleicht ahnte bereits jeder, was keiner der versammelten Schriftsteller auszusprechen wagte: dass nämlich ihre Literatur, sofern unter diesen Umständen überhaupt noch möglich, die ihr zugeschriebene Bedeutung verloren hatte. Eine makabre Ironie, dass erst die Invasion der Wehrmacht ihnen wieder Mut und Selbstvertrauen geben sollte. Diese Wendung jedoch kommt in der vorliegenden Dokumentation bereits nicht mehr vor. Mit dem Einmarsch der deutschen Truppen im Juni und der Evakuierung Moskaus im Oktober 1941, als die dort noch lebenden Schriftsteller nach Zentralasien übersiedeln mussten, „begann ein neues Kapitel des deutschen Exils" (Einleitung, S. 28).

Christoph Hesse

Deniz Bayrakdar and Robert Burgoyne (eds.): Refugees and Migrants in Contemporary Film, Art and Media. https://doi.org/10.1515/9789048554584-002. Amsterdam: Amsterdam University Press 2022. 304 pp.

Representations of migration in media, cinema and art are challenging political issues that require overturning mainstream stereotypes. With such a starting point, the book contains eleven essays exploring 21st-century audio-visual art productions, mainly on forced migration. The book comprises studies on documentary and fiction films, video activist films, military (thermographic) camera films, gallery installations, mobile phone and drone films, virtual reality projects, photography, and experimental films. It is critical to question the empathising potential of depicting migrants and refugees from various geographical locations and through different artistic products. The work has solid and original content and structure but needs some constructive criticism on limitations.

    The authors contributing to part one deal with experiences of nomadism, stasis and forced waiting, mainly focusing on new audio-visual media. I found it interesting that the first chapter compares different genres of art and literature to address migration and the experiences of the receiving and migrant communities together. The second chapter's militant research methodology is innovative and deals with the video activism of migrants in waiting status, self-representing against stereotypes. Militant researchers stand in solidarity with the group and "see themselves as participants in their struggle (p. 56)." The third chapter dialectically analyses installations and videos of displaced refugees shot with military thermal and drone cameras. In the fourth chapter, the author's expertise in sound and new technologies is evident in the analysis of sounding migration. The author analyses the sound design of the documentary. The fifth chapter questions national sovereignty, border walls and America's anti-immigration policies through various art exhibitions. The sixth chapter critically analyses whether virtual reality provides risky empathy in representing forced migration.

The authors of part two deal with traditional films that depict subjective migrant experiences that have not previously received much visibility, for example, waste workers in transit, stateless refugees, and places of enforced stasis again. The seventh chapter questions the recycling work of migration in a documentary with historical-geographical comparisons, comparing it with old Turkish films and other countries. The eighth chapter deals with an image from the second world war as timelessness and a displacement of a European person in transit. In addition to the war-related forced migration on which the chapters mainly focus, chapter nine discusses honour-based forced migration in the New Turkish Cinema. Chapter ten is interested in the filmmakers' inner exile concept and discusses metaphorical migration types in the Belgrade case. It offers an exception to the physically forced migration, the main issue throughout the book. The eleventh chapter deals with displacement similar to the previous one but concerns the concept of "accented cinema",[1] which is widely used in the book.

Limitations: Geographical epistemology could have been diversified by including several academic studies from different geographies. Also, we see mainly studies on films and works of art. The edited book generally includes representations of war-caused forced migration. More space could have been given to the labour and climate migration pictures to align with the title. However, reasons such as access to works of art and authors, language, and geographical barriers may have limited addressing different migration and media/art variants.

Strengths: Analysing aesthetic details strengthens the book. It is innovative to ask the authors, "How do we envision the representation of refugees and migrants in the visual arts of the future?" and include their views on the future after the conclusion (p. 260). The diversity of methods and products analysed, the various stages of migration, and the handling of new audio-visual technologies with traditional ones strengthen the book.

That the artworks are generally selected from those that do not contain clichés adds a role model compilation quality to the study. Instead of the prevalence of mainstream works and their mere criticism, there is a need for more academic studies dealing with alternative works. This study responds to such a need and may inspire reception-oriented researchers to assess the concept of empathy in a future publication/project.

Overall, the book's strengths are predominant, and it has made an important alternative contribution to the literature on forced migration. It is a comprehensive

---

1 See Hamid Naficy: An Accented Cinema: Exilic and Diasporic Filmmaking. Princeton 2001.

and diversified reference study for artists, academics and journalists interested in media, communication, migration, and fine arts.

Rahime Özgün Kehya

Julius H. Schoeps: Wem gehört Picassos „Madame Soler"? Der Umgang des Freistaates Bayern mit einem spektakulären NS-Raubkunstfall. Berlin, Leipzig: Edition Hentrich & Hentrich 2022. 183 S.

Es sind 2023 genau 25 Jahre vergangen, seit sich in Washington 44 Staaten und zwölf jüdische Opferverbände darauf verständigt haben, nach in der NS-Zeit entzogenem Kulturgut aktiv zu suchen und einer Restitution an die früheren Besitzer*innen oder deren Nachkommen zuzuführen. Die genaue Formulierung der Erklärung lautete allerdings: „Grundsätze der Washingtoner Konferenz in Bezug auf Kunstwerke, die von den Nationalsozialisten beschlagnahmt wurden." Die seinerzeit bewusste begriffliche Eingrenzung auf den juristischen Terminus „Beschlagnahmung" ließ somit alles unberücksichtigt, was auf mannigfaltige Art und Weise eine zwangsbedingte Veräußerung unter Verfolgungsdruck bedeutete.

Stattdessen wurde in Washington an ein schwer zu definierendes moralisches Gewissen der Teilnehmerstaaten appelliert. „Es sollte berücksichtigt werden, dass aufgrund der besonderen Umstände des Holocausts Lücken und Unklarheiten in der Frage der Herkunft unvermeidlich sind." So hieß es in Punkt 4 der Washingtoner Erklärung. Trotzdem bedeutete sie den berühmten Meilenstein in einer jahrzehntelang umgangenen Diskussion über Restitution von gestohlenen Kunstwerken in der NS-Zeit an ihre ursprünglichen Besitzer*innen oder deren Nachkommen.

Dass keine Verjährungsfristen mehr gelten sollten, war eine noch nie dagewesene Handhabe für all jene, die aus vielfältigen Gründen in den Jahrzehnten nach 1945 juristische Auseinandersetzungen mit Museen, Galerien, Auktionshäusern und privaten Sammler*innen gescheut hatten. 2001 erstellte die damalige deutsche Bundesregierung die „Handreichungen zur Umsetzung der Washingtoner Erklärung", mit denen die deutschen Museen zu eigenständiger Provenienzforschung aufgefordert wurden.

2003 erfolgte die Einsetzung der sogenannten Beratenden Kommission, die unter dem Namen ihrer ersten Präsidentin Limbach bekannt wurde. Der ‚Geburtsfehler' dieser Beratenden Kommission wurde allerdings bis heute nicht behoben: ehemalige Besitzer*innen oder deren Nachkommen von Kunstwerken oder deren Nachkommen, die restituiert werden sollen, können sich ausschließlich dann an die Kommission wenden, wenn auch die heutigen Besitzer*innen einer Mediation durch die Kommission zustimmen. Auch diese Mediation bleibt allerdings rechtlich unverbindlich.

Der Potsdamer Historiker Julius H. Schoeps hat nun ein Buch vorgelegt, das exemplarisch die juristischen Auseinandersetzungen um die Rückgabe eines Kunstwerkes an die ehemaligen (jüdischen) Besitzer demonstrieren soll. Streitpunkt der Auseinandersetzung ist die von den Erben der Familie Mendelssohn-Bartholdy geforderte Restitution des Picasso Gemäldes *Madame Soler*, seit 1964 im Besitz der Bayerischen Staatsgemäldegalerien. Bis Anfang der 1930er-Jahre gehörte das Bild dem jüdischen Kunstsammler und Mitinhaber der Berliner Bank Mendelssohn & Co., Paul von Mendelssohn-Bartholdy. Julius H. Schoeps – ein Großneffe Paul von Mendelssohn-Bartholdys – versucht in der hier vorgelegten Studie, einen seit anderthalb Jahrzehnten andauernden Rechtsstreit um die Rückgabe des Gemäldes von 1903 nachzuzeichnen.

Leider gelingt dem Autor dies nur bedingt. Aus seiner selbstgeäußerten „Befangenheit" macht er als Sprecher der Erbengemeinschaft keinen Hehl, aber was die Lektüre vor allem erschwert, sind seine mangelnde Fähigkeiten, erzählerisch Schneisen in das Dickicht einer zugegebenermaßen komplizierten juristischen Auseinandersetzung zu schlagen. Dass er den Text als „Streitschrift" bezeichnet, sollte ihn nicht davon entbinden, den Rechtsstreit der Erben der Familie Mendelssohn-Bartholdy mit dem Freistaat Bayern in einer nachvollziehbaren Art und Weise darzustellen.

Schoeps spricht von „teilweise mysteriösen Umständen" im Zusammenhang mit dem Ankauf des Gemäldes. Allerdings war dieser 1964 durch die bayerische Staatsgemäldesammlung getätigte Erwerb beinahe ‚diplomatisch' zu nennen. Die Münchner Ankäufer wähnten sich auf der moralisch sicheren Seite, weil der Erwerb durch die New Yorker Galerie Justin Thannhauser abgewickelt wurde. Thannhauser, selbst ein jüdischer Emigrant, konnte als unverdächtig gelten, weil er nicht wie so viele andere der damaligen bundesdeutschen Auktionshäuser oder Galerien, in den Handel mit NS-Raubkunst verstrickt war. Er hatte über die Exilstationen Luzern und Paris Kunstwerke retten können, die ihm nach 1933 unter anderem auch von der Familie Paul von Mendelssohn-Bartholdy anvertraut worden waren.

Genau daran aber entzündete sich die juristische Auseinandersetzung, die auch nach Jahren zu keiner Einigung führt. Die Kernfrage, ob der Kunsthändler Justin Thannhauser beim Tod Paul von Mendelssohn-Bartholdy im Mai 1935 bereits neuer Eigentümer von Picassos *Madame Soler* war oder ob er das Bild lediglich kommissioniert hatte, um es zu einem günstigen Zeitpunkt außerhalb Deutschlands zu verkaufen, wird von beiden Parteien verschieden beantwortet. Mangels justiziabler Dokumente wie eindeutigen Kaufverträgen sehen sich beide Seiten gezwungen, „Rufschädigungen" aufzubieten.

Die Erben Paul von Mendelssohn-Bartholdys streuen Zweifel an der Integrität des Kunsthändlers Justin Thannhauser, mit dem sie allerdings auch nach 1945 weiterhin jahrzehntelange Freundschaftsbeziehungen unterhielten. Die juristischen Vertreter*innen des Freistaates Bayern wiederum legen, folgt man Schoeps, in immer neuen Rechtseinlassungen ihre Auffassung dar, dass die Familie Mendelssohn-Bartholdy keinerlei Verfolgungsdruck ausgesetzt war und mit Hilfe ihres „großen Geld- und Sachwertevermögens" sich auch ohne erzwungenen Kunstverkauf im Exil neu positionieren konnte. Wird mit dieser Argumentation nicht doch weiter am Zerrbild des „reichen Juden mit internationalen Beziehungen" gearbeitet?

Schoeps legt dies alles in seinen komplexen Verwicklungen und Widersprüchlichkeiten dar, ohne den Besitzanspruch der Familie wirklich überzeugend plausibel machen zu können.

Die dem Band angehängten Dokumente sind von beträchtlicher Aussagekraft immer dann, wenn sie vom vorliegenden Einzelfall absehen. Hier sei insbesondere auf die wiedergegebene „Berliner Erklärung" aus dem Jahr 1999 verwiesen, die gemeinsam von der damaligen Bundesregierung, den Ländern und Kommunen verfasst wurde. In ihr wird eine lückenlose staatliche Restitutionsgeschichte behauptet, die über viele gescheiterte Versuche von NS-Geschädigten und ihren Erb*innen, ehemaliges Eigentum wiederzuerlangen, hinwegsieht.

Glaubt man der „Berliner Erklärung", dann hätte es einer Konferenz in Washington ein Jahr zuvor gar nicht bedurft.

Der größte Gewinn des Buches liegt in den allgemeinen Betrachtungen des Verfassers zum Thema Rückgabe von NS-entzogenem Raubgut, in denen er noch einmal prägnant zusammenfasst, woran die Debatte seit vielen Jahren krankt: an der mangelnden Bereitschaft der Museen und privaten Kunstbesitzer, sich an der Restitution von zumeist jüdischen geraubten Kunstwerken aus eigener Initiative zu beteiligen.

Guido Gin Koster

Heinrich Mann, Essays und Publizistik. Kritische Gesamtausgabe Band 7, 1936 bis 1937. Teil 1: Texte. Teil 2: Anhang, hg. von Wolfgang Klein mit Vorarbeiten von Wolfgang Herden. Bielefeld: Aisthesis Verlag 2021. 1227 S.

Dieser siebte von Wolfgang Klein herausgegebene Band der „Essays und Publizistik" von Heinrich Mann ist wohl der umfangreichste der „Kritischen Gesamtausgabe". In dem 544 Seiten umfassenden Teil 1 von Band 7 werden für die Jahre

1936 und 1937 insgesamt 194 Texte vorgelegt: 166 veröffentlichte (nur in seltenen Fällen wird für den Abdruck auf die originale, aber vor dem Druck bereits verbreitete hektographierte Fassung zurückgegriffen, die Mitteilung aller Drucke ist selbstverständlich). Hinzu kommen 5 unveröffentlichte und 23 mitunterzeichnete – unwahrscheinlich, dass sich bei den akribischen Recherchen, unter Mitarbeit von Cordula Greinert, Charlotte Biermann, Karin Homrighausen und Hendrike Klein, noch mehr werden finden lassen (doch vielleicht straft mich der letzte, 10. Band, der außer Korrekturen und Gesamtregister auch Ergänzungen enthält und den ich noch nicht gesehen habe, Lügen). Unter den veröffentlichten Texten befinden sich einige, die sowohl in französischer Originalsprache als auch, an anderem Ort, in von Heinrich Mann selbst besorgter deutscher Übersetzung publiziert worden sind. Andere, nur in französischer, englischer oder tschechischer Sprache erschienene Schriften sind hier mit einer anschließenden deutschen Übersetzung des Herausgebers beziehungsweise von Alfrun Kliems (tschechischer Text) als *ein* Dokument abgedruckt.

Pars pro toto genommen, sind die in Art und Umfang – in diesem Band variierend von wenigen Zeilen bis hin zu 5–6 Seiten – unterschiedlichen Texte ein weiteres, ja das höchste Zeugnis für die Bandbreite von Heinrich Manns „Sinn für das öffentliche Leben". Diese in Einmischungen in die politisch-sozialen Prozesse umgesetzte Maxime wurde jedoch selbst von vielen progressiven Schriftstellerkollegen nicht als „die Voraussetzung jedes Einzelnen", wie die Fortsetzung des Zitats in „Ein Zeitalter wird besichtigt" lautet, geteilt. Schon 1932 waren seine (vergeblichen) Bemühungen um einen gemeinsamen Kampf von SPD und KPD gegen den Nationalsozialismus auf Kritik gestoßen. Jetzt, 1936, als im Exil in Paris wenigstens mit einem Teil der SPD, der KPD, weiteren Sozialisten und bürgerlichen, christlichen oder atheistischen Demokraten der Ausschuss zur Vorbereitung einer deutschen Volksfront unter seiner Präsidentschaft zustande kam, gingen die negativen Reaktionen bis hin zu persönlicher Abweisung, wie Wolfgang Klein in Teil 2 belegt.

Der Volksfrontauschuss spiegelt in seiner kurzen Lebensdauer den doppelten Umbruch in der zeitgeschichtlichen Konstellation der europäischen Ordnung und linken Parteien. Zunächst erschien die Herausbildung eines Blocks demokratischer Staaten mit der Sowjetunion gegen Faschismus und Nationalsozialismus, vorangetrieben durch die auf einer Volksfront basierenden Regierungen in Spanien und Frankreich, möglich. Am Ende der beiden Jahre waren die Versuche gescheitert, die alten Gegensätze brachen wieder auf und vertieften sich. Der Krieg in Spanien markiert den Wendepunkt. Unausgesprochen, aber sicherlich mit gedacht ist Heinrich Manns Präsidentschaft des Volksfrontausschusses, wenn Wolfgang Klein in Teil 2 gleich zu Anfang seiner Darlegungen „Zum vorliegenden Band" den in Teil 1 dokumentierten „beachtlich gewachsene[n] Umfang[s] der publizistischen Äußerungen Heinrich Manns" als „(ä)ußeres Zeichen des Umbruchs" charakterisiert, allerdings auf den Protagonisten bezogen. Der Schriftsteller wird Politiker. Ein paar Zeilen weiter schreibt Klein zu Recht: „Die Jahre 1936 und 1937 bildeten nicht nur den Höhepunkt des politischen Engagements des Intellektuellen Heinrich Mann. Sie waren bereits der Zeitraum seines Scheiterns – in das er sich jedoch nicht ergab" (S. 580).

Es empfiehlt sich, zuerst wenigstens die ersten Seiten „Zum vorliegenden Band" zu lesen, als Einstieg sozusagen, und sich dann parallel zu der von Wolfgang Klein präsentierten historischen und gedanklichen Einordnung den Texten zuzuwenden – den kleinen (Presse-)Beiträgen; den Vorworten und Begrüßungen von Aktionen, Manifestationen und Kongressen (wenn er schon nicht teilnahm); den Aufrufen an die Welt, sich für die Befreiung von Konzentrationshäftlingen einzusetzen, oder an die deutschen Soldaten, an die deutschen Mütter; den Unterzeichnungen von Protesten und Manifesten und den Statements und nicht zuletzt den Essays.

Stoff genug zur (multidisziplinären) Auseinandersetzung mit Heinrich Mann, seiner Zeit und seinen Zeitgenossen. Danke Wolfgang Klein und Mitarbeiterinnen, Dank auch an den Aisthesis Verlag.

Ursula Langkau-Alex

Corine Defrance : Françoise Frenkel, portrait d'une inconnue. Paris : L'Arbalète Gallimard, 2022. 224 p.

Françoise Frenkels Erinnerungen *Rien où poser sa tête*, die sie 1945 in der Schweiz publizierte, beginnen mit dem Kapitel „Im Dienste des französischen Geistes in Deutschland". Sie leitete fast 20 Jahre lang die erste französische Buchhandlung in Berlin, bis sie im August 1939 nach Paris zurückkehren musste. Diese wichtige deutsch-französische Mittlerin und ihr Buch gerieten 70 Jahre in Vergessenheit. 2015 stießen ihre neu aufgelegten Erinnerungen (Gallimard) auf großes Interesse, wurden in mehr als 15 Sprachen übersetzt. 2016 erschien die deutsche Übersetzung unter dem Titel *Nichts, um sein Haupt zu betten* im Hanser Verlag.

Der Literaturnobelpreisträger (2014) Patrick Modiano konstatiert im Vorwort, dass man über diese frankophile Autorin polnischer Herkunft kaum etwas wisse, was für ihn aber eine gewisse Faszination darstelle. „Ich möchte das Gesicht von Françoise Frenkel lieber nicht kennen, noch die Wechselfälle ihres Lebens nach dem Krieg oder ihr Sterbedatum. So bleibt ihr Buch für mich auf immer der Brief einer Unbekannten, postlagernd, seit einer Ewigkeit vergessen und jetzt zugestellt." Nun hat Corine Defrance eine sehr gründlich recherchierte und gut lesbare Biografie vorgelegt, die das gesamte Leben von Françoise Frenkel umfasst: Kindheit und Jugend in Polen, Studium in Paris und als frankophile Buchhändlerin in Berlin (wahrscheinlich 1921–1939), Verfolgung und Überleben im besetzten Frankreich, Flucht in die Schweiz (1939–1945) und schließlich die Nachkriegsjahre in Nizza (1945–1975), wo sie nach langen Kämpfen endlich die französische Staatsbürgerschaft bekam und fortan als Berufsbezeichnung Schriftstellerin angab.

Françoise Frenkel wurde 1889 als Frymeta Idesa Frenkel im polnischen Piotrków geboren, das damals zum Russischen Reich gehörte. Sie stammte aus einer wohlhabenden jüdischen Familie, ihr Vater war Bankier. Bildung, insbesondere Bücher und Musik spielten für ihre Erziehung eine zentrale Rolle. In der Familie sprach man Polnisch, bei ihren Hauslehrerinnen lernte sie Deutsch und Französisch und auch das Jiddische beherrschte sie. Schon früh verließ sie Piotrków, da sie sich mit dem osteuropäischen Judentum nicht identifizierte. Sie ging zunächst, wohl 1908, nach Berlin. Das Studium an der Hochschule für Frauen in Leipzig sensibilisierte sie früh für die Rolle der Frau in der Gesellschaft. Nach diesem ersten Exil zog es sie noch vor dem Ersten Weltkrieg zum Studium nach Paris und auch weil ihr zukünftiger Mann, Méchoulam Simon Raichinstein (1889–1942), in der französischen Hauptstadt lebte. Die beiden heirateten dort, vermutlich im Sommer 1920. Während sich die osteuropäische Flüchtlingsbewegung von Berlin nach Paris bewegte, ging Frenkel den entgegengesetzten Weg von Paris nach Berlin. Sie fühlte sich schon früh zur Buchhändlerin berufen und wollte diesen Plan nun endlich in der deutschen Hauptstadt umsetzen.

Trotz akribischer Recherchen lässt sich nicht mit Sicherheit sagen, wann Frenkel und ihr Mann La Maison du livre, die erste französische Buchhandlung in Berlin, eröffnet haben. In jedem Fall war es ein gewagtes, für Defrance ein „fast verrücktes" Unterfangen, kurz nach dem Ende des Ersten Weltkriegs in dem Land, das den Krieg verloren hatte, eine französische Buchhandlung zu eröffnen. Frankreich gehörte zu den Siegermächten und war für viele Deutsche der verhasste Nachbar; 1921 wurde ein Teil Oberschlesiens an Polen übertragen, was die antipolnische Stimmung schürte, und schließlich war Frenkel Jüdin, was bei dem zunehmenden Antisemitismus in Berlin eine zusätzliche Bedrohung bedeutete. Warum Frenkel in ihren Erinnerungen mit keinem Wort ihren Mann erwähnt, mit dem sie die Buchhandlung schließlich gemeinsam geführt hat, wissen wir nicht. Die beiden haben sich fast 20 Jahre lang für die deutsch-französischen Beziehungen eingesetzt, haben französische Schriftsteller, Politiker und Universitätsprofessoren in ihrer Buchhandlung in Berlin empfangen, zu Veranstaltungen eingeladen. Heute gibt es davon so gut wie keine Spuren mehr. Dies ist das Ergebnis von Defrances gründlichen Recherchen in diversen Archiven, aber auch in der Sekundärliteratur wurde sie nicht fündig. Umso verdienstvoller ist ihre Biografie, die diese engagierte und kämpferische Frau aus der Vergessenheit holt, die Buchhändlerin und Zeitzeugin der Judenverfolgungen im besetzten Frankreich sowie der großen Razzia vom 26. August 1942 in Nizza. Es bleibt zu hoffen, dass die Forschung die letzten weißen Flecken dieser Lebensgeschichte noch füllen kann.

Ute Lemke

Robert Jütte: Bücher im Exil: Lebensspuren ihrer jüdischen Besitzer. Reihe ZeitgeschichteN, Bd. 25). Berlin: Metropol Verlag 2022. 262 S.

„Büchern bin ich zugeschworen, / Bücher bilden meine Welt, / Bin an Bücher ganz verloren, / Bin von Büchern rings umstellt." So lautet die erste Strophe des Gedichts *Lobgesang* des im Mai 1938 ins neuseeländische Exil geflohenen Schriftstellers Karl Wolfskehl. Und um „Bücher im Exil" geht es auch dem Medizinhistoriker Robert Jütte, der jenseits seiner Arbeiten zur Geschichte der Medizin durch Veröffentlichungen zur jüdischen Geschichte, unter anderem zur Auswanderung jüdischer Historiker nach Palästina, vielfache Beachtung und Anerkennung erfuhr. Seit 1981 mit der in Tel-Aviv geborenen Literaturwissenschaftlerin Anat Feinberg verheiratet, kann es nicht verwundern, dass das Paar nach eigenem Bekunden eine Bibliothek mit „Tausenden von Büchern" ihr Eigen nennt. Wie heißt es bei Wolfskehl: „Inkunabeln, Erstausgaben, / Sonder-, Luxus-, Einzeldruck: / Alles, alles möcht' ich haben / Nicht zum Lesen, bloß zum Guck!"

Robert Jütte hat es nicht beim „Guck" belassen. Angesichts einer notwendigen „Ausdünnung" der gemeinsamen Privatbibliothek hat er genauer hingeguckt, den erst auf den zweiten Blick ideellen Wert so manchen Buches wahrgenommen, sich auf Grund unterschiedlichster Besitzvermerke – handschriftlichen Einträgen, eines Stempels oder Exlibris – auf intensive Recherche begeben. Und ging so den oftmals schütteren „Lebensspuren ihrer jüdischen Besitzer", so der Untertitel seines Buches, nach.

Dabei könnten die Bücher nicht unterschiedlicher sein. Gleichwertig nebeneinander stehen ein jüdisches Gebetbuch von 1935 und das Buch *Die Juden als Rasse und Kulturvolk* (Berlin 1922) des Arztes und Autors Fritz Kahn. Auf die Schrift „Pessimismus?" (1921) des antidemokratischen Philosophen Oswald Spengler folgt Erich Kästners 1931 erstmals veröffentlichter Kinderroman *Der 35. Mai oder Konrad reitet in die Südsee* mit der herrlichen Titelillustration des zuerst nach England emigrierten Walter Trier. Zu den weiteren Büchern zählen: die 1921 bei S. Fischer erschienene *Gedenkrede auf Wolfgang Amade Mozart* von Richard Beer-Hofmann, der erste, 1939 publizierte Band von *Über den Prozess der Zivilisation* des Soziologen Norbert Elias, der 1934 verlegte Reiseführer *Palästina. Wie es wirklich ist* von

Hugo Herrmann sowie die im Schocken Verlag 1934 in zweiter Auflage erschienene Schrift *Zwiesprache* von Martin Buber. Zu den geachteten Bücherschätzen im Haus Jütte/Feinberg gehört aber auch das deutsche Kochbuch *Grundrezepte als Schlüssel zur Kochkunst* der nichtjüdischen Autorin Cornelia Kopp sowie drei Bücher aus der Leihbibliothek Chevra Ingwiller im Elsass. Diese nur mit dem Stempel der jüdischen Vereinsbibliothek versehenen Exemplare gelangten wohl erst nach der Besetzung Frankreichs, den Zerstörungen und Plünderungen jüdischer Einrichtungen in deutsche Hände, vor wenigen Jahren auf einen Berliner Flohmarkt und schlussendlich in die Hände von Robert Jütte und seiner Frau.

Diese zumeist mit persönlichen Widmungen versehenen Bücher, „stumme Überlebende", wie die amerikanische Historikerin Lucy Dawidowicz solche Gegenstände der Emigration bezeichnete, regten Jütte zu einer akribischen biografischen Spurensuche an, um die Lebenswege ihrer Vorbesitzer zu ergründen. Recherchen, die bis nach England, Palästina, in die Schweiz, Westbengalen, nach New York oder Kalifornien reichten. In einem Fall erzählt Jütte die Geschichte eines jungen Berliner Juden, der 1942 zuerst nach Theresienstadt, später nach Auschwitz deportiert und dort ermordet wurde. Trotz materialreicher Fußnoten wählt Jütte einen emphatischen Erzählstil. Er versteht es auf vorzügliche Weise, den Geheimnissen seiner Bücher nachzuspüren und eine besondere Beziehung zu seinen bibliophilen Schätzen zu entwickeln. Wie schrieb doch Wolfskehl: „Bücher sprechen ungelesen / Seit ich gut mit Büchern stand / Weiß ich ihr geheimstes Wesen: / Welch ein Band knüpft mancher Band!"

Wilfried Weinke

Louise von Plessen (Hg.): Friedrich Dalsheim. Ethnographie – Film – Emigration. Berlin, Leipzig: Hentrich & Hentrich Verlag 2022. 360 S.
Focke-Museum. Bremer Landesmuseum für Kunst und Kulturgeschichte: Julius Frank. Eine jüdische Fotografenfamilie zwischen Deutschland und Amerika. München, Hamburg: Dölling und Galitz Verlag 2022. 160 S.
Anna Sophia Messner: Palästina/Israel im Blick. Bildgeographien deutsch-jüdischer Fotografinnen nach 1933 (Israel-Studien. Kultur – Geschichte – Politik, Bd. 6). Göttingen: Wallstein Verlag 2023. 376 S.

Das Wissen um den Regisseur, Autor und Produzenten Friedrich Dalsheim (1895–1936) innerhalb der Exilforschung dürfte als eher gering bezeichnet werden. Dabei war der aus Frankfurt am Main stammende promovierte Rechtsanwalt am Ende der Weimarer Republik ein Pionier des ethnographischen Films. Doch nach Exil und frühem Tod geriet dieser international geachtete Dokumentarfilmer in Vergessenheit.

Umso glücklicher darf der Fund auf dem schleswig-holsteinischen Gut des Ornithologen Victor Baron Plessen (1900–1980) bezeichnet werden, der mit Dalsheim befreundet war, In großen Metall- und Reisekoffern fanden sich Filmrollen, Dokumente und Fotografien, Werbematerialien, Plakate sowie die Korrespondenz zwischen Dalsheim und Plessen. Dieses facettenreiche Konvolut animierte Louise von Plessen, die 1992 geborene Ur-Großnichte Plessens, zu intensiver Beschäftigung mit dem filmischen Werk beider Männer.

Ihre nun in Buchdeckeln zusammengefassten Rechercheergebnisse würdigen sowohl Dalsheims ersten mit der Berliner Ethnologin Gulla Pfeffer (1897–1967) realisierten Film *Menschen im Busch* (1930) sowie den mit dem dänisch-grönländischen Polarforscher Knud Rasmussen (1879–1933) gedrehten semidokumentarischen Film *Palos Brudefœrd* (1934). Im Mittelpunkt aber stehen die gemeinsam mit Victor von Plessen durch aufwendige Expeditionen und mehrwöchige Aufenthalte auf Bali und Borneo erstellten Filme *Die Insel der Dämonen* (1933) und *Die Kopfjäger von Borneo* (1936). Das erste Gemeinschaftswerk erfuhr begeisterte Resonanz. Lotte Eisner hatte einen „Kulturfilm im edelsten Sinn" gesehen, für Siegfried Kracauer war der Film eine „sehr glückliche Mischung aus Kultur- und Spielfilm". Auch wenn der zweite gemeinsam produzierte Film nicht weniger erfolgreich war, kann Louise von Plessen nachweisen, wie Dalsheim als Jude Schritt für Schritt aus dem Projekt ausgeschlossen und vom eigenen Kameramann unverhohlen antisemitisch diffamiert wurde. Mit dem Resultat, dass Dalsheim, der auf einfühlsame Weise und in Zusammenarbeit mit den Gefilmten das Drehbuch entwickelt hatte, aus der Titelsequenz gestrichen, sein Name als Regisseur, Drehbuchautor und Koproduzent getilgt wurde. Das Berufsverbot und die Zerstörung seiner Existenz zwangen ihn zur Emigration in die Schweiz. Es bestanden Pläne, in die USA weiterzureisen, um sich dort eine neue Existenz aufzubauen. Doch seine materielle Not, gepaart mit tiefer Hoffnungslosigkeit, trieben Friedrich Dalsheim am 19. August 1936 in Zürich in den Selbstmord.

Louise von Plessens in Kooperation mit der Deutschen Kinemathek, Berlin, entstandenes Buch darf als vorbildliche Erinnerungsarbeit für einen verdrängten, in den Tod getriebenen und vergessenen deutschen Filmkünstler angesehen werden. Die allzu häufige Verwendung des nationalsozialistischen Terminus „Machtergreifung" ohne Anführungszeichen irritiert, kann jedoch das Lob für die von Louise von Plessen vorzüglich illustrierte Dokumentation zu Friedrich Dalsheim nicht schmälern. Mit ihrer eindrucksvollen Veröffentlichung erfüllt sie den Wunsch seines Freundes Victor Baron von Plessen und dessen Frau, denen sie ihr Buch widmet.

Während die USA für Friedrich Dalsheim ein unerreichbares Ziel blieb, gelang dem aus Lilienthal bei Bremen stammenden Fotografen Julius Frank (1907–1959) die Emigration nach Übersee. Unter dem Titel *Julius Frank. Eine jüdische Fotografenfamilie zwischen Deutschland und Amerika* widmete sich das Bremer Focke Museum vom November 1922 bis März 2023 in einer beachtenswerten Ausstellung der Geschichte dieser drei Generationen umspannenden Familie von Fotografen. Dem Museum kam dabei zugute, dass die in den USA lebenden Angehörigen der Familie Frank dem Haus in seltener Großherzigkeit den noch in Familienbesitz befindlichen fotografischen Nachlass, Originalabzüge in unterschiedlichen Formaten, Negative, Fotoalben, Urkunden und Korrespondenz überließ. Neben den dreidimensionalen Objekten, der Atelierkamera, der Laborausstattung, Möbelstücken und Requisiten, die das Museum schon zuvor erhalten hatten, war dies ein Fundus, der eine differenzierte Präsentation garantierte. Die nach zweijähriger Durchsicht und Inventarisierung von der Kuratorin Karin Walter sensibel zusammengestellte Schau überzeugte nicht nur aus handwerklich wie fotoästhetischen Gründen, sondern weil sie zugleich in berührender Weise die Geschichte der Vertreibung, den Heimatverlust als auch die starke Heimatverbundenheit von Julius Frank verdeutlichte.

Wem der Weg an die Weser zu weit war, muss sich nicht grämen, denn das parallel zur Ausstellung erschienene, 160 Seiten großformatige Katalogbuch gleichen Titels ist nicht minder prächtig und bestens illustriert. Neben die biografische Information zur Familiengeschichte tritt ein umfassendes Kapitel zur „Bilderwelt des Ateliers Frank". Auf Grund der geografischen Nähe zum Teufelsmoor sowie der Begeisterung einer städtischen Bevölkerung für die „Binnenexotik" dieser Region kann es nicht verwundern, dass sich Franks Bildmotive wie „Am Schiffgraben", „Birken im Sturm" oder „Torfschiffe auf der Hamme" aus der unmittelbaren Umgebung ergaben. Sie erinnern in Bildaufbau und Perspektive an Motive der Worpsweder Künstlerkolonie um Hans am Ende, Fritz Mackensen, Otto Modersohn oder Fritz Overbeck. Ausstellung wie Katalog konnten nicht nur aus unterschiedlichen Originalabzügen auswählen, sondern zudem auch deren Rückseiten präsentieren, um die Nutzung in Publikationen und Ausstellungen zu dokumentieren. Sie führen den Kontext der Fotografien, ihre Veröffentlichungsorte in Büchern, Bildbänden und Fachzeitschriften vor Augen. Allein das geschäftlich genutzte Briefpapier von „Julius Frank, Lilienthal" unterstreicht die Vielseitigkeit der Fotografenfamilie; die Unterzeile verwies nicht nur auf das „Atelier für künstlerische Photographie und Vergrößerungen", sondern auch auf die „Photohandlung" und den „Heimatphoto-Verlag". Mit all dem war nach dem Machtantritt der Nationalsozialisten Schluss. Als Jude sozial ausgegrenzt, durch das Ausbleiben behördlicher Aufträge und dem Rückzug privater Kunden in wirtschaftlicher Not sah sich Julius Frank im Mai 1936 gezwungen, sein Atelier zu schlechtesten Konditionen zu verkaufen. Nur wenig später entkam Frank weiteren Drangsalierungen durch Flucht in die USA.

In Detroit gelang ihm der Neustart. Nach seiner Militärzeit in Europa 1944/45 lebte er mit seiner Familie in Kalifornien, wo er Mitarbeiter des renommierten Architekten Julius Shulman wurde. Julius Frank, der auch in den USA an fotografischen Wettbewerben teilnahm und prämiert wurde, und einen Monat vor seinem Tod zum „Master of Photography" ernannt wurde, starb am 22. August 1959. An Frank, der in der Exilforschung bislang unbeachtet geblieben ist, erinnert nach einer facettenreichen Ausstellung in Bremen ein höchst informativer Katalog.

Richteten sich die Sehnsüchte von Friedrich Dalsheim und Julius Frank gen Westen, so lenkt Anna Sophia Messner den Blick in den Nahen Osten. In ihrer Dissertation behandelt sie die Emigration deutsch-jüdischer Fotografinnen nach Palästina/Israel. Auch wenn Ellen Auerbach, Marianne Breslauer, Charlotte und Gerda Meyer, Aenne Mosbacher, Ricarda Schwerin und Mari Shamir in dem von Klaus Honnef und Frank Weyers 1997 herausgegebenen Katalogbuch *Und sie haben Deutschland verlassen ... müssen. Fotografen und ihre Bilder 1928–1997* durch Biografien wie ausgewählte fotografische Zeugnisse vorgestellt wurden, sprachen die damaligen Herausgeber bezogen auf die Geschichte der Fotografie Israels von einer „terra incognita". Dass dieses unerforschte Gebiet überhaupt Erwähnung fand, verdankten sie einer Frau, der in München geborenen und 1968 nach Israel ausgewanderten Foto-Künstlerin Pesi Girsch.

Seit 1997 wurde dieses bezogen auf Frauen unterbelichtete Kapitel der israelischen Fotogeschichte punktuell besser ausgeleuchtet. Dies geschah vor allem durch die von Inka Graeve Ingelmann 2006 veröffentlichte Biografie zu Ellen Auerbach (1906–2004), Buchveröffentlichungen und Ausstellungen in Winterthur und Berlin zur dort geborenen Marianne Breslauer (1909–2001) sowie eine in Jerusalem und Berlin gezeigte Retrospektive zu der aus Karlsruhe stammenden Fotografin Liselotte Grschebina (1908–1994). Das parallel erschienene zweisprachige, von Yudit Caplan herausgegebene Buch vereinte sowohl Grschebinas in Deutschland vor 1933 sowie ihre in Palästina entstandenen Fotoarbeiten. Eine überfällige Ehrung einer Fotografin, die weder bei Honnef/Weyers noch in einschlägigen Lexika zu Fotografinnen und Fotografen zu finden ist.

Anna Sophia Messner belässt es nicht bei Schlaglichtern, sie geht ihre als Dissertation angenommene Untersuchung systematisch an. Beginnend mit einem interessanten Prolog zu einem zufällig auf einer Müllhalde aufgefundenen Koffer voller Fotografien, allesamt aus dem Besitz der 1899 geborenen Fotografin Alice Hausdorff (siehe auch Messners Aufsatz „Migration Memories: A Suitcase as Photo Archive" von 2021). Der Inhalt des Koffers, der für Messner einen „archivarischen Raum" darstellt, blieb über Jahre von der Forschung unberücksichtigt; für Messner symptomatisch, weil eine solche Nichtbeachtung eine ganze Generation deutschjüdischer Fotografinnen traf.

In ihrer Studie widmet sich die Autorin neben der schon erwähnten Ellen Auerbach, Marianne Breslauer, Liselotte Grschebina, Charlotte und Gerda Meyer, Aenne Mosbacher, Ricarda Schwerin, Mari Shamir auch den weitestgehend vergessenen Fotografinnen Lou Landauer und Alice Hausdorff. Messners Arbeit zu den emigrierten deutsch-jüdischen Fotografinnen gilt der „Vielfalt weiblicher Perspektiven auf Palästina und den frühen Staat Israel". Ihre Darstellung, aufgeteilt in die Kapitel „Von Deutschland nach Palästina und zurück", „Zwischenräume" und „Ikonographien des Nation-Building", liest sich dort am flüssigsten und aufschlussreichsten, wo die Autorin, ausgehend vom überlieferten fotografischen Material, Leben und Werk dieser viel zu wenig beachteten Fotografinnen erzählt, die wesentliche Beiträge zur israelischen Fotogeschichte lieferten. Manches Resümee klingt allerdings wie die Einlösung einer „self fulfilling prophecy" der zuvor herausgestellten Bedeutung von „Neuem Sehen", „Neuer Sachlichkeit" und „Neuer Frau". Diese Redundanz hätte vermieden werden können. Der auch in dieser Arbeit nicht durch Anführungen gekennzeichnete Gebrauch des nationalsozialistischen Terminus „Machtergreifung" ist bedauerlich. Der Wert dieser ein Forschungsdesiderat ausfüllenden, materialgesättigten und verdienstvollen Veröffentlichung bleibt davon unberührt.

Wilfried Weinke

Matthias Weßel: Arthur Koestler. Die Genese eines Exilschriftstellers. Berlin: Peter Lang 2021. 312 S.

Mit Arthur Koestlers Leben und Werk begegnet man einem der international erfolgreichsten Exilautoren, dessen Rezeption im deutschsprachigen Raum über die Jahre hinweg zwar etwas nachgelassen hatte, der allerdings im letzten Jahrzehnt immer wieder neue Aufmerksamkeit auf sich zog. Außerordentlich verdienstvoll ist daher Matthias Weßels monografische Bemühung, Arthur Koestler und seine Texte nicht nur neu in Erinnerung zu rufen, sondern auch zahlreiche Forschungslücken zur komplexen Entstehungs- und Übersetzungsgeschichte seiner Werke zu schließen.

Matthias Weßel zeigt im Verlauf seiner Studie nicht nur – wie es sein Titel bereits andeutet – die Genese des Exilschriftstellers Arthur Koestler, sondern er liefert eine gründliche und gut zu lesende Einführung in Leben und Werk, welche die Vorarbeiten unterschiedlichster Biografen resümiert, korrigiert oder klug weiterführt. Übersichtlich und nach Orten und Jahren aufgeschlüsselt schreitet

Weßel die Lebens- und Schreibstationen Koestlers ab; angefangen bei Kindheit und Studium (1905–1925) über die journalistische Arbeit Koestlers im Nahen Osten in Palästina und in Europa in Paris, Berlin und der Sowjetunion bis hin zum Exil der Vorkriegsjahre (1933–1940) als kommunistischer Aktivist in Frankreich oder als Berichterstatter im Spanischen Bürgerkrieg. Das vierte Großkapitel ist seinem Exil in England gewidmet (1941–1945) und reflektiert Koestlers Rolle als Exilschriftsteller, der ein ganz eigenes Verhältnis zur englischen Fremdsprache ausbilden musste, um sich als Schriftsteller fernab der Heimat zu etablieren. Damit ist die Monografie, die 2019 als Dissertationsschrift an der Universität Kassel eingereicht wurde, in ihrer Fragestellung und ihrem thematischen Zuschnitt in etwa beschränkt auf die erste Lebenshälfte Koestlers, der nach dem Krieg und bis zu seinem Tod 1983 weiterhin in England lebte. Im Mittelpunkt steht die Entwicklung des Autors im Exil, der sich zunächst dem Kommunismus verschrieb, ehe er zu einem der wirkmächtigsten Kritiker der kommunistischen Ideologie wurde. Seinem bekannten Roman *Sonnenfinsternis* (1940) ist – neben der Analyse von anderen Werken wie *Die Erlebnisse des Genossen Piepvogel und seiner Freunde in der Emigration* (1934) und *Die Gladiatoren* (1939) – breiter Raum gegeben. Dieses immerhin 62 Seiten umfassende Kapitel darf als eines der wichtigsten des Buches bezeichnet werden. 2015 war es Matthias Weßel gelungen, das über lange Jahre von der Forschung verloren geglaubte Originalmanuskript von *Sonnenfinsternis* in der Zentralbibliothek Zürich zu entdecken. Zahlreiche Artikel in den Feuilletons und auch Interviews mit Weßel waren die Folge, die bereits erkennen ließen, dass er sich als anerkannter Experte für das Schaffen Koestlers etablierte. Auch die Dissertationsschrift stützt sich auf umfassendes Archivmaterial, vergleicht Manuskripte Koestlers aus unterschiedlichen internationalen Archiven und zeigt damit die Genese eines Exilschriftstellers anhand seiner Lebens- und Berufsstationen auf. Zudem vermittelt sich die Entwicklung seiner erzählerischen Werke und ihrer Verbindung mit Koestlers thematischen Interessen sowie der Exilstationen.

Die Studie eröffnet mit einem theoretischen Überbau: Dieser wirkt zunächst seltsam unverbunden, obwohl seine Notwendigkeit verständlich ist. Im Verlauf der Lektüre dürfte das Interesse der Leser*innen allerdings weniger den hier aus der Sprachanalyseforschung hergeleiteten Überlegungen zur Zweitsprache gelten oder der Analyse des Koestlerschen Werks unter Gesichtspunkten der Sozio- und Kontaktlinguistik. Eine Leistung ist die Monografie vor allem deshalb, da sie Koestlers großen Erfolg als Exilschriftsteller und dessen publizistische Bedingungen auf dem neuesten Stand der Forschung vor Augen führt. „Am Ende ist Koestlers Genese als Exilschriftsteller eine äußerst komplexe Verkettung von beidem: harte Arbeit, Planung und Berechenbarkeit auf der einen Seite, aber auch Zufälle und nicht planbare Ereignisse, glückliche wie unglückliche, auf der anderen Seite, die nicht nur den Verlauf seiner Karriere, sondern im Grunde sein ganzes Leben immer wieder entscheidend bestimmten." (S. 299) Matthias Weßel hat sich mit seiner kenntnisreichen Studie als ein verlässlicher Kenner von Leben und Werk Arthur Koestlers ausgewiesen, aus dessen Feder man sich auch in Zukunft weitere Beiträge zur Exilforschung wünscht.

Kay Wolfinger

VII Kurzbiografien

Bettina Bannasch, Professur für Neuere deutsche Literaturwissenschaft an der Universität Augsburg. Forschungsschwerpunkte: Exil- und Migrationsliteratur, deutschsprachig-jüdische Literatur, kultur- und literaturwissenschaftliche Erinnerungsforschung, Text-Bild-Beziehungen, deutschsprachige Literatur Ostmitteleuropas. Veröffentlichungen (Auswahl): Handbuch der deutschsprachigen Exilliteratur. Von Heinrich Heine bis Herta Müller, hg. mit Gerhild Rochus. Berlin 2013 (2. Aufl. 2016); Darstellung, Vermittlung, Aneignung. Gegenwärtige Reflexionen des Holocaust, hg. mit Hans Joachim Hahn. Göttingen 2018; Formen des Magischen Realismus und der Jüdischen Renaissance, hg. zus. m. Petro Rychlo. Göttingen 2021; Zukunft der Sprache – Zukunft der Nation? Verhandlungen des Jiddischen und Jüdischen im Kontext der Czernowitzer Sprachkonferenz, hg. zus. m. Carmen Reichert u. Alfred Wildfeuer. Berlin 2022. Bettina Bannasch ist Mitherausgeberin des internationalen Jahrbuchs Exilforschung.

Julia Benner, Professur für Neuere deutsche Literatur/Kinder- und Jugendliteratur und -medien an der Humboldt-Universität zu Berlin. Forschungsschwerpunkte: (Kinder- und Jugend)Literatur des Exils, kolonialistische Kinder- und Jugendliteratur, historische Kinder- und Jugendmedien, Bilderbuch. Veröffentlichungen in Auswahl: Federkrieg. Kinder- und Jugendliteratur gegen den Nationalsozialismus 1933–1945. Göttingen 2015; Jugend bewegt Literatur. Lisa Tetzner, Kurt Kläber und die Literatur der Jugendbewegung, hg. mit Maria Becker und Judith Wassiltschenko. Stuttgart 2022; Kleine Schweizer Sklaven. Kinderarbeit, Nekropolitik und Intertextualität in Lisa Tetzners und Kurt Helds Die schwarzen Brüder (1940/41). In: Caroline Roeder und Christine Lötscher (Hg.): Das ganze Leben – Repräsentationen von Arbeit in Texten über Kindheit und Jugend. Heidelberg 2022, S. 183–201.

Wiebke von Bernstorff, Dr. phil., Promotion zum Ort der Frauen in den karibischen und mexikanischen Erzählungen von Anna Seghers bei Prof. Dr. Irmela von der Lühe, erschienen unter dem Titel: *Fluchtorte*, Göttingen 2006. Studium der Kulturwissenschaften an der Universität Hildesheim, Diplomarbeit zur interkulturellen Theaterpädagogik: *Fremd bleiben*, Bielefeld 1997. Seit 2005 wissenschaftliche Mitarbeiterin am Institut für deutsche Sprache und Literatur der Universität Hildesheim. Lehr- und Forschungsschwerpunkte sind feministische Literaturwissenschaft, Exil- und interkulturelle Literatur und ihre Didaktik, Intermedialität, Gegenwartsliteratur, Theaterpädagogik. Publikationen (Auswahl): Gender in der Kinder- und Jugendliteratur des Exils. Zus. mit Susanne Blumesberger. In: Weertje Wilms (Hg.): Gender in der deutschsprachigen Kinder- und Jugendliteratur vom Mittelalter bis zur Gegenwart. Berlin 2022, S. 235–270; Von Fadenspielen, Tragetaschen und Sammler_innen. Mehr als menschliche Narrative für die Zukunft. Zus. mit Yasemin Dayioglu-Yücel. In: Die Fäden neu verknüpfen. Linke Narrative für das 21. Jahrhundert. Hg. von undercurrents – Forum für linke Literaturwissenschaft, Sommer 2021, Heft 18, S. 8–11; Grenzüberschreitungen. Migrantinnen und Migranten als Akteure im 20. Jahrhundert, hg. mit Kristina Schulz und Heike Klapdor. München: 2019.

Susanne Blumesberger, Mag. Dr., MSc., studierte Publizistik- und Kommunikationswissenschaft und Germanistik an der Universität Wien. 2002–2014 koordinierte sie mehrere Forschungsprojekte, unter anderem am Institut für Wissenschaft und Kunst im Bereich der Frauenbiografieforschung. Seit 2007 ist sie an der Universitätsbibliothek Wien und als Lehrbeauftragte für Kinder- und Jugendliteratur an der Universität Wien tätig. Seit 2016 leitet sie die Abteilung Repositorienmanagement PHAIDRA-Services an der Universitätsbibliothek Wien. Seit 2013 ist sie Vorsitzende der Österreichischen Gesellschaft für Kinder- und Jugendliteraturforschung (ÖG-KJLF); sie veröffentlicht zahlreiche Beiträge in nationalen und internationalen Fachzeitschriften und ist Mitherausgeberin von *libri liberorum*. Zeitschrift der österreichischen Gesellschaft für Kinder- und Jugendliteraturforschung und der Schriftenreihe *Kinder und Jugendliteraturforschung in Österreich*.

Marijke Box, Dr. des., Studium der Kulturpoetik, Germanistik, Romanistik (Französisch) und Erziehungswissenschaft in Münster und Tours; Promotion am Interdisziplinären Zentrum für Geschlechterforschung (IZG) der Universität Bielefeld; Forschungsschwerpunkte: Leben und Werk von Mela Hartwig und Irmgard Keun, Literatur der Weimarer Republik und des Exils, literaturwissenschaftliche Geschlechterforschung. Veröffentlichungen (Auswahl): Expressionismus im Exil. Mela Hartwigs antifaschistischer Nachkiegsroman *Inferno* (1946–1948/2018). In: Expressionismus 15 (2022): Politik; Leibliches Erleben und Körper(wahrnehmungen) in Irmgard Keuns *Das kunstseidene Mädchen* (1932). In: Limbus. Australisches Jahrbuch für germanistische Literatur- und Kulturwissenschaft. Australian Yearbook of German Literature and Cultural Studies 12 (2019). Außerdem gemeinsam mit Vojin Saša Vukadinović Herausgabe einer Ausgabe von *TEXT + KRITIK* zu Mela Hartwig (2023).

Julia von Dall'Armi, Dr. phil., akademische Rätin am Fachbereich Didaktik der deutschen Sprache und Literatur (Institut für Deutsche Philologie) der Universität Greifswald. Forschungsschwerpunkte: Literarisches Lernen mit aktueller Kinder- und Jugendliteratur, kulturdidaktische Aspekte des Literaturunterrichts, Text-Bild-Beziehungen und ihr didaktisches Potenzial. Publikationen (Auswahl): Poetik der Spaltung. Kernenergie in der deutschen Literatur 1906–2011. Stuttgart 2018; Sich ein Bild von der Flucht machen (können)? Das Eigene und das Fremde in aktuellen Bilderbüchern. In: Jahrbuch für Kinder- und Jugendliteraturforschung 2017, S. 100–113; „Heimat" (2018) intermodal erzählen: Eine Graphic Novel von Nora Krug aus literaturwissenschaftlicher und fachdidaktischer Perspektive. In: Renata Behrendt und Söhnke Post (Hg.): Heimat in der postmigrantischen Gesellschaft. Literaturdidaktische Perspektiven. Frankfurt a. M. 2022, S. 207–222.

Theresia Dingelmaier, Dr. phil., ist akademische Rätin auf Zeit an der Professur für Neuere deutsche Literaturwissenschaft und Koordinatorin der Graduiertenschule für Geistes- und Sozialwissenschaften der Universität Augsburg. Forschungsschwerpunkte: Historische (deutsch-jüdische) Kinder- und Jugendliteratur, Literatur der Empfindsamkeit, des 19. und frühen 20. Jahrhunderts, Emotionen und Literatur, Literatur und Künstliche Intelligenz. Publikationen (Auswahl): Das Märchen vom Märchen. Eine kultur- und literaturwissenschaftliche Untersuchung des deutschsprachigen jüdischen Volks- und Kindermärchens. Göttingen 2019; Bücher, mit denen Kinder nicht verkehren durften: verbrannte und verbotene Kinder- und Jugendbücher der „Sammlung Salzmann". In: Andrea Voß u. a. (Hg.): Die Bibliothek der verbrannten Bücher. München 2019, S. 145–157; Memoria des jüdischen Volkes: das deutschsprachige jüdische Kindermärchen als (intergenerationelles) Medium der Erinnerung und Rückbesinnung im frühen 20. Jahrhundert. In: Gabriele von Glasenapp u. a. (Hg.): Erinnerung reloaded? (Re-)Inszenierungen des kulturellen Gedächtnisses in Kinder- und Jugendmedien. Berlin 2023, S. 109–124.

Burcu Dogramaci, Professor für Kunstgeschichte des 20. Jahrhunderts und der Gegenwart an der Ludwig-Maximilians-Universität München. Forschungsschwerpunkte: Exil, Flucht und Migration, Fotografie und Fotobuch, Architektur, Urbanität, Textile Künste, Geschichte der Kunstgeschichte, Live Art. 2017–2023 Leitung des ERC-Projekts „Relocating Modernism: Global Metropolises, Modern Art and Exile (METROMOD)" (https://metromod.net) und seit 2021 Co-Direktorin des Käte Hamburger Kollegs global dis:connect (https://www.globaldisconnect.org). Publikationen (Auswahl): Handbook of Art and Global Migration. Theories, Practices, and Challenges, hg. mit Birgit Mersmann. Berlin, Boston 2019; Arrival Cities. Migrating Artists and New Metropolitan Topographies in the 20th Century, hg. mit Mareike Hetschold u. a. Leuven 2020 (open access); Urban Exile. Theories, Methods, Research Practices, hg. mit Ekaterina Aygün u. a. Bristol 2023. Burcu Dogramaci ist Mitherausgeberin des internationalen Jahrbuchs Exilforschung.

Etti Gordon Ginzburg, Dr. phil., is senior lecturer at Oranim college in Israel. She received her doctorate in English literature from Bar Ilan University, Tel Aviv. Her research spans children's literature, genre and canonicity, and intercultural education. She has been recovering 19th century American children's author Laura Richards and is the author of numerous articles about Richards' life and work. She is also the co-editor of the forthcoming *EJAS* special issue on Richards (April 2024). She is the recipient of the *Children's Literature in Education* Emerging Scholar Award for her article "Queering the Victorian Nursery: Laura Richards's *My Japanese Fan*" (2018). Other publications include "Letter writing in the intercultural classroom: The case of retraining courses for immigrant English teachers in Israel" (2019); "Erotic Love, Victorian Childhood and the Gothic Effect of LM Alcott's *A Marble Woman: Or, The Mysterious Model*" (2022); "Michal Rovner in the Nursery: Rereading *Hug* by David Grossmann and Michal Rovner" [Hebrew] (2023).

Kathrin Heintz, Dr., Wissenschaftliche Mitarbeiterin im Bereich Literaturwissenschaft und -didaktik am Institut für Germanistik der Rheinland-Pfälzischen Technischen Universität Kaiserslautern – Landau (RPTU) in Landau. Forschungsschwerpunkte: Kinder- und Jugendliteratur, Bilderbücher und andere multimodale Narrationen. Publikationen (Auswahl): „Es ist alles andere als perfekt hier". Elisabeth Steinkellners und Anna Gusellas multimodaler Tagebuchroman *Papierklavier* und sein didaktisches Potenzial. In: Jan Standke und Inger Liason (Hg.): Tagebücher, Briefe, Listen. Blogs & Co. Selbstzeugnisse in Kinder- und Jugendliteratur und -medien. Trier (im Erscheinen). „Ich war so naiv gewesen." Historisches Erzählen in Mirjam Presslers *Dunkles Gold*. In: Jan Standke und Sebastian Bernhardt (Hg.): Historisches Erzählen in der Gegenwartsliteratur – Perspektiven für den Unterricht. Bielefeld (2022).

Larissa Carolin Jagdschian, Dr. phil., ist wissenschaftliche Mitarbeiterin an der Universität Bielefeld, Fakultät für Linguistik und Literaturwissenschaft. Sie wurde mit einer Arbeit zu „Flucht als travelling memory – Deutschsprachige Kinder- und Jugendliteratur über die Flucht vor dem NS-Regime und aus der DDR" an der Universität Bielefeld promoviert. Forschungsschwerpunkte: zeitgeschichtliche Kinder- und Jugendliteratur, Flucht, Gedächtnistheorien.

Anita Konrad, Mag, Studium der Vergleichenden Literaturwissenschaften und Germanistik an der Leopold-Franzens-Universität Innsbruck; seit 2013 Dozierende und planerische Mitarbeiterin an der Pädagogische Hochschule Tirol; derzeit Kollegiatin des Doktoratskollegs „Dynamiken von Ungleichheit und Differenz im Zeitalter der Globalisierung" am Forschungsschwerpunkt „Kulturelle Begegnungen – Kulturelle Konflikte" an der Leopold-Franzens-Universität Innsbruck. Schwerpunkte: Kinder- und Jugendliteratur, Migrationsforschung, Ernährungsgeschichte, Sozial- und Alltagsgeschichte des 19. und 20. Jahrhunderts. Publikationen (Auswahl): Ships that he'd eaten like chips. Food in Laura E. Richards' childrens' poetry and biographical writing. In: EJAS – European Journal of American Studies, Special Issue nr. 4 (2024; im Erscheinen); Maccaroni, Erdäpfel, oder was immer – zur

Ernährungssituation in Tirol 1814 bis 1920. Zwischen Hunger und nationalistischer Vereinnahmung. In: Karl Berger u. a. (Hg.): Al lavoro! – Über Trentiner Migration nach Nordtirol im 19. Jahrhundert/ La migrazione trentina verso il Tirolo del Nord nel XIX secolo. Innsbruck 2023 (im Erscheinen); Austria as an asylum country against its will: Historical developments and current trends, mit Gerhard Hetfleisch. In: Andrea Memberetti u. a. (Hg.): Alpine refugees: Immigration at the core of Europe. Cambridge 2019, S. 85–93.

Dirk Krüger, Dr., Grundschullehrer im Ruhestand. Studium für Lehramt an Grund- und Hauptschule an der Pädagogischen Hochschule Wuppertal. 1975 bis 1981 Tätigkeit für die NGO FÉDÉRATION MONDIALE DE LA JEUNESSE DÈMOCRATIQUE und Studium an der Eötvös Lorand Universität in Budapest. Ab 1982 Promotionsstudium an der Bergischen Universität Wuppertal. 1990 Promotion. 1991 bis 2005 Lehrer an einer Grundschule. Ab 2007 Tätigkeit als Lehrer in einem Alphabetisierungs- und Sprachkurs für Migrations- und Flüchtlingskinder an einer Hauptschule. Publikationen (Auswahl): „Die Männer von Vernet". Eine Erinnerung an Bruno Frei und Rudolf Lronhard. Wuppertal 2022; Gegen das Vergessen. Fünf Wuppertaler Arbeiterschriftsteller und Widerstandskämpfer gegen die Nazi-Diktatur stellen sich vor. Wuppertal 2018; Flucht und Exil in der Kinder- und Jugendliteratur des Exils 1933 bis 1945. Aufgezeigt am Beispiel der Jugendbücher *Janko. Der Junge aus Mexiko* und *Erwin kommt nach Schweden*. In: Argonautenschiff. Jahrbuch der Anna Seghers Gesellschaft, Bd. 25, Berlin und Mainz 2017; China als Topos in der Kinder- und Jugendliteratur des Exils. Eine Erinnerung an Ruth Rewalds *Tsao und Jimg Ling* und Wilhelm Speyers *Die Stunde des Tigers*. In: Argonautenschiff. Jahrbuch der Anna Seghers Gesellschaft, Bd. 21. Berlin und Mainz 2012; Widerstand gegen den Nationalsozialismus als Thema oder als Projekt in der Grundschule? Geht das? ... In: Mitteilungen des Deutschen Germanistenverbandes, Hft. 1. Bielefeld 2008; Lisa Tetzners Kinderodyssee „Die Kinder aus Nr. 67" – Möglichkeiten ihres Einsatzes im Unterricht an der Grundschule. In: Inge Hansen-Schaberg und Ulrike Müller (Hg.): Ethik der Erinnerung in der Praxis. Zur Vermittlung von Verfolgungs- und Exilerfahrung. Wuppertal 2005.

Ksenia Kuzminykh, Dr. phil., Studium der Germanistik und Anglistik; Promotion an der Georg-August-Universität Göttingen in der Didaktik der deutschen Sprache und Literatur, wissenschaftliche Mitarbeiterin am Institut für Slavische Philologie der Georg-August-Universität Göttingen. Forschungsschwerpunkte: Weltliteratur, kinderliterarische Komparatistik, Theorien der Kinder- und Jugendliteraturwissenschaft. Veröffentlichungen (Auswahl): Fremdbegegnungen und Alteritätserfahrungen in psychologischen Adoleszenzromanen. In: Zagreber Germanistische Beiträge 31 (2022), S. 161–182; Ästhetische Hybridisierung von Fiktionalität und Faktualität als Erzählstrategie in historical narratives am Beispiel des jugendliterarischen Werks *Dunkelnacht* von Kirsten Boie (2021). In: Alman Dili ve Edebiyatı Dergisi – Studien zur deutschen Sprache und Literatur 48/2 (2022), S. 1–25; Spannungskonstruktionen in der Abenteuerliteratur für Kinder- und Jugendliche. In: Daria Khrushcheva, Mark Schwindt und Oleksandr Zabirko (Hg.): Figurationen des Ostens. Zwischen Literatur, Philosophie und Politik. Berlin 2022, S. 297–317; Darstellung der inneren Welten von erkrankten Figuren in der deutschen Kinder- und Jugendliteratur. In: Anafora VIII/2 (2021), S. 267–290; Sprache und Literatur als Bildungskomponenten. Diskurs, Historie und Empirie mit Ina Karg. Frankfurt a. M. 2014.

Jeannette van Laak, Dr., ist apl. Professorin für Public History und Didaktik an der Martin-Luther-Universität Halle-Wittenberg. Hier leitet sie das von der DFG geförderte Drittmittelprojekt „Lea Grundig 1906–1977. Migrationserfahrungen im 20. Jahrhundert". Ihre Forschungsschwerpunkte sind deutsch-deutsche Geschichte des 20. Jahrhunderts, Erfahrungsgeschichte der Migration, jüdisches Leben in der DDR. Publikationen: Die Aktivisten der ersten Stunde. Die Antifa-Ausschüsse in der SBZ. Weimar u. a. 2002; Einrichten im Übergang. Das Aufnahmelager Gießen (1946–1990). Frankfurt 2017; In the Valley of Slaughter. Der Bildzyklus Lea Grundigs als Zeitdokument. In: Rüdiger Hachtmeister, Franka Maubach und Markus Roth (Hg.): Zeitdiagnose im Exil. Zur Deutung des Nationalsozialismus nach 1933. Göttingen 2020, S. 181–211; Jüdische Remigranten und ihr Refugium in der sowjetischen Besatzungszone/DDR. In: Jörg Ganzenmüller (Hg.): Jüdisches Leben in Deutschland und Europa nach der Shoah. Neubeginn – Konsolidierung – Ausgrenzung. Köln 2020, S. 67–82; Zwischen Tradition und Moderne – Die Kinderbuchillustrationen Lea Grundigs in den 1940er und 1950er Jahren. In: Carsten Gansel u. a. (Hg.): Kinder- und Jugendliteratur heute. Theoretische Überlegungen und stofflich-thematische Zugänge zu aktuellen kinder- und jugendliterarischen Texten, Göttingen 2022, S. 157–171.

Isabelle Leitloff, Dr. phil., ist Geschäftsführerin des Hochschulrats und persönliche Referentin des Präsidenten der Europa-Universität Flensburg. Sie war zuvor Koordinatorin des Projekts „Internationalisierung der Lehrkräftebildung@home. Interkulturelle Literatur als Modul". Forschungsschwerpunkte: Interkulturelle Literatur- und Kulturwissenschaften, Transnationale Studien, Postcolonial-Diversity- und Gender Studies, Medienwissenschaften sowie Digitalisierung und Internationalisierung der Lehrkräftebildung. Publikationen (Auswahl): Transatlantische Transformationsprozesse im Black Atlantic. Hubert Fichte und postkoloniale literarische Konzepte aus Brasilien und Kuba im Diskurs. Bielefeld 2021; Hubert Fichte im Übergang des transatlantischen Umbruchs. Gesellschaften im Wandel. In: Wolfgang Johann, Iulia-Karin Patrut und Reto Rössler (Hg.): Transformationen Europas im 20. und 21. Jahrhundert. Zur Ästhetik und Wissensgeschichte der interkulturellen Moderne. Bielefeld 2019, S. 289–301; Transnationale und interkulturelle Literaturwissenschaft und Literaturdidaktik. Konzeptionelle und digitale Transformationen, hg. mit Jörn Bockmann, Margot Brink und Iulia-Karin Patrut. Bielefeld 2024.

Jana Mikota, Dr., ist Oberstudienrätin im Hochschuldienst an der Universität Siegen. Promotion zu Alice Rühle-Gerstel und der Kinder- und Jugendliteratur des Exils. Ihre aktuellen Schwerpunkte liegen in den Bereichen der historischen und zeitgenössischen Kinder- und Jugendliteratur, literarisches Lernen, Erstleseliteratur sowie Theorie und Geschichte des Kinderromans. Sie ist u. a. Herausgeberin der Siegener Werkstattgespräche mit Kinderbuchautorinnen und -autoren, zahlreiche Publikationen im Bereich der Kinder- und Jugendliteratur, Mitglied im erweiterten Präsidium der deutschen Akademie für Kinder- und Jugendliteratur und Mitinitiatorin des Siegener Literaturpreises für Erstleseliteratur der Universität Siegen (SPELL).

Helene Roth studierte Kunstgeschichte, vergleichende Kulturwissenschaften und Pädagogik in Paris und München. Im Jahr 2017 schloss sie ihr Studium der Kunstgeschichte an der Ludwig-Maximilians-Universität München (LMU) mit dem Master ab. Seit 2017 arbeitet sie als wissenschaftliche Mitarbeiterin am Institut für Kunstgeschichte der LMU und bis 2023 für das ERC-Projekt „Relocating Modernism: Global Metropolises, Modern Art and Exile (METROMOD)". Ihre 2023 abgeschlossene Doktorarbeit *Urban Eyes: Deutschsprachige Fotograf*innen in New York der 1930er und 1940er Jahre* wurde vom METROMOD-Projekt und durch ein Stipendium des Evangelischen Studienwerks e. V. gefördert. Ihre Forschungsinteressen umfassen Kunst und Architektur des 20. und 21. Jahrhunderts, Urbanismus, Migration, Exil, Fotografie und Kulturvermittlung. Publikationen (Auswahl): Photographic Practices in Cities of Exile. Kamerablicke auf Tel Aviv und New York (mit Anna Sophia Messner). In: Burcu Dogramaci u. a. (Hg.): Urban Exile. Theories, Methods, Research Practices. Bristol 2023, S. 120–140; First Pictures: New York durch die Linse europäischer Emigrantenfotografen in den 1930er und 1940er Jahren. In: Justin Carville und Sigrid Lien (Hg.): Photography as Contact Zones: Migration and Cultural Encounters in America. Leuven 2021, S. 111–132; The Bar Sammy's Bowery Follies as Microcosm and Photographic Milieu Study for Emigrant European Photographers in New York in the 1930s and 40s. In: Burcu Dogramaci u. a. (Hg.): Arrival Cities. Migrating Artists and New Metropolitan Topographies in the 20th Century. Leuven 2020, S. 293–313; *Nomadic Camera. Fotografie, Exil und Migration*, Themenheft der Zeitschrift *Fotogeschichte. Beiträge zur Geschichte und Ästhetik der Fotografie*, hg. mit Burcu Dogramaci, 2019.

Deborah Vietor-Engländer wurde 1946 in London geboren, wo sie auch aufwuchs. Ihr Vater war 1939 vor den Nationalsozialisten aus Prag nach London geflohen, ihre Schwester wurde von Nicholas Winton gerettet. Sie studierte an der Universität London und wurde bei Walter Jens in Tübingen promoviert. In ihrer langjährigen Lehr- und Forschungstätigkeit war sie an der Universität des Saarlandes und an der TU Darmstadt tätig. Sie ist Herausgeberin von zwei Bänden der Werkausgabe Alfred Kerrs im S. Fischer Verlag und hat zahlreiche Publikationen zu verschiedenen Autoren, zur Exilthematik und Shoah verfasst. 2016 erschien ihre umfangreiche Alfred-Kerr-Biografie im Rowohlt Verlag. 2021 veröffentlichte der Wallstein-Verlag die von ihr herausgegebene vierbändige Ausgabe der sog. „Berliner Plauderbriefe" mit Kerrs Texten für die *Königsberger Allgemeine*, die dort über ein Vierteljahrhundert von 1897–1922 abgedruckt wurden. Mit diesen wöchentlichen Kolumnen aus der Reichshauptstadt entfaltet Kerr einen Bilderbogen dieser Zeit. Seit 2017 ist Deborah Vietor-Engländer Präsidentin der Alfred-Kerr-Stiftung.

Vojin Saša Vukadinović, ist Historiker und promovierte am Friedrich-Meinecke-Institut der Freien Universität Berlin mit einer Studie zur Geschlechtergeschichte des deutschen Linksterrorismus. Herausgabe mehrerer Sammelbände zu Rassismus und Antisemitismus, darüber hinaus zahlreiche Aufsätze zu politischer Gewalt, zur Feminismushistorie und zur Arbeitsmigration nach Westdeutschland. Er hat Mela Hartwigs 70 Jahre lang unveröffentlicht gebliebenen Roman über den Nationalsozialismus, *Inferno* (Graz/Wien 2018), benachwortet, Grete Hartwig-Manschingers 1948 veröffentlichten Arbeiterinnenroman *Rendezvous in Manhattan* neu ediert (Wien 2021) und 2023 gemeinsam mit Marijke Box eine Mela Hartwig gewidmete Ausgabe von *TEXT+KRITIK* herausgegeben.

Lisa Weck, M.A., hat Museologie und Geschichte in Leipzig und Halle studiert. Sie ist wissenschaftliche Mitarbeiterin im DFG-Forschungsprojekt „Lea Grundig 1906–1977. Migrationserfahrungen im 20. Jahrhundert" am Institut für Geschichte der Martin-Luther-Universität Halle-Wittenberg. Darüber hinaus promoviert sie dort mit einer Erfahrungsgeschichte der Arbeitswelten privater Kleinbetriebe in der DDR und im Systemumbruch. Ihre Forschungsschwerpunkte sind Oral History, Biografieforschung und Erfahrungsgeschichte des Lebens und Arbeitens in Diktatur und Demokratie.

www.ingramcontent.com/pod-product-compliance
Lightning Source LLC
Chambersburg PA
CBHW051348290426
44108CB00015B/1934